SRI DAYA MATA

Sanghamata (»Mutter der geistigen Gemeinschaft«), Präsidentin und geistiges Oberhaupt der *Self-Realization Fellowship/Yogoda Satsanga Society of India.*

ALLES GLÜCK LIEGT IN DIR

Inspiration für ein gotterfülltes Leben

VON
SRI DAYA MATA

Der Titel der im Verlag Self-Realization Fellowship, Los Angeles, Kalifornien, USA erschienenen englischen Originalausgabe lautet:

Finding the Joy Within You
ISBN 0-87612-288-8 *(Hardcover)*

Übersetzung aus dem Englischen: Self-Realization Fellowship
Copyright © 2000 Self-Realization Fellowship

Alle Rechte sind vorbehalten. Mit Ausnahme von kurzen Zitaten in Buchbesprechungen dürfen keine Auszüge aus *Alles Glück liegt in dir* in irgendeiner Form ohne schriftliche Erlaubnis der Self-Realization Fellowship, 3880 San Rafael Avenue, Los Angeles, California 90065, USA, weitergegeben oder auf irgendeine Weise reproduziert werden. Dies schließt die Aufnahme oder Wiedergabe durch elektronische, mechanische, photomechanische oder anderweitige Mittel wie Tonträger jeder Art ein sowie die Speicherung in elektronischen Datenverarbeitungsanlagen und Speichersystemen jeglicher Art.

Autorisiert durch
*International Publications Council of
Self-Realization Fellowship*

Die *Self-Realization Fellowship* wurde 1920 von Paramahansa Yogananda zur weltweiten Verbreitung seiner Lehre gegründet. Der Leser kann sicher sein, daß alle SRF-Bücher, -Kassetten und andere SRF-Veröffentlichungen, die den Namen und das Emblem der *Self-Realization Fellowship* (siehe oben) aufweisen, von der Organisation stammen, die Paramahansa Yogananda selbst gegründet hat und die seine Lehre wahrheitsgetreu wiedergibt.

Erste deutsche Ausgabe 2000
Self-Realization Fellowship Publishers
Taschenbuch, 2. Auflage, 2001
ISBN 0-87612-290-x
Druck: Finidr, Tschechische Republik
13203-65432

In grenzenloser Liebe und Dankbarkeit
widme ich dieses Buch
meinem verehrten Gurudeva

PARAMAHANSA YOGANANDA

der diese Jüngerin liebevoll und unfehlbar
an das Ziel vollkommener Freude geführt hat

INHALT

Vorwort von Dr. Binay R. Sen	*xvii*
Geleitwort	*xxiii*
Einführung	*xxvii*

Ja, wir können Gott finden! 3

Harmonische Entwicklung von Körper, Geist und Seele
Der göttliche Sinn des Lebens
Bemüht euch um innere Stille und klares Verständnis
Der Mensch leidet, weil er sich von Gott abgewandt hat
Der Weg zum Frieden
Das Vorbild einer großen Seele
Ein Erlebnis mit der Göttlichen Mutter

Warum die Seele Gott braucht 17

Der Mensch hat seine wahre Natur vergessen
Wie wir unsere vergessene Göttlichkeit zurückgewinnen
Was ist Wahrheit?
Man kann den einen Gott in allen Religionen erleben
Das göttliche Lila des Herrn Krishna
Buddhas Pfad des rechtschaffenen Handelns
Das allumfassende Mitgefühl Christi
Die allumfassende Liebe der Göttlichen Mutter
Bestimmung des Menschen ist es, seine Einheit mit Gott zu erkennen
Warum warten, bis euch das Leid dazu antreibt, Gott zu suchen?

Was können wir gegen die Probleme dieser Welt tun? 34

Die Besonderheit der gegenwärtigen Krise
Das Überleben einer Zivilisation hängt von ihrem

Alles Glück liegt in dir

    geistigen Fortschritt ab
*Jede geistige Wandlung beginnt mit Sittlichkeit und
positivem Denken*
Ändert euch selbst, und ihr werdet Tausende ändern
Innere Harmonie durch die Meditation
*Haltet unter allen Umständen am inneren Frieden
und an der inneren Freude fest*
In dieser Welt gibt es keine Vollkommenheit

Die Welt ist unsere Familie 48

Was ist Freiheit?
*Richtige Tätigkeit beginnt mit der richtigen
Einstellung*
Dient allen Kindern Gottes liebevoll

**Hoffnung auf Frieden in einer wechselvollen
Welt** 56

Indien kann die Menschheit geistig führen
»Sei dir selber treu«
Die größten Liebenden der Welt

**Unmittelbare Verbindung mit Gott – das Band,
das alle Religionen vereint** 66

*Das Erleben Gottes hebt alle Schranken zwischen
den Religionen auf*
Yoga – unmittelbare Wahrnehmung Gottes
Wichtige Hinweise für eine tiefere Meditation
*Der Sinn der Prüfungen, die uns im Leben gestellt
werden*
Verständnis und Mitgefühl für alle

**Einklang zwischen geistigem Streben und
weltlichen Pflichten** 78

*Wie man sich das Beste aus jeder Kultur zu eigen
machen kann*
*Wie man während der Arbeit am Bewußtsein Gottes
festhalten kann*

Inhalt

Der Weg innerer Ausgeglichenheit
Was die Welt braucht, ist wahre Gottverbundenheit

Karma-Yoga: Ausgleich zwischen Tätigkeit und Meditation 89

Gott sorgt für euch
Vereinigung mit Gott durch selbstlose Tätigkeit
Glaubt nie, überfordert zu sein
Die Bedeutung der Meditation
Arbeitet freudig und mit schöpferischer Begeisterung
»Lernt euer Leben zu verinnerlichen«

Die richtige geistige Einstellung zur Arbeit 103

Anstrengende Arbeit – eine unschätzbare geistige Disziplin
Wie man mit einer »unmöglichen« Arbeitslast fertig wird
Die Schulung des Gurus
Bereitwilligkeit – der Schlüssel zu geistigem Wachstum
Was ist richtige Tätigkeit?
Gott wird uns niemals ein Kreuz auferlegen, das wir nicht zu tragen imstande sind

Wie man Spannungen beseitigt 115

Praktische Methoden zur Lösung von Spannungen
Die Bedeutung richtiger Ernährung und körperlicher Bewegung
Was Paramahansaji zur Erholung tat
Richtet eure Gedanken auf Gott – in der Abgeschiedenheit und auch bei der Arbeit
Macht euch für den Rat des Gurus empfänglich

Ein Herz, das in Flammen steht 127

Ein Maßstab für die Tiefe der Meditation
Gott einfach unsere Liebe beteuern

Alles Glück liegt in dir

Laßt Gott an all euren Erlebnissen teilnehmen
Sagt Gott, daß ihr Ihn liebt

Tiefere Liebe zu Gott entwickeln 138

Zweck und Wert der Gruppenmeditation
Bemüht euch um eine persönliche Beziehung zu Gott

Singen als eine Art der Meditation 147

Wie man sich selbst schätzen lernt 152

Hingabe: Vertrauen auf Gottes unbegrenzte Kraft 156

Beseitigt die Hindernisse, die euch von Gott fernhalten
Entspannung und Meditation – Wege zur Erschließung innerer Kraftreserven
Was eine positive Einstellung und innere Bestätigungen bewirken können
Höchste Erfüllung erlangt man nur durch Hingabe

Der Tod – geheimnisvolles Tor zu einer besseren Welt 171

Man braucht den Tod nicht zu fürchten
Ein Erlebnis in der Welt jenseits des Todes
Ergebt euch freudig in Gottes Willen

Löst eure Probleme durch innere Führung 183

Wie man inneres Verständnis entwickelt 190

Emotionen und Launen sind die Feinde richtiger Verständigung
Zieht aus allen Erfahrungen eine göttliche Lehre
Innere Ruhe verhilft uns zu den richtigen Entscheidungen
Haltet im täglichen Leben immer an der Wahrheit fest
Die bedingungslose Liebe Gottes und des Gurus

Inhalt

Jeder Tag kann Weihnachten sein 201
*Die Menschheit leidet unter »geistiger Hungersnot«
Das leuchtende Beispiel Jesu Christi
Eine Welle geistigen Erwachens geht durch die
   ganze Welt*

Die universale Botschaft Christi und Krishnas .. 210
*Übereinstimmungen im Leben Christi und Krishnas
Die universale Botschaft göttlicher Liebe
Verschiedene Gesichtspunkte der Einen Wahrheit
Das höchste Gebot
Die Lösung aller Probleme
Der Weltfrieden beginnt in der eigenen Familie*

Kindererziehung: eine Kunst, die gelernt sein will 220
*Die Ausbildung der Kinder fängt zu Hause an
Kinder brauchen liebevolle Disziplin
Eltern sollten ihre Kinder gemeinsam erziehen
Bemühen Sie sich um eine enge Beziehung zu Ihren
   Kindern
Sorgen Sie für gegenseitige Verständigung
Bringen Sie Ihren Kindern
   Verantwortungsbewußtsein bei*

Wann ist die Anwendung von Gewalt gerechtfertigt? 238
*Gott urteilt nach dem Beweggrund des Handelns
Verschiedene Stufen der Evolution
Unterscheidungskraft und Ehrfurcht vor allem Leben
Wichtigkeit des Gedankenaustausches*

Wie man größere Geisteskraft erwirbt 246

Verankert euer Leben in Gott 254
*Schult euren Geist, damit ihr die Wahrheit
   erkennen könnt*

Alles Glück liegt in dir

»*Gebt alles Gott anheim*«
Voller Lebensfreude
Wie man innere Kraft entwickelt
Abgeschiedenheit ist der Preis, den man für
  Gottverwirklichung zahlen muß
»*Nichts kann euch etwas anhaben, wenn ihr Gott*
  innig liebt«

Vollkommene Freude 270
  Wie man mit schmerzvollen Erlebnissen fertig wird
  Warum leiden wir?
  Worin besteht die richtige Einstellung?
  Merzt das Krebsgeschwür der Kritiksucht aus
  Wir empfangen, indem wir geben

Wie man geistige Reife erlangt 281
  Die Fähigkeit, mit der Realität fertig zu werden
  Die Fähigkeit, sich dem Wechsel der Ereignisse
    anzupassen
  Findet euer Glück im Geben
  Lernt, andere zu lieben

Wie man Charakterschwächen überwindet 288
  Erzieht euren Geist zu objektivem Denken
  Selbstachtung kommt aus dem eigenen Innern
  Die richtige Einstellung zu den eigenen Fehlern
  Seid euch selbst und Gott gegenüber aufrichtig
  Geduld und Entschlossenheit
  Haß und Groll zersetzen euer geistiges Leben
  Wie man Eifersucht und Neid überwindet
  Wie man sich dazu anspornt, Gott zu suchen
  Überwindet unangenehme Zustände durch positives
    Denken
  Woher kommen negative und vulgäre Gedanken?
  Vervollkommnet eure Beziehung zu Gott

Demut: die beständige Ruhe des Herzens 305
  Was Demut bedeutet

Inhalt

Kritik ertragen können
»Eine geheime Kammer in meinem Herzen«

Der Guru führt uns in die geistige Freiheit 312
Warum brauchen wir einen Guru?
Werdet zu starken Pfeilern, die anderen Menschen Halt geben

Paramahansa Yogananda, wie ich ihn kannte ... 322
Die Ideale der Ehrlichkeit und Rechtschaffenheit
Die Göttliche Mutter versichert ihn Ihrer Nähe
Dienen, Weisheit und göttliche Liebe
»Nur die Liebe kann mich ersetzen«
Der Tod konnte ihm nichts anhaben
Der ewig lebende Guru

Nur die Liebe wird die Welt retten 338
Vergebung ist notwendig
Die Liebe kann andere Menschen verwandeln
Eine geistige Lehre bleibt durch die Liebe zu Gott lebendig
Steht für eure Grundsätze ein – aber ohne Feindschaft

Macht Gott zum Mittelpunkt eures Lebens 351
»Göttliche Mutter, laß mich Herzen für Dich erobern«
Dem Guru dienen
Wie man schlechte Launen überwindet
»Ihr werdet die Wahrheit erkennen, und die Wahrheit wird euch frei machen«
Es gibt keine Zufälle im Leben
Die Vergegenwärtigung Gottes
Wie man die nötige Inspiration und Kraft erlangt
Macht den bestmöglichen Gebrauch von eurer Zeit
Nehmt euch regelmäßig Zeit für längere Meditationen
Wie man Zeiten der »Dürre« in der Meditation bekämpfen kann
Gott läßt sich nur durch bedingungslose Liebe erobern
Jeder Mensch kann Gott finden

Alles Glück liegt in dir

Eine Sammlung von Ratschlägen **374**
Die Lösung aller Probleme
Die Macht des Gebets für den Weltfrieden
Warum leiden manche Kinder seit ihrer Geburt unter Gebrechen?
Eine Antwort an die Atheisten
Die Rolle der Musik in der Suche nach Gott
Wie man Zeit für Gott findet
Setzt euch Ziele für euren geistigen Fortschritt
Gott ist immer bei uns
Wann wird Gott antworten?
Wie wir anderen unsere geistigen Überzeugungen nahebringen können
Harmonisches Zusammenleben mit anderen Menschen
»In göttlicher Freundschaft«
Vergebung bedeutet inneren Frieden
Überwindung unserer alten Fehler
Gott liebt uns bedingungslos
»Seid dankbar in allen Dingen«

VERZEICHNIS DER ABBILDUNGEN

Sri Daya Mata (gegenüber der Titelseite)

nach Seite

Begrüßung der SRF-Mitglieder während der Welttagung 1989	28
Versammlung anläßlich des 50jährigen Bestehens der SRF, Los Angeles, 1970	28
Sri Daya Mata, Mrinalini Mata und Ananda Mata, 1976	60
Nach einem Satsanga beim Verteilen von Süßigkeiten an die Teilnehmer, Ranchi, 1968	60
In Ranchi, 1973	60
Begrüßung eines kleinen Mädchens, Kalkutta, 1961	92
Empfang durch YSS-Mitglieder, Delhi, 1972	92
Mit Paramahansa Yogananda und Rajarsi Janakananda	92
Während einer Ansprache am SRF-Lake-Shrine, 1965	92
In Meditation vor dem Portrait Paramahansajis, 1980	92
Sri Daya Mata, Ananda Mata und Uma Mata, 1964	92
Satsanga in Mexico City, 1972	92
Im entrückten Zustand des Samadhi, Ranchi, 1967	156
Nach einem Satsanga zur Weihnachtszeit, Pasadena, 1978	156
In Palpara, Westbengalen, 1973	220
Begrüßung von Schülern der YSS-Knabenschule, 1972	220
Während des SRF-Jugendprogramms im Sommer 1978	220

Verzeichnis der Abbildungen

Am SRF-Lake-Shrine, 1988	284
In der YSS-Schule für Mädchen, 1972	284
Begrüßung von Mitgliedern nach einem Satsanga, Ranchi, 1967	284
Begrüßung von Mitgliedern im SRF-Mutterzentrum, 1982	284
Mit Seiner Heiligkeit, dem Shankaracharya von Puri, 1959	284
Mit Swami Sivananda, Rishikesh, 1959	284
Mit Ananda Moyi Ma, Benares, 1959	284
Nach einer Veranstaltung mit andachtsvollem Singen in Ranchi, 1964	316
Mit einer Statue des hl. Franziskus von Assisi, 1973	316
Während eines Satsangas in Rom, 1969	316
Paramahansa Yogananda	348
Mit Paramahansaji und einer großen Gruppe von Jüngern, 1937	348
Begrüßung von Teilnehmern der Welttagung 1978	380
Begrüßung eines Mitglieds nach einem Satsanga in Delhi, 1972	380
Auf der Welttagung der Self-Realization Fellowship, 1983	380

VORWORT

von Dr. Binay Ranjan Sen

Ehemaliger indischer Botschafter in den USA und Generaldirektor der Organisation für Ernährung und Landwirtschaft der Vereinten Nationen

Vor fast vierzig Jahren wurde mir das große Vorrecht zuteil, Paramahansa Yogananda – einer göttlichen Seele – zu begegnen, dessen Geist und Lehre dem Leser durch das vorliegende Buch seiner größten, noch lebenden Jüngerin Sri Daya Mata auf solch wunderbare Weise nahegebracht werden. Die Begegnung mit Paramahansaji hat sich mir unauslöschlich eingeprägt, denn es war eines der unvergeßlichen Erlebnisse meines Lebens. Ich hatte Ende 1951 mein Amt als Botschafter Indiens in den Vereinigten Staaten angetreten und befand mich auf einer offiziellen Rundreise durch die verschiedenen Teile des Landes. Anfang März 1952 traf ich in Los Angeles ein und dachte vor allem an meine bevorstehende Begegnung mit Paramahansaji, dessen Lehre der Selbst-Verwirklichung nicht nur in den Vereinigten Staaten, sondern auch in vielen anderen Ländern der Erde von großem geistigen Einfluß geworden war.

Obgleich ich viel über Paramahansaji und sein Werk gehört hatte, war ich ziemlich unvorbereitet auf das, was mich im Mt.-Washington-Zentrum der *Self-Realization Fellowship* erwartete. Schon bei meiner Ankunft fühlte ich mich um dreitausend Jahre in einen der alten Ashrams zurückversetzt, von de-

Alles Glück liegt in dir

nen unsere heiligen Schriften berichten. Hier war der große *Rishi* [erleuchtete Weise] im Kreise seiner Jünger, die alle in das ockerfarbene Gewand der *Sannyasis* [der Entsagenden] gekleidet waren. Es glich einer Insel göttlichen Friedens und göttlicher Liebe in einem vom Tumult des modernen Zeitalters aufgepeitschten Meer.

Paramahansaji stand am Portal, um meine Frau und mich zu begrüßen. Die Wirkung, die sein Anblick auf mich hatte, ist unbeschreiblich. Ich fühlte mich auf eine Weise erhoben, wie ich es nie zuvor gespürt hatte. Als ich in sein Antlitz blickte, waren meine Augen von dem Glanz beinahe geblendet – einem Licht geistiger Größe, das buchstäblich von ihm ausstrahlte. Seine unendliche Sanftheit und liebevolle Güte umfingen meine Frau und mich wie warmes Sonnenlicht.

In den darauffolgenden Tagen widmete uns der Meister jede freie Minute. Wir sprachen viel über Indiens Probleme und über die Pläne unserer Regierung, die sich bemühte, die Lebensbedingungen des indischen Volkes zu verbessern. Ich stellte fest, daß sein Verständnis und seine Kenntnisse sich bis hin auf die alltäglichsten Probleme erstreckten, obgleich er ein tiefgeistiger Mensch war. In ihm fand ich einen wahren Botschafter Indiens, der die Essenz der altüberlieferten Weisheit Indiens in der ganzen Welt verbreitete.

Die letzten Augenblicke mit ihm auf dem Bankett im Biltmore-Hotel werden mir für immer in Erinnerung bleiben. Dieses Geschehnis ist bereits an anderer Stelle beschrieben worden; es war wahrhaftig ein *Mahasamadhi*. Man spürte sofort, daß eine

Vorwort

große Seele diese Welt verlassen hatte, und zwar auf eine Art und Weise, wie nur sie es vermochte. Ich glaube nicht, daß irgendeinem von uns nach Trauern zumute war. Wir fühlten vor allem eine grenzenlose Freude, weil wir Zeugen eines göttlichen Ereignisses geworden waren.

Seit jenem Tag hat mich mein Beruf in viele Länder geführt. In Südamerika, Europa und Indien haben Menschen, die mit Paramahansajis göttlichem Licht in Berührung gekommen waren, mich gebeten, etwas über diesen großen Menschen zu erzählen; denn auf den überall veröffentlichten Fotos aus seinen letzten Lebenstagen hatten sie gesehen, daß ich dabeigewesen war. Bei allen, die sich an mich wandten, fühlte ich die brennende Sehnsucht, ihr Leben in dieser schwierigen Zeit auf ein bestimmtes Ziel auszurichten. Ich erkannte immer mehr, daß das Werk, das der Meister ins Leben gerufen hatte, weit davon entfernt war, sich wieder aufzulösen – daß sein Licht immer mehr Menschen auf der ganzen Welt erreichte.

Nirgendwo kommt sein Vermächtnis leuchtender zum Ausdruck als in seiner heiligen Jüngerin Sri Daya Mata, die er darauf vorbereitet hatte, sein Werk nach seinem Hinscheiden weiterzuführen. Bevor er seinen Körper verließ, sagte er ihr: »Wenn ich nicht mehr hier bin, kann nur die Liebe mich ersetzen.« Jene, die wie ich das Vorrecht hatten, Paramahansaji zu begegnen, finden in Daya Mataji denselben Geist göttlicher Liebe und göttlichen Mitgefühls, der mich vor fast vierzig Jahren bei meinem ersten Besuch im Mutterzentrum der *Self-Realization Fellowship* so tief beeindruckt hat. Das vorliegende

Alles Glück liegt in dir

Buch, in dem ihre Worte aufgezeichnet worden sind, ist ein unschätzbares Geschenk an den Leser, denn es enthält die Weisheit und Liebe, mit denen der große Meister ihr Leben erfüllt und die mein eigenes Leben nachhaltig verändert haben.

Während sich unsere Welt auf das neue Jahrtausend zubewegt, ist sie wie nie zuvor von Dunkelheit und Verwirrung bedroht. Der alte Weg, bei dem Land gegen Land, Religion gegen Religion und der Mensch gegen die Natur kämpfen, muß in einem neuen Geist der allumfassenden Liebe, des Verständnisses und des Mitgefühls für andere überwunden werden. Das ist die ewige Botschaft der indischen Seher – die Botschaft, die uns Paramahansa Yogananda für unsere Zeit und für zukünftige Generationen übermittelt hat. Ich hoffe zutiefst, daß die Fackel, die er entzündet hat und die sich nun in den Händen Sri Daya Matas befindet, Millionen von suchenden Menschen den geistigen Weg erleuchten wird.

Kalkutta
am 20. Oktober 1990

Geleitwort

Von 1931 bis 1952 hatte ich das Vorrecht und gleichzeitig die Aufgabe, Paramahansa Yoganandas Lehre stenographisch für die Nachwelt festzuhalten. Dazu gehörten seine öffentlichen Ansprachen und Vorträge, die inspirierenden Sonntags- und Donnerstags-Gottesdienste, die er im internationalen Mutterzentrum und in den Tempeln der *Self-Realization Fellowship* hielt, und viele der spontanen geistigen Ratschläge, die er seinen Jüngern gab.

Die Lehre, die der Guru in seinen Vorträgen und Ansprachen im ganzen Land verbreitete – besonders die detaillierten Anleitungen zu den Yoga-Meditationstechniken, die er während der privaten Seminare in jeder Stadt gab – wurde in den *Lehrbriefen der Self-Realization Fellowship* zusammengefaßt. Über einhundert der inspirierenden Vorträge, die er im Laufe der Jahre vor Mitgliedern und interessierten Zuhörern in den Tempeln und im internationalen Mutterzentrum der *Self-Realization Fellowship* gehalten hat, sind in drei Sammelbänden erschienen: *Man's Eternal Quest*, *The Divine Romance* und *Journey to Self-Realization*; weitere Vorträge erscheinen in jeder Ausgabe der Zeitschrift *Self-Realization*. Das vorliegende Buch soll Sie mit den persönlichen Anweisungen und inspirierenden Ratschlägen Paramahansajis an seine vertrautesten Jünger bekannt machen, die durch ihren täglichen Umgang mit dem großen Meister eine gründliche geistige Schulung und Disziplin erhielten.

Gurudeva[1] sagte all denen von uns, die den

---

[1] Sri Daya Mata gebraucht häufig die Bezeichnungen »Gurudeva« (»göttlicher Lehrer«), »Guruji« (die Endsilbe *-ji* wird in In-

Alles Glück liegt in dir

aufrichtigen Wunsch hatten, Gott zu finden, sehr deutlich, was wir tun müßten, um uns zu ändern und um Gottesbewußtsein zu erlangen. Meist aber schulte er uns nicht durch lange, ausführliche Erklärungen. Wenn unsere Gedanken und Handlungen verrieten, daß wir das Ziel – Gott zu finden – aus den Augen verloren hatten, bediente er sich vieler indirekter Methoden – manche waren allerdings drastisch! –, um unsere geistigen Bemühungen wieder anzufachen. Eine eindeutige Bemerkung, ein vielsagender Blick, ein ermutigender Hinweis auf die Eigenschaften eines vollkommenen Gottsuchers oder auf einen Grundsatz der Wahrheit verfehlten nie ihre Wirkung; sie führten immer eine Veränderung in uns herbei. Vor allem aber lernten wir durch Gurudevas Beispiel, dem wir zu folgen versuchten; denn in seinem Leben spiegelte sich die Liebe und Freude Gottes auf vollkommene Weise wider.

Die in diesem Buch enthaltenen Ratschläge sind das Ergebnis der Erfahrungen, die ich zwanzig Jahre lang zu Füßen meines Gurus gesammelt habe. Eine ähnliche Schulung erteilte er allen, die nicht nur von intellektueller Neugier auf geistige Wahrheiten motiviert waren, sondern bei denen er eine aufrichtige Sehnsucht spürte, Gott näherzukommen und ihr Leben in Ihm zu verankern.

Das meiste des hier vorliegenden Materials

---

dien an Titel und Namen angehängt, um Achtung vor der jeweiligen Person auszudrücken) und »Meister« (eine Anrede, die dem Sanskritwort *Guru* am nächsten kommt. Sie bezeichnet den Angeredeten als einen Menschen, der höchste Verwirklichung erreicht hat und deshalb auf einzigartige Weise geeignet ist, andere auf ihrem inneren Weg zu Gott zu führen).
(*Anmerkung des Herausgebers*)

Geleitwort

stammt aus *Satsangas* – inoffiziellen Versammlungen, bei denen die Anwesenden dem Leiter Fragen stellen können oder bei denen er aus dem Stegreif über geistige Themen spricht. Im Laufe der Jahre haben Gurujis Jünger viele dieser Ansprachen auf Tonband aufgenommen und in der Zeitschrift *Self-Realization* veröffentlicht. Einige Vorträge sind auch als Kassetten erhältlich. Während der letzten Monate ist es mir möglich gewesen, mit unseren Lektoren das früher veröffentlichte Material zu überarbeiten und dabei einiges deutlicher zu formulieren, hie und da etwas einzufügen und das Ganze nach Themen zu ordnen, damit es als Buch erscheinen kann.

Wenn ich an die vielen Jahre zurückdenke, in denen mein Leben von Gurudeva geleitet wurde, empfinde ich große Dankbarkeit. In all diesen Jahren habe ich in Herz und Seele tiefste Erfüllung gefunden. Mir selbst kommt kein Verdienst zu; ich verdanke alles dem Segen meines Gurus und seiner Lehre. Und ich hoffe in aller Demut, daß die geistigen Grundsätze und Ideale, die mein eigenes Leben auf solch wunderbare Weise verwandelt haben, sich auch segensreich auf das Leben anderer Menschen auswirken werden, wenn sie dieses Buch lesen.

Los Angeles
am 19. November 1990

Einführung

»Was für ein unermeßliches Reich der Liebe und Freude sich in unserer Seele befindet! Wir brauchen es uns nicht erst zu erwerben; es gehört uns bereits.«
Sri Daya Mata

Diese Auswahl von Ansprachen macht uns deutlich bewußt, daß jeder von uns – unabhängig von seinen äußeren Lebensumständen – lernen kann, jeden Tag ununterbrochen in der Freude und Geborgenheit zu leben, die in unserem tiefsten Innern liegt. Das Buch *Alles Glück liegt in dir* ist ein einfühlsamer und praktischer Leitfaden für ein auf Gott ausgerichtetes Leben; es bietet dem Leser die geistigen Früchte, welche die Autorin in den über sechzig Jahren gesammelt hat, die sie nur für Gott lebte und in denen sie Seine Freude auch anderen vermittelte.

Sri Daya Mata wurde am 31. Januar 1914 in Salt Lake City, Utah/USA, geboren.[2] Schon seit frühester Kindheit hatte sie eine tiefe Sehnsucht nach Gott. Als sie acht Jahre alt war, hörte sie in der Schule zum ersten Mal etwas über Indien; das berührte sie auf ganz geheimnisvolle Weise, und sie war sofort überzeugt davon, daß Indien ihrem Leben Erfüllung bringen könne. Als sie am selben Tag aus

---

[2] Ihr bürgerlicher Namen war Faye Wright. Später erhielt sie den Ordensnamen Daya Mata, »Mutter der Barmherzigkeit«, unter dem sie bekannt geworden ist. »Sri« ist ein Titel, der Respekt ausdrückt.

der Schule nach Hause kam, verkündete sie ihrer Mutter jubelnd: »Wenn ich groß geworden bin, will ich nie heiraten; ich will nach Indien gehen.« Prophetische Worte aus dem Munde eines Kindes!

Als Daya Mata fünfzehn Jahre alt war, erhielt sie eine Ausgabe der Bhagavad-Gita (»Gesang des Herrn«) zum Geschenk. Diese heilige Schrift hatte eine tiefe Wirkung auf sie, denn sie offenbarte ihr, daß Gott all Seine Kinder liebt, daß Er Verständnis für sie hat und mit ihnen mitfühlt. Sie zeigte ihr, daß man Ihm immer näher kommen und Ihn schließlich finden kann; auch wurden Seine Kinder darin als göttliche Wesen bezeichnet, die durch eigene Bemühungen ihr geistiges Geburtsrecht, ihre Einheit mit Ihm erlangen können. Daya Mata entschloß sich, ihr Leben auf irgendeine Weise der Suche nach Gott zu widmen. Sie holte sich bei mehreren kirchlichen Autoritäten Auskunft, jedoch verblieb immer eine brennende Frage in ihrem Herzen: »Wer aber *liebt* Gott; wer *kennt* Ihn?«

1931 besuchte Paramahansa Yogananda Salt Lake City, um dort eine Reihe von Vorträgen zu halten.[3] Daya Mata, damals siebzehn Jahre alt, nahm zusammen mit ihrer Mutter und ihrer Schwester daran teil. Ihren ersten Eindruck beschrieb sie wie folgt: »Wie gebannt stand ich ganz hinten im überfüllten Vortragssaal und nahm von meiner Umge-

---

[3] Paramahansa Yogananda hatte 1917 die *Yogoda Satsanga Society of India* gegründet und lebte seit 1920 in den USA. In jenem Jahr wurde er aufgefordert, als indischer Delegierter am Internationalen Kongreß religiöser Freidenker in Boston teilzunehmen. In den darauffolgenden Jahren hielt er im ganzen Land Vorträge und gründete in Los Angeles ein internationales Mutterzentrum, die *Self-Realization Fellowship*, für seine Organisation.

Einführung

bung nichts mehr wahr; meine ganze Aufmerksamkeit war auf den Redner gerichtet, auf das, was er sagte. Meine Seele ging völlig in der Weisheit und göttlichen Liebe auf, die sich von ihm über mein Herz und meinen Geist ergossen. Ich konnte nur denken: ›Dieser Mensch liebt Gott so, wie ich mich immer danach gesehnt habe, Ihn zu lieben. Er *kennt* Gott. Ihm will ich folgen.‹«

Bei einer Versammlung von mehreren tausend Menschen war es unwahrscheinlich, daß das junge Mädchen Gelegenheit haben würde, dem Guru persönlich zu begegnen. Es heißt jedoch, daß hinter einem Unglück manchmal ein versteckter Segen liegt. Daya Mata hatte lange Zeit an einer schweren Blutkrankheit gelitten. Dieses Leiden, für das die Ärzte kein Heilmittel finden konnten, zwang sie schließlich dazu, die Schule zu verlassen. Dennoch besuchte sie getreulich Paramahansajis Vorträge; und die Verbände, die ihr geschwollenes Gesicht bedeckten, haben den großen Guru sicher auf sie aufmerksam gemacht. Gegen Ende des Seminars vollzog er eine göttliche Heilung an ihr und sagte voraus, daß binnen sieben Tagen ihre Krankheit spurlos verschwunden sein würde und nie wieder auftreten werde. Und so geschah es[4]. Ein noch größerer Segen als ihre erstaunliche Heilung war jedoch ihre persönliche Begegnung mit diesem Gottmenschen. Sie war außerordentlich schüchtern und wundert sich bis heute, woher sie den Mut nahm, ihm gleich zu sagen: »Ich möchte so gern in Ihren Ashram eintreten und mein Leben der Suche nach

---

[4] Daya Mata beschreibt diese göttliche Heilung eingehender auf den Seiten 3-5.

Alles Glück liegt in dir

Gott weihen.« Der Guru blickte sie einen Augenblick lang durchdringend an und antwortete dann: »Und das wirst du auch.«

Dennoch bedurfte es eines Wunders, um dies möglich zu machen, denn der Widerstand der Familie war groß. Sie war noch ein junges Mädchen, und ihre Familie war – mit Ausnahme ihrer verständnisvollen Mutter – strikt dagegen, daß sie ihr Zuhause verließ, um einer ihnen völlig fremden Religion zu folgen. Eines Abends sagte Paramahansa Yogananda in einem Vortrag, daß Gott jedem Gottsucher antworten werde, der Ihn intensiv genug anrufe und entschlossen sei, eine Antwort von Ihm zu erhalten. Daya Mata besaß diese Entschlossenheit. Noch in derselben Nacht begab sie sich, nachdem die Familie zu Bett gegangen war, ins Wohnzimmer, wo sie allein sein konnte. Unter Tränen schüttete sie Gott ihr Herz aus. Nach mehreren Stunden wurde sie von einem tiefen Frieden erfüllt, und ihre Tränen versiegten; sie wußte, daß Gott ihr Gebet erhört hatte. Schon nach zwei Wochen standen ihr alle Türen offen, und am 19. November 1931 durfte sie in Paramahansa Yoganandas Ashram in Los Angeles eintreten. Im darauffolgenden Jahr legte sie das höchste Gelübde der Entsagung ab, in dem sie ihr ganzes Leben Gott weihte; sie war eine der ersten *Sannyasinis* des religiösen *Self-Realization-Fellowship*-Ordens.

Die Zeit, die sie zu Füßen ihres Gurus verbrachte, flog nur so dahin. Obgleich sie innerlich sehr glücklich war, blieben die ersten Jahre der Ashramschulung nicht ohne innere Kämpfe. Paramahansaji bemühte sich liebevoll darum, die junge Nonne zu einer beispielhaften Jüngerin zu machen,

Einführung

was zuweilen große Strenge erforderte. Von Anfang an war klar erkenntlich, daß Paramahansaji sie auf eine besondere Rolle vorbereitete. Später sagte er ihr, daß er ihr dieselbe intensive geistige Schulung gegeben habe, die er von seinem Guru Swami Sri Yukteswar empfangen hatte – eine bedeutsame Bemerkung, denn die geistige Verantwortung für die Organisation, die Sri Yukteswar ihm übertragen hatte, sollte später auf sie übergehen.

Mehr als zwanzig Jahre lang gehörte Sri Daya Mata zu dem engen Kreis seiner vertrauten Jünger, die fast ständig mit ihm zusammen waren. Im Laufe der Jahre übertrug er ihr immer größere Verantwortung; und gegen Ende seines Lebens sprach er zu seinen Jüngern ganz offen über die Rolle, die sie in seiner weltweiten Organisation spielen werde.

Für Daya Mata, die einfach nur im Hintergrund bleiben wollte, wurde die führende Rolle, die er ihr übertrug, zu einer ungeheuren Prüfung. Sie bat den Meister dringend, sie lieber unter der Leitung eines anderen dienen zu lassen, ganz gleich, wen er dazu bestimmen würde. Aber er blieb fest. Da Daya Mata vor allem den Wunsch hatte, den Willen Gottes und ihres Gurus zu tun, unterwarf sie sich innerlich diesem Gebot. »Meine Arbeit ist jetzt beendet«, sagte ihr der Meister, »und die deinige beginnt.«

Am 7. März 1952 ging Paramahansaji in den *Mahasamadhi*[5] ein. Nach dem Tod des heiligen Rajarsi Janakananda im Jahre 1955 wurde Sri Daya Mata zur

---

[5] Der bewußte, endgültige Austritt einer erleuchteten Seele aus ihrem physischen Körper. Paramahansa Yogananda ging am 7. März 1952 im Biltmore-Hotel, Los Angeles, in den *Mahasamadhi* ein, kurz nachdem er auf einem Bankett zu Ehren des Botschafters B.R. Sen eine Ansprache gehalten hatte.

Alles Glück liegt in dir

neuen Präsidentin der *Self-Realization Fellowship/Yogoda Satsanga Society of India* gewählt. Als geistige Nachfolgerin Paramahansa Yoganandas trägt sie die Verantwortung für die geistige Führung der SRF/YSS-Mitglieder und für die Schulung der in den *Self-Realization-* und *Yogoda*-Ashrams lebenden Ordensleute und wacht über die Verbreitung der Lehre und das Wachstum des geistigen und humanitären Werkes in aller Welt – so wie es Paramahansa Yoganandas Idealen und Vorstellungen entspricht.

Am 7. März 1990 berichteten die Tageszeitungen in Los Angeles über Sri Daya Matas 35jähriges Jubiläum als Präsidentin der Organisation. In einem Artikel hieß es: »Sie war in der heutigen Zeit eine der ersten weiblichen Leiterinnen einer weltweiten religiösen Bewegung und kann daher als eine Vorläuferin der Frauen in geistlichen Führungspositionen bezeichnet werden, die in der Tradition der meisten Religionsgemeinschaften den Männern vorbehalten sind. Während der fünfunddreißig Jahre, die sie dieses Amt bekleidet, haben viele Menschen sie durch ihre weltweiten Vortragsreisen sowie durch ihre Schriften und die Film- und Tonbandaufnahmen ihrer Ansprachen kennengelernt. Sie betont darin die universalen Grundsätze, die von den großen Religionen in Ost und West gelehrt werden.«

Paramahansaji schrieb Daya Mata zu ihrem Geburtstag im Jahre 1946: »Mögest Du im Bild der Kosmischen Mutter wiedergeboren werden und alle Menschen allein durch Deine geistige Mütterlichkeit inspirieren. Dein einziges Ziel soll es sein, andere durch dein beispielhaftes Leben zu Gott zu führen.« Heute ist Sri Daya Mata für die Mitglieder

Einführung

der *Self-Realization Fellowship/Yogoda Satsanga Society* die *Sanghamata*, die »Mutter der Organisation«. Ihre große Liebe und geistige Kraft hat auch viele andere Menschen angerührt. Ein Geschäftsmann, der jahrelang beruflich mit der *Self-Realization Fellowship* zu tun hatte, schrieb ihr: »Ihre heitere Gelassenheit bedeutet mir und anderen sehr viel. Sie und die Menschen um Sie herum gleichen einem felsenfesten Fundament, an dem man sich in dieser so unbeständigen Welt festhalten kann. Ich weiß, daß Sie sich selbst kein Verdienst hierfür zuschreiben – Sie leben einfach nach ihrer Überzeugung, dann ergibt sich alles andere von selbst.«

Obwohl ihr Leben hauptsächlich dem Werk ihres Gurus und den Menschen gilt, die den Weg der Selbst-Verwirklichung beschreiten, fühlt sie, daß alle Gottsucher – ganz gleich, welcher Religion – zu ihrer geistigen Familie gehören. Eine katholische Ordensschwester von den »Missionarinnen der Nächstenliebe« sagte, nachdem sie Daya Mata begegnet war und sie bei verschiedenen Anlässen hatte sprechen hören: »Für mich, die ich einem religiösen Orden angehöre, ist Daya Mata ein leuchtendes Beispiel dafür, wie ein Leben, das Gott und dem Dienst am Nächsten geweiht ist, sein sollte. Sie erinnert mich an Johannes den Täufer, jenen großen Vorläufer Christi, der von sich selbst sagte: ›Ich bin eine Stimme eines Predigers in der Wüste: Richtet den Weg des Herrn.‹ Für sie gibt es keine Katholiken, Protestanten oder Hindus, sondern nur Kinder Gottes – Kinder des einen Vaters. Sie zieht jedes von ihnen liebevoll an ihr Herz. Ich, eine katholische Nonne, habe von ihr viel Güte, Aufmerksamkeit und Ermutigung erhalten. Ich fühle im-

Alles Glück liegt in dir

mer, daß sie mich wie eine der ihren behandelt. Für mich wird sie stets das Ideal einer Nonne sein. ... Sie strahlt Gottes Liebe aus.«

SELF-REALIZATION FELLOWSHIP

ALLES
GLÜCK
LIEGT IN DIR

Ja, wir können Gott finden!

Eröffnungsansprache auf einer Welttagung der Self-Realization Fellowship. Diese einwöchige Veranstaltung findet alljährlich in Los Angeles statt und bietet ein Programm mit Vorträgen, Meditationen und geistigem Beisammensein.

Morgen beginnen die Veranstaltungen, und ich weiß noch gut, wie ich vor vielen Jahren in Salt Lake City zum ersten Mal einige Vorträge unseres verehrten Gurus Paramahansa Yogananda besuchte. Welch tiefgreifende Veränderung sie in meinem Leben bewirkt haben!

Seit frühester Kindheit hatte ich ständig das Verlangen, Gott in diesem Leben zu finden. Ich war gerade siebzehn Jahre alt, als ich Paramahansaji begegnete. Zu jener Zeit war ich körperlich schwer krank. Ich litt an einer Blutvergiftung, von der mein ganzer Körper betroffen war und wogegen die Ärzte kein Heilmittel finden konnten. Ein Auge war zugeschwollen, und drei Verbände verunstalteten mein Gesicht. Diese Verbände erwiesen sich aber als ein Segen, denn selbst in der großen Zuhörerschaft fiel ich auf, wenn auch peinlich.

In jenen Tagen pflegte der Meister immer mehrere Einführungsvorträge zu geben, um seine Lehre vorzustellen. Anschließend folgten Vorlesungen, in denen er näher auf die verschiedenen Formen und Methoden des Yoga einging. Nach dem letzten öffentlichen Vortrag lud er die Versammelten jedesmal ein, nach vorn zu kommen, um jeden einzelnen

Alles Glück liegt in dir

persönlich zu begrüßen. Mit zitternden Knien ging ich auf ihn zu; ich war unsagbar schüchtern. Als ich vor ihm stand, blickte er auf mein entstelltes Gesicht und fragte:»Was ist mit dir?« Nachdem meine Mutter, die mich zu den Vorträgen begleitete, ihm mein gesundheitliches Problem geschildert hatte, sagte er:»Komm morgen wieder zum Unterricht«, (ich wäre natürlich sowieso hingegangen!) »und bleib anschließend noch hier.«

Den ganzen nächsten Tag wartete ich voller Vorfreude auf das persönliche Gespräch mit dem Guru. Am Abend sprach er über Glauben und Willenskraft. Während ich ihm zuhörte, erweckten seine Worte in mir die tiefe Überzeugung, daß der Glaube an Gott tatsächlich Berge versetzen kann.

Nach der Veranstaltung wartete ich, bis ich die allerletzte war, die ihn begrüßte. Während wir sprachen, fragte er plötzlich wie aus heiterem Himmel: »Glaubst du, daß Gott dich heilen kann?« Als er das sagte, sah ich eine göttliche Kraft aus seinen Augen sprühen.

Und ich erwiderte: »Ich *weiß*, daß Gott mich heilen kann.«

Da berührte er mit segnender Geste meine Stirn zwischen den Augenbrauen – die Stelle, die wir das Christus- oder *Kutastha*-Zentrum[1] nennen. Dann sagte er: »Von heute an bist du geheilt. Innerhalb einer Woche wirst du die Verbände nicht mehr benötigen; deine Narben werden verschwunden sein.« Und genau so geschah es. Innerhalb einer Woche

---

[1] Das feinstoffliche Zentrum (*Ajna-Chakra*) an der Stelle zwischen den Augenbrauen; der Sitz des allsehenden geistigen Auges und des allumfassenden Christusbewußtseins im Menschen; das Zentrum des Willens und der Konzentration.

Ja, wir können Gott finden!

war ich gesund, und die Krankheit ist nie wieder aufgetreten.

HARMONISCHE ENTWICKLUNG VON KÖRPER, GEIST UND SEELE

Die harmonische Entwicklung von Körper, Geist und Seele bildet die Grundlage der Lehre der *Self-Realization Fellowship*. Wenn wir uns ausschließlich auf unsere körperlichen Probleme konzentrieren, wenn die körperlichen Schmerzen unsere ganze Aufmerksamkeit beanspruchen, ist es unmöglich, Gott zu erkennen. Auch können wir Gott nicht näherkommen, wenn der Geist unter Sorgen, Angst, Zweifeln oder Gemütsstörungen leidet, weil wir Ihm dann nicht die Aufmerksamkeit schenken können, die nötig ist, um Ihn zu finden. Darum behaupten die indischen Yogis, daß eine wichtige Voraussetzung für die Gottsuche darin bestehe, bestimmte Methoden anzuwenden, mit denen wir den Körper durch einfache, tägliche Pflege gesund erhalten können; und daß wir außerdem unsere Konzentrationsfähigkeit entwickeln müssen, damit der Geist, der durch die wechselnden Umstände in dieser Welt in ständige Unruhe versetzt wird, uns bei der Meditation nicht ablenkt.

Die Anleitungen Paramahansa Yoganandas zur richtigen Lebensführung und die Techniken[2], die ihr im Laufe der nächsten Woche erhalten werdet, beruhen auf diesen Grundsätzen. Sie werden euch helfen, Körper und Geist zu kräftigen und Herr-

---

[2] Die Techniken der *Kriya-Yoga*-Wissenschaft zur Konzentration, Meditation und Herrschaft über die Lebenskraft, die Paramahansa Yogananda in den *Lehrbriefen der Self-Realization Fellowship* dargelegt hat.

schaft über sie zu erlangen; und sie werden es euch ermöglichen, euer Bewußtsein über Körper und Geist zu erheben, so daß ihr erkennt, daß ihr Ebenbilder des Einen Kosmischen Geliebten seid.

Ihr werdet die richtigen Methoden erhalten; doch, wie Guruji zu sagen pflegte, müßt ihr sie auch anwenden. Wenn ihr hierherkommt, um die Lehre in euch aufzunehmen, wenn ihr euch vorübergehend inspiriert fühlt und dann nach Hause zurückkehrt und sagt: »Das war eine anregende Woche«, das Gelernte aber bald wieder vergeßt – dann, meine Lieben, habt ihr keinen dauerhaften Gewinn daraus gezogen. Man muß gewissenhaft und regelmäßig, voller Konzentration und Begeisterung üben, um mit dem *Raja-Yoga*[3], wie wir ihn hier lehren, Erfolge zu erzielen.

DER GÖTTLICHE SINN DES LEBENS

Wir sind aus einem bestimmten Grund auf dieser Erde – um, wie Christus lehrte, als Gottes Kinder unser verlorenes göttliches Erbe zurückzufordern. »Wisset ihr nicht, daß ihr Gottes Tempel seid und der Geist Gottes in euch wohnt?«[4]

Wir alle haben das schon einmal gehört, aber wer von uns hat es tatsächlich verstanden? Es ist etwas ganz anderes, eine Religion – die Wissenschaft von der Seele –, die auf wissenschaftlichen Grundsätzen beruht, rein theoretisch zu verstehen, als Gott

---

[3] *Raja-Yoga*, der »königliche« oder höchste Weg, der zur Vereinigung mit Gott führt, umfaßt die wichtigsten Grundsätze aller anderen Formen des Yoga. Sein Schwerpunkt liegt auf wissenschaftlichen Meditationstechniken wie dem Kriya-Yoga, der höchsten Methode, Gott-Verwirklichung zu erlangen.
[4] *1. Korinther* 3, 16.

Ja, wir können Gott finden!

direkt wahrzunehmen. Jeder Mensch sehnt sich ja im tiefsten Innern danach, tatsächlich mit dem Göttlichen Geliebten in Verbindung zu gelangen – jeder einzelne von euch.

Wir alle hungern nach etwas, das nicht von dieser Welt ist. Selbst Gott fühlt, daß Ihm etwas fehlt, auch Er sehnt sich nach etwas. Er besitzt das ganze Universum, aber eines hat Er nicht: unsere Liebe. Er sehnt sich danach, von Seinen Kindern – von euch, mir und allen anderen Menschen – geliebt zu werden. Und Er wird nie vollkommen zufrieden sein, solange Er weiß, daß wir noch in diesem furchtbaren Wirrwarr stecken, das wir selbst verursacht haben. Als der Meister mir dies vor vielen Jahren zum erstenmal erklärte, fühlte ich glühende Begeisterung in mir aufsteigen, und ich war fest entschlossen, mein Leben ganz der Suche nach Gott zu widmen.

Denkt einmal an die gewaltigen Probleme, mit denen die Menschheit heute konfrontiert wird: Haß, Vorurteile, Selbstsucht. Einige leben im Überfluß, während andere kaum genug zum Leben haben. Es gibt Streit zwischen den Vertretern verschiedener Weltanschauungen, weil jede Gruppe überzeugt ist, daß ihre Lehre besser sei als die der anderen. Warum schuf Gott so viele verschiedene Menschen, so viele verschiedene Mentalitäten? Wenn wir alle Kinder des einen Gottes sind, was verursacht dann all unsere Unterschiede?

Bemüht euch um innere Stille und um klares Verständnis

Alle heiligen Schriften der Welt berichten, daß wir Gott zum Bilde geschaffen sind. Wenn das

Alles Glück liegt in dir

stimmt, warum erkennen wir uns dann nicht als ebenso makellos und unsterblich, wie Er es ist? Warum wird uns nicht bewußt, daß wir Verkörperungen Seines Geistes sind?

Guruji hat den menschlichen Geist oft mit einem See verglichen. Ist das Wasser ruhig, so spiegelt sich der Mond deutlich darin wider. Wenn jemand aber eine Handvoll Kieselsteine in den See wirft, verzerrt sich das Spiegelbild des Mondes; denn die Steine rufen Wellen hervor und setzen die glatte Wasseroberfläche in Bewegung. Ähnlich wird auch der menschliche Geist unentwegt von den Kieselsteinen der Gefühlsregungen, Launen und Gewohnheiten aufgewühlt, die er in diesem und in früheren Leben angenommen hat.[5] Sie machen es ihm sogar unmöglich, klar zu denken, und lassen ihn erst recht keine klare Widerspiegelung Gottes in seinem Innern erkennen.

Nun mögt ihr fragen: »Ist es deshalb unmöglich, Gott zu erkennen?« Wir wollen einmal sehen, was die heiligen Schriften hierzu sagen: »Seid stille und erkennet, daß ich Gott bin.«[6] »Betet ohne Unterlaß.«[7] Hier und in anderen Ländern fragen mich die Menschen oft: »Wie können Sie so viele Stunden regungslos meditieren? Was tun Sie während dieser Zeit der Stille?« Die Yogis im alten Indien haben,

---

[5] Ein Hinweis auf die Reinkarnation, die Lehre, daß die Menschen – gezwungen durch das Gesetz der Evolution – sich immer wieder verkörpern müssen, um sich in weiteren Leben höherzuentwickeln, bis sie schließlich Selbst-Verwirklichung und Vereinigung mit Gott erlangen. Dieser Vorgang wird durch falsche Handlungen und Wünsche verzögert und durch geistige Bemühungen gefördert.
[6] *Psalm* 46, 11.
[7] *1. Thessalonicher* 5, 17.

Ja, wir können Gott finden!

wie in keinem anderen Land der Welt, die Wissenschaft der Religion erforscht. Sie haben entdeckt, daß es möglich ist, den Geist mit Hilfe bestimmter wissenschaftlicher Techniken derart zu beruhigen, daß er nicht einmal mehr von den kleinsten Wellen ruheloser Gedanken gestört oder abgelenkt wird. In einem solch klaren See des Bewußtseins schauen wir die Widerspiegelung des Göttlichen im eigenen Innern.

Wenn ihr regelmäßig und mit unverminderter Aufmerksamkeit Yoga übt, wird die Zeit kommen, da ihr plötzlich feststellt: »Oh, ich bin nicht dieser Körper, auch wenn ich ihn gebrauche, um mich mit der Welt zu verständigen; ich bin nicht dieser Geist mit all seinen Gemütsbewegungen des Zorns, der Eifersucht, des Hasses, der Gier und der Ruhelosigkeit. Ich bin dieser wunderbare innere Bewußtseinszustand. Ich bin Gottes Ebenbild – ein Abbild Seiner Glückseligkeit und Liebe.«

DER MENSCH LEIDET, WEIL ER SICH VON GOTT ABGEWANDT HAT

Das Ziel des Lebens besteht darin, Gott zu erkennen. Und alle Schwierigkeiten in der Welt haben ihre Ursache darin, daß der Mensch sich von Gott abgewandt hat. Wir müssen endlich zu Ihm zurückkehren. Heißt das nun, daß wir uns in den Himalaja oder in einen Ashram oder ein Kloster zurückziehen sollten? Keineswegs. Der Meister hat es in einem seiner Gebete richtig ausgedrückt: »Wo Du mich hingestellt hast, dorthin mußt Du auch kommen.« Allerdings müssen wir Gott zumindest eine der vierundzwanzig Stunden am Tage widmen –

Alles Glück liegt in dir

Stunden, die fast alle Menschen nur damit verbringen, zu arbeiten, den Körper zu ernähren und ihn zu kleiden, sich durch Lesen geistig weiterzubilden oder Freizeitbeschäftigungen nachzugehen oder zu schlafen. Wer von uns kann ehrlich behaupten, daß dies unmöglich sei?

Der Herr Krishna ermahnte Arjuna: »Halte dich fern von Meinem Meer des Leidens.«[8] Leider denken wir sehr oft überhaupt nicht an Gott, bis uns plötzlich ein harter Schicksalsschlag trifft – bis uns etwas zutiefst erschüttert und wir erkennen, daß es letztendlich keine Sicherheit für uns auf dieser Welt gibt. Weder Geld noch Gesundheit noch menschliche Liebe sind von Dauer. Wo finden wir dann einen Halt? Wenn uns das Leben heftig umhergewirbelt hat, suchen wir nach einem Ausweg, um unser inneres Gleichgewicht wiederherzustellen. Wir beginnen, tiefer nach dem eigentlichen Sinn des Lebens zu forschen. Vielleicht fangen wir an, regelmäßig zur Kirche zu gehen oder uns mit Philosophie zu befassen oder die Lebensgeschichte von Heiligen zu lesen. Und so beginnt unsere Suche nach Gott.

Wenn wir nach einem Beispiel wahrer und vollkommener Ausgeglichenheit in dieser Welt suchen, kommt uns sofort das Leben Christi in den Sinn. Auch als ihm sein Körper grausam entrissen wurde, hielt er noch am freudigen Bewußtsein der Gegenwart Gottes fest. Sein Glück und seine Sicherheit waren weder von seinem Körper noch von anderen

---

[8] »Doch diejenigen, deren Bewußtsein fest auf Mich gerichtet ist, werde ich bald erlösen und sie aus dem Meer der irdischen Geburten in die Freiheit führen.« (*Bhagavad-Gita* XII, 7)

Ja, wir können Gott finden!

äußeren, materiellen Dingen abhängig. Seine Freude und seine Sicherheit lagen in Gott. Er und andere christusähnliche große Meister sind die ausgeglichensten Wesen, von denen die Geschichte der Menschheit berichtet.

Warum gibt es in heutiger Zeit so viel Unausgeglichenheit? Was stimmt nicht mit der Menschheit? Das Problem liegt darin, daß wir Frieden, Freude und Liebe durch die falschen Methoden zu finden versuchen. Wir meinen, daß wir ohne die Immerwährende Wirklichkeit – Gott – auskommen könnten. Er allein war seit Anbeginn der Welt bei uns, Er allein ist jetzt bei uns und wird uns auch in die jenseitige Welt begleiten. Solange wir nicht zu Ihm zurückkehren, solange wir uns nicht täglich – wenigstens für eine der vierundzwanzig Stunden des Tages – bemühen, Ihn zu finden, können wir kein dauerhaftes Glück finden.

Der Weg zum Frieden

In der Welt herrscht Dualität – Licht und Schatten –, und dort wird es niemals vollkommenen Frieden geben. Jeden Tag fragen wir uns, was wohl morgen in den Schlagzeilen stehen wird, welche Völker sich als nächstes attackieren werden. Wie kann es Frieden in der Welt geben, solange der Mensch ihn noch nicht in seinem eigenen Innern fühlt und ihn dann auch nach außen hin wirksam macht? Glaubt ihr etwa, daß Verhandlungen uns dauerhaften Frieden bringen werden? Keineswegs! Sie tragen zwar dazu bei, aber sie bringen keine endgültige Lösung, weil Frieden zuerst im eigenen Innern vorhanden sein muß. Laßt uns zuerst selbst inneren Frieden finden. Wenn ihr euren Geist von dieser Welt, die uns so viel Entmutigung, Schwierigkeiten und Kummer bringt, abwendet und ihn in Gott verankert, werdet ihr wissen, was wahrer Frieden ist.

Einige meinen, daß Menschen, die Gott suchen, nur der Wirklichkeit entfliehen wollen. Zeigt mir einen Menschen, der das nicht beabsichtigt! Wir alle versuchen, der Wirklichkeit zu entfliehen. Weise ist derjenige, der in Gott allein – und nirgendwo sonst – die einzige sichere Zuflucht vor allem Leid sucht.

Das Vorbild einer grossen Seele

Während der vielen Jahre, die ich an der Seite einer solch großen Seele wie Paramahansa Yogananda verbrachte, konnte ich immer wieder feststellen, wie sein wunderbares geistiges Beispiel viele Seelen dazu ermutigte, ihm nachzueifern. Ich spreche gern über ihn, denn er hat mich im Leben wie kein anderer inspiriert. Er besaß die Kraft, andere zu heilen. Unzählige Male war ich zugegen, als er Menschen von ihren Krankheiten heilte. Auch konnte er in den Gedanken der Menschen lesen. Jedoch sagte er oft: »Ich dringe nie in den privaten Bereich der Gedanken anderer Menschen ein, es sei denn, daß mich jemand darum bittet, ihm zu helfen und ihn zu leiten, oder daß der Herr es mir aus bestimmten Gründen aufträgt.« Wie oft hat er meine Gedanken gelesen und dann nicht auf meine Worte, sondern auf meine Gedanken geantwortet. Es ist natürlich nicht leicht, von einem solchen Lehrer geschult zu werden, vor dem man seine Launen und auch die geringsten negativen Gedanken nie verbergen kann! Oft sagte er uns: »Ich achte nicht auf

Ja, wir können Gott finden!

das, was ihr sagt, sondern auf das, was ihr denkt.« Und ihr könnt mir glauben, daß wir das merkten!

Dennoch war Guruji in vieler Hinsicht sehr kindlich. Damit meine ich nicht »kindisch«; denn das ist etwas anderes. Er besaß all die Eigenschaften, die ein Kind seiner geliebten Mutter gegenüber zum Ausdruck bringt – Einfachheit, Vertrauen und Liebe. So verhielt er sich auch Gott gegenüber. In der Bibel heißt es: »Lasset die Kinder zu mir kommen, und wehret ihnen nicht; denn solcher ist das Reich Gottes.«[9]

Guruji hielt es nicht für richtig, daß man seine Liebe zu Gott zur Schau trägt. Die Liebe zu Gott, sagte er, sei eine zutiefst persönliche und heilige Beziehung zwischen dem Gottsucher und seinem Schöpfer. »Sprecht nicht über eure inneren Erlebnisse«, ermahnte er uns oft. »Und trachtet nicht nach Wundern oder Wunderkräften. Verhaltet euch dem geliebten Gott gegenüber so einfach wie ein Kind.« Er lehrte auch, daß übersinnliche Erlebnisse und Wunder oft Ablenkungen auf dem geistigen Weg sein können, die uns das eigentliche Ziel aus den Augen verlieren lassen. Zwar werden sie uns zuweilen geschenkt, aber sie sind nicht das Ziel. Laßt euch also von ihnen nicht verlocken. Ihr müßt eure ganze Aufmerksamkeit auf Gott richten. »Mein Herr und mein Gott, ich will zu Dir gelangen. Ich will mich von diesem Meer des Leidens fernhalten. Ich weiß, daß ich immer tieferen Frieden finden werde, wenn ich Dir mehr Zeit schenke und mich mehr auf Dich verlasse. Und wenn ich erst einmal ein friedvoller, liebevoller Mensch geworden bin,

---

[9] *Markus* 10, 14.

werde ich vielleicht auch etwas zu einer friedlicheren Welt beitragen können.«

EIN ERLEBNIS MIT DER GÖTTLICHEN MUTTER

Ich möchte euch jetzt vorlesen, was ich über ein Erlebnis unseres Meisters niedergeschrieben habe und was euch vielleicht einen tieferen Einblick in sein Leben vermittelt. (Zum Glück war Kurzschrift ein Schulfach, in dem ich mich besonders auszeichnete. Sie hat mir während der Jahre, die ich in Gurujis Gegenwart verbrachte, gute Dienste geleistet; denn ich hatte immer Notizbuch und Bleistift bei mir, so daß ich viele Perlen der Weisheit, die von seinen Lippen fielen, aufzeichnen konnte.)

Einmal sagte Guruji uns:

Während andere ihre Zeit vergeuden, sollt ihr meditieren. Dann werdet ihr feststellen, daß das Schweigen der Meditation euch etwas zu sagen hat.»Mutter[10], meine Seele ruft nach Dir. Verbergen kannst Du Dich nicht mehr. Komm aus Deinem Himmelszelt, komm aus Deiner Bergeswelt; komm aus meiner tiefsten Seele, komm aus meines Schweigens Höhle.«[11] Überall sehe ich den Göttlichen GEIST in der Gestalt einer Mutter. Wenn Wasser gefriert, wird es zu Eis; ebenso kann ich den unsichtbaren GEIST durch den Frost meiner Hingabe zu einer Gestalt ge-

---

[10] Die heiligen Schriften Indiens lehren, daß Gott sowohl persönlich als auch unpersönlich, sowohl immanent als auch transzendent ist. Westliche Gottsucher stellen sich Gott traditionsgemäß als einen Vater vor; in Indien aber ist die Vorstellung von Gott als einer liebenden, mitfühlenden Mutter des Universums weit verbreitet.

[11] Aus dem Buch *Kosmische Lieder* von Paramahansa Yogananda.

Ja, wir können Gott finden!

frieren. Wenn ihr nur die wunderschönen Augen der Mutter sehen könntet, die ich letzte Nacht schauen durfte. Mein Herz ist von ewiger Freude erfüllt. Das kleine Gefäß meines Herzens kann all die Freude und Liebe nicht fassen, die ich in ihren Augen wahrnahm, als sie mich anblickte und immer wieder lächelte. Ich sagte Ihr: »Ach, die Menschen glauben gar nicht, daß es Dich gibt!« Und die Göttliche Mutter lächelte. »Dabei bist Du allein wirklich, und alles andere ist unwirklich«, sagte ich, und die Göttliche Mutter lächelte wiederum. Dann betete ich: »O Mutter, werde Du für alle Menschen zu einer Wirklichkeit.« Und ich schrieb ihren Namen einigen der Anwesenden auf die Stirn. Satan wird nie Gewalt über ihr Leben gewinnen.

Guruji fuhr fort:

Tag und Nacht fühle ich diese Freude. Der Tag vergeht, die Nacht bricht an, und ich verliere jedes Zeitgefühl. Ich brauche nicht mehr zu meditieren, denn das, worüber ich meditiert habe, ist eins mit mir geworden. Manchmal atme ich, manchmal auch nicht. Manchmal schlägt mein Herz, dann wieder nicht. Ich habe alles andere abgeworfen und lebe nur noch in diesem einen Bewußtsein. Ob der Motor dieses Körpers läuft oder nicht, ich schaue jederzeit das große Licht Gottes. So unermeßlich ist meine Freude.

Wie erhaben war der Zustand der Verwirklichung, den dieser große göttliche Meister aus Indien, Paramahansa Yogananda, besaß – der letzte in der Reihe der Gurus der *Self-Realization Fellowship*[12].

---

[12] Mahavatar Babaji, Lahiri Mahasaya, Swami Sri Yukteswar und Paramahansa Yogananda.

Alles Glück liegt in dir

Wenn ihr euch die Botschaft, die ihr in diesen Vorträgen empfangen werdet, zu Herzen nehmt, wenn ihr das, was ihr hier lernt, aufrichtig und zielbewußt anwendet und eure Suche nach Gott nie aufgebt, werden sich seine Worte auch in eurem Leben bewahrheiten.

Möge Gottes Liebe stets mit euch sein!

WARUM DIE SEELE GOTT BRAUCHT

Eine Ansprache in Bareilly, Indien

Wenn wir über Gott nachdenken, stellen sich uns viele Fragen: Was ist Gott? Was ist die Seele? Was ist Wahrheit? Was ist Religion? Was ist die *wahre* Religion? Welches ist der richtige Weg, Gott zu finden? Warum soll man Gott suchen?

Wir wollen uns zunächst mit der Frage »Was ist Gott?« beschäftigen. Niemandem ist es je gelungen, Ihn vollkommen zu beschreiben. Aber jene, die den göttlichen Nektar Seiner Gegenwart gekostet haben, können berichten, was sie erleben, während sie Zwiesprache mit Ihm halten. Eine der Beschreibungen des Unendlichen in den heiligen Schriften bezeichnet Ihn als *Sat-Chit-Ananda* – ewig bestehende, ewig bewußte, ewig neue Glückseligkeit. »Ewig bestehend« bedeutet, daß Er ewig ist; »ewig bewußt« heißt, daß Er sich Seiner ewigen Existenz allezeit bewußt ist; und »ewig neue Glückseligkeit« bedeutet, daß Er Freude ist – eine Freude, die niemals schal wird. Jeder Mensch sehnt sich nach solcher Freude.

Die heiligen Schriften berichten auch, daß Gott sich uns in einer bestimmten Ausdrucksform offenbart, wenn wir Ihm nähergekommen sind. Gott ist Liebe, Glückseligkeit, Weisheit, Frieden, Licht und der große kosmische OM-Laut, auch Amen genannt.[1]

---

[1] OM: das universale, symbolische Wort für Gott. Das OM der Veden wurde zu der heiligen Silbe *Hum* der Tibeter; zum *Amin*

Alles Glück liegt in dir

Alle heiligen Schriften erklären, daß dem Gottsucher diese Offenbarungen zuteil werden, wenn er mit dem Göttlichen Geliebten in Verbindung steht.

Wir mögen nun fragen: »Wenn dies also Gottes Wesen ist, was ist dann die Seele?« Paramahansa Yogananda definierte die Seele als *individualisierte* ewig bestehende, ewig bewußte, ewig neue Glückseligkeit. Da selbst der allerkleinste Wassertropfen ein Teil des Ozeans ist, besitzt auch er alle Eigenschaften des Ozeans. Das gleiche gilt für diesen *Atman*, die Seele: Sie besitzt alle Eigenschaften des Göttlichen.

Der Mensch hat seine wahre Natur vergessen

Unbewußt weiß der Mensch, daß er göttlich ist. Doch in seinem Bewußtsein ist die Erinnerung an seine wahre Natur verlorengegangen. Die fünf Sinne wurden dem Menschen gegeben, damit er diese Welt erfassen und durch seine hier gewonnenen Erfahrungen größeres Verständnis gewinnen kann. Mißbraucht er aber seine Sinne, entstehen dadurch sinnliche Begierden in ihm, und er vergißt sein unbegrenztes Wesen. Dennoch verschafft sich dieses Wesen auf irgendeine subtile Weise Ausdruck.

---

der Moslems; und zum *Amen* der Ägypter, Griechen, Römer, Juden und Christen. OM ist der alles durchdringende Laut, der vom Heiligen Geist (der Unsichtbaren Kosmischen Schwingung; Gott in Seiner Ausdrucksform als Schöpfer) ausgeht; das »Wort« oder der »Tröster« in der Bibel; die Stimme der Schöpfung, die von der Göttlichen Gegenwart in jedem Atom zeugt. Man kann den OM-Laut hören, wenn man die Meditationstechniken der *Self-Realization Fellowship* übt.

Warum die Seele Gott braucht

So hat zum Beispiel jeder Mensch ein Verlangen nach Macht; viele verzehren sich sogar danach. Das ist ganz natürlich, denn die Seele weiß, daß sie allmächtig ist. Aber weil sich die Seele im normalen Wachzustand ihrer unbegrenzten Natur nicht bewußt ist, strebt sie statt dessen nach einer weltlichen Machtposition, damit sie Einfluß und Gewalt über andere Menschen oder ganze Völker ausüben kann. Das Ideal, allmächtig zu werden, ist nicht unrecht, doch leider bedient sich der Mensch oft der falschen Methoden, um diese Macht zu erlangen und auszuüben. Wer Gott erkannt hat, der weiß auch um die große Macht der Seele und setzt sie richtig ein, um die Herzen der Menschen und sogar ganzer Nationen zu bewegen. Diese Macht hat seit Jahrhunderten viele Seelen verwandelt.

Die verborgene göttliche Natur verschafft sich noch auf andere Weise Ausdruck, und zwar durch das Verlangen des Menschen nach materiellem Reichtum. Die Seele weiß, daß sie eins mit Gott ist und daher alle Dinge besitzt – daß sie die Macht hat, sich alles, was sie braucht, willentlich zu beschaffen. Aber da wir uns der schöpferischen Fähigkeiten unserer Seele nicht bewußt sind, beginnen wir statt dessen, materielle Dinge anzuhäufen, denn ganz unterbewußt wissen wir, daß uns alles, was wir benötigen, gehört, daß es unser göttliches Geburtsrecht ist.

Der Mensch sehnt sich auch nach Glückseligkeit. Die Seele weiß, daß sie glücklich ist, doch weil das Ego diese Glückseligkeit nicht kennt, erliegt es den Versuchungen falscher Vergnügen – so wie sie die *Maya*[2] zu bieten hat. Von jeher hat sich der

---

[2] Die kosmische Täuschung.

Alles Glück liegt in dir

Mensch an Wein und Drogen berauscht, um diese Welt zu vergessen; denn in seinem Unterbewußtsein erinnert er sich an eine seligere Sphäre. Ist es nicht so? Auch dieses Ziel ist nicht falsch, denn der Mensch ist Gott zum Bilde geschaffen, und Gott ist Glückseligkeit. Deshalb sehnt sich der Mensch natürlich nach diesem Zustand ungetrübter Freude. Aber weil er nicht weiß, wie er ihn zurückgewinnen kann, flüchtet er sich in den Scheinzustand des Rausches. Er trinkt Alkohol oder nimmt Drogen zu sich, um diese Welt zumindest für kurze Zeit vergessen zu können. Tragisch ist nur, daß diese Rauschgifte auf die Dauer Nerven und Gehirn zerrütten.

Ferner sehnt sich der Mensch nach Liebe, denn er fühlt unbewußt, daß das Wesen seiner Seele Liebe ist. Aber da er sich dieser reinen, alles erfüllenden göttlichen Liebe nicht bewußt ist, zieht er wie ein armer Bettler umher und fleht die menschlichen Herzen um ein wenig Zuneigung an. Es ist nicht unrecht, nach Liebe zu verlangen, aber die Methoden, mit denen die meisten Menschen sie zu gewinnen versuchen, sind unüberlegt. Immer wenn ein Mensch glaubt, in einer menschlichen Beziehung vollkommene Liebe gefunden zu haben, stellt er fest, daß der Tod oder Untreue oder irgendein anderer Charakterfehler ihn enttäuscht und ernüchtert zurückläßt. Gurudeva pflegte zu sagen: »Hinter jedem Rosenstrauch der Lust lauert eine Klapperschlange der Enttäuschung.« Wie wahr das ist!

Der Mensch hat außerdem den Wunsch nach Einheit. Alles in dieser Welt strebt aufeinander zu. Das Gesetz der Anziehung wirkt sich sogar auf die winzigsten Teilchen der Materie aus. Wenn ihr

Warum die Seele Gott braucht

durch ein Mikroskop schaut, könnt ihr beobachten, wie diese Kraft in vielen Naturerscheinungen am Werk ist. Der Mensch sehnt sich auch immer nach harmonischer Einheit. Seine Seele weiß, daß sie und alle anderen Seelen ihrem Wesen nach eins mit Gott sind. Doch weil der Mensch sich mit seiner körperlichen Hülle identifiziert, hat er diese Einheit vergessen und geht mit dieser oder jener Seele verschiedene Beziehungen ein – ständig auf der Suche nach der verlorengegangenen inneren Erfüllung, den diese Einheit schenkt.

Wir sehen also, daß die Ziele des Menschen an sich nicht falsch sind, sondern nur die Methoden, mit denen er sie zu erreichen versucht. Er hat vergessen, daß er nicht der Körper ist, sondern die vollkommene, körperlose Seele. Er ist sich nur seines Körpers bewußt und bemüht sich deshalb umsonst, das, was bereits sein eigen ist, durch die begrenzten fünf Sinne zurückzugewinnen.

WIE WIR UNSERE VERGESSENE GÖTTLICHKEIT ZURÜCKGEWINNEN

Warum soll der Mensch Gott suchen? Weil wir, wie Krishna lehrte, immer wieder leiden werden, solange wir uns mit einem sterblichen Körper identifizieren. Diese endliche Welt und alle Dinge in ihr sind dem Gesetz der Dualität unterworfen. Als sich der Eine in viele aufteilte, verlieh Er der Schöpfung ein zwiespältiges Wesen: Es gibt keine Lust ohne Schmerz, kein Glück ohne Leid, kein Leben ohne Tod, keine menschliche Liebe ohne Haß und so weiter. Solange wir von den Wellen der Dualität umhergeworfen werden, müssen wir leiden – kaum

Alles Glück liegt in dir

sind wir glücklich, so bringt uns der nächste Tag schon wieder Leid; heute ist unser Körper lebendig und voller Vitalität, und morgen schon ist er tot und gleicht einem Klumpen Erde. Besteht der einzige Sinn des Lebens darin, in diesen kleinen Körpern geboren zu werden, aufzuwachsen, sich einiges Wissen anzueignen, um in der Welt zurechtzukommen, zu heiraten, Kinder zu zeugen, alt und krank zu werden und zu sterben? Nein! Der Sinn des Lebens – der einzige Sinn – besteht in der Erkenntnis, daß wir Gott zum Bilde geschaffen sind. Wenn wir das einmal erfaßt haben, wissen wir auch, daß unser wahres Wesen ewige Freude ist – ewig bestehende, ewig bewußte, ewig neue Glückseligkeit.

Es heißt, daß wir bereits acht Millionen Inkarnationen in niedrigeren Lebensformen hinter uns haben, ehe wir weit genug entwickelt sind, daß wir in einem menschlichen Körper geboren werden können. Und dann kommen wir so lange wieder auf die Erde, bis all unsere Wünsche auf dieser Ebene der Sterblichkeit erfüllt worden sind – so lange, bis wir jenen Zustand erreicht haben, in dem wir uns unserer unvergänglichen Einheit mit Gott bewußt sind.

Wie aber können wir unser verlorenes oder vergessenes göttliches Bewußtsein wiedererlangen? Die Yoga-Lehre und alle heiligen Schriften geben uns denselben Rat: Setzt euch still hin und erforscht die Welt eures Innern. Dort werdet ihr Gott finden und Selbst-Verwirklichung erlangen. Zieht euch von dieser begrenzten Welt zurück und taucht tief in eure Seele ein. So werdet ihr das höchste Ziel erreichen, nach dem jeder Mensch unbewußt sucht.

Warum die Seele Gott braucht

Ich spreche aus eigener Erfahrung; ich spreche von allem, was ich während der einundzwanzig Jahre, die ich zu Füßen unseres geliebten Gurudevas verbracht habe, erleben durfte. Wie oft sahen wir ihn im Zustand der Ekstase (so nennt man in der westlichen Welt den Zustand der Vereinigung mit Gott) oder im *Samadhi*, wie man hier in Indien sagt. Dieser Zustand läßt sich mit Worten nicht beschreiben.

WAS IST WAHRHEIT?

Unsere nächste Frage lautet: »Was ist Wahrheit?« Wir wollen zunächst untersuchen, was Religion ist und welcher Weg zu Gott führt. Es gibt nur eine wahre Erklärung oder Definition der Religion: Sie ist ein System von Verhaltensregeln und lehrt, wie der Mensch die Wahrheit im praktischen Leben anwenden kann, damit er das dreifache Leiden – des Körpers, des Geistes und der Seele – mit der Wurzel ausreißen und verhindern kann, daß es je wieder entsteht. Darin besteht die wahre Religion – zumindest ist das damit gemeint.

Leider bedeutet Religion für viele Menschen nur noch ein System von Glaubensbekenntnissen und Ritualen. Diese können die Seele jedoch nicht befriedigen. Könnten sie es, wären Millionen Menschen, die regelmäßig den Tempel, die Moschee oder die Kirche besuchen, trunken von Gottes Liebe. Das ist aber nicht der Fall. Die äußere Anbetung ist ein gute und wichtige Ausdrucksform der Religion, weil wir den Geist dann auf Ihn richten, dem unsere Liebe und Anbetung gilt. Doch ein Gottesdienst, in dem Rituale oder Zeremonien rein mechanisch vollzogen werden und man den Gegen-

Alles Glück liegt in dir

stand der Anbetung aus den Augen verliert, hat weder Sinn noch Wert. Der Mensch hat seine Gottesanbetung unter Dogmen begraben. Deshalb kann er Gott nicht erkennen.

Kehren wir nun zu der Frage zurück: »Was ist Gott?« Gott kann sich in jeder göttlichen Eigenschaft oder Gestalt offenbaren, aber Er kann nicht auf eine bestimmte Ausdrucksform begrenzt werden; Er ist in *allen* Ausdrucksformen – in allen Dingen dieses Universums enthalten, und sie alle sind in Ihm enthalten. Jeder Gedanke, den ein Mensch haben mag, ist vorher bereits von Gott gedacht worden; sonst könnte der Mensch ihn gar nicht fassen.

Von jeher hat der Mensch Symbole benutzt, die ihn an seinen Schöpfer erinnern sollen. Die frühesten Kulturen stellten Ihn durch das Symbol der Sonne, des Feuers oder anderer Naturerscheinungen dar. Diese Symbole wurden zu ihren Göttern. Allmählich gewannen die Menschen ein tieferes Verständnis, die Religion entwickelte sich höher, und man verlieh dem unendlichen, formlosen GEIST menschliche Gestalten und Eigenschaften. Dies führte unter den Anhängern verschiedener Religionen zu zahllosen Spaltungen und Zwistigkeiten – die eine Gruppe behauptete, Gott sei dies, die andere, Gott sei jenes, und sie stritten darüber. Wie unsinnig das ist! Der Herr kann jede beliebige Gestalt annehmen oder als GEIST unmanifestiert bleiben.

Manchmal fällt es dem Gottsucher leichter, wenn er sich Gott in einer erhabenen Verkörperung vorstellt, die ein sichtbares Symbol des Unendlichen ist. In zahllosen Inkarnationen hat sich der Mensch an eine Welt der Formen gewöhnt und findet es

Warum die Seele Gott braucht

deshalb einfacher, sich Gott in einer bestimmten Gestalt vorzustellen. Wer eine bestimmte Form für notwendig hält, für den *ist* sie auch notwendig; wer glaubt, sie sei unnötig, für den *ist* sie unnötig. Aber es ist unsinnig, sich deswegen zu streiten oder abzuspalten, weil man sich nicht darauf einigen kann, welches die richtige Gottesvorstellung sei; im Grunde genommen ist das Göttliche gestaltlos, kann aber Gestalt annehmen; es ist sowohl überpersönlich als auch persönlich.

Ich weiß, daß mein geliebter Gott im wesentlichen gestaltlos ist. Aber das macht Ihn für mich nicht weniger wirklich. Liebe hat keine Form, Weisheit hat keine Form, Freude hat keine Form; dennoch können wir sie fühlen, oder etwa nicht? Sie sind wirklicher für uns als jede Gestalt. Genauso ist es auch mit Gott. Letztendlich ist Er grenzenlose Liebe, Weisheit und Freude. Dennoch finden manche Gottsucher es hilfreicher und inspirierender, wenn sie sich Ihn in einer Seiner göttlichen Ausdrucksformen vorstellen, zum Beispiel als die Inkarnation des Herrn Krishna, als Jesus Christus oder Buddha; oder als den Himmlischen Vater, die Göttliche Mutter, den Göttlichen Freund oder Geliebten.

Man kann den Einen Gott in allen Religionen erleben

Als ich mit siebzehn Jahren in den Ashram eintrat, hatte ich nur ein Ziel: »Ich will Dich, mein geliebter Gott, so erleben, wie Du Dich in allen Religionen offenbart hast, denn ich glaube an sie alle und achte sie alle.« Für mich gibt es niemanden, den mein geliebter Gott nicht beschützt und leitet. Auf

Alles Glück liegt in dir

meinen Reisen rund um die Welt habe ich in Moscheen, Tempeln, Kirchen und Kathedralen gebetet. Und wenn ich in der Meditation nach innen tauchte, konnte ich überall die Glückseligkeit Gottes erleben.

Jeder Mensch kann diese Glückseligkeit erfahren, wenn er alle Vorurteile ablegt. In den Herzen und Gedanken intelligenter Menschen gibt es keine Vorurteile. Vorurteile sind verborgene Ketten, welche die Seele gefangenhalten und unterdrücken. Gott ist unvoreingenommen; Er kennt keine Vorurteile. Sollten wir nicht ebenso unvoreingenommen sein, wenn wir Ihm gleich werden wollen? Wir müssen es sogar, wenn wir Ihn erkennen wollen.

Toleranz steht nicht im Widerspruch zur Treue. Für mich bedeutet Toleranz ganz einfach dies: Ich folge dem Weg meines Gurus, aber ich achte auch alle anderen Wege. In seinen göttlichen Anrufungen erwies Guruji immer der Reihe seiner eigenen Gurus höchste Achtung. Das Gebet beginnt mit »Himmlischer Vater«; und er beläßt es nicht dabei, denn er hat erkannt, daß Gott alles für alle Menschen ist. Darum betet er: »Himmlischer Vater, Mutter, Freund, geliebter Gott« – denn Gott ist all das. Dann ehrt er die Gurus, die ihn mit seiner Mission beauftragt haben, indem er ihre Namen anruft. Abschließend erbittet er den Segen der Heiligen aller Religionen – so sehr verehrte er jeden, der allein für Gott lebt. Es gibt nur eine Wahrheit; es gibt nur einen Gott, auch wenn man Ihn unter vielen Namen anruft.

Um nochmals auf meine ersten Erfahrungen zurückzukommen: Ich war trunken vor Sehnsucht nach Gott. In mir brannte nur ein einziges Verlan-

Warum die Seele Gott braucht

gen, und ich gelobte mir: »Ich will nicht von dieser Welt scheiden, bevor ich fühle, daß Gott meine ganze Liebe ist.« Nur das war für mich entscheidend. Ich war bereit, alles andere aufzugeben, um diese eine Wahrheit im Leben zu erkennen: Gott ist die Liebe, und mein Gott liebt mich.

Das göttliche *Lila* des Herrn Krishna

Mein erstes Erlebnis hatte ich, als Gurudeva mir ein Buch über das Leben des Herrn Krishna gab. Monatelang war ich berauscht vom *Lila* – dem göttlichen Leben – Krishnas. Mein Geist war ganz darin aufgegangen – ob ich meine Pflichten im Ashram erfüllte oder mich danach in mein Zimmer zurückzog. Nachts war ich gern allein draußen, um im Ashramgarten zu sitzen und still mit Gott in der Gestalt Krishnas Zwiesprache zu halten.

Buddhas Pfad des rechtschaffenen Handelns

Dann, vielleicht ein Jahr später, gab Guruji mir ein Buch über das Leben Buddhas; und wieder war ich wie verzaubert. Krishna war vergessen, und es gab nur noch Buddha für mich. Ich weiß noch, wie ich Tränen vergoß, als ich von seinem grenzenlosen Mitgefühl las – von seiner Barmherzigkeit gegenüber all den Leiden, denen die Menschheit unterworfen ist. Das Leben entsprach nicht der Vorstellung, die man es ihn hatte glauben machen wollen, als er innerhalb der Mauern des Palastes lebte, wo er von Reichtum und Überfluß umgeben war und unter dem Schutz seiner Familie stand. Als er sich aufmachte, um sein übriges Reich zu erkunden, sah

Alles Glück liegt in dir

er einen Blinden; er sah den Körper eines Toten; er sah hungernde Bettler. Da sagte er sich: »So also sieht das wirkliche Leben aus? Dann muß ich ergründen, was für einen Sinn es in Wahrheit hat.«

Aufgrund dieses Entschlusses begann er lange und tief zu meditieren, bis er schließlich das große Rad des Karmas erkannte – das Gesetz, das uns eines Tages all das ernten läßt, was wir in dieser Welt gesät haben. Jede wahre Philosophie lehrt dasselbe. Wenn ihr einen Apfelsamen einpflanzt, werdet ihr keinen Apfelsinenbaum erhalten. Je nach der Art des eingepflanzten Samens wird auch die Frucht sein, die ihr erntet. Wenn ihr die Saat falschen Handelns sät, könnt ihr sicher sein, daß die Samen in diesem oder einem künftigen Leben bittere Früchte hervorbringen werden. Wenn der Mensch die Bedeutung dieses Gesetzes einmal wirklich versteht, bemüht er sich auch, nach bestem Vermögen dem Pfad rechten Handelns zu folgen – nicht aus Angst, sondern aus weiser Einsicht. So wird die Wahrheit in Buddhas Lehre dargestellt. Und Daya Ma verstand dies, nachdem sie über das erhabene Beispiel seines Lebens tief nachgedacht hatte.

Das allumfassende Mitgefühl Christi

Schließlich beschäftigte ich mich mit Jesus Christus. Obgleich ich in der christlichen Welt aufgewachsen war, hatte ich die christliche Lehre nie richtig verstehen können. Ich sah, wie tief das Mitgefühl Christi für die Menschen war und wie großzügig er ihnen vergeben konnte. Obgleich er Wasser in Wein verwandelt, Blinde geheilt und Tote zum Leben erweckt hat, lassen all diese Wunder sich nicht mit

Während einer Ansprache vor Mitgliedern der *Self-Realization Fellowship* auf der alljährlich in Los Angeles stattfindenden Welttagung, August 1989.

»Wie oft mußten wir mit Guruji diese Worte wiederholen, die zum Ausdruck bringen, daß wir in der Freude Gottes leben sollen: ›Aus der Freude bin ich gekommen, in der Freude lebe ich, und in diese heilige Freude gehe ich einst wieder ein.‹ Haltet an dieser Wahrheit fest. Dann werdet ihr sehen, daß diese Freude euch in allen Lebenslagen innere Festigkeit gibt.«

Anläßlich des 50jährigen Bestehens der *Self-Realization Fellowship* spricht Daya Mataji zu Mitgliedern aus aller Welt. Los Angeles, 1970.

»Wir sind in göttlicher Liebe, göttlicher Brüderlichkeit und göttlicher Freundschaft miteinander verbunden, und wir haben dasselbe Ziel: Gott gemeinsam zu suchen und Ihm auf jede erdenkliche Weise zu dienen, indem wir alle Lebewesen als unsere größere Familie betrachten.«

dem einen Wunder vergleichen, das er der Welt durch sein großes Liebesopfer brachte. Der Mensch betrachtet seinen eigenen Körper als das größte Geschenk Gottes. Doch Christus konnte während seiner größten Prüfung, als sein Körper gefoltert und von Nägeln durchbohrt wurde, sagen: »Vater, vergib ihnen; denn sie wissen nicht, was sie tun.«[3] Da erkannte Daya Ma die wahre Bedeutung Christi und seines Lebens.

DIE ALLUMFASSENDE LIEBE DER GÖTTLICHEN MUTTER

Später gab mir Gurudeva ein Buch, in dem beschrieben wurde, wie Gott dem Sucher in der Gestalt der Göttlichen Mutter erscheint, und in dieser Vorstellung ging mein Bewußtsein ganz und gar auf. Wenn wir an die Liebe und das Mitgefühl der Göttlichen Mutter denken, wissen wir, daß wir bei ihr Vergebung finden können. So wie die Mutter eines Mörders oder eines Diebes den Sohn an ihre Brust drückt und der Welt erklärt: »Ihr versteht ihn nicht, aber ich verstehe ihn; ich weiß, warum er dies getan hat«, so fühlt auch die Göttliche Mutter für jeden von uns. Wir können immer auf ihr Mitgefühl, ihre Liebe, ihre Vergebung vertrauen, wenn wir sie darum bitten. Deshalb stelle ich mir Gott am liebsten als Göttliche Mutter vor. In ihr finde ich all den Trost, die Seligkeit und die Liebe, nach der meine Seele verlangt.

Ihr seht also, der Gottsucher kann in Gott verschiedenartig die reinste und höchste Form der Lie-

---

[3] *Lukas* 23, 34.

be erfahren. Jede Art von Liebe fließt aus der einen Kosmischen Quelle zu uns herab. Es ist Gott allein, der die menschlichen Herzen mit der Liebe der Mutter zu ihrem Kind, des Kindes zu seinen Eltern, des Liebenden zu seiner Geliebten erfüllt. Auch wenn wir diese Liebe durch menschliche Unvollkommenheiten trüben, ist sie immer noch eine Ausdrucksform der Liebe Gottes.

Gurudeva sagte oft: »Wie viele Menschen haben einander im Laufe der Jahrhunderte ewige Liebe geschworen! Der Weg, den sie in ihren Inkarnationen genommen haben, ist mit ihren Schädeln besät. Was ist aus ihrer Liebe geworden?« Doch die Liebe all der Seelen, die sich an der Liebe Gottes berauscht haben, lebt weiter. Sie haben die Menschheit verwandelt, denn sie haben sich zuerst selbst vervollkommnet, indem sie sich mit Gottes ewiger Liebe in Einklang brachten.

Bestimmung des Menschen ist es, seine Einheit mit Gott zu erkennen

Wie traurig ist es, wenn sich der Mensch von Gott abwendet! Ich bin in Wirklichkeit gar keine Entsagende. Alle, die Gott abweisen, sind die eigentlich Entsagenden, denn sie haben den Einen verlassen, dem alle Dinge in diesem Universum gehören und der sie anderen schenken kann. Er ist der Erhalter des Lebens. Wie oft sagen wir Ihm: »Herr, ich muß meine Kinder erziehen, ich habe soviel zu erledigen, ich muß mich um dies und das kümmern – wie soll ich da noch Zeit für Dich finden?« Stellt euch aber vor, Er würde antworten: »Mein Kind, Ich habe so viele Verpflichtungen, Ich

Warum die Seele Gott braucht

muß all die unzähligen Universen unterhalten. Ich habe keine Zeit, an dich zu denken.« Was dann? Wir würden gar nicht mehr existieren.

Er ist sich sogar des winzigsten Sandkörnchens bewußt, denn Er ist allwissend, allgegenwärtig, und alles in der Schöpfung besteht aus Ihm. Nichts außer Ihm existiert. Der Mensch ist in die Welt gekommen, um sein verlorenes göttliches Erbteil zurückzufordern, um zu erkennen, daß er eins mit Gott ist.

Der Mensch ist ein dreifaches Wesen; er besteht aus Körper, Geist und Seele. Er hat einen Körper, den er – wie einen Mantel – einige Jahre lang trägt. Wenn dieser sich abnutzt, läßt er ihn ausbessern, solange es geht. Viele Organe können heute schon vorübergehend ersetzt werden; aber früher oder später muß man den Körper aufgeben. Der Mensch hat einen Geist, aber er ist nicht dieser launenhafte, engstirnige Geist, der so oft von Vorurteilen, Haß, Zorn, Eifersucht und Gier entstellt wird. Der Mensch ist die Seele. Wie töricht ist es, fast sein ganzes Leben, seine ganze Aufmerksamkeit und Energie diesem Körper zu widmen! Einige wenige versuchen vielleicht, ihren Geist durch das Lesen guter Bücher heranzubilden. Aber wer denkt an sein wahres SELBST – die Seele?

WARUM WARTEN, BIS EUCH DAS LEID DAZU ANTREIBT, GOTT ZU SUCHEN?

Ich liebe Indien so sehr, weil mein Guru in diesem heiligen Land aufwuchs, bevor er in den Westen ging, um hungrige Seelen, darunter auch mich, zu unterweisen – Seelen, die nach geistiger Nahrung hungerten.

Alles Glück liegt in dir

In allen Zeitaltern hat Gott Seine Boten gesandt, um die Menschheit aus ihrem Traum der Täuschung zu erwecken. Das sind die Stimmen von Predigern in der Wüste:[4] »Wach auf, mein Kind, wach auf!« Wenn wir nicht auf diese Stimmen hören, wird der große Erwecker zu uns kommen, den wir nicht ignorieren können – das Leiden. Warum wollen wir so lange warten? Das Leid rüttelt jeden wach, der im Schlaf der Täuschung liegt. Selbst der Atheist, dem ein großes Unglück zustößt, ruft spontan aus: »O mein Gott!« Stimmt es nicht? Er wendet sich ganz von selbst an Gott, weil seine Seele weiß, daß es nur diese eine Macht gibt, an die sich jedes menschliche Herz innerlich wenden kann.

Man sagt oft, daß das Leid der größte Lehrmeister sei. Das stimmt, vorausgesetzt, daß wir die richtige Einstellung dazu haben. Niemand in der Welt kann Leid vermeiden, solange er nicht über den Zustand der Dualität hinausgewachsen ist und nur den Einen wahrnimmt – das eine Licht, das alle Glühbirnen menschlicher Körper erleuchtet. Dann erst kann er die Täuschung hinter sich lassen, so daß alles Leid von ihm abfällt. Doch solange er das nicht erreicht hat, werden die größeren und kleineren Erdbeben des Leidens und der Schmerzen ihn weiterhin erschüttern. Derart ist das Schicksal jeder Seele, die nicht auf die Stimme der göttlichen Boten hört. Es ist nie zu spät, den Göttlichen Geliebten zu suchen; aber wie tragisch ist es, wenn man wartet, bis der Körper zu zerfallen beginnt und einen daran hindert, sich auf Gott zu konzentrieren. Darum

---

[4] »Ich bin eine Stimme eines Predigers in der Wüste: Richtet den Weg des Herrn!« (*Johannes* 1, 23)

raten uns die großen Meister so dringend: »Sucht Gott jetzt.«

Die Göttliche Geliebte zieht niemanden vor. Die Mutter liebt all Ihre Kinder gleich, so wie das Sonnenlicht gleichermaßen auf einen Diamanten und ein Stück Kohle scheint, die dicht nebeneinander liegen. Der Diamant spiegelt das Licht wider, doch die Kohle kann es nicht. Meine geliebte Göttliche Mutter schenkt Ihre Gnade, Ihre Liebe, Ihren Segen, Ihre Weisheit und Ihre Freude all Ihren Kindern in gleichem Maße; doch die kohlschwarzen Gemüter müssen erst noch verfeinert werden. Das ist alles.

Möge jeder einzelne von euch sich darum bemühen, empfänglich für Gottes Licht zu werden, damit es euer Leben mit göttlichem Frieden, göttlicher Liebe und göttlicher Freude erfülle!

Was können wir gegen die Probleme dieser Welt tun?

Eine Zusammenstellung aus Ansprachen im internationalen Mutterzentrum der Self-Realization Fellowship

Eine Frage, die mir besonders in den letzten Jahren immer wieder gestellt wurde, ist diese: Wie können wir mit den Problemen, die sich uns in dieser schwierigen Zeit stellen, fertig werden? Überall in der Welt machen sich die Menschen Sorgen über die traurige Lage auf unserem Erdball.

Wenn wir auf die Geschichte zurückblicken, erkennen wir, daß die Menschheit schon immer viele Krisen durchgemacht hat; und solch schlimme Zeiten werden auch in Zukunft kommen und wieder vergehen. Die Welt bewegt sich abwechselnd in einem aufsteigenden und einem absteigenden Zyklus[1], die sich ständig wiederholen. Augenblicklich entwickelt sich das Bewußtsein der Menschen im allgemeinen höher; und wenn der aufsteigende Zyklus in mehreren tausend Jahren seinen Höhepunkt erreicht hat, bewegt er sich wieder abwärts. Fortschritt und Rückschritt auf dieser Ebene der Dualität erinnern an den ständigen Wechsel von Ebbe und Flut.

Während dieser evolutionären Zyklen entste-

---

[1] Diese Weltzyklen, oder *Yugas*, werden ausführlicher in dem Buch *Die Heilige Wissenschaft* von Swami Sri Yukteswar beschrieben (herausgegeben von der *Self-Realization Fellowship*).

Was können wir gegen die Probleme dieser Welt tun?

hen und vergehen ganze Zivilisationen. Denken wir einmal an die alten hochentwickelten Kulturen – z.B. Indiens und Chinas. So ersehen wir zum Beispiel aus den Sanskrit-Epen Indiens[2], daß während der Zeit Sri Ramas – Tausende von Jahren vor der christlichen Ära – die Technologie hoch entwickelt war, wie aus der Beschreibung seines wunderbaren Flugzeugs hervorgeht. Größer aber noch waren die geistigen und seelischen Kräfte der Menschen im Goldenen Zeitalter. Schließlich aber gingen die Kulturen allmählich wieder unter, bis im Dunklen Zeitalter jeder Fortschritt zum Stillstand kam. Woran lag das? Angesichts der heutigen Weltlage habe ich gestern nach meiner Meditation tiefer darüber nachgedacht.

DIE BESONDERHEIT DER GEGENWÄRTIGEN KRISE

Während des absteigenden Zyklus werden sich die meisten Menschen ihrer geistigen Natur immer weniger bewußt, bis alles Edle, das sie besessen haben, verschwindet. Und dann ist der Untergang einer solchen Zivilisation so gut wie besiegelt. Dasselbe kann den Nationen aber auch im aufsteigenden Zyklus geschehen. Wenn die sittliche und geistige Evolution des Menschen nicht Schritt mit dem Aufschwung des Wissens und der Technologie hält, mißbraucht er die erworbene Macht, so daß sie seinen eigenen Untergang herbeiführt. Und in dieser Krise befindet sich die Welt heute.

Das Bewußtsein des Menschen hat sich so weit entwickelt, daß es das Geheimnis des Atoms und

---

[2] Das *Ramayana* und das *Mahabharata* – allegorische Berichte über die ehemaligen großen Königreiche während der Herrschaft Sri Ramas bzw. Sri Krishnas.

Alles Glück liegt in dir

die ihm innewohnende erstaunliche Kraft entdeckt hat – eine Kraft, die eines Tages unwahrscheinliche Dinge vollbringen mag, von denen wir uns jetzt noch nicht träumen lassen. Doch was haben wir mit diesem Wissen getan? Wir haben uns hauptsächlich auf die Entwicklung zerstörerischer Waffen konzentriert. Die moderne Technologie hat uns auch viele zeitraubende Arbeiten erspart, die wir früher erledigen mußten, um körperlich überleben zu können. Meist jedoch hat der Mensch diese zusätzliche Zeit nicht dazu genutzt, sich geistig und seelisch höherzuentwickeln; er hat sich in immer neue materielle und sinnliche Vergnügen gestürzt. Wenn sich der Mensch nur auf die Befriedigung der Sinne konzentriert und sich von Gefühlsregungen wie Haß, Eifersucht, Wollust und Gier regieren läßt, führt das unvermeidlich zu Disharmonie unter den Menschen, zum Aufruhr in der menschlichen Gesellschaft und zu Konflikten zwischen den Nationen. Kriege haben nie etwas verbessert; sie sind vielmehr zu einer Lawine der Massenvernichtung geworden; jede Konfrontation wird zu einer Brutstätte der folgenden. Nur wenn sich die Menschen zu weiseren und liebevolleren Wesen entwickeln, wird auch die Welt zu einem besseren Ort.

Das Überleben einer Zivilisation hängt von ihrem geistigen Fortschritt ab

Wenn ich mir die heutige Weltlage vergegenwärtige, denke ich oft an ein Erlebnis, das ich 1963 im Himalaja während einer Pilgerreise zur Höhle Mahavatar Babajis hatte. Ich habe dieses Erlebnis bei anderen Gelegenheiten ausführlicher beschrie-

Was können wir gegen die Probleme dieser Welt tun?

ben.³ Auf dem Weg zur Höhle verbrachten wir eine Nacht in einer kleinen Herberge bei Dwarahat. Mitten in der Nacht hatte ich einen überbewußten Traum, in dem sich eine große, drohende Finsternis – gleich einer dunklen Wolke – über die Erde breitete, so als wolle sie die ganze Welt verschlingen. Doch ehe es dazu kam, erschien ein blendendes göttliches Licht, das der Finsternis Widerstand leistete und sie zurückschob. Es war ein solch überwältigendes Erlebnis, daß ich laut aufschrie und dadurch meine Gefährtinnen weckte. Sie fragten mich bestürzt, was denn geschehen sei. Doch ich wollte nicht darüber sprechen, weil ich wußte, was diese Vision bedeutete. Ich sah, daß die ganze Welt einer großen Gefahr ausgesetzt war – heraufbeschworen durch die Dunkelheit der Täuschung mit ihren Kräften des Bösen, der Negierung und der Sünde.

25 Jahre sind seitdem vergangen; und heute haben die Sittenlosigkeit und die sich daraus ergebenden Gewalttätigkeiten in der menschlichen Gesellschaft derart überhand genommen, daß wir den Untergang des Römischen Reiches noch einmal zu erleben scheinen. Besonders bei einem großen Teil der Jugendlichen hat die Sittlichkeit praktisch den Nullpunkt erreicht. Überall gibt es entsetzlich viel Elend

---

³ Mahavatar Babaji ist der erste in der Reihe der Gurus der *Self-Realization Fellowship*. Er war es, der die aus alten Zeiten stammende, aber verlorengegangene Wissenschaft des Kriya-Yoga wieder aufdeckte; und er war es auch, der Paramahansa Yogananda damit beauftragte, diese Lehre in aller Welt zu verbreiten. Sein Leben und seine geistige Mission werden in der *Autobiographie eines Yogi* beschrieben.
Sri Daya Mata bezieht sich auf das Erlebnis, über das sie in ihrem Buch *Only Love*, im Kapitel »A Blessing from Mahavatar Babaji« (»Der Segen Mahavatar Babajis«), berichtet.

Alles Glück liegt in dir

und Kummer. Die Menschen fragen sich: »Warum läßt Gott das alles zu?« Doch Gott hat nichts damit zu tun. *Wir* lassen es zu. Er würde uns nie strafen; wir strafen uns selbst. Wir sind die Urheber der Umstände, denen wir jetzt gegenüberstehen. Und diese sind das Endergebnis des unsittlichen Verhaltens und des Verfalls aller ethischen Werte auf sämtlichen Lebensgebieten.

Das Fortbestehen einer Zivilisation hängt vom richtigen Verhalten der Menschen ab. Ich spreche hier nicht von einem Sittenkodex, der von Menschen gemacht ist und sich im Laufe der Zeit wieder ändert, sondern von zeitlosen, universellen Grundsätzen des Verhaltens, die sowohl dem einzelnen als auch der ganzen Gesellschaft Gesundheit, Glück und Frieden bringen und innerhalb der Vielfalt für eine harmonische Einheit sorgen.

Es fällt dem durchschnittlichen Bewußtsein des Menschen nicht immer leicht, die unermeßlichen Wahrheiten zu erfassen, die Gottes Universum zugrunde liegen. Aber diese höchsten Wahrheiten bestehen nun einmal, und bei den präzise arbeitenden Gesetzen, durch die Gott den Kosmos und alle Wesen aufrechterhält, kann es keine Kompromisse geben. Alles im Universum hängt voneinander ab. Als menschliche Wesen sind wir nicht nur mit anderen Menschen, sondern auch mit der ganzen Natur verbunden, denn alles Leben entspringt nur einer Quelle: Gott. Er ist vollendete Harmonie; deshalb haben die falschen Gedanken und Handlungen der Menschen eine nachteilige Wirkung auf Seine harmonischen Pläne für diese Welt. Ebenso wie Störungen im Radio den klaren Empfang eines Programms

Was können wir gegen die Probleme dieser Welt tun?

verhindern, so haben auch die »Störungen« falschen menschlichen Verhaltens einen nachteiligen Einfluß auf die harmonischen Kräfte der Natur. Kriege, Naturkatastrophen, soziale Umwälzungen und andere Probleme, denen wir uns heute gegenübersehen, sind das Ergebnis.[4]

JEDE GEISTIGE WANDLUNG BEGINNT MIT
SITTLICHKEIT UND POSITIVEM DENKEN

Am Ende der soeben beschriebenen Vision wurde die Finsternis, welche die Welt bedrohte, vom göttlichen GEIST besiegt, und zwar durch eine ständig anwachsende Zahl von Menschen, die nach geistigen Grundsätzen leben. Geistigkeit beginnt mit Sittlichkeit, mit den Gesetzen richtigen Verhaltens, die jeder Religion zugrunde liegen; und dazu gehören Wahrhaftigkeit, Selbstbeherrschung, Einhalten des Ehegelübdes, Nicht-Verletzen anderer. Doch nicht nur unser Verhalten müssen wir ändern, sondern auch unser Denken. Wenn wir ständig be-

---

[4] »Die plötzlichen Naturkatastrophen mit ihren Verwüstungen und Opfern von Menschenmassen sind keiner ›höheren Gewalt‹ zuzuschreiben. Sie sind das Ergebnis menschlichen Denkens und Handelns. Jedesmal, wenn das Gleichgewicht der guten und bösen Schwingungen in der Welt durch eine Anhäufung negativer Schwingungen gestört wird – eine Folge falschen menschlichen Tuns und Denkens –, führt das zu Zerstörungen. ... Wenn das Denken des Menschen vorherrschend materialistisch ist, werden feine, negative Strahlen ausgesandt; ihre gesammelte Kraft stört das elektrische Gleichgewicht der Natur. Dann kommt es zu Erdbeben, Überschwemmungen und anderen Katastrophen. Gott ist nicht verantwortlich dafür! Jeder Mensch muß erst seine Gedanken beherrschen können, bevor er die Natur beherrschen kann.« – Paramahansa Yogananda in *Die Reise der Seele nach innen*.

Alles Glück liegt in dir

stimmten Gedanken nachhängen, werden diese Gedanken schließlich zu Handlungen. Wer sich selbst vervollkommnen will, muß zuerst sein Denken ändern.

Bemüht euch um eine positive Einstellung. Wer ständig negative Gedanken hegt, wer launisch, ärgerlich, neidisch, eifersüchtig und engherzig ist, kann sich geistig nicht höherentwickeln. Ein solcher Mensch schaltet das Licht Gottes aus und lebt in Dunkelheit. Er verbreitet überall Trübsal und Disharmonie.

Gedanken sind Kräfte; und diese üben einen gewaltigen Einfluß aus. Deshalb bin ich tief davon überzeugt, daß Gurujis *Weltweiter Gebetskreis* von weitreichender Wirkung ist. Ich hoffe, daß ihr ihm alle angehört. Wenn die Menschen positive Gedanken des Friedens, der Liebe, des Wohlwollens und der Vergebung mit tiefer Konzentration aussenden, wie es bei der Heilübung des *Weltweiten Gebetskreises* der Fall ist, erzeugt das eine große Kraft. Und wenn die Mehrzahl der Menschen dies tut, werden die guten Schwingungen derart zunehmen, daß sie eine Änderung in der Welt bewirken.[5]

---

[5] Der Gebetskreis des *Self-Realization-Fellowship*-Ordens besteht aus Mönchen und Nonnen, die täglich für die Heilung von körperlichen Krankheiten, geistiger Disharmonie und seelischer Unwissenheit beten. Bitten um Gebetshilfe – für sich selbst oder für andere – können dem SRF-Mutterzentrum in Los Angeles schriftlich oder telefonisch mitgeteilt werden. Die Tätigkeit im Gebetskreis des SRF-Ordens wird durch den *Weltweiten Gebetskreis* der *Self-Realization Fellowship* unterstützt. Dieser setzt sich aus Mitgliedern und Freunden der SRF in aller Welt zusammen. Sie beten regelmäßig für den Weltfrieden und das Wohlergehen der ganzen Menschheit. Ein Heft über das Wirken des Weltweiten Gebetskreises ist auf Anfrage erhältlich.

Was können wir gegen die Probleme dieser Welt tun?

ÄNDERT EUCH SELBST, UND IHR WERDET
TAUSENDE ÄNDERN

Unsere Aufgabe als Jünger Paramahansa Yoganandas besteht darin, alles Erdenkliche zu tun, um unser Leben auf Gott einzustellen, damit unsere Gedanken, unsere Worte und unser beispielhaftes Verhalten einen positiven geistigen Einfluß auf die übrige Welt ausüben. Unsere Worte bewirken wenig, wenn wir sie nicht in die Tat umsetzen. Die Worte Christi sind heute genauso machtvoll wie vor zweitausend Jahren, weil er danach lebte. Unser Leben muß also auf ruhige, aber beredte Weise die Gesetze, an die wir glauben, zum Ausdruck bringen. Guruji sagte oft: »Ändert euch selbst, und ihr werdet Tausende ändern.«

Vielleicht sagt ihr jetzt: »Es gibt aber so viel in der Welt zu verbessern, da ist ja so viel zu tun.« Sicher, die Not ist überall groß; doch die Übel der Welt werden nicht verschwinden, wenn wir nur äußerlich versuchen, etwas zu ändern. Wir müssen das menschliche Verhalten verbessern, das der eigentliche Grund aller Schwierigkeiten ist; und wir müssen bei uns selbst anfangen.

Ihr könnt einem Menschen tausendmal raten, nicht zu rauchen; wenn er aber an seinen Zigaretten hängt, wird nichts in der Welt ihn dazu bringen, diese Gewohnheit aufzugeben. Erst wenn er anfängt zu husten, wenn er die negativen Folgen des Rauchens zu spüren bekommt, wird er schließlich zur Einsicht gelangen und sich sagen: »Das schadet ja *mir*, jetzt muß *ich* etwas dagegen tun!« Ähnlich haben auch eure Worte wenig Überzeugungskraft, wenn es darum geht, disharmonische Menschen friedlicher zu machen. Doch wenn sich diese Menschen in eurer Gegenwart wohlfühlen, weil ihr selbst Harmonie und Frieden ausstrahlt, so ist das etwas Fühlbares und wirkt sich positiv auf andere aus.

Innere Harmonie durch die Meditation

Der Frieden und die Harmonie, nach denen wir alle so dringend suchen, sind nicht in materiellen Dingen oder irgendwelchen äußeren Umständen zu finden. Das ist gar nicht möglich. Vielleicht fühlen wir uns innerlich erhoben, wenn wir einen schönen Sonnenuntergang beobachten oder wenn wir uns in einer Berglandschaft oder am Meer aufhalten. Doch selbst der erhabenste Anblick wird uns keinen Frieden schenken, wenn wir mit uns selbst in Unfrieden leben.

Wenn wir die äußeren Umstände unseres Lebens harmonisch gestalten wollen, müssen wir zuerst innerlich in Harmonie mit unserer Seele und mit Gott leben. Nehmt euch jeden Tag etwas Zeit, um euch von der Welt zurückzuziehen, euren Geist zu verinnerlichen und Gottes Gegenwart zu fühlen. Das ist der Sinn der Meditation. Nach einer tiefen Meditation, wenn sich euer Bewußtsein auf den Frieden Gottes eingestellt hat, werden euch die äußeren Schwierigkeiten nicht mehr umwerfen können. Dann könnt ihr mit ihnen fertig werden, ohne die Fassung zu verlieren, hitzig zu reagieren oder »wie ein kopfloses Huhn umherzurennen«, wie Guruji zu sagen pflegte. Dann habt ihr genug innere Kraft gewonnen, um sagen zu können: »Also gut, ich werde dieses Hindernis in Angriff nehmen und überwinden.«

Was können wir gegen die Probleme dieser Welt tun?

Zwei Menschen können genau dieselbe Erfahrung machen; aber der eine wird vielleicht verbittert, während der andere an Weisheit und Verständnis zunimmt. Es hängt ganz von uns ab. Wenn mir jemand schreibt, daß er seine Last nicht mehr tragen könne, daß er drauf und dran sei, alles aufzugeben, dann denke ich: »Ach, wenn ich ihm nur etwas mehr Glauben einflößen könnte, damit er fühlt: ›Ja, ich *kann* es.‹« Bemüht euch um positives Denken; auch wenn ihr das Problem nicht sofort lösen könnt, tut den ersten Schritt und sagt euch: »Wenn ich zuerst einmal dies tue, sieht es morgen schon besser aus.«

HALTET IN ALLEN LEBENSLAGEN AM INNEREN
FRIEDEN UND AN DER INNEREN FREUDE FEST

Es gibt keinen besseren Ausweg aus unseren Schwierigkeiten, als sie in Gottes Hand zu legen. Er befreit uns nicht immer von ihnen, denn wir wachsen ja besonders dann, wenn wir gefordert werden. Aber Er gibt uns genug Kraft, mit allem fertig zu werden, und auch die Weisheit, richtig zu handeln.

Ich weiß nicht, wie die Menschen leben können, ohne regelmäßig Zeit für Gott zu finden. Sicher haben wir alle viel zu tun, und das Leben erlegt uns mancherlei Pflichten auf, doch wenn wir ehrlich sein wollen, müssen wir zugeben, daß jeder von uns täglich Zeit finden kann, über Gott zu meditieren. Ich stehe gern vor Morgengrauen auf, wenn alle anderen noch schlafen. Dann ist die Welt so still, man hört nicht einmal die Vögel singen. Es ist eine wunderbare Zeit, sich schweigend mit Gott zu unterhalten und Ihm alles zu erzählen – wie einem vertrauten Freund. Uns gehen immer viele Gedanken durch den Kopf,

Alles Glück liegt in dir

aber oft meinen wir, daß wir niemanden haben, dem wir sie anvertrauen können. Und doch haben wir jemanden! Ich hatte mein ganzes Leben lang Jemanden, dem ich alles mitteilen konnte – und das ist Gott. Ich kann kaum mit Worten beschreiben, wieviel Verständnis und Trost Er mir gegeben hat. Ich wende mich mit all meinen Freuden und all meinen Problemen an Ihn; und dasselbe solltet auch ihr tun. Wer sonst kann so wunderbar zuhören? Wer sonst kann soviel für uns tun wie Er? Er versteht uns auch dann, wenn wir uns selbst nicht mehr verstehen. Es ist unbedingt wichtig, daß wir uns Zeit nehmen, um diese innere Beziehung zu Ihm herzustellen.

Um Gott erleben zu können, brauchen wir die richtigen Meditationstechniken; und diese hat Guruji uns gegeben. Wer sich ernsthaft um Selbst-Verwirklichung bemüht, wird sich jeden Tag etwas Zeit nehmen, um zu Hause Gurujis Lehre zu studieren und ruhig zu meditieren. Doch wenn man nur still dasitzt, während die Gedanken wie Schmetterlinge in alle möglichen Richtungen flattern, ist das noch keine Meditation. Meditation ist die Fähigkeit, die Gedanken von allen äußeren Zerstreuungen zurückzuziehen und die befreite Aufmerksamkeit allein auf Gott zu richten. Wir müssen uns regelmäßig darin üben, die ruhelosen Gedanken zu beherrschen. Wer seine Finger beim Üben der Tonleiter über die Tasten fliegen läßt, spielt noch nicht Klavier; doch solche Vorübungen sind anfangs nötig. Ähnlich sind disziplinarische Übungen erforderlich, wenn man lernen will, wirklich zu meditieren. Wir wissen, daß wir geistige Fortschritte machen, wenn jede heutige Meditation tiefer wird als die des vorherigen Tages und

Was können wir gegen die Probleme dieser Welt tun?

wenn wir unter allen Umständen immer länger an dem Frieden und der Freude des meditativen Zustands festhalten können.

Vor vielen Jahren nahm uns der Guru einmal zu einem inspirierenden Film mit – »Das Lied der Bernadette« –, der von einer großen westlichen Heiligen handelt.[6] Ich entsinne mich besonders ihrer letzten Worte. Die Zeit vor ihrem Tod brachte ihr große Schmerzen und Prüfungen, doch als sie ihren Körper verließ, fühlte sie sich Gott so nahe, daß sie mit letzter Kraftanstrengung sagte: »Ich liebe Dich.« Das ist für mich wahre Ekstase – in dieser Welt zu leben und tätig zu sein und sich immer in Gottes Liebe geborgen zu wissen. Vergeßt nie, Ihm jeden Tag zu sagen: »Ich liebe Dich, Herr.« Falls ihr diese Liebe aber noch nicht fühlt, sagt Ihm: »Ich möchte Dich so gern lieben, Herr; rühre mein Herz an, damit ich Deine Liebe fühlen kann.«

Wenn Gott zum Mittelpunkt unseres Lebens wird, fragen wir uns stets: »Verhalte ich mich auch so, daß Er, dem meine ganze Liebe gehört, der mich erschaffen hat und für den ich lebe, mit mir zufrieden ist?« Wenn man in diesem Bewußtsein lebt, wird man zu einem wahrhaft friedlichen und glücklichen Menschen und hat auch Verständnis für andere.

IN DIESER WELT GIBT ES KEINE VOLLKOMMENHEIT

Je mehr Menschen sich um diesen Zustand bemühen, um so weniger Krisen wird es geben, die

---

[6] Die heiligen Erlebnisse, die der Bernadette Soubirous in den fünfziger Jahren des vorigen Jahrhunderts im französischen Lourdes zuteil wurden, haben diesen Ort zu einem der meistbesuchten Wallfahrtsorte des Westens gemacht.

Alles Glück liegt in dir

diese Welt bedrohen. Doch müssen wir auch verstehen, daß diese Erde nie vollkommen sein wird, denn sie ist nicht unser wahres Zuhause. Sie ist eine Schule, in der die Schüler auf verschiedenen Stufen stehen. Wir sind hierhergekommen, um alle möglichen guten und traurigen Erfahrungen im Leben zu machen und aus ihnen zu lernen.

Gott ist ewig, und auch wir sind ewig. Sein Universum mit seinem ständigen Auf und Ab wird weiterbestehen. Unsere Aufgabe ist es, im Einklang mit Seinen Gesetzen der Schöpfung zu leben. Wer sich stets um geistige Höherentwicklung bemüht – ganz gleich, wie die äußeren Umstände beschaffen sind oder in welchen Weltenzyklus er hineingeboren wird – und wer sein Bewußtsein immer mehr veredelt, wird Freiheit in Gott finden.

Letzten Endes hängt unsere Erlösung nur von uns selbst ab – wie wir uns in unserem Leben verhalten, wie wir uns betragen, ob wir ein aufrichtiges, ehrliches Leben führen und andere Menschen achten, und vor allem, ob wir Mut und Gottvertrauen haben. Es kann alles so einfach sein, wenn wir uns auf die Liebe Gottes konzentrieren. Dann wollen wir nur noch Gutes tun und nur noch gut sein, weil Er, der uns erschaffen hat, unser Bewußtsein dann mit Frieden, Weisheit und Freude erfüllt.

Wie oft mußten wir folgende Worte mit Guruji wiederholen, die zum Ausdruck bringen, daß wir stets in der Freude Gottes leben sollen:

> »Aus der Freude bin ich gekommen, aus Freude lebe ich, und in diese heilige Freude gehe ich wieder ein.«

Haltet an dieser Wahrheit fest. Dann werdet ihr

Was können wir gegen die Probleme dieser Welt tun?

sehen, daß diese Freude euch, uneingedenk der äußeren Umstände, innere Festigkeit gibt. Und dann wird diese Freude wirklicher für euch als die ewig wechselnden Ereignisse unserer kaleidoskopischen Welt.

Die Welt ist unsere Familie

Eine Ansprache, die Sri Daya Mata anläßlich des 200jährigen Bestehens Amerikas im Juli 1976 im Gyanamata-Ashram (Haus der Ordensschwestern) im internationalen Mutterzentrum der Self-Realization Fellowship hielt.

Der heutige Abend ruft mir viele ähnliche Feste in Erinnerung, wenn wir am 4. Juli mit Gurudeva zusammenkamen. Unsere Weihnachts- und Osterfeste waren zum Teil sehr feierlich, doch der 4. Juli war immer ein Tag unbeschwerter Fröhlichkeit. Wir hatten nicht viel Geld zur Verfügung, aber es gelang uns immer, ein paar Wunderkerzen oder Knallbonbons und etwas Eiscreme aufzutreiben, und dann versammelten wir uns hier in Mt. Washington auf der Wiese.[1] Später, nachdem die Einsiedelei in Encinitas[2] erbaut worden war, fuhr Guruji mit uns zum nahegelegenen Mission Beach, von wo aus wir das prächtige Feuerwerk am Meer beobachten konnten.

Es freut mich, euch heute abend zum 200. Geburtstag Amerikas alle in solch festlicher Stimmung vorzufinden. Ich weiß noch, daß Guruji sagte, er sei nicht deshalb nach Amerika gekommen, weil er die-

---

[1] Die übliche Bezeichnung für das internationale Mutterzentrum der *Self-Realization Fellowship* auf dem Mt. Washington in Los Angeles.

[2] Encinitas ist eine kleine Ortschaft, die etwa 160 km südlich von Los Angeles liegt. Paramahansa Yogananda hatte dort eine große Einsiedelei mit Ausblick auf den Pazifischen Ozean als Geschenk erhalten und hielt sich dort zwischen den Jahren 1936 und 1948 oft auf.

Die Welt ist unsere Familie

ses Land mehr als andere Nationen liebe – sein Bewußtsein war schließlich allumfassend –, sondern weil es hier weniger Vorurteile und größere religiöse Freiheit gebe. Und das waren die idealen Voraussetzungen, unter denen er die geistigen Ziele und Ideale seiner Lehre der Selbst-Verwirklichung verbreiten konnte. Das soll nun nicht heißen, daß Amerika vollkommen ist. Aber es gibt hier, vielleicht mehr als anderswo auf der Welt, die Möglichkeit, von den »Vier Freiheiten«[3] Gebrauch zu machen und sie zum Ausdruck zu bringen.

Wenn wir wahre Patrioten und echte Amerikaner sein und die Ideale verkörpern wollen, auf denen diese große Nation gegründet wurde, dann müssen wir lernen, alle Menschen als unsere Freunde zu lieben und dies ihnen gegenüber zum Ausdruck zu bringen. Es beginnt mit denen, die Gott uns als Familie mitgegeben hat; dann erweitern wir unsere Liebe, bis sie unsere Nachbarn, unser Land und schließlich alle Nationen einschließt. Wenn wir die Lehre der *Self-Realization Fellowship* im Leben anwenden, dehnt sich unser Bewußtsein immer weiter aus, bis wir die ganze Welt als unsere Familie betrachten. Auf diese Weise bringen wir die allumfassende Liebe Gottes zum Ausdruck.

WAS IST FREIHEIT?

Amerika und alle anderen Länder müssen sich heute ernstlicher denn je darum bemühen, diese all-

---

[3] Franklin D. Roosevelt hat sie folgendermaßen definiert: Freiheit der Rede und der Meinungsäußerung; Freiheit, Gott auf jede gewünschte Weise anzubeten; Freiheit von Armut und Freiheit von Furcht.

Alles Glück liegt in dir

umfassende Liebe zu entwickeln. Die Welt wird durch Verhaltensmuster gespalten, die nicht zu Frieden und wahrer Freiheit führen. Freiheit bedeutet nicht, daß man tun kann, was einem beliebt, ohne die Rechte anderer zu berücksichtigen. Wer frei sein will, muß sich in Selbstdisziplin üben. Wahre Freiheit ist letzten Endes die Befreiung vom Zwang unserer schlechten Gewohnheiten, der Vorurteile und Launen, unserer Selbstsucht und unseres Eigenwillens und so fort. Wenn ihr in allen Dingen frei handeln könnt und euch nur von Weisheit leiten laßt, dann seid ihr frei.

Als ich zum erstenmal nach Indien kam, fühlte ich mich in eine völlig andere Welt versetzt. Die geistige Atmosphäre erfüllte meine Seele mit überwältigender Freude. Aber die materiellen Zustände stehen in krassem Gegensatz zu dem, was wir in unserem Land gewohnt sind. Ich weiß noch, wie entsetzt ich war, als ich so viele Menschen unter bitterer Armut leiden sah – Menschen, denen es nur um das reine Überleben ging. Mir tat das Herz so weh, daß ich mir gelobte: Wenn ich nach Amerika zurückkehre, will ich mehr denn je darauf hinweisen, wie wichtig es ist, das, was man hat, mit anderen zu teilen und Freiheit und Glück in sich selber zu finden. Um zufrieden zu sein, brauchen wird nicht viele äußere Dinge, doch wir brauchen seelische Freiheit. Die innere Freiheit des Geistes hängt nicht von äußeren Umständen ab; jedoch hilft uns eine Umgebung, die es uns ermöglicht, tiefer über Gott nachzudenken und Ihn immer mehr lieben zu lernen.

Der Meister hat vorausgesagt, daß sich eines Tages alle Nationen der Welt zusammenschließen wür-

Die Welt ist unsere Familie

den, wenn sie nämlich viel Herzeleid, Kummer und große Kämpfe durchgemacht hätten. Diese Einheit wird zustande kommen, wenn die einzelnen Menschen jeder Nation damit beginnen, sich um innere Freiheit zu bemühen. Durch die geistige Lehre der *Self-Realization Fellowship* ist uns großer Segen widerfahren. Denn sie schafft die besten Voraussetzungen für unsere geistige Befreiung – für die Freiheit unserer Seele. Wir können dann durch unser Beispiel die eigene Familie, unser Land und unsere Welt dazu bewegen, ebenfalls nach jener Freiheit zu streben, die nur in Gott zu finden ist. Irgend jemand muß den Anfang machen. Große Lehrer erscheinen und verkünden in feurigen Reden, wie notwendig es sei, Einigkeit unter den Menschen zu schaffen. Die Menge jubelt ihnen zu, schwenkt Fähnchen und ist ganz derselben Meinung – nämlich, daß wir uns um weltweite Brüderlichkeit bemühen müssen. Eine Zeitlang lebt das Ideal in den Gedanken und Gefühlen der Menschen weiter, doch dann flaut die Begeisterung ab. Warum? Weil jeder darauf wartet, daß irgendein anderer damit anfängt, die erforderlichen geistigen Grundsätze anzuwenden. Doch jeder muß mit sich selbst beginnen und nach diesen Prinzipien leben.

Seelische Freiheit ist das, »worauf es ankommt«, wie man sagt. Und diese Freiheit erlangt ihr, indem ihr euch jeden Tag aufs neue Gottes Willen anheimgebt.

Richtige Tätigkeit beginnt mit der richtigen Einstellung

Ziel des Karma-Yogis ist es, Gott zu dienen. Was versteht man unter Karma-Yoga? Zunächst ein-

Alles Glück liegt in dir

mal bedeutet es, daß ihr euch um die richtige Einstellung bemühen müßt, die euch schließlich zum richtigen Handeln bewegt. Richtige Tätigkeit besteht darin, nicht aus eigennützigen Gründen zu handeln, sondern nur, um Gott zufriedenzustellen. Der vollendete Karma-Yogi bringt all seine Handlungen und deren Früchte Gott allein dar.

Zunächst einmal müssen wir erkennen, daß die Welt uns absolut nichts schuldet. Dieser Gedanke gibt mir so viel Freiheit. Allzuoft haben die Leute das Gefühl, daß die Welt ihnen etwas schulde, selbst wenn sie nichts getan haben, um es zu verdienen. Auf dem geistigen Weg aber denkt man anders: »Die Welt schuldet mir nichts, ich jedoch verdanke der Welt viel.« Von dieser Wahrheit ausgehend, setzt euren Gedankengang folgendermaßen fort: »Ich schulde Gott viel: Ich verdanke Ihm mein Leben; ich verdanke Ihm alles, was ich bin. Solange ich atme, vergeht kein Augenblick, da ich nicht Seinen Lebensatem in mich aufnehme. Solange ich denke, zapfe ich Seine Intelligenz an. Ich bin völlig von Ihm abhängig.« Wenn ihr euch das vor Augen haltet, erkennt ihr allmählich, daß ihr euer Leben und alles, was ihr besitzt, von Gott erhalten habt. Dann möchtet ihr Ihm auch etwas schenken.

Wenn uns dies einmal klar geworden ist, sollten wir uns fragen: »Wie kann ich Ihm dienen?« Viele meinen, Gott habe ihnen eine besondere Mission in dieser Welt übertragen. Eine solche Vorstellung ist falsch; denn die einzige Mission, zu der Er uns berufen hat, besteht darin, Ihn zu finden. Deshalb sagt der Gottsucher: »Herr, gebrauche mich, wie Du willst. Ob Du mich hier oder dort einsetzen willst,

Die Welt ist unsere Familie

ich bin immer glücklich; mir ist alles recht. Meine Augen sind stets auf Dich gerichtet. Du allein bist mein Ziel.«

Es genügt nicht, wenn wir unsere Aufgaben mechanisch oder widerstrebend erledigen, während wir innerlich unbeteiligt bleiben. Wenn wir bemüht sind, uns richtig zu betragen und auf richtige Weise tätig zu sein, ist nicht nur unser äußeres Verhalten ausschlaggebend; wir müssen uns vor innerem Widerwillen hüten, der uns sagt: »Das ist nun leider meine Pflicht; und so sehr ich sie auch verabscheue, ich komme wohl nicht darum herum.« Wenn wir uns dem Herrn innerlich nicht anheimgeben, wenn wir unseren Widerstand nicht aufgeben und Ihm erlauben, uns so zu gebrauchen, wie Er es will, werden wir die ersehnte geistige Freiheit nie erlangen.

Ganz gleich, was im Augenblick auf uns zukommen mag – Gott will, daß wir unter den gegebenen Umständen die bestmögliche Einstellung zeigen und unseren Frohsinn nicht verlieren. Der heilige Franz von Sales sagte: »Ein Heiliger, der traurig ist, ist ein trauriger Heiliger.« Wer Gott von ganzem Herzen liebt, dem wird es schwerfallen, jederzeit eine ernste Miene aufzusetzen. Sein Inneres sprudelt ständig von göttlicher Freude über.

Es ist so schön zu lachen – besonders, wenn wir über uns selbst lachen können. Wir sollten alle Empfindlichkeit ablegen, denn daraus entstehen verletzte Gefühle. Wenn wir uns schnell verletzt fühlen, so bedeutet das einfach, daß wir unserem kleinen Ich recht geben. Wer es nicht ertragen kann, daß er kritisiert wird oder daß jemand etwas Unfreundliches über ihn sagt, hat nicht die richtige Einstellung. Laßt

Alles Glück liegt in dir

andere sagen, was sie wollen. Wenn unsere Gedanken bei Gott sind und wir uns bemühen, unser Bestes zu tun, hat es wenig zu bedeuten, was die Leute von uns denken. Jedesmal, wenn jemand kritische Bemerkungen über mich macht, bete ich: »Herr, wie denkst *Du* darüber? Wenn ich einen Fehler gemacht habe, korrigiere mich und weise mich zurecht. Ändere mich!« Wir sollten stets festzustellen versuchen, was Er uns durch bestimmte Umstände lehren will.

Dient allen Kindern Gottes liebevoll

Nur wenn wir uns immer auf Gott einstellen, wenn wir Ihn lieben und Ihm in allen Menschen, die uns begegnen, dienen, reift allmählich jenes allumfassende Bewußtsein in uns heran, in dem wahre Freiheit liegt. Sagt Ihm immer:

»Herr, ich lebe in dieser Welt, weil Du mich hierhergestellt hast. Ich bin nur aus einem Grunde hier: um Dich zu lieben und um auch Deine Kinder zu lieben, wer immer sie sein mögen und wo immer sie sich befinden – ob es Amerikaner, Afrikaner, Asiaten oder Europäer; Buddhisten, Christen, Hindus, Juden oder Moslems sind.« Welchem Glauben oder welcher Nationalität wir auch angehören, wir sind alle miteinander verwandt, weil wir einen gemeinsamen Vater haben.

Ihr solltet anderen Menschen gegenüber folgende Einstellung haben: Sie gehören zu mir; sie sind ein Teil Gottes; mein Gott ist in jedem von ihnen gegenwärtig; ich will ihnen dienen, so gut ich es vermag.

Wir sollten diese Grundsätze im täglichen Le-

Die Welt ist unsere Familie

ben anwenden. Nehmt Rücksicht aufeinander, versucht, euch in andere hineinzuversetzen, helft einander. Und achtet euch gegenseitig als Ebenbilder Gottes.

Wenn Amerika oder irgendein anderes Land schließlich wahre Freiheit erlangen will – die hauptsächlich auf der Freiheit von geistiger Unwissenheit und Täuschung beruht und das Geburtsrecht jeder Seele ist –, muß es lernen, die jedem einzelnen Menschen innewohnenden göttlichen Eigenschaften zu fördern. Das ist die ideale Freiheit, die wir predigen und nach der wir leben müssen. Sie ist das sicherste Fundament für jede Nation; denn sie ermöglicht es dem Menschen, Herz und Geist zu höchster Vollkommenheit zu entfalten.

Verglichen mit vielen anderen Nationen der Welt, ist Amerika dem Alter nach immer noch ein Kind. Doch wenn ihr in andere Länder reist, seht ihr auch, wieviel Amerika schon erreicht hat und welch ein Segen es ist, in diesem großen Land leben zu dürfen. In dieser Hinsicht bin ich eine überzeugte Patriotin; ich bin dankbar für alles, was dieses Land mir geschenkt hat. Und dennoch – wenn ich andere Länder besuche, fühle ich mich auch dort zu Hause, denn die ganze Menschheit ist meine Familie. Im Bewußtsein Gottes gibt es keine Grenzen, und so sollte es auch im Bewußtsein Seiner Kinder keine Grenzen der Nationalität, der Rasse und des Glaubens geben.

Herzliche Glückwünsche zum Geburtstag, Amerika! Gott segne dich!

Hoffnung auf Frieden in einer wechselvollen Welt

*Ansprache im Yogoda Satsanga Branch Math,
Ranchi/Bihar, Indien*

In jedem Land, das ich besuche, begegne ich Menschen, die sich sehnlichst fragen: »Wie kann ich Frieden finden?« Gurudeva Paramahansa Yogananda lehrte uns, daß wir Frieden niemals durch äußere Mittel erlangen könnten. Immer wenn wir unsere Hoffnungen auf äußere Umstände setzen, können wir sicher sein, daß der dadurch gewonnene Frieden nicht lange anhalten wird.

Guruji pflegte dies mit Krishnas Worten aus der Bhagavad-Gita zu umschreiben – Worte die an Arjuna gerichtet sind: »Willst du Frieden finden, so verankere dich in Ihm, der unwandelbar ist.« In dieser Welt bleibt nichts, wie es ist; nichts ist unveränderlich, außer Gott. Bereits vor Tausenden von Jahren gab Krishna den Rat: »Verankere dich im SELBST.«[1] Er zeigte den Weg, dem die ganze Menschheit folgen muß; denn wir können niemals wahren Frieden finden, solange wir nicht in Gott »ruhen« oder »verankert« sind.

Das war eine der ersten Wahrheiten, die Guruji mich lehrte, als ich in den Ashram eingetreten war: Verankere dich in Gott, im einzig Unveränderlichen in dieser veränderlichen Welt. Und wie ma-

---

[1] *Bhagavad-Gita* II, 45.

Hoffnung auf Frieden in einer wechselvollen Welt

chen wir das? Indem wir meditieren und unseren Geist immer auf das *Kutastha*-Zentrum, das Zentrum des Christusbewußtseins zwischen den Augenbrauen, gerichtet halten. Dort und im eigenen Herzen können wir mit dem Göttlichen in Verbindung treten.

Der Geist eines gewöhnlichen Menschen wird ständig durch ruhelose Gedanken aufgewühlt, und alle möglichen Sorgen schwirren ihm durch den Kopf – Sorgen um seine Arbeit, seine Familie, seine soziale Stellung und seinen materiellen Erfolg. Sie machen ihn zu einem Nervenbündel. Auch wenn man der Welt entsagt, um in einem Ashram zu leben, heißt das nicht, daß mit einem Mal alle Probleme beseitigt sind. Man hat genauso viele Sorgen wie jeder andere; nur lernt man im Ashram, daß es immer Hoffnung, immer Sicherheit und immer eine Lösung gibt, ganz gleich, was uns im Leben widerfährt. Denn es gibt Einen, an den wir uns jederzeit wenden und dem wir vertrauen können, weil Er uns helfen kann – und dieser Eine ist Gott. Das ist etwas, was jeder Mensch lernen sollte.

Unser Problem besteht darin, daß wir Gott nicht so richtig vertrauen, denn wir haben Angst, daß Er uns nicht das schickt, was wir wollen. Wir denken: »Wenn ich Ihm mein Leben anheimgebe, mag Er nicht richtig für mich sorgen. Er mag mir keine Sicherheit geben, und Er mag meine Wünsche nicht erfüllen.« Darin irrt der Mensch und verfällt einem falschen Denken. Wenn wir unseren Geist auf Gott richten und uns Ihm täglich mehr anheimgeben, werden wir feststellen, daß Er in jeder Hinsicht für uns sorgt.

Indien kann die Menschheit geistig führen

Unter allen Ländern der Welt hat Indien den größten geistigen Segen empfangen. Guruji sagte oft: »So wie sich der Westen auf materielle und wissenschaftliche Errungenschaften konzentriert hat, so hat sich Indien seit Jahrhunderten darauf konzentriert, die geistige Entwicklung des Menschen zu fördern.« Indien ist ein Land der Geistesriesen. Kein anderes Land hat so viele Heilige hervorgebracht. Sie sind aus eurer heiligen Tradition hervorgegangen, die euer geistiges Erbe ist.

Ich habe viele Länder dieser Erde besucht. Wenn unsere Mitglieder erfahren, daß ich nach Indien reise, stellen sie mir vor allem Fragen über eure geistigen Führer. Viele sehnen sich danach, hierherzukommen, um Gott zu suchen. Daran könnt ihr erkennen, wie sehr Indien die übrige Welt inspiriert. Und das darf ihm nie verlorengehen.

Indien wird sich gewiß auch in materieller Hinsicht weiterentwickeln. Das steht außer Frage. Schließlich hat es erst vor zwanzig Jahren seine Unabhängigkeit erlangt. Man kann daher sagen, das Land sei erst zwanzig Jahre alt.[2] Ihr habt in diesen zwei Jahrzehnten große Fortschritte gemacht, und ihr werdet noch weit mehr erreichen. Aber ich bitte euch dringend, besonders die jungen Leute dieses heiligen Landes: Vergeßt in euren Bemühungen nach materiellem Fortschritt nicht euren größten Schatz – euer geistiges Erbe. Dieses Vermächtnis ist es, das die ganze Welt nach Indien zieht.

Kein anderes Volk ist so tief in den idealen

---

[2] Diese Ansprache wurde 1968 gehalten.

Hoffnung auf Frieden in einer wechselvollen Welt

Grundsätzen des *Darshan* und des *Satsanga* verwurzelt wie ihr.[3] Obgleich euch diese vertrauten Überlieferungen so selbstverständlich erscheinen, haben sie ihre Wurzeln in dem tiefgeistigen Wesen, das dem Inder angeboren ist. Macht richtigen Gebrauch davon und fördert diese natürliche Neigung in euch. Es ist für die Seelen wichtig, gemeinsam mit anderen zu meditieren und *Satsangas* zu halten – das bedeutet Freundschaft und Gemeinschaft mit dem göttlichen *Sat*, mit Gott. Wenn ihr euch das vor Augen führt, werdet ihr Indien zur größten Nation dieses Zeitalters machen. Doch wenn ihr eure geistigen Eigenschaften vernachlässigt und euch dem Rausch des Materialismus hingebt, werdet ihr die größte Gelegenheit versäumen, die ihr je hattet, zur führenden Nation der Welt aufzusteigen. Es liegt mir sehr am Herzen, euch das zu sagen, weil ich dieses Land so sehr liebe.

Ähnlich habe ich schon an vielen Universitäten im ganzen Land gesprochen. Junge Menschen sind so selbstsicher, daß sie meinen, sie könnten die Welt erobern. Es kommt ihnen vor allem darauf an, ihre Träume und ehrgeizigen Pläne zu verwirklichen; und sie neigen dazu, andere nachzuahmen. Da gerade die Jugend eine Zeit ist, wo sich Wünsche und Ehrgeiz stark bemerkbar machen, nehmen junge Menschen oft die schlechtesten Angewohnheiten und Charak-

---

[3] *Darshan* ist der Segen, der einem durch den Anblick oder die Nähe einer heiligen Person oder Stätte zuteil wird. *Satsanga* bedeutet göttliche Gemeinschaft mit anderen wahrheitssuchenden Seelen, mit Seelen die Gott suchen. Der Sinn für Versammlungen mit geistig gesinnten Menschen und die Ehrfurcht vor heiligen Persönlichkeiten und Stätten sind im Inder tief verwurzelt. Daraus zieht er die Kraft und Inspiration, mit den Schwierigkeiten und Herausforderungen des täglichen Lebens fertig zu werden.

Alles Glück liegt in dir

tereigenschaften ihrer Altersgenossen aus anderen Ländern an; denn die Sinne haben eine starke Anziehungskraft. Das aber hat tragische Folgen. Während ihr euch also bemüht, euer Leben in materieller Hinsicht zu verbessern, schließt Gott dabei nicht aus.

Das haben die materialistisch eingestellten Menschen des Westens nämlich getan. Sie denken: »Wozu brauche ich Gott, solange ich alles habe, was ich mir wünsche?« Im Leben so vieler Menschen spielt Er überhaupt keine Rolle. Und das ist falsch; denn das heutige Amerika zeigt uns, welche Probleme sich aus einer solchen Einstellung ergeben. Ich habe Tausende von jungen Menschen gesehen, die sich in einem beklagenswerten Zustand befinden. Sie sind desorientiert, ruhelos, unglücklich und verwirrt, und zwar deshalb, weil sie sich von Gott abgewandt haben. Und immer mehr von ihnen richten ihre Aufmerksamkeit heute auf Indien. Ihr habt sicher in den Zeitungen gelesen, daß viele Menschen indischen Lehrern folgen. Sie haben sich ständig im Kreise gedreht und stellen nun fest, daß der Materialismus sie nicht zufriedenstellen kann. Jetzt versuchen sie, inneren Frieden zu finden und ihrem Leben einen Sinn zu geben. Und in den geistigen Lehren Indiens finden sie das, was sie suchen.

Ich hatte das große Glück, Gurudeva schon im jugendlichen Alter – ich war gerade siebzehn – zu begegnen. Er hat mein Leben verwandelt, und dafür werde ich ihm ewig dankbar sein. Ich kann all das Wunderbare, das er in meinem Leben bewirkt hat, gar nicht in Worte fassen. Alles, was ich sagen oder tun kann, reicht nicht aus, um ihm das, was er mir gegeben hat, jemals zu vergelten. Er kam aus Indi-

Mrinalini Mata (Vizepräsidentin der SRF), Sri Daya Mata und Ananda Mata (Schatzmeisterin der SRF) im Janakananda-Ashram des SRF-Mutterzentrums, 1976

»Wenn wir die äußeren Umstände unseres Lebens harmonisch gestalten wollen, müssen wir zuerst innerlich im Einklang mit unserer Seele und mit Gott leben. Nehmt euch jeden Tag etwas Zeit, um euch von der Welt zurückzuziehen, euren Geist zu verinnerlichen und Gottes Gegenwart zu fühlen.«

Nach einem *Satsanga* in Ranchi, 1968, wirft Mataji in heiterer Stimmung eingewickelte Bonbons in die Versammlung.

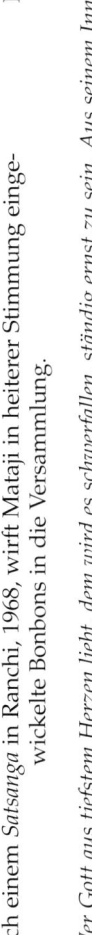

Ranchi, 1973

»Wer Gott aus tiefstem Herzen liebt, dem wird es schwerfallen, ständig ernst zu sein. Aus seinem Innern sprudelt immer ein Strom göttlicher Freude.«

Hoffnung auf Frieden in einer wechselvollen Welt

en in ein westliches Land und würdigte dessen materielle Errungenschaften. Aber nie vergaß er Gott oder die geistigen Ideale, mit denen er aufgewachsen war. Er nahm sie mit sich und verpflanzte sie in den Westen. Und deshalb finden wir heute in allen Ländern Tausende von Anhängern unseres Gurudevas Paramahansa Yogananda.

»SEI DIR SELBER TREU«

Wie gelangen wir zu jenem inneren Frieden, an dem wir auch in dieser sorgenvollen Welt festhalten können? Das ist sehr einfach: Während wir uns ständig darum bemühen, unsere Lage zu verbessern, müssen wir Gott im Herzen tragen. Zwar müssen wir für den Körper sorgen – ihn ernähren und kleiden und ihm Obdach geben; doch wir dürfen nicht versäumen, zumindest einige Zeit – und seien es nur zehn oder fünfzehn Minuten – täglich an Gott zu denken und über Ihn zu meditieren. Wie töricht wir sind, wenn wir Ihn vergessen!

Ehrlich gesagt, ich weiß gar nicht, wie man leben kann, ohne in Gott verankert zu sein. Kein Wunder, daß es so viel unnötiges Leid in der Welt gibt! Ich habe das Leiden der Menschheit miterlebt und gesehen, wie unerträglich diese Last werden kann. Ohne Gott könnte ich das Leben überhaupt nicht ertragen. Wie anders aber kann das Leben sein, wenn wir in Gott verankert sind! Es ist so leicht, Ihn zu fühlen, wenn man meditiert! Der Mensch macht es sich kompliziert, weil er sich gar nicht anstrengen will. Er versucht lieber, seine geistige Trägheit zu rechtfertigen.

»Sei dir selber treu, und daraus folgt, so wie die Nacht dem Tage, du kannst nicht falsch sein gegen ir-

Alles Glück liegt in dir

gendwen.«[4] So einfach ist das. Fragt euch zuerst bei allem, was ihr tut: »Bin ich mir selber gegenüber ehrlich und aufrichtig?« Versucht nie, eure Schwächen zu rechtfertigen. Dieses Grundprinzip wird in den ersten beiden Stufen von Patanjalis Achtstufigem Weg des Yoga[5] erläutert: in *Yama* und *Niyama*, den Verboten und Geboten in bezug auf richtiges Betragen. Sie lassen sich in einem einzigen Satz zusammenfassen: Seid euch selbst gegenüber aufrichtig. Das heißt, bleibt euch selber treu – nicht dem Ego, der Pseudo-Seele – sondern dem *Atman*, eurem wahren SELBST, eurer Seele. Und das bedeutet, daß ihr euch ernsthaft bemühen müßt, ehrlich, aufrichtig, gütig und liebevoll zu sein; ihr müßt den Haß, die Unehrlichkeit und alles ablegen, was die Seele behindert, was euch nervös und unruhig macht und euch keinen Frieden schenkt.

»Seid euch selber treu«, und meditiert jeden Tag ein wenig. Dann findet ihr Freiheit; dann findet ihr inneren Frieden. Andernfalls werden diese euch immer wieder entgleiten.

DIE GRÖSSTEN LIEBENDEN DER WELT

Es gibt keinen Menschen, der sich nicht danach sehnt, andere zu lieben und selbst geliebt zu werden.

---

[4] Shakespeare: *Hamlet*, 1. Akt, 3. Szene.
[5] Patanjali war der bedeutendste Yoga-Interpret des Altertums. Er stellte den Weg, der die Menschen zur Vereinigung mit Gott führt, in acht Stufen dar. Diese sind: 1. *Yama*, sittliche Lebensführung; 2. *Niyama*, religiöse Vorschriften; 3. *Asana*, richtige Haltung, welche die körperliche Unruhe beseitigt; 4. *Pranayama*, Herrschaft über *Prana*, die feinstofflichen Ströme der Lebenskraft; 5. *Pratyahara*, Verinnerlichung; 6. *Dharana*, Konzentration; 7. *Dhyana*, Meditation; und 8. *Samadhi*, Ekstase oder Vereinigung mit Gott.

Hoffnung auf Frieden in einer wechselvollen Welt

Pflanzen, Tiere und vor allem der Mensch – der ja Gott zum Bilde geschaffen ist – reagieren auf Liebe. Um Liebe empfangen zu können, muß man Liebe geben. Doch nur wenige Menschen wissen, was tiefe und aufrichtige Liebe ist. Wenn wir in der Meditation lernen, Gott immer tiefer zu lieben und Seine Liebe zu fühlen, wird es uns auch möglich sein, andere zu lieben, ohne etwas von ihnen zu erwarten.

Die größten Liebenden, die diese Welt gekannt hat, sind diejenigen, die Gott geliebt haben. In jedem Jahrhundert haben sie die Menschheit von neuem inspiriert. Der Sinn der Lehre Indiens besteht darin, Seelen zu entwickeln, die Gott wahrhaft lieben und Ihn wahrhaft kennen; das ist es, was die heiligen Schriften Indiens der Menschheit verkünden. Lange vor der Ära des Christentums, des Buddhismus und anderer Religionen hat Indien den Weg genau dargelegt. Darum liebe ich dieses Land so sehr. Und seine Lehre ist wahrlich das, was die Welt heute braucht.

Wie ich schon sagte, ist hier in Indien die geistige Grundlage bereits vorhanden. Es ist sehr einfach für euch, Gott zu finden, wenn ihr die nötigen Anstrengungen macht. Ihr müßt euch also darum bemühen! Übt euch jeden Tag in der Meditation; versenkt euch tief in Gott, auch wenn es nur für ein paar Minuten sein kann. Dann wird Er euch antworten.

Viele Gottsucher haben mir schon gesagt: »Aber ich *habe* doch gebetet.« Der Christ sagt vielleicht: »Dreiundzwanzig Jahre lang habe ich täglich meine Gebete gesprochen.« Und der Moslem: »Ich habe dreiundzwanzig Jahre lang getreulich das *Namaj* verrichtet«. Und der Hindu: »Ich habe immer *Ja-*

Alles Glück liegt in dir

pa geübt und mein *Puja* vollzogen.«[6] Dennoch klagt jeder von ihnen: »Ich habe das Gefühl, daß ich überhaupt keine Fortschritte mache. Ich bin so ruhelos und nervös. Woran liegt das?«

Es liegt daran, daß das Üben mechanisch geworden ist. Mit Halbherzigkeit oder mechanisch wiederholten Liebeserklärungen könnt ihr nie die Liebe eines Menschen gewinnen. Liebe muß aus dem Herzen kommen. Und das fehlt so oft bei den geistigen Übungen. Wir müssen aufhören, den Namen Gottes ohne jedes Gefühl oder Verständnis einfach nur nachzuplappern – so wie Papageien es tun. Der Meister lehrte uns, Herz und Geist so fest auf den Göttlichen Geliebten zu richten, daß schon das bloße Aussprechen Seines Namens uns innerlich tief bewegt. Das erreicht man durch tägliche Meditation. Sobald ihr den Namen Gottes aussprecht, ist euer Herz voll und ganz beteiligt: »Mein Gott, mein Gott, Du bist meine ganze Liebe.«

Ich wünsche mir so sehr, daß ich die Saat göttlicher Sehnsucht tief in eure Seelen streuen kann, daß dieses Verlangen in euch erweckt wird und nicht nur ein paar Wochen oder Monate anhält, sondern bis ihr geistige Freiheit gefunden habt. Wartet nicht, bis das Leben vorüber ist und ihr plötzlich feststellen müßt: »Oh, ich habe die Gelegenheit versäumt.« Jetzt ist es an der Zeit, Gott zu suchen.

Guruji sagte oft: »Bevor sich jeder von euch heute nacht schlafen legt, sollte er meditieren und Gott aus tiefstem Herzen anrufen.« Sprecht zu Ihm

---

[6] *Namaj:* das wichtigste Gebet der Mohammedaner, das fünfmal am Tag wiederholt werden muß; *Japa:* konzentrierte Wiederholung eines göttlichen Gedankens; *Puja:* zeremonielle Anbetung.

Hoffnung auf Frieden in einer wechselvollen Welt

wie ein Kind. Wenn ihr dies jeden Abend tut, ist euer Leben bald fest in Ihm verankert. Dann gleicht ihr einem starken Baum, der sich im Sturm zwar biegt, aber nie bricht. Ein morscher Baum kracht zusammen und fällt schon bei einem leichten Windstoß um. Der Gottsucher lernt, sich allen Umständen im Leben anzupassen, ohne dabei zusammenzubrechen. Er ist tief im Göttlichen verwurzelt.

Unmittelbare Verbindung mit Gott – das Band, das alle Religionen vereint

*Aus einer Ansprache im Janakananda-Ashram
(Haus der Mönche) im internationalen
Mutterzentrum der Self-Realization Fellowship*

Wer auf Paramahansa Yoganandas Spuren wandeln will, darf im Herzen keine religiösen Vorurteile hegen, aber er muß treu sein. Achtet alle Religionen, doch bleibt eurer eigenen treu. Wenn ihr erkannt habt, daß die allumfassende Wahrheit sich auf verschiedene Weise und in unterschiedlichem Maße in allen Religionen Ausdruck verschafft, wählt den geistigen Weg, der euch am meisten zusagt, und weicht dann nicht mehr von ihm ab. Achtet alle anderen Wege, doch bleibt eurem eigenen treu. Das war Gurudevas Grundsatz; und es sollte der Grundsatz aller sein, die ihm folgen.

Ich bin der festen Überzeugung, daß man mit dieser Auffassung von Treue die Gegenwart Gottes in allen Kirchen und Tempeln, die Ihm geweiht sind, erleben kann. Denn die verschiedenen Wege führen alle zu Ihm. Wenn ich für Gurujis Werk auf Reisen gehen muß, ist es eine Art »Hobby« für mich, verschiedene Tempel und Kirchen aufzusuchen, die alle meinem geliebten Gott geweiht sind, um dort Zwiesprache mit Ihm zu halten. Ich fühle und achte Ihn in all Seinen Anhängern, ganz gleich, welchen

Unmittelbare Verbindung mit Gott ...

Weg sie gewählt haben und auf welche Weise sie Ihm ihr Leben weihen. Ich hoffe, daß wir, die wir zur *Self-Realization Fellowship* gehören, immer weitherzig genug sind, an diesem Ideal festzuhalten. Engstirnigkeit widerspricht Gottes Grundsätzen. Wenn ein Mensch engherzig wird, kann er unmöglich Gottes Licht ausstrahlen. Alle, die Gott wirklich geliebt haben, waren auch allen Religionen und deren Anhängern gegenüber aufgeschlossen und haben sie mit offenen Armen willkommen geheißen. Gefolgt aber sind sie immer nur einem Weg: ihrem eigenen. Liebt alle, aber seid nicht wankelmütig. Folgt nur einem Weg mit unerschütterlicher Treue. Wenn wir Gott finden wollen, müssen wir diese Einstellung haben.

DAS ERLEBEN GOTTES HEBT ALLE SCHRANKEN ZWISCHEN DEN RELIGIONEN AUF

Der Geist Gottes ist wahrlich allgegenwärtig. Während ich in einem Schrein in Nara, Japan, vor einer riesigen Buddha-Statue meditierte, hatte ich ein überaus segensreiches Erlebnis der göttlichen Gegenwart. Ich erinnere mich auch eines einzigartigen und recht erheiternden Erlebnisses im großen Shwedagon-Tempel in Burma. In vielen hinduistischen und buddhistischen Tempeln gibt es nicht nur einen großen mittleren Altar für die Anbetung, sondern auch eine Anzahl kleinerer Altäre – ähnlich wie die Nischen in den katholischen Kirchen, die verschiedenen Heiligen gewidmet sind. Im Shwedagon-Tempel hatte ich vor einem solchen Schrein lange und tief meditiert und war ganz in die göttliche Liebe eingetaucht. In der Nähe befand sich ein

Alles Glück liegt in dir

buddhistischer Priester und auch noch einige andere Leute. Als ich aufstand und gehen wollte, bot mir der Priester, der Güte und Wohlwollen ausstrahlte, spontan eine Zigarre an. Vielleicht war das alles, war er im Augenblick zur Hand hatte. Ich lehnte zwar höflich ab, spürte jedoch die durch seine Geste ausgedrückte Freundschaft und freute mich, daß er in mir eine Gefährtin auf dem Weg zu Gott erkannt hatte.

Während meiner ersten Indienreise wurde ich im Tempel von Tarakeswar durch Gottes Gegenwart von einer Krankheit geheilt. Es war eine augenblickliche Heilung – keine allmähliche Besserung, die sich über mehrere Tage erstreckte. Ich hatte ganz vergessen, daß dieser Tempel für die in ihm stattfindenden Heilungen bekannt ist – ähnlich wie die heilige Stätte in Lourdes, Frankreich. Als ich jedoch an jenem Abend in den Ashram zurückkehrte und in Gurujis *Autobiographie* las, wurde ich an die Heilung erinnert, um die ein Angehöriger seiner Familie in demselben Tempel gebetet hatte.[1]

In Puri wurde mir das Vorrecht zuteil, als einer der ersten Besucher aus dem Westen das Innere des heiligen Jagannath-Tempels betreten zu dürfen. Normalerweise ist der Zutritt nur Hindus gestattet, so wie im Westen nur gläubige Mormonen die heiligen Mormonen-Tempel betreten dürfen, in denen religiöse Zeremonien abgehalten werden. Der Sinn dieser Regel liegt darin, daß nur wahrhaft gläubige Personen dort anwesend sein sollen, nicht aber Besucher, die aus reiner Neugierde kommen. Manchmal vergessen wir, daß es auch in unseren westli-

---

[1] Siehe *Autobiographie eines Yogi*, Kapitel 13.

Unmittelbare Verbindung mit Gott ...

chen Religionen festgelegte Bräuche gibt, und räumen anderen nicht dasselbe Recht ein, auch ihre Bräuche respektiert zu sehen. Gerade einen Monat vorher, ehe wir nach Jagannath kamen, hatte ein Europäer versucht, den dortigen Tempel zu betreten, was großen Unwillen hervorgerufen hatte, weil die Einheimischen über den Eindringling sehr aufgebracht waren. Doch dank der Vermittlung des damaligen Shankaracharyas vom Gowardhan Math in Puri[2] durften meine Begleiter und ich hineingehen. Und in diesem Tempel hatte ich ein überwältigendes Erlebnis der Gegenwart Gottes.

Später, als wir die gesegneten Stätten im Heiligen Land aufsuchten, wo Christus gelebt hatte, und als wir auf unserer Reise durch Europa die Orte in Italien besichtigten, die dem heiligen Franziskus geweiht sind, wurden mir wieder wunderbar inspirierende Erlebnisse zuteil.

Ich erwähne dies nur, um euch zu zeigen, daß Gott allumfassend ist und daß wir durch ein persönliches Gotteserleben die Schranken der Mißverständnisse und Vorurteile durchbrechen können, die sich zwischen den Religionen gebildet haben.

YOGA – UNMITTELBARE WAHRNEHMUNG GOTTES

Verschiedene Religionen lehren ihre Anhänger verschiedene Grundsätze in Form von Dogmen, was auch in Ordnung ist. Ich erinnere mich jedoch oft an das, was mir der Meister sagte: »Wir müssen zwar sehr weitherzig sein, aber dennoch brauchen

---

[2] Sri Jagadguru Shankaracharya Bharati Krishna Tirtha, geistliches Oberhaupt der meisten Hindus in Indien. Siehe Foto nach Seite 284.

wir Dogmen« – und das war der einzige Zusammenhang, in dem er das Wort »Dogma« in bezug auf sein Werk je erwähnte –, »wir brauchen Dogmen, um unseren Mitgliedern ein Lehrsystem für die Anwendung des Kriya-Yoga zu bieten.« Da dachte ich heimlich: »Oh, wie wunderbar!« Denn ich verstand, was er meinte: »Ich will die Jünger der *Self-Realization Fellowship* nur durch ein einziges Band zusammenhalten – durch ihre eigene unmittelbare Gotteserfahrung, die sie durch das Üben des Kriya erlangen können.« Wir behaupten nicht, daß Kriya-Yoga die *einzige* Technik sei, die zur Verwirklichung führt, aber unser Guru hielt sie für die beste Methode, weil sie dem Wahrheitssucher dazu verhilft, Gott unmittelbar in seinem eigenen Innern zu erleben.

Das ist der eigentliche Zweck jeder Religion: Sie soll dem Menschen dazu verhelfen, unmittelbar mit seinem Schöpfer in Verbindung zu treten. Es genügt nicht, sich bloß gewisse religiöse Vorstellungen oder Grundsätze zu eigen zu machen. Das ist zwar gut, aber wir müssen tiefer gehen. Die Kirche hat – ganz gleich, welche Religion sie vertritt – vor allem *eine* Aufgabe zu erfüllen: Sie soll dem Sucher helfen, unmittelbar mit Gott in Verbindung zu gelangen. Ich glaube, daß die Zeit kommen wird – wie der Meister sagte –, da alle Kirchen immer mehr Wert auf die Meditation legen werden, weil diese zu einem echten Gotteserleben führt. Das allein wird die Menschheit – und sogar die ganze Welt – retten. Und da die *Self-Realization Fellowship* lehrt, wie man diese unmittelbare Verbindung erlangen kann, glaube ich auch, wie der Meister schon viele Male pro-

Unmittelbare Verbindung mit Gott ...

phezeit hat, daß diese Lehre die Religion des neuen Zeitalters ist.

Das eigene Gotteserleben ist der Prüfstein für den Beweis, daß Er allein sich hinter allen wahren Religionen verbirgt. Sobald jemand Gott tatsächlich erlebt, verlieren die oberflächlichen dogmatischen Unterschiede ihre Bedeutung. Die Anhänger aller religiösen Wege finden denselben Gott, wenn sie sich in der Meditation nach innen wenden. Darum ist die unmittelbare Gotteserfahrung der Schlüssel, der zur Toleranz und zum Verständnis unter den Anhängern verschiedener Glaubensrichtungen führt.

Vor allem ist die unmittelbare Verbindung mit Gott für jeden von uns – Seine Kinder – lebenswichtig, denn davon hängen letztendlich unser Glück und unser Wohlergehen ab. Gurudeva hilft uns durch die Lehre der *Self-Realization Fellowship*, dieses Gotteserleben zu erlangen, nämlich durch Meditation und Hingabe. Ich will noch einmal kurz auf einige Themen eingehen, die dem Gottsucher zu einer erfolgreichen Meditation verhelfen.

WICHTIGE HINWEISE FÜR EINE TIEFERE MEDITATION

Wenn ihr euch zur Meditation hinsetzt, müßt ihr die Welt aus eurem Bewußtsein verbannen. Vergeßt alles andere. Ganz gleich, welche Probleme ihr habt, laßt sie an der Tür zur Kapelle oder zu eurem Meditationszimmer zurück. Tut dies ganz bewußt. Werft alle Probleme ab. Fühlt, daß ihr sie tatsächlich aus eurem Bewußtsein verbannt habt. Übt euch darin, euren Geist auf diese Weise augenblicklich frei zu machen – nicht nur von allen weltlichen Verpflichtungen, sondern auch von allem Verlangen

Alles Glück liegt in dir

nach körperlicher Bequemlichkeit und von eurer gewohnten Eigenwilligkeit. Es ist sehr wichtig, daß ihr euch auf diese Weise schult – daß ihr jeden weltlichen Gedanken durch reine Willenskraft abweist und euch sagt: »Jetzt existiert nichts anderes mehr für mich als Gott.«

Was würdet ihr tun, wenn ihr wüßtet, daß ihr im nächsten Augenblick diese Welt verlassen müßtet? Ich weiß es, weil ich mich in dieser Lage befunden habe. Ihr würdet nur noch denken: »Nun geht mein Leben zu Ende!« und würdet so dringend nach Gott rufen, daß nichts anderes mehr wichtig ist. Mit solch dringendem Verlangen, Gott zu finden, und mit der Erkenntnis, daß euch der Tod jeden Augenblick ereilen kann – wie es ja bei jedem von uns einmal der Fall sein wird –, müßt ihr meditieren.

Haltet beim Meditieren an dem Gedanken fest, daß Gott die einzige Wirklichkeit ist. Er ist das einzige Ewige Sein. Alles andere in diesem Universum ist unwirklich – ein unendlich kleiner Teil des großen Schleiers der *Maya*, der die Wirklichkeit verhüllt.

Ferner ist es wichtig, daß wir Geduld haben, damit wir Beharrlichkeit in der Meditation entwickeln. Gebt euch anfangs mit kleinen Erfolgen zufrieden; werdet nicht ungeduldig und verkrampft euch nicht, wenn ihr meditiert. Gebt euch Ihm bedingungslos anheim: »Herr, ich bin in Liebe zur Dir entbrannt. Ich eile Dir entgegen. Doch tu mit mir, was Du willst. Komm zu mir, wann Du willst. Ich werde Dich immer weiter suchen, ganz gleich, was kommen mag.« Wenn ihr so betet, werdet ihr überrascht sein, wie das göttliche Bewußtsein – jene göttliche Intelligenz, jene unbeschreibliche Liebe Gottes

Unmittelbare Verbindung mit Gott ...

– den Ruf eurer Seele erwidert. Das geschieht aber nicht, wenn ihr ungeduldig seid.

Wenn es einem Gottsucher schwerfällt, tief zu meditieren, liegt es gewöhnlich daran, daß er schnelle Erfolge erhofft. Konzentriert euch beim Meditieren nicht auf die Ergebnisse, denn diese Einstellung erzeugt eine innere Unruhe. Ihr werdet ruhelos und verkrampft euch, weil die erhoffte Antwort von Gott ausbleibt. Denkt nicht an die Ergebnisse, vergeßt die Zeit und schüttet dem Herrn immer wieder euer Herz aus. Fleht Ihn an, ruft nach Ihm, weint nach Ihm. Wenn euer Verlangen nicht stark genug ist, wiederholt innerlich Seinen Namen und betet: »Offenbare Dich, offenbare Dich mir!« Taucht immer tiefer nach innen. Er wird erst dann kommen, wenn Er es für richtig hält. Das müßt ihr wissen. Ihr könnt Gott zu nichts zwingen; ihr könnt euch Ihm nur anheimgeben. Dann wird Er antworten.

Wenn ihr in der Meditation unter Zeitdruck steht oder ein Gefühl ängstlicher Erwartung habt, wird Er, den ihr sucht, sich euch entziehen. Stellt euch einmal vor, ihr seid in großer Eile, weil ihr eine Verabredung einhalten müßt. Weil ihr nervös und angespannt seid, gleitet euch etwas aus der Hand und rollt unter das Sofa. Ihr sucht wie verrückt danach und denkt verzweifelt: »Ich *muß* es finden; ich muß ja gehen – die anderen warten auf mich.« Ihr sucht und sucht und findet den Gegenstand dennoch nicht. Wir alle kennen das. Schließlich haltet ihr inne und entspannt euch. Ihr hört auf zu hetzen und konzentriert euch – und schon habt ihr es gefunden! Dann sagt ihr erstaunt: »Ich habe doch ein dutzendmal genau an dieser Stelle gesucht und es nicht gesehen!«

Alles Glück liegt in dir

Genauso ist es mit der Meditation. Wenn euer Bewußtsein von Sorgen, Spannungen, Ruhelosigkeit und Ungeduld umnebelt ist, könnt ihr die Gegenwart Gottes im Innern nicht wahrnehmen. Ihr müßt ruhig und geduldig warten. Rabindranath Tagore hat es in diesen Worten so wunderbar ausgedrückt:

> Hast du nicht Seine leisen Schritte gehört?
> Er kommt, kommt, kommt immerdar.

»Leise Schritte« bedeutet: Der Gottsucher muß voller Hingabe in das innere Schweigen eingehen und andachtsvoll warten. Dann fühlt er allmählich diese Freude, diese Liebe und diese Göttliche Gegenwart in seinem eigenen Innern. »Er kommt, kommt, kommt immerdar.«

Der Sinn der Prüfungen, die uns im Leben gestellt werden

Was wir den ganzen Tag über tun, sind nur Szenen des großen göttlichen Dramas. Sie haben keine Bedeutung – abgesehen von der Lehre, die sie uns erteilen, damit wir uns geistig höherentwickeln können. Nur darauf kommt es im Leben an. Prüfungen sind ein Teil des Lebensdramas. Laßt euch niemals entmutigen. Wie leicht ist es, Gottes Liebe zu fühlen, wenn alles wunderbar verläuft und unseren eigenen Vorstellungen entspricht. Die Prüfung besteht darin, ob wir auch dann an der Freude des göttlichen Bewußtseins festhalten können, wenn alles mögliche uns aus der Fassung zu bringen versucht. Deshalb sagte Guruji: »Lernt, auch inmitten zusammenbrechender Welten fest und unerschütterlich dazustehen.«

In Zeiten großer Schwierigkeiten solltet ihr Zuflucht bei Gott suchen und innerlich nach Ihm rufen – Ihn als Sein Kind um Hilfe bitten. Fleht Ihn an, in den Tempel eures Bewußtseins zu kommen. Oft fühlt der Gottsucher gerade in Zeiten schwierigster Prüfungen, wie ihn die liebende, verständnisvolle und tröstende Gegenwart Gottes einhüllt. Und wenn ihn diese Schwierigkeiten in Gottes Arme treiben, macht er große geistige Fortschritte. Vergeßt dies nie: Fürchtet euch nicht vor Prüfungen, sondern schaut ihnen mutig, vertrauensvoll und mit einem Herzen voller Hingabe entgegen. Das ist die richtige Art und Weise, sich in schwierigen Zeiten zu verhalten.

Wenn ihr also von Prüfungen gekreuzigt werdet, wenn man euch aus Unwissenheit mißversteht, wenn ihr euch vor eine übermenschliche Aufgabe gestellt seht, wenn ihr von Versuchungen überwältigt werdet, dann haltet euch immer vor Augen, daß diese Prüfungen nicht kommen, um euch zugrunde zu richten. Sie dienen nur dazu, euch aus der Täuschung zu erwecken. Deshalb sollte der Gottsucher stets um die richtige Einstellung beten und seine Aufmerksamkeit jederzeit auf Gott, das Ziel seines Lebens, richten. Dann werden uns die Prüfungen des Lebens weder verbittern noch verzweifeln lassen oder den Wunsch nach Vergeltung in uns erwecken. Unser Herz und unsere Gedanken wenden sich immer wieder dem Einen zu: »Mein Geliebter, mein Geliebter, mein Geliebter. Du bist der Einzige, der mich versteht. Offenbare Dich mir.«

VERSTÄNDNIS UND MITGEFÜHL FÜR ALLE

Mit welchem Recht erwarten wir, daß die Welt uns versteht? Wir verstehen die Welt ja auch nicht.

Alles Glück liegt in dir

Welches Recht haben wir, zu erwarten, daß irgend jemand uns versteht, wenn wir von uns nicht sagen können, daß wir andere Menschen verstehen? Denn das wird uns nicht gelingen, solange wir uns selbst nicht verstehen; und damit meine ich nicht unseren Körper oder Geist, sondern das innere Bewußtsein. Wenn wir uns erst einmal als Seele erkannt haben, wird es uns auch gelingen, unseren Körper richtig zu lenken und Herrschaft über unsere Sinne und Launen, unsere Gefühlsregungen und unsere geistige Ruhelosigkeit zu erlangen. In einem solchen Bewußtseinszustand können wir alle Menschen verstehen und uns in sie hineinversetzen.

Wenn wir die in uns verborgene Göttlichkeit wieder entdecken und uns bemühen, sie zum Ausdruck zu bringen, werden wir das Göttliche auch in anderen Menschen erkennen. Es ist nämlich so: Wenn wir sehr glücklich sind und wenn unser Herz von Liebe erfüllt ist, können wir alle Beleidigungen und scharfen Worte, die andere an uns richten, ohne weiteres verkraften. Wir sind dann nicht empfindlich und fühlen uns nicht verletzt. Wenn wir glücklich in unserem wahren SELBST ruhen, *verstehen* wir, warum andere sich so oder so verhalten, und zeigen Verständnis und Mitgefühl für sie. Doch wenn wir ärgerlich, empfindlich oder verletzt sind, regen wir uns leicht über andere auf und reagieren sauer auf jedes falsche Wort. Wer mit sich selbst im reinen ist, verhält sich auch allen anderen gegenüber immer richtig. Und das erreichen wir, indem wir zu Gott zurückkehren.

Übt euch in Demut und Hingabe; das ist von größter Wichtigkeit. Zweck unserer religiösen

Unmittelbare Verbindung mit Gott ...

Gelübde ist es, daß wir den Kampf mit dem Ego aufnehmen und es besiegen. Ein Leben der Einfachheit oder Armut soll uns helfen, das Verlangen nach materiellem Besitz zu überwinden; Keuschheit dient dazu, über die Anhänglichkeit an den Körper zu siegen; und durch Gehorsam und Treue lernen wir, den selbstsüchtigen Eigenwillen aufzugeben. Ein Gottsucher kann sowohl als Familienvorstand wie auch als Entsagender nach den Grundsätzen dieser Gelübde leben, indem er sich von allem, was er tut, innerlich distanziert. Durch Befolgung dieser Gesetze wird die Seele schließlich frei. Das heißt, wir sprengen die geistigen und materiellen Ketten, die uns zu Sklaven des Körpers gemacht und uns von Gott ferngehalten haben.

Gurudevas Lehre führt uns zum eigentlichen Kern der Wahrheit – zu Gott. Wir brauchen uns nicht durch eine Menge von Dogmen und Theorien hindurchzuarbeiten. Er hat uns die Quintessenz der Ewigen Religion gegeben: den Weg, der zur unmittelbaren Verbindung mit Gott führt.

Einklang zwischen geistigem Streben und weltlichen Pflichten

Aus einer Ansprache an die Ordensleute im internationalen Mutterzentrum der Self-Realization Fellowship

Gurudeva [Paramahansa Yogananda] sagte oft, daß jede unserer Meditationen tiefer sein solle als die des vorhergehenden Tages. Wenn ihr euch aufrichtig bemüht, tiefer zu meditieren und wenn ihr die Göttliche Mutter mit all der schmerzlichen Sehnsucht und dem ganzen Verlangen eurer Seele anruft, könnt ihr sicher sein, daß ihr auf dem geistigen Weg Fortschritte macht.

Das Leben vergeht so schnell; es gleicht einem Schaumbläschen, das über die Stromschnellen gleitet und irgendwann zerplatzt. Doch obgleich das winzige Bläschen sich auflöst, geht es nicht verloren; es verändert nur seine Form. Ähnlich verhält es sich mit unserem Leben: Es geht nicht verloren, auch wenn es sich eines Tages aus der Schaumblase dieser fleischlichen Gestalt zurückzieht. Es ist gut, über die Unbeständigkeit dieser sterblichen Hülle zu meditieren. Das hilft uns, die Trugbilder unserer irdischen Erfahrungen schneller zu durchschauen. Gott ist die einzige Wirklichkeit; alles andere ist Teil Seines kosmischen Traums. Meditiert über die Wirklichkeit Gottes und macht euch klar, wie wichtig es

Einklang zw. geistigem Streben und weltlichen Pflichten

ist, sich auf diese einzustellen, damit ihr erkennt: Ihr seid kein sterbliches Wesen, sondern ein unsterblicher Teil des geliebten Gottes.

[Es folgt eine Meditation; danach fährt Daya Mataji mit ihrer Ansprache fort.]

Ich bin tief in den Zustand der Stille und des Friedens eingetaucht. Guruji erklärte oft, daß Frieden der erste Beweis für die Gegenwart Gottes ist. Als der Meister noch unter uns weilte, zeigte er uns, wie wir diesen Zustand innerer Stille erreichen können: indem wir die Meditationstechniken der Selbst-Verwirklichung mit immer tieferer Aufmerksamkeit üben. Dabei machte er oft folgenden Vergleich: Wenn man eine Kuh gemolken hat, so daß der Eimer bis zum Rand mit Milch gefüllt ist, und man diesen Eimer dann unachtsam hin- und herschwenkt, so daß der ganze Inhalt unterwegs verschüttet wird, war es sinnlos, überhaupt Milch in den Eimer zu füllen; man hat sie ja nur vergeudet. Dasselbe gilt für die Meditation: Nachdem wir den Zustand innerer Stille erreicht haben, müssen wir an diesem Eimer des Friedens den ganzen Tag lang sorgsam festhalten und in tiefen Zügen daraus trinken, damit wir möglichst viel aus unserer Meditation gewinnen.

Gott hat uns Erdenkinder vor endlose Prüfungen, Sorgen und Belastungen gestellt; nur ab und zu gibt es ein wenig Freude und kurzlebige Vergnügen. Die Welt, die Er erschaffen hat, ist eine Welt der Täuschung. Er hat uns jedoch einen Ausweg gezeigt – eine Methode, die uns daran erinnert, daß wir individuelle Widerspiegelungen Seines SELBST sind. Dieser Ausweg besteht darin, in das innere Schweigen ein-

Alles Glück liegt in dir

zutauchen; wir alle tragen dieses Schweigen in uns, doch nur die wenigsten wissen etwas darüber.

Alle heiligen Schriften erklären dem Menschen, wie wichtig die Meditation, das Gebet und die unmittelbare Verbindung mit Gott ist, aber nur wenige Wahrheitssucher nehmen sich Zeit dafür oder bemühen sich, dies selbst zu erfahren. Der Meister erklärte uns oft, daß der göttliche Weg der Selbst-Verwirklichung den Gottsucher so weit führt, wie dieser es will. Das entscheidende Wort ist *wollen*, und das bedeutet: *sich sehnen*. Gott antwortet euch in dem Maße, wie ihr euch nach Ihm sehnt. Wichtig ist vor allem, diese Sehnsucht ständig zu nähren. Am Anfang eures geistigen Wegs habt ihr alle eine innere Sehnsucht verspürt – ein Verlangen, Gott zu erkennen, ein Verlangen nach Freude, ein Verlangen nach göttlicher Liebe. Jetzt müßt ihr dafür sorgen, daß diese Sehnsucht sich verstärkt und ihr sie nicht absterben oder versiegen laßt.

Wie man sich das Beste aus jeder Kultur zu eigen machen kann

Guruji lehrte, daß jeder Mensch und jedes Land mehr oder weniger unausgeglichen ist. Gott ist sowohl tätige Energie als auch transzendente Stille. Da der Mensch Ihm zum Bilde erschaffen wurde, sollte auch er sowohl schöpferische Tätigkeit als auch den Zustand der Stille zum Ausdruck bringen, wobei er tief in den Geist versunken ist. Die Schwierigkeit besteht darin, diese beiden Zustände miteinander in Einklang zu bringen. Wir sollten von den unterschiedlichen Eigenschaften aller Nationen die besten auswählen, um den richtigen Ausgleich zu fin-

Einklang zw. geistigem Streben und weltlichen Pflichten

den und auf diese Weise zwischen all Seinen Kindern – welchem Land sie auch angehören mögen – einen Geist wahrer Brüderlichkeit zu schaffen.

Wenn wir uns auf die guten Eigenschaften jeder Nation konzentrieren, wachsen wir über die Begrenzungen unserer eigenen Nationalität hinaus und erkennen, daß wir alle Kinder Gottes sind. Doch dazu muß jeder einzelne beitragen. Wir sind hier, um einen solchen Ausgleich in unserem eigenen Leben zu finden; und die nicht einfache Frage ist, wie wir das erreichen können.

Gurujis Mission galt der ganzen Welt. Obgleich er in Indien aufgewachsen war, gehörte er der Welt. Bevor der Meister in den westlichen Erdteil übersiedelte, erklärte ihm sein Guru Swami Sri Yukteswarji: »Babaji sendet dich in den Westen; alle Türen stehen dir jetzt offen. Mache dir die besten Eigenschaften des Westens zu eigen und halte nur an den besten Eigenschaften Indiens fest.« Damit meinte Sri Yukteswarji, daß das Ideal darin bestehe, sich über alle nationalen Begrenzungen zu erheben und an den göttlichen Tugenden festzuhalten, die Gott Seinen Kindern in aller Welt verliehen hat. Nur was von Ihm kommt, ist wirklich.

Wenn wir gestorben sind, erinnern wir uns nicht mehr daran, ob wir Hindus oder Amerikaner waren. Wir wissen nur, daß wir Seelen sind – ewige Widerspiegelungen Gottes. Gott versucht immer wieder, der Welt diese Wahrheit zu vermitteln. Er gibt sich wirklich die größte Mühe! Und wir, die wir hier und in Indien in den Ashrams unseres Gurus leben, halten an dem Grundsatz fest: Wir sind keine Amerikaner, wir sind keine Inder – wir sind Gottes

Alles Glück liegt in dir

Kinder. Gurujis Botschaft, die sich in allen Teilen der Welt ausbreitet, ruft diese Liebe in den Menschen wach – eine Liebe, die uns erkennen läßt, daß es nur eine Nationalität gibt: Gott.

Der Meister ist in dieses westliche Land gekommen, um den Menschen zu dem Verständnis zu verhelfen, daß es äußerst wichtig ist, Tätigkeit durch innere Stille auszugleichen. Und seine Botschaft an die Menschen Indiens und des Orients lautet, daß es wichtig ist, Geistigkeit durch größere materielle Errungenschaften auszugleichen. Wir alle müssen lernen, in unserem Leben Tätigkeit (schöpferisches Dienen) mit Untätigkeit (innerer Stille und Zwiesprache mit Gott) in Einklang zu bringen. Dieses Gleichgewicht erlangen wir, wenn wir uns täglich Zeit für die Meditation nehmen – wenn wir im Tempel des Schweigens die Milch des Friedens melken und im Tempel der Meditation die Milch des Gotteserlebens anzapfen. Wie töricht ist der Gottsucher, der diese Milch wieder verschüttet, während er seinen täglichen Pflichten nachgeht.

Wie man während der Arbeit am Bewusstsein Gottes festhalten kann

Der Meister lehrte uns, tiefer nach innen zu gehen, uns in Gedanken mehr mit Gott zu beschäftigen und uns immer Seiner Gegenwart bewußt zu sein. Wir sollten innerlich ständig Zwiesprache mit Ihm halten; es gibt keine Entschuldigung dafür, dies nicht zu tun. Keine äußeren Umstände und keine Tätigkeit können uns von Gott fernhalten. Wenn wir Seine Nähe nicht fühlen, sind nur wir selbst dafür verantwortlich, nichts und niemand sonst. Und wenn wir

Einklang zw. geistigem Streben und weltlichen Pflichten

glauben, wir hätten Gott nur deshalb vergessen, weil wir soviel zu tun haben, dann sind wir nicht ehrlich mit uns; wir machen lediglich Ausflüchte.

Während des Tages haben wir oft Gelegenheit, den Geist nach innen zu richten und zu Gott zu sprechen – auch wenn es nur für kurze Zeit sein kann. Dann fühlen wir große Freude in uns aufsteigen, weil wir Seinem Werk dienen dürfen.

In Indien lehrt man die Wissenschaft des *Karma-Yoga*. Sie befaßt sich mit dem Weg richtigen Handelns, und der besteht darin, alles im Leben aus Liebe zu Gott zu tun. Eine Mutter, die ihr Kind liebt, ein Kind, das seine Eltern liebt, und ein Ehemann, der seine Frau liebt, hat größte Freude daran, etwas für den geliebten Menschen zu tun. Ist es nicht beschämend für uns, wenn wir nicht dieselbe Freude empfinden, etwas für unseren geliebten Gott, unsere Göttliche Mutter, unseren göttlichen Guru zu tun? An dieser geistigen Einstellung mangelt es, meine Lieben. Um diese Einstellung müssen wir uns bemühen, bis wir mitten in unserer Arbeit genausoviel Freude fühlen, wenn wir einen Strohhalm in der Küche auflesen, als wenn wir meditieren.[1] So geht es mir selbst und vielen anderen von euch, die Gott voller Hingabe lieben.

Gott will, daß wir alle diesen Zustand erreichen, daß wir alles im Gedanken an Ihn tun, daß es uns gleich ist, ob wir mit unseren Händen schwere Arbeit verrichten oder ob wir uns geistig in der Meditation abmühen, wie ihr vielleicht sagen werdet. Es ist uns beides gleich.

---

[1] Eine Anspielung auf das Leben des Bruder Lorenz, eines christlichen Mystikers des 17. Jahrhunderts. Er war ein Laienbruder im Karmeliterkloster von Paris und der Autor des geistigen Klassikers *Allzeit in Gottes Gegenwart*. Siehe auch Seite 364.

Alles Glück liegt in dir

Ich sehe immer noch Guruji oben im Korridor stehen, wo er mir eine Menge Anweisungen erteilte – Dinge, die ich für ihn erledigen sollte. Zum Schluß sagte er: »Und vergiß nicht zu meditieren.« Da fragte ich ihn: »Meister, wie soll ich das bloß machen? Wie kann ich bei alledem meine Gedanken noch auf Gott richten?« Ich erwartete tiefgründige, wundersame Darlegungen der Weisheit aus seinem Munde. Doch alles, was er mir sagte, war dies: »Ja, ich weiß. Ich stellte meinem Meister dieselbe Frage, und er gab mir dieselbe Antwort, die ich dir jetzt gebe: Du mußt dich immer weiter bemühen; du mußt dich immer weiter nach Ihm sehnen, Ihn immerzu suchen.«

Einmal sagte Guruji: »Als ich nach Amerika kam, war ich in der ersten Zeit Tag und Nacht sehr beschäftigt. Eines Tages sagte ich dem Herrn während meiner Meditation: ›Du hast mir hier so viel zu tun gegeben, um Deine Mission zu erfüllen, daß ich kaum Zeit habe zu meditieren. Ich sehne mich aber immerzu nach der Meditation.‹«

Gott antwortete: »Stimmt es nicht, daß du Mich in Gedanken vermißt, wenn du nicht meditierst und daß du dann immer an Mich denkst? Wenn du meditierst, denkst du an Mich, und wenn du nicht meditierst, vermißt du Mich; du hast also die ganze Zeit an Mich gedacht.«

In diesem Augenblick, sagte der Meister, wurde sein Bewußtsein von tiefem Frieden erfüllt, und er fühlte große Erleichterung. Da sagte er zu Gott: »Es stimmt, daß ich auch dann, wenn ich nicht viel meditieren konnte, immer große Sehnsucht danach hatte. Meine Gedanken waren tatsächlich immer noch bei Dir.«

Einklang zw. geistigem Streben und weltlichen Pflichten

DER WEG INNERER AUSGEGLICHENHEIT

»Aber«, so warnte uns der Meister, »nehmt das nicht zum Vorwand, die Meditation zu vernachlässigen.« Sicher kennt ihr diese Schwäche der menschlichen Natur. Immer suchen wir nach Ausflüchten und Rechtfertigungen für unser Verhalten. Das ist unsere Täuschung. Doch der Meister lehrte uns, daß wir uns kritisch unter die Lupe nehmen sollen – nicht, um den Mut zu verlieren, sondern um uns so zu sehen, wie wir wirklich sind. Wenn ihr tief in euch hineinschaut, werdet ihr euch selbst gegenüber ehrlicher. Dann werdet ihr eure inneren Schwächen vor Gott und dem Guru nicht rechtfertigen oder irgendwelche äußeren Umstände oder andere Personen dafür verantwortlich machen.

Genau das will uns der Satz »Erkenne dich selbst« sagen. Lernt, euch so zu sehen, wie andere euch sehen und wie Gott und der Guru euch sehen – nicht wie es eurem Wunschbild entspricht.

Wenn ihr über euer Leben nachdenkt, werdet ihr sehen, daß ihr viele Gelegenheiten hattet, an Gott zu denken und Seine Gegenwart zu fühlen, auch während eurer Arbeit oder eurer Freizeit.

Wenn ihr Frieden und Glück finden und Gott erkennen wollt, müßt ihr euch in Selbstdisziplin üben. Genau das fehlt dem durchschnittlichen Menschen. Für den Gottsucher ist Selbstdisziplin unerläßlich. Sie hilft ihm, das kleine Ich zu überwinden und den Kelch seines Lebens, aus dem das Ich vertrieben worden ist, ganz mit dem Wasser göttlicher Weisheit, Liebe, Wahrheit und Glückseligkeit zu füllen.

Wählt euch einen Tag in der Woche aus, an dem ihr euch besonders dem Gedanken an Gott widmet;

stellt euer Bewußtsein auf Ihn ein, und übt euch in innerer Stille – ein Ergebnis langer, mehrstündiger Meditation. Der Meister legte uns immer ans Herz, an einem bestimmten Tag der Woche länger als sonst zu meditieren; und dasselbe sage ich auch euch. Dadurch gewinnt ihr größere geistige Kraft, so daß ihr euch allmählich Seiner segensreichen freudigen Gegenwart im eigenen Innern bewußt werdet. Dann fühlt ihr auch mehr Energie und Begeisterung und könnt alle Verpflichtungen, die Gott euch auferlegt, besser erfüllen.

Auf diese Weise, meine Lieben, wird man zu einem ausgeglichenen Menschen; ich spreche aus langjähriger Erfahrung. Keiner von euch trägt mehr Verantwortung als ich, aber ich trage sie, indem ich mir stets Gottes Nähe vergegenwärtige. Dasselbe könnt auch ihr tun.

Was die Welt braucht, ist wahre Gottverbundenheit

Die Welt versucht, euch ins Reich der Sinne hinabzuziehen, damit ihr euch von ihnen versklaven laßt. Wenn wir uns bewußt der Welt öffnen, schenken uns die Sinneserlebnisse vielleicht ein paar vorübergehende Freuden, aber wir erhalten dann auch alles andere, was zum weltlichen Bewußtsein gehört: Empfindlichkeit, Eifersucht, Zorn, negative Gedanken. Ihr könnt eine Katze nicht am Schwanz ziehen, ohne daß die ganze Katze nachkommt. Und genauso verhält es sich mit der Weltlichkeit: Sie zieht den Geist zu all den Dingen herab, die uns unzufrieden und unglücklich machen. Die Meditation aber kehrt die Scheinwerfer der Sinne um und richtet das kon-

Einklang zw. geistigem Streben und weltlichen Pflichten

zentrierte Licht der Aufmerksamkeit wieder auf Gott; sie erfüllt uns mit göttlicher Liebe, göttlichem Frieden und göttlicher Freude. Sie hebt uns über das Körperbewußtsein hinaus und erweitert unser Bewußtsein. Dann erkennen wir allmählich, daß wir nicht diese winzigen, kleinlichen, körpergebundenen, egozentrischen, habsüchtigen menschlichen Wesen sind, sondern Kinder Gottes, Kinder der Göttlichen Mutter, deren Ebenbild wir in uns tragen. Wir sollten dieses Ebenbild niemals durch Engstirnigkeit, Niedertracht, Haß, Eifersucht und üble Nachrede entstellen.

Wir haben in unseren Ashrams solch wunderbare geistige Harmonie, weil ihr euch alle aufrichtig darum bemüht. Alle, die hierherkommen, fühlen diese Harmonie. Die Ashrams unseres geliebten Gurus sind von seinen göttlichen Schwingungen und Idealen durchdrungen; und auch ihr tragt dazu bei – durch eure Bemühungen in der Meditation und in Selbstvervollkommnung. Das erreicht ihr, indem ihr die ständigen Anforderungen des »kleinen Ichs« ignoriert und an andere denkt, ihnen dient, ihnen helft und sie liebevoll und zuvorkommend behandelt.

Die Welt braucht solche Seelen und wird durch sie moralisch aufgerichtet. Guruji sagte oft, daß wir unseren Geist stets auf Gott gerichtet halten müssen, ganz gleich, was die Welt tut oder was gerade in ihr geschieht. Wenn ihr Gott finden wollt, muß euer Geist ständig auf Ihn gerichtet sein. Ihr werdet diesen Zustand erreichen, wenn ihr euch immerfort darum bemüht. Ihr müßt dieses Verlangen, diese Sehnsucht durch die Meditation vertiefen und auch dadurch, daß ihr euch in der Vergegenwärtigung Gottes übt. Vertieft diese Sehnsucht, indem ihr Gott

Alles Glück liegt in dir

ständig zuflüstert: »Ich liebe Dich, ich liebe Dich.« Versucht auch dann noch Liebe für Ihn zu fühlen, wenn das Herz wie ausgetrocknet scheint. Darauf müßt ihr euer ganzes Leben einstellen – nicht nur ein paar Minuten oder Stunden am Tag, nicht nur ein paar Jahre lang, sondern jeden Augenblick bis zum letzten Lebenstag. Dann werdet ihr am Ende eures Weges sehen, daß der Göttliche Geliebte euch erwartet.

Wenn ihr unaufhörlich Zwiesprache mit Gott haltet, so wie euer Herz es euch eingibt, kann euch jeder Tag auf diesem Weg Freude, Fröhlichkeit, Mut, Kraft und Liebe schenken. Haltet euch dies immer vor Augen, denn das ist der Weg, der zur Selbst-Verwirklichung führt.

Karma-Yoga:
Ausgleich zwischen Tätigkeit und Meditation

Aus einer Ansprache im internationalen Mutterzentrum der Self-Realization Fellowship

Wenn wir ein ausgeglichenes Leben führen wollen, müssen wir die Gesetze des Karma-Yoga beachten. Inneren Frieden bei der Erfüllung eurer Pflichten könnt ihr nur dann finden, wenn ihr euch wie ein Karma-Yogi verhaltet, der Gott die Früchte all seines Handelns darbringt.

Gurudeva Paramahansa Yogananda sagte oft: »Vergegenwärtigt euch immer, daß ihr alles, was ihr tut, für Gott tut.« Das bedeutet, daß ihr die Überzeugung haben müßt, nur für Gott tätig zu sein. Jede Handlung muß Ihm gewidmet sein. Ich verdanke es Gurujis Schulung, daß ich immer in diesem Bewußtsein lebe. Das heißt nun nicht, daß es mir jedesmal leichtfällt, aber ich fühle wirklich, daß ich mich in allem bemühe, Gott Freude zu machen. Das ist die richtige innere Einstellung.

Gott sorgt für euch

Wenn Schwierigkeiten auftauchen, machen die meisten Menschen andere dafür verantwortlich. Der mürrische Arbeiter meint: »Der will mich fertigmachen; deshalb gibt er mir diese schwere Ar-

Alles Glück liegt in dir

beit.« Oder: »Er kann mich nicht ausstehen, darum brummt er mir zusätzliche Arbeit auf.« Das ist eine falsche Einstellung zum Leben. Es ist viel vernünftiger, wenn wir unsere Probleme für einen versteckten Segen halten – für etwas, aus dem wir lernen können. Wie sollten wir uns verhalten? Wie sollten wir in dieser Lage handeln? Wie sollte unsere innere Einstellung angesichts dieser Umstände sein?

Wenn ihr wirklich glaubt, daß diese Welt von einer Göttlichen Macht gelenkt wird, dann vertraut auch darauf, daß diese Macht euer Leben regiert. Ganz gleich, was mir widerfährt, ich bin fest überzeugt, daß niemand mir etwas antun kann und daß nichts in meinem Leben geschieht, ohne daß Gott es zuläßt; denn Er trägt die Verantwortung für mein Leben.

Ihr müßt auf Gottes Führung vertrauen. Ich sehe es so: Gott hat mich in diese Welt hineingesetzt, und niemand anders als Gott wird mich hier wieder herausholen. Seit der Zeit, da Er mich erschuf, hat Er jeden Augenblick über mich gewacht.

Sobald dieser Gedanke in eurem Geist Wurzeln geschlagen hat, wird es euch leichterfallen zu glauben, daß ihr es jeden Augenblick mit Gott zu tun habt – ob ihr nun »eßt, arbeitet, träumt, schlaft, dient, meditiert, singt, göttliche Liebe fühlt«[1]. Dieser Gedanke sollte im Bewußtsein des Gottsuchers vorherrschen. Mit anderen Worten: Bemüht euch um eine innigere Beziehung zu Gott.

»Vergegenwärtigt euch immer, daß ihr alles,

---

[1] Daya Mata zitiert hier eine Stelle aus dem Gedicht »Gott! Gott! Gott!« aus Paramahansa Yoganandas Buch *Lieder der Seele*. (*Anmerkung des Herausgebers*)

Karma-Yoga: Ausgleich zwischen Tätigkeit und Meditation

was ihr zu tun habt, für Gott tut.« Ich habe mich darin geübt; und ich bin sicher, daß ich während meines Lebens noch oft Gelegenheit haben werde, dies unter Beweis zu stellen; denn solange das Leben nicht zu Ende ist, kann niemand behaupten, daß er alle Prüfungen bestanden habe. Erfolg werdet ihr dann haben, wenn ihr versteht, daß Gott bei allem, was euch geschieht, Seine Hand im Spiel hat. Seht allem, was auf euch zukommt, gelassen entgegen, auch wenn es euch noch so schwer erscheint. Ihr dürft nie vor irgendeiner Prüfung oder Versuchung davonlaufen, denn durch diese Erfahrungen gibt Gott euch Gelegenheit, geistig zu wachsen.

VEREINIGUNG MIT GOTT DURCH SELBSTLOSE TÄTIGKEIT

Während seiner letzten Lebensjahre sagte mir der Meister: »Du mußt jetzt ein Karma-Yogi werden.« Ich war sehr bestürzt, denn das entsprach absolut nicht meinem Naturell. Karma-Yoga war der letzte Weg, für den ich mich entschieden hätte.[2] Doch weil der Meister es gesagt hatte und ich ihm völlig vertraute, akzeptierte ich es und versuchte, soviel wie möglich darüber zu lernen.

Guruji erklärte es folgendermaßen: »Der Weg des Karma-Yoga ist ein Weg, auf dem sich die Seele

---

[2] Wer Daja Matajis Buch *Only Love* gelesen hat, wird verstehen, daß sie sich ihr Leben lang wünschte, Gott als Liebe zu erleben; denn darum bemüht sich der *Bhakti-Yogi* vor allem anderen. Dank der Schulung ihres Gurus lernte sie, Gott durch jeden der verschiedenen Yoga-Wege zu erleben: durch Liebe, Dienen (richtige Tätigkeit), Unterscheidungsvermögen und Meditation. (*Anmerkung des Herausgebers*)

Alles Glück liegt in dir

durch selbstlose Tätigkeit mit Gott vereint.« Liegt in diesen Worten nicht die Erklärung für ein ausgeglichenes Leben?

»Wenn ihr nur für euch selbst arbeitet«, sagte der Meister, »konzentriert ihr euch auf euer begrenztes Ich. Doch wenn ihr für Gott arbeitet, identifiziert ihr euch mit Ihm. Vollkommenheit im Karma-Yoga erlangt man nur dann, wenn man die Früchte all seiner Handlungen Gott zu Füßen legt.« Tut euer Bestes, und sorgt euch nicht zu sehr um die Ergebnisse. Legt diese in Gottes Hände. Solange ihr euch nach besten Kräften bemüht, werden eure Handlungen gute Früchte tragen.

Was versteht man nun darunter: sich bei all seinem Handeln nicht auf die erwünschten Früchte zu konzentrieren? Ich will euch ein Beispiel nennen: Ein ehrgeiziger Mann pflanzt einen Blumensamen ein und pflegt ihn liebevoll. Nach monatelanger Pflege, gerade als die Pflanze zu blühen beginnt, wird sie von Schädlingen zerstört. Der Mann ist ärgerlich und enttäuscht und gibt deshalb jede Gartenarbeit auf. Der göttliche Mensch dagegen pflegt seine Pflanze noch liebevoller und mit noch größerer Sorgfalt. Aber wenn sie von Insekten zerstört wird, sagt er: »Herr, ich habe sie für Dich gezogen. Ich will eine neue pflanzen.« Er regt sich nicht darüber auf. Er versucht es immer wieder von neuem. Warum? Weil er keinen eigennützigen Zweck verfolgt und weil es ihm Freude macht, etwas für Gott zu tun. Ganz gleich, wie viele Pflanzen eingehen, er zieht immer wieder neue auf.

Der Meister sagte: »Es ist wichtig, sich folgendes immer wieder vor Augen zu führen: Warum sollte irgend jemand meinen, er habe ein Anrecht auf die

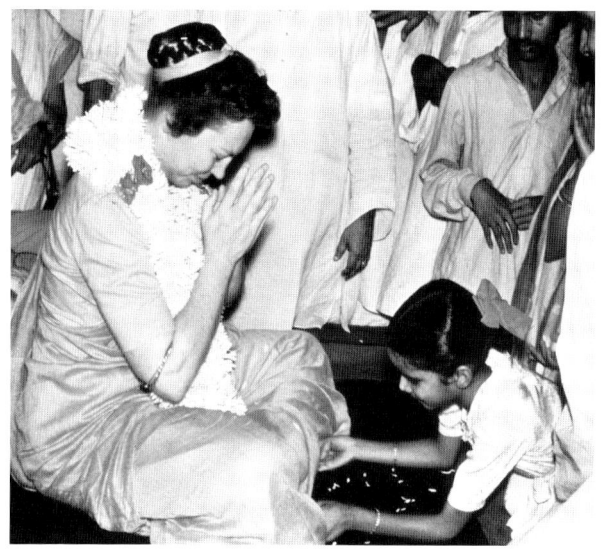

Kalkutta, Juli 1961. Mataji begrüßt ein kleines Mädchen mit dem traditionellen indischen Gruß des *Pranam*, der besagt: »Meine Seele neigt sich vor deiner Seele.«

Begrüßung durch YSS-Mitglieder, Delhi, November 1972

»Welchem Glauben oder welcher Nationalität wir auch angehören, wir sind alle miteinander verwandt, weil wir einen gemeinsamen Vater haben. Wenn ihr an andere denkt, dann tut es mit der Vorstellung: sie gehören zu mir; sie sind ein Teil meines Gottes; mein Gott ist in jedem von ihnen gegenwärtig; ich will ihnen dienen, so gut ich es vermag.«

Paramahansa Yogananda zwischen den beiden Jüngern, die später seine geistigen Nachfolger werden sollten: Rajarsi Janakananda und Sri Daya Mata. SRF-Einsiedelei Encinitas, 1939.

Mataji während einer Ansprache am SRF-Lake Shrine, Juli 1965

In Meditation vor dem Gemälde Paramahansa Yoganandas im SRF-Mutterzentrum, 7. März 1980, während der Feierlichkeiten zu Matajis 25. Jubiläum als Präsidentin der SRF/YSS

»Der göttliche Friede liegt in euch selbst, er fließt nicht aus den himmlischen Sphären des Weltalls zu euch herab. Meditiert tief, bis ihr an die innere Quelle allen Friedens gelangt, die sich in eurem Herzen und eurem Geist befindet.«

(*Links*) Empfang im SRF-Mutterzentrum nach ihrer Rückkehr von einem längeren Indien-Aufenthalt, 1964. Zusammen mit Ananda Mata und Uma Mata hatte sie dort dem von Paramahansa Yogananda gegründeten Werk gedient.

(*Rechts*) Andachtsvolles Singen mit Daya Mata während eines *Satsangas* im SRF-Zentrum von Mexico City, Februar 1972

Karma-Yoga: Ausgleich zwischen Tätigkeit und Meditation

Dinge dieser Welt? Er weiß nicht einmal, warum und wie er auf die Erde gekommen ist und wann er wieder gehen wird.« Auch wissen wir nicht, wohin wir gehen, wenn wir die Erde verlassen. Wir sind vollkommen von Gott abhängig. Warum also bis ans Ende des Lebens warten, um dies zu erkennen? Beginnt jetzt damit, an Ihn zu denken und Ihn zu suchen.

Angenommen, ich forderte euch morgen alle auf, hinauszugehen und das Grundstück zu fegen. Viele von euch fänden es langweilig, nichts anderes zu tun als fegen, fegen und nochmals fegen. Doch der Meister ließ uns dies tun, damit wir auf diese Weise lernen, an jene Kraft zu denken, die uns jede einzelne Bewegung ermöglicht. Wenn diese Kraft plötzlich nicht mehr da wäre, könnten wir unsere Hände und Füße nicht mehr gebrauchen – ja, wir könnten nicht einmal mehr denken. Der Meister lehrte uns, all unsere Aufgaben in dem Bewußtsein zu erfüllen, daß wir völlig von Gott abhängig sind: »Meine Hände und Füße, meine Gedanken und meine Stimme wurden erschaffen, Dir zu dienen.« Diese Einstellung verdanken wir ihm. Und die solltet ihr alle haben, wenn ihr arbeitet. Führt bei der Arbeit keine unnützen Gespräche, sondern übt euch in der Vergegenwärtigung Gottes. Das ist ein wunderbares Erlebnis.

Der Meister sagte: »Gebt alles Gott anheim, sogar die Verantwortung für das, was ihr tut.« Das heißt natürlich nicht, daß ihr alle möglichen Dummheiten begehen und dann sagen könnt: »Der Herr ist ja dafür verantwortlich!« Das wäre eine falsche Auslegung des Ratschlags, den der Meister uns gegeben hat. Gott hat uns gesunden Menschenverstand verliehen, und Er erwartet, daß wir ihn gebrauchen, so

Alles Glück liegt in dir

daß all unser Handeln von Vernunft und Unterscheidungskraft gelenkt wird.

»Er will, daß ihr Ihm die Verantwortung übertragt, denn in Wirklichkeit ist Er der einzige Handelnde. Ihr aber habt versucht, Ihm sowohl die Früchte eurer Handlungen als auch die Verantwortung für euer Handeln zu entreißen.« Als ich den Meister einmal fragte, wie ich mit dem gewaltigen Berg von Pflichten fertig werden sollte, gab er mir zwei Ratschläge; und es vergeht kein Tag, an dem ich mir seine Worte nicht in Erinnerung rufe und mich bemühe, sie besser zu verstehen.

Der erste Ratschlag war: »Herr, Du bist der Handelnde, nicht ich.« Wenn ihr nach diesem Grundsatz lebt, werdet ihr eure Verantwortungen viel weniger als Last empfinden – wie zum Beispiel die Verantwortung für diese Organisation. Dann erkennt ihr, daß ihr im Werk des Herrn nur eine bestimmte Rolle zu spielen habt.

Und der zweite lautete: »Herr, Dein Wille geschehe, nicht meiner.« Ich sage Ihm immer: »Meine Wünsche sind nicht entscheidend, nur das, was *Du* willst! Sollte ich aber je meinen eigenen Willen durchsetzen wollen, so laß es bitte nicht zu, Herr. Enttäusche mich. Ich will nur Deinen Willen tun.« Ihr dürft euch nicht so fest an eure eigenen Vorstellungen und Wünsche klammern, daß ihr Gott sozusagen zu zwingen versucht, euch das zu übertragen, was *ihr* am liebsten tun würdet. Das behindert euren geistigen Fortschritt.

Guruji sagte auch: »Morgens, mittags und abends geht es bei euch um ›ich, ich und ich‹. Aber wer seid ihr schon? Wißt ihr nicht, daß nichts ande-

Karma-Yoga: Ausgleich zwischen Tätigkeit und Meditation

res als Gott existiert? Ihr seid nur Ausdrucksformen Seines SELBST.« Für mich ist das eine wunderbare Vorstellung. Nur Gott existiert, und wir alle sind nichts weiter als Seine Ausdrucksformen. Laßt uns immer ehrliche, aufrichtige, wahrheitsliebende, demütige Ausdrucksformen sein. Laßt uns liebenswürdige, zugängliche, verständnisvolle, willige, hingebungsvolle, pflichtbewußte, intelligente und dienstwillige Ausdrucksformen Gottes sein. Das schließt alles ein – ist aber eine lange Liste, nicht wahr?

GLAUBT NIE, ÜBERFORDERT ZU SEIN

»Nehmt dem Leben gegenüber eine neutrale Haltung ein«, sagte der Meister weiter. »Anstatt immer mehr Wünsche zu hegen und sich in diesen Kosmischen Traum zu verwickeln, sagt einfach: ›Herr, Du hast mich in diesen Körper gesetzt. Du bist es, der mein Dasein erträumt. Alles, was ich besitze und was ich bin, gehört Dir.‹« Das ist ebenfalls eine wunderbare Einstellung. Wenn sich Schwierigkeiten vor euch auftürmen, sagt Ihm einfach: »Herr, Du hast mir diese Aufgabe übertragen. Ich will mein Bestes tun, aber Du mußt mich leiten. Und während ich tätig bin, will ich Dich nie vergessen, Herr. Ich will einfach an Dir festhalten.« Je mehr Probleme wir haben, desto fester sollten wir uns an Gott klammern. Laßt es nicht zu, daß die Probleme euch von Gott fernhalten, wie es bei so vielen Menschen der Fall ist. Haltet an Ihm fest. Laßt alles andere los und klammert euch an Ihn.

Und dann sagte Guruji noch: »Wie wunderbar ist es, so zu leben. Wie wunderbar ist es, zu denken: ›Herr, ich lebe nur für Dich. Und ich arbeite nur für

Alles Glück liegt in dir

Dich.‹« In diesem Bewußtsein wird die Last eurer Verantwortungen leichter; ihr habt nicht mehr das Gefühl, daß die Bürden der ganzen Welt auf euren Schultern ruhen. Ihr wißt, daß sie auf Seinen Schultern liegen und daß ihr nur euer Bestes tut, Ihm zu helfen.

Wenn es Gottes Wille wäre, könnte Er uns alle durch viel bessere, fähigere Menschen ersetzen. Ich denke oft: Wenn irgendeiner von uns seine Sache nicht gut machte, so könnte Er uns jederzeit durch andere ersetzen, die leistungsfähiger und talentierter sind als wir. Aber Er hat uns die segensreiche Gelegenheit gegeben, innerlich zu wachsen, indem wir Verantwortung übernehmen und Aufgaben für Ihn erfüllen. Wir sind es, die dankbar sein müssen. Wir sollten Ihm dafür danken, daß Er uns erlaubt hat, für Ihn tätig zu sein.

Einmal, als die Arbeit mich schier zu erdrücken schien, sagte der Meister zu mir: »Gib der Göttlichen Mutter nie das Gefühl, daß du ihr einen Gefallen tust.« Das hat mir sehr zu denken gegeben. Diese seine Worte haben sich meinem Bewußtsein tief eingeprägt, so daß ich sie nie vergessen habe. Manchmal liegt das Problem an unserer Einstellung: »Ich habe so schwer für Dich gearbeitet, ich bin so beschäftigt wie kaum ein anderer!« Ich aber sage jeden Tag: »Danke, Herr. Ganz gleich, was für Schmerzen oder Probleme auf mich zukommen, ich danke Dir.«

Ich will nicht im Netz der Täuschung bleiben. Ich bemühe mich vielmehr, aus ihr hinauszugelangen. Ich will frei sein. Sobald ihr nur einen kleinen Schimmer göttlicher Freude und göttlicher Freiheit gefühlt habt, sehnt ihr euch nach mehr. Das bedeutet nun

Karma-Yoga: Ausgleich zwischen Tätigkeit und Meditation

nicht, daß ihr der Welt den Rücken kehrt, sondern daß ihr entschlossen seid, die Täuschung abzuschütteln, die euch in diesem winzigen fleischlichen Käfig und in euren engstirnigen, kleinlichen Gedanken gefangenhält. Ich denke gern in großen, unendlichen Begriffen. Der Meister sagte: »Könntet ihr die göttliche Freiheit nur ein einziges Mal erleben, so würdet ihr an nichts anderes mehr denken; ihr würdet begeisterten Herzens dem Unendlichen entgegeneilen, damit ihr ständig an dieser Freude und Glückseligkeit festhalten könntet.« Das ist wirklich wahr.

Je mehr ihr meditiert und euch in Gott verankert fühlt, desto weniger werden euch die äußeren Dinge berühren. Probleme wird es zwar immer geben. Wenn man sich mit ihnen befaßt – so sagt man in Indien –, dann ist es so, als ob man einen Schweineschwanz geradezuziehen versuchte; er ringelt sich immer wieder ein. Ihr löst das eine Problem, und schon erhebt das nächste seinen monströsen Kopf; kaum werdet ihr mit dem einen Problem fertig, da steht ihr schon vor einem neuen. Das gehört nun einmal zum Leben, und niemand kann dem entrinnen. Wir müssen lernen, es so zu machen wie unser Meister. Er sagte oft: »Wenn mir diese Welt nicht mehr gefällt, gehe ich in die andere.« Wie oft muß ich daran denken. Wenn ihr diese Welt leid seid – und zuweilen geht es uns allen so –, zieht euch einfach innerlich von ihr zurück. Ihr braucht eure Pflichten dabei nicht zu vernachlässigen, aber ihr sollt eine Zeitlang innerlich Abstand nehmen und neue Kraft schöpfen, bevor ihr euch wieder mit ihnen befaßt.

Ganz gleich, worin unsere Probleme bestehen, wir können sie lösen und aus jeder Erfahrung ler-

Alles Glück liegt in dir

nen. Wir sollten uns also niemals ängstigen oder entmutigen lassen. Natürlich gibt es Zeiten, in denen man am liebsten »das Handtuch werfen würde«. Rafft euch aber immer wieder auf und sagt: »Es macht gar nichts. Wenn der Herr will, daß ich eine Atempause erhalte, wird Er sie mir verschaffen.«

»Alles, was ich tue«, sagte Guruji, »tue ich nur für Gott. Wenn ihr nach diesem Grundsatz lebt, kann euch das Karma nichts mehr anhaben. Auf diese Weise werdet ihr zu wahren Karma-Yogis.«

Sicher hätten wir gern ein einfaches Rezept für ein ausgeglichenes Leben, zum Beispiel: »Man nehme zwei Teelöffel hiervon und einen Eßlöffel davon, und schon wird alles besser.« Aber so geht es ja nicht im Leben. Jeder muß in seinem eigenen Innern den vollkommenen Ausgleich zwischen Arbeit und Meditation finden.

Die Bedeutung der Meditation

Der Gottsucher, der die Meditation vernachlässigt, wird feststellen, daß seine Sehnsucht nach Gott allmählich abstirbt. Deshalb sage ich euch allen immer wieder, daß ihr Gott ohne Meditation nicht finden könnt. Ihr könnt auch nicht glücklich auf dem geistigen Weg werden, wenn ihr nicht meditiert. Dienen allein genügt nicht.

Nehmt euch fest vor, zu bestimmten Tageszeiten zu meditieren. Dann wird es euch leichterfallen, ein ausgeglichenes Leben zu führen. Wenn ihr meditiert und während all eurer Tätigkeit an dem Frieden der Meditation festhaltet, wird es euch allmählich gelingen, den ganzen Tag über Zwiesprache mit Gott zu halten. Ihr werdet euch Gott allezeit nahe

Karma-Yoga: Ausgleich zwischen Tätigkeit und Meditation

fühlen, ganz gleich, ob ihr meditiert oder arbeitet. Das kann aber nur dann geschehen, wenn ihr sowohl arbeitet als auch tief meditiert – ohne die Gedanken abschweifen zu lassen oder einzuschlafen.

Wenn ihr dazu neigt, während der Meditation einzuschlafen, müßt ihr sofort etwas dagegen tun; denn wenn das erst zu einer festen Gewohnheit wird, könnt ihr ebensogut sagen: »Lebe wohl, Gott!« Diese Gewohnheit kann sich so fest in eurem Bewußtsein einnisten, daß sie sich nur schwer wieder ausmerzen läßt. Kämpft also sofort mit fester Entschlossenheit gegen diese Schwäche an. Dazu braucht ihr Willens- und Entschlußkraft.

Es wird euch helfen, wenn ihr euch vor der Meditation Bewegung verschafft, um die Lunge mit frischer Luft anzufüllen und den ganzen Körper mit Sauerstoff zu versorgen. Und wenn ihr meditiert, müßt ihr tief nach innen tauchen. Wenn euch das nicht gelingt, dann deshalb nicht, weil ihr euch nicht richtig konzentriert und eure Aufmerksamkeit nicht fest genug auf das Üben der Meditationstechniken richtet. Sobald ihr euch beim Einnicken ertappt, rafft euch auf und übt wieder die altüberlieferte Konzentrationstechnik, die Guruji uns lehrte.

Jedesmal, wenn ich diese Technik übe, werden Geist und Atem unverzüglich ruhig. Ich kann euch gar nicht sagen, wie hoch ich diese Technik einschätze. Auch wenn ihr große Verantwortung zu tragen habt, könnt ihr euer inneres Gleichgewicht bewahren, indem ihr einfach kurz nach innen taucht und den Geist in jenem inneren Frieden ruhen laßt. Dazu eignet sich diese Technik ganz wunderbar, denn sie ist so heilsam und beruhigend. Sie ver-

Alles Glück liegt in dir

schafft euch das nötige innere Gleichgewicht und verhindert, daß ihr euch verkrampft. Je regelmäßiger ihr sie übt, um so länger werden die Zeiten vollkommener Stille. Wenn alle Menschen diese Technik übten, gäbe es weniger Probleme in der Welt.

Zuerst ist es schwer, sich an das regelmäßige Meditieren zu gewöhnen. Wer sich nur ab und zu einmal bemüht und die Techniken unregelmäßig übt, kann keine Fortschritte auf dem geistigen Weg machen. Deshalb betonte Guruji immer, wie wichtig es sei, daß die Schüler in Gruppen zusammenkommen, um zu meditieren. Viele von euch können noch nicht tief meditieren, weil der eigene Wille zu schwach ist; ihr könnt noch nicht so lange stillsitzen, bis sich Ergebnisse einstellen. Ihr müßt euch erst an das regelmäßige Meditieren gewöhnen, vor allem, wenn ihr noch nie etwas Ähnliches gemacht habt. Die Gruppenmeditation hilft jedem einzelnen Teilnehmer. Christus sprach: »Wo zwei oder drei versammelt sind in meinem Namen, da bin ich mitten unter ihnen.«[3] Paramahansaji erhielt denselben Rat von seinem Guru, Swami Sri Yukteswarji: »Umgib dich mit deinen geistigen Leibwächtern.« Ihr wißt nicht, wie sehr ihr einander helft, wenn ihr gemeinsam mit anderen Gottsuchern meditiert. Die dadurch erzeugten Schwingungen unterstützen und ermutigen jeden einzelnen.

Arbeitet freudig und mit schöpferischer Begeisterung

Übt euch in der Vergegenwärtigung Gottes. Ich weiß noch, wie ich den Meister öfter verzweifelt in

---

[3] *Matthäus* 18, 20.

Karma-Yoga: Ausgleich zwischen Tätigkeit und Meditation

seinem Zimmer aufsuchte, weil ich mich wegen irgendeiner Sache aufgeregt hatte; dann sagte er mir jedesmal: »Warum richtest du deinen Geist nicht einfach hierhin?« Und dabei zeigte er auf das *Kutastha-* oder Christuszentrum. Wie oft habe ich ihn das sagen hören! Wir sollten uns ständig darin üben, unser Bewußtsein dort ruhen zu lassen, wenn unsere Aufmerksamkeit nicht von anderen Dingen beansprucht wird. Dank seiner Schulung ist mein Geist immer dorthin gerichtet. Die Stelle zwischen den Augenbrauen ist das Zentrum der Konzentration, des Willens und des schöpferischen Denkens.

Guruji sagte: »Bevor ihr eure Arbeit beginnt, *denkt an Gott.*« Damit ist nicht nur ein flüchtiger Gedanke gemeint. Setzt euch einige Augenblicke still hin, konzentriert euch und betet: »Herr, ich will heute bei Dir sein. Ich will versuchen, Dich in all meine Gedanken und all meine Arbeit einzubeziehen.« Dann beginnt eure Tätigkeit voller Freude und Begeisterung, weil ihr alles für Gott tut. Nehmt euch mittags wieder etwas Zeit, um innig an Gott zu denken, und kehrt dann zu eurer Arbeit zurück.

Manchmal sind die Gedanken, die wir Gott senden, zu flüchtig; wir sagen Ihm halbherzig: »Ja, Herr, ich denke an Dich. Segne mich. Aber ich muß jetzt gehen!« Ihr solltet vielmehr mit tiefer Hingabe beten: »Ich liebe Dich, Gott. Ich sehne mich nur nach Dir. Ich habe all diese Pflichten, aber Du weißt, sie bedeuten mir nur dann etwas, wenn ich dadurch Deinen Willen erfülle. Ich wünsche mir nichts als nur Dich. Ich will nur Dir Freude machen. Wenn Du mir gebietest, Fußböden zu scheuern, will ich es freudig tun. Ich bin hier, um alles zu tun, was Du

Alles Glück liegt in dir

mir aufträgst. Darin liegt meine ganze Freude.« Es ist möglich, in diesem freudigen Bewußtsein zu leben. Es macht euch keineswegs stumpfsinnig. Es verleiht euch sogar schöpferische Fähigkeiten, weil es eure Gedanken mit Energie und göttlicher Weisheit erfüllt. Es ist der fruchtbarste Bewußtseinszustand, den es gibt. Probiert es einmal.

»Lernt euer Leben zu verinnerlichen«

Der Meister ermahnte uns oft: »Lernt euer Leben zu verinnerlichen.« Lenkt eure Gedanken nach innen, so daß ihr öfter an Gott denkt und eure Gedanken nach der täglichen Arbeit ganz von selbst zu Ihm zurückkehren. Wenn ihr euer Bewußtsein verinnerlicht, wird sich euch eine ganz neue Welt auftun, die weit interessanter ist als die äußere, in der wir leben. Guruji würde sagen: »Dort wohnen Gott und Seine Engel.«

Ihr könnt mit jener Welt aber nicht in Verbindung treten, solange ihr nicht tiefer meditiert. Solange wir Gott nicht nähergekommen sind, führen wir nur ein oberflächliches Leben. Erst wenn wir uns Ihm nähern, werden wir wahrhaft verstehen, was das Leben bedeutet und was wir sind. Der Meister sagte: »Meditiert jeden Tag tiefer als am vorhergehenden Tag.« Ihr solltet euch deshalb fragen: »Tue ich das wirklich?« »Tiefer« bedeutet, daß sich der Geist beim Meditieren immer besser konzentriert und sich immer mehr danach sehnt, den himmlischen Zustand der Gottvereinigung zu erleben. Das ist der natürliche Zustand eurer Seele, das ist euer wahres Wesen.

DIE RICHTIGE GEISTIGE EINSTELLUNG ZUR ARBEIT

Aus einem Vortrag im Ashram-Zentrum der Self-Realization Fellowship in Encinitas/Kalifornien

Wenn ich auf die Zeit in den Ashrams meines Gurus Paramahansa Yogananda zurückblicke, muß ich sagen, daß sie seit dem Tag, an dem ich vor vielen Jahren nach Mt. Washington kam, von intensiver Tätigkeit erfüllt war. Und ich kann wahrlich behaupten, daß die anstrengende Arbeit mir enorm geholfen hat, geistig zu wachsen und mein Bewußtsein auf Gott zu lenken. Natürlich war auch die Meditation wichtig; aber ich habe immer an der Einstellung festgehalten, die der Meister uns nahegelegt hatte: Meditation besteht nicht nur darin, still dazusitzen und die Gedanken innerlich auf Gott zu richten. Wir sollten außerdem lernen, uns so zu verhalten und unseren Geist so zu schulen, daß wir all unsere Tätigkeit Gott widmen und unser ganzes Leben im Bewußtsein Seiner Gegenwart verbringen. Mit einem solchen Bewußtsein wird die Erfüllung all unserer Pflichten zu einer Art Meditation.

Ich habe viele Leute sagen hören: »Ich meditiere jeden Tag viele Stunden« oder »Ich habe Hunderte von Kriyas geübt«[1], aber wenn ich in ihre Au-

---

[1] Das bezieht sich auf das Üben des Kriya-Yoga, einer altüberlieferten Technik der Gott-Verwirklichung, die der neuzeitlichen Welt durch die Gurus der *Self-Realization Fellowship* vermittelt worden ist.

Alles Glück liegt in dir

gen schaue, sehe ich keine Spur geistigen Wachstums. Für sie bestand das geistige Leben nur darin, Zeit in heiligem Schweigen und in Abgeschiedenheit zu verbringen. Solange sie ihre Kriyas übten, war es ihnen egal, wie sie sich nach der Meditation verhielten. Das entsprach aber nicht der Schulung, die wir von unserem Meister erhielten. Wenn wir den Kriya richtig üben, erreichen wir eine Stille des Körpers und Geistes, die es uns ermöglicht, in der Meditation unmittelbar mit dem Göttlichen in Verbindung zu treten. Dann aber müssen wir uns bemühen, auch während all unserer Tätigkeit an dieser Gottverbundenheit festzuhalten, damit wir immer wissen, wie wir handeln und wie wir uns verhalten sollen. Die Gottsuche beschränkt sich nicht nur auf das Üben der Meditationstechniken; sie ist eine Lebensweise.

ANSTRENGENDE ARBEIT: EINE UNSCHÄTZBARE GEISTIGE DISZIPLIN

Arbeit ist eine wertvolle geistige Disziplin. Sie reinigt unser Bewußtsein; denn wenn wir unseren Pflichten gewissenhaft nachkommen wollen, müssen wir die richtige Einstellung dazu entwickeln. Anfänger auf dem geistigen Weg meinen oft, sie brauchten sich nicht allzu viele Gedanken darüber zu machen, ob sie arbeitsmäßig viel leisten, weil Gottsucher nicht an materiellen Dingen hängen sollen. Das ist, offen gesagt, eine Ausrede für körperliche und geistige Trägheit. Wie oft habe ich den Meister in all den Jahren sagen hören (und ich habe seine Stimme immer noch im Ohr): »Wenn ihr etwas tut, so müßt ihr es auch richtig tun!« Er war in die-

Die richtige geistige Einstellung zur Arbeit

ser Hinsicht so streng, daß er uns so manche Aufgaben noch einmal verrichten ließ, wenn er meinte, wir seien zu nachlässig gewesen.

Das soll aber nicht heißen, daß der Meister an den Früchten oder den Ergebnissen seiner eigenen Bemühungen hing. Er lehrte uns vielmehr, in allem unser Bestes zu tun, denn nur so können wir die der Seele innewohnende Vollkommenheit zum Ausdruck bringen. Seht nur, welche Gesetzmäßigkeit und Ordnung in Gottes gewaltigem Universum herrscht! Alles läuft mit höchster Präzision ab. Gott ist der Inbegriff der Tüchtigkeit; und wir, Seine Ebenbilder, müssen uns bemühen, in unserem kleinen Tätigkeitsbereich ebenso tüchtig zu werden.

Scheut nie vor anstrengender Arbeit zurück. Menschen, die nicht gern arbeiten, versuchen sich stets davor zu drücken; und ich kann euch versichern, daß sie keinen Erfolg auf dem geistigen Weg haben werden. In all den Jahren habe ich immer wieder beobachtet, wie negativ es sich auswirkt, wenn Schüler diese falsche Einstellung haben: »Ich werde dies und das tun, aber nicht mehr«; oder: »Ich werde nur dies machen, denn das andere liegt mir nicht.« Gott zu erkennen ist nicht leicht; man findet Ihn nicht durch bloßes Wunschdenken. Wenn wir Ihn, den größten Schatz, gewinnen wollen, müssen wir Ihm unser ganzes Leben zu Füßen legen – ob wir nun in einem Ashram oder in einer Familie leben. Jesus sagte: »Denn wer sein Leben erhalten will, der wird's verlieren; und wer sein Leben verliert um meinetwillen und um des Evangeliums willen, der wird's erhalten.«[2] Wer nur an seine eigene Bequemlichkeit

---

2 *Markus* 8, 35.

Alles Glück liegt in dir

denkt und meint, daß er »zusammenbrechen« werde, wenn er sich verausgabt, kann Gott nicht finden. Doch wer nicht an sich selbst denkt, sondern Gott und seinen Mitmenschen von ganzem Herzen dient, wird das wahre Leben – das göttliche Leben finden.

WIE MAN MIT EINER »UNMÖGLICHEN« ARBEITSLAST FERTIG WIRD

Ich spreche aus Erfahrung. Wie alle Jünger, die Gurujis Schulung erhielten, mußte ich während meiner Jahre im Ashram oft mit großen Schwierigkeiten kämpfen, die mir damals höchst problematisch erschienen. Der Meister war die göttliche Liebe und Güte in Person, aber was unsere geistige Schulung anbetraf, konnte er auch streng sein. Manchmal fühlten wir uns derart entmutigt, daß wir glaubten, wir könnten seinen hohen Erwartungen und Ansprüchen wohl niemals gerecht werden. Meine Disziplinierung bestand hauptsächlich in der Verantwortung, die er mir übertrug. Oft gab er mir so viel zu tun, daß ich meinte, ich müsse sterben, wenn ich das alles schaffen wollte. Wenn wir unter einem derartigen Druck stehen, denken wir oft: »Na gut, dann sterbe ich eben, wenn er das wirklich will!« (Die menschliche Natur neigt dazu, sich selbst zu bemitleiden und sich anderen gegenüber als »Märtyrer« hinzustellen.) Als ich dann aber das, was er mir auftrug, willig akzeptierte, zog ich daraus eine wunderbare Lehre: Wenn wir unter großem Leistungsdruck stehen, so daß wir wirklich nicht wissen, wie wir die Arbeit bewältigen sollen, ist es am besten, ganz ehrlich zu sagen: »Herr, ganz gleich, was Du von mir verlangst, ich akzeptiere al-

Die richtige geistige Einstellung zur Arbeit

les. Ich will jeden Gedanken aus meinem Bewußtsein verbannen, der mir einflüstert, ich könne mich zu sehr verausgaben. Wenn ich versage, so liegt alles in Deinen Händen; ich aber will mein Bestes tun.« Wenn ihr euch auf diese Weise Gott anheimgebt und euch nach besten Kräften bemüht, wird Er euch helfen. Wie oft schon habe ich erleben dürfen, daß Er das Unmögliche möglich macht.

Die Schulung des Gurus

Jeder von uns macht auf dem geistigen Weg einmal bestimmte Erfahrungen, die ihn dazu bewegen, sich Gott bedingungslos anheimzugeben. Ich will euch ein Beispiel aus meinem eigenen Leben nennen. In seinen letzten Lebensjahren bereitete Gurudeva uns allmählich auf die Zeit vor, da er seinen Körper verlassen würde. Seit er 1936 aus Indien zurückgekehrt war, hatten er und viele von uns Jüngern die meiste Zeit in der Einsiedelei von Encinitas verbracht. 1948 jedoch teilte er mir eines Tages mit: »Ich möchte, daß du nach Mt. Washington zurückkehrst und die Leitung der Organisation übernimmst.«

Das war eine schmerzliche Nachricht für mich. Vor allem wollte ich dort sein, wo der Meister war; und außerdem hatte mich die Vorstellung, eine Führungsposition zu übernehmen, immer abgeschreckt. Ich hatte mir in diesem Leben nur eines gewünscht: ein *Bhakti-Yogi* zu werden. Für mich zählte nur die Hingabe – nur die Liebe zu meinem Gott; ich wollte immer meinem Geliebten zu Füßen sitzen und Ihn hingebungsvoll anbeten. Mein Ideal war es, stets im Hintergrund zu bleiben, Gott zu lieben und meinem Guru demütig zu dienen. Und dieses Le-

Alles Glück liegt in dir

ben, das mir so viel bedeutete, sollte nun vorbei sein. Ich verriet dem Meister meine Gefühle nicht. Tief im Innern begriff ich die Lektion, die mir erteilt wurde und die wir alle auf dem geistigen Weg erhalten: Mach dir keine Sorgen um die äußeren Veränderungen, denn sie sind ein unvermeidlicher Teil des Lebens in dieser dualistischen Welt. Bewahre Gleichmut und bleibe innerlich im einzig Unwandelbaren – in Gott – verankert.

Also packte ich meine Sachen und fuhr nach Mt. Washington, um mich dort meinen neuen Aufgaben zu widmen. Der Meister hatte grandiose Einfälle, wie man sein Werk besser organisieren könne, um die *Kriya-Yoga*-Botschaft unserer Gurus zu verbreiten, und auch ich schäumte über vor Begeisterung. Aber dann gab es noch eine andere Überraschung für mich. Kurz nachdem ich mit meiner Arbeit begonnen hatte, zog Guruji in seinen kleinen Ashram in der Wüste und nahm die meisten seiner fähigsten Jünger mit, auf deren Unterstützung ich gerechnet hatte. Er ließ mich mit nur wenigen zurück, von denen die meisten völlig ungeschult waren.

Meine erste Reaktion war: »Das ist gänzlich unmöglich!« Doch dann tröstete ich mich mit dem Gedanken, daß der Meister es am besten wisse. Einen großen Teil der Zeit, die ihm noch auf Erden verblieb, verbrachte er fortan in der Wüste. Er brauchte Hilfe bei der Arbeit an seinen schriftlichen Werken und wollte jene Jünger bei sich haben, die er entsprechend schulen konnte. Das sah ich ein. Ich hatte viele Jahre in seiner segensreichen Nähe verbracht; jetzt waren andere an der Reihe. Ich fügte mich also in das Unvermeidliche.

Die richtige geistige Einstellung zur Arbeit

Doch dann traf mich ein neuer Schlag. Der Meister kehrte für kurze Zeit aus der Wüste zurück und rief mich zu sich. »Ich denke, wir sollten für nächstes Jahr eine Welttagung[3] planen«, sagte er. »Und ich möchte, daß du sie organisierst.« Ich war völlig schockiert. »Diesmal geht er zu weit!« dachte ich.

»Meister«, sagte ich, »das kann ich nicht; das ist praktisch unmöglich.« Es gab meiner Meinung nach so viele Gründe, warum er mir diese Verantwortung nicht übertragen konnte. Ich hatte keine Ahnung, wie man eine Welttagung organisiert; wir hatten nicht das Personal, das die Arbeit erledigen konnte, denn er hatte alle mit in die Wüste genommen; und außerdem war ich mit der Leitung der verschiedenen Abteilungen – Korrespondenz, Verwaltung der Zentren, Buchhaltung, Ashram-Angelegenheiten – bereits überlastet, denn das allein war eine gewaltige Aufgabe.

Der Meister fuhr am selben Abend in die Wüste zurück, und ich sah, daß er sehr unzufrieden mit meiner Einstellung war. Ich ging weinend in mein Zimmer, denn es war mir immer unerträglich, ihn enttäuscht zu haben. Allerdings war ich diesmal entschlossen, nicht nachzugeben, denn ich fühlte, daß meine Gründe völlig gerechtfertigt waren. Ich versuchte zu meditieren, ich versuchte zu schlafen, aber es gelang mir nicht; ich war innerlich zu sehr aufgewühlt. Also begann ich, meine Einstellung zu untersuchen.

Die meisten Menschen können es nicht ertra-

---

[3] Eine Tagung, zu der Mitglieder der *Self-Realization Fellowship* aus aller Welt zusammenkommen, um an einer Reihe von Vorträgen, Meditationen und anderen geistigen Veranstaltungen teilzunehmen.

gen, die Wahrheit über sich selbst zu erfahren. Sie beschäftigen sich ständig mit äußeren Dingen, weil sie nicht einmal einige Minuten lang mit sich allein sein können. In manchen Fällen führt diese Unfähigkeit, sich selbst ehrlich zu untersuchen, zu psychischen Krankheiten. Der Meister hat uns die Kunst heilsamer Innenschau gelehrt, und ich hoffe, ihr alle macht Gebrauch davon. Wenn Schwierigkeiten auftauchen, untersucht eure Gedanken und eure Einstellung. Dann werdet ihr feststellen, daß vor allem eure innere Haltung dafür verantwortlich ist, und nicht so sehr die äußeren Umstände.

Als ich nun in jener Nacht in meinem Zimmer saß und mich innerlich prüfte, als ich ganz objektiv untersuchte, warum ich so verzweifelt war, mußte ich mir wahrheitsgemäß folgendes eingestehen: Ich war nicht *unfähig*, diese Aufgabe zu bewältigen, die mir der Meister übertragen wollte; ich war *unwillig*, sie in Angriff zu nehmen. Das also war es, was mit mir nicht stimmte. Meinem Verstand erschienen die Gründe, die ich vorgebracht hatte und denen zufolge ich die Tagung nicht organisieren konnte, plausibel; aber ich sah nun, daß ich mich nur rechtfertigte, weil ich nicht willig war, eine solch große Verantwortung zu übernehmen.

In dem Augenblick, als ich den wahren Beweggrund meiner Weigerung erkannte, änderte sich meine Einstellung. »Du hast Gott dein Leben bedingungslos geschenkt«, sagte ich mir. »Du kannst deinem Guru deshalb nicht sagen: ›Ich akzeptiere diese Art von Disziplin von dir, jene aber nicht‹. Wenn du dich so verhältst, wie kannst du dir da einbilden, daß du bedingungslose Hingabe hast?«

Die richtige geistige Einstellung zur Arbeit

Ich entschloß mich also, seiner Bitte nachzukommen, und sogleich wurde meine Seele von tiefem Frieden erfüllt. Bevor ich einschlief, nahm ich mir vor, am nächsten Morgen mit dem Guru in der Wüste Verbindung aufzunehmen und ihm zu versprechen, daß ich mich nach besten Kräften bemühen wolle, die von ihm gewünschte Welttagung zu organisieren.

Der Meister war stets auf unseren Bewußtseinszustand eingestimmt. Obgleich er 240 Kilometer entfernt von uns war, wußte er um den inneren Kampf, den ich ausgefochten hatte. Gleich am nächsten Morgen rief er mich aus der Wüste an. Da sagte ich schnell: »Meister, verzeih mir bitte meine Unwilligkeit. Ich hatte nicht die richtige Einstellung. Zwar weiß ich nicht, wie man eine Welttagung organisiert, und ich gestehe, daß ich mich bereits überlastet fühle, aber eines verspreche ich dir: Ich will mich nach besten Kräften bemühen.«

Ich werde nie vergessen, wie liebevoll er antwortete: »Das ist alles, was ich von dir verlange.«

BEREITWILLIGKEIT – DER SCHLÜSSEL ZU
GEISTIGEM WACHSTUM

Nun, die Welttagung hat stattgefunden, sie war ein Erfolg – und außerdem bin ich nicht darunter zusammengebrochen! Diese Erfahrung hat mich gelehrt, welch große Kraft und welcher Segen uns durch Bereitwilligkeit zuteil werden. Unwilligkeit ist ein gewaltiges Hindernis auf dem geistigen Weg; allzuoft machen wir allein deswegen keine Fortschritte. Prüft euch einmal selbst, und ihr werdet es bestätigt finden. Sobald ein Gottsucher aufhört, sei-

Alles Glück liegt in dir

ne eigenen Wünsche zu rechtfertigen, sobald er sich Gott reinen Herzens anheimgibt und entschlossen ist, alles, was der Herr bestimmt, zu akzeptieren, beginnt er geistig zu wachsen. Sein Leben wird einfach und unkompliziert. Ich weiß von keinem einzigen Heiligen, der Gott gefunden hat, ohne daß er ihm sein Leben willig anheimgegeben hätte.

Daran mußte ich denken, als ich den Film »Die Zehn Gebote« sah, besonders die Szenen in der Wüste, als Mose unglaublichen Schwierigkeiten ausgesetzt war. Der Sprecher erklärte, daß Mose in die Wüste hinausgejagt worden sei und daß Gott ihm schwere Prüfungen auferlegt habe, um ihn zu Seinem Werkzeug zu machen; denn Er brauchte ihn zur Durchführung Seiner Pläne. Erst danach war Mose bereit, Gottes Willen zu tun. Diese Stelle hat mich besonders inspiriert, denn ich wußte aus eigener Erfahrung, was die Seele durchmacht, wenn sie lernt, sich Gott zu unterwerfen. Wie dankbar bin ich für all die Jahre der Disziplin und der anstrengenden Arbeit, die Guruji mir auferlegt hat, denn ich weiß jetzt, daß Disziplin und Arbeit, zusammen mit meinen Meditationen, mich auf eine Weise geformt haben, wie nichts anderes es vermocht hätte.

WAS IST RICHTIGE TÄTIGKEIT?

Wir sollten daher niemals meinen, daß man sich nur während der Meditation geistig höherentwickle. Natürlich müssen wir uns Zeit zum Meditieren nehmen. Aber die Bhagavad-Gita lehrt, daß sowohl Meditation als auch richtige Tätigkeit nötig sind. Und was ist richtige Tätigkeit anderes als Arbeit? Damit ist natürlich nicht gemeint, daß wir den ganzen Tag

Die richtige geistige Einstellung zur Arbeit

nur herumhopsen sollen! Richtige Tätigkeit ist ein Grundsatz aller Religionen und bedeutet williges, schöpferisches Dienen. Ob ihr eure Pflichten in der Welt oder in einem Ashram erfüllt, spielt keine Rolle; wichtig ist nur, daß ihr sie so vollkommen wie möglich erledigt, daß ihr sie Gott darbringt und jede Gelegenheit nutzt, anderen zu dienen, ihnen Liebe, Güte und Ermutigung zu schenken und sie, wenn angebracht, auch materiell zu unterstützen; auf diese Weise folgt ihr dem Grundsatz richtiger Tätigkeit.

Es genügt nicht, daß wir das ganze Leben lang nur edle Gedanken hegen. Gott hat uns einen Körper gegeben, weil das Dienen wesentlich zu unserer geistigen Höherentwicklung beiträgt. Wenn wir diese Art der Tätigkeit nicht mehr brauchen, werden wir auch nicht mehr gezwungen sein, uns wieder auf dieser materiellen Ebene zu verkörpern.

Bemüht euch um Bereitwilligkeit und legt die Ergebnisse in Gottes Hand. Viele Male haben mich Freunde voller Besorgnis gewarnt: »Du mußt dich um deiner Gesundheit willen mehr schonen; du mutest dir zuviel zu.« Ich aber weiß, daß Gott sich in all den Jahren um meinen Körper gekümmert hat. Mit dieser Überzeugung habe ich gelebt. Solange Er will, daß es diesem Körper gut geht, wird Er für ihn sorgen. Ich trage mein Teil dazu bei, aber letztlich hat Er die Verantwortung. Mein ist die Freude, mein ist das Vorrecht, Ihm in all den Dingen zu dienen, die Er von mir verlangt.

Ich kann euch gar nicht beschreiben, welch geistige und seelische Freiheit man durch diese Einstellung gewinnt. Gewiß gibt es immer Zeiten, in denen einem der Körper Schwierigkeiten bereitet.

Alles Glück liegt in dir

Doch während wir für ihn sorgen, sollten wir nach besten Kräften weiterarbeiten, ohne zu klagen. Wir werden sicher nicht dieselben Ergebnisse erlangen wie zu den Zeiten, da es uns körperlich besser geht, aber Gott verlangt auch nicht mehr von uns, als daß wir stets unser Bestes tun.

GOTT WIRD UNS NIEMALS EIN KREUZ AUFERLEGEN, DAS WIR NICHT ZU TRAGEN IMSTANDE SIND

Fürchtet euch also nie vor schweren Zeiten. Ihr könnt sicher sein, daß Gott euch keine schwereren Prüfungen oder Bürden sendet, als ihr meistern könnt. Die Kreuze, die uns auferlegt werden, sind wir auch imstande zu tragen; sie kommen nicht, um uns zu strafen, sondern um uns zu stärken. Wenn wir aufgeben und es nicht einmal versuchen, weisen wir in Wirklichkeit Gottes Gnade zurück.

Wir können unsere menschlichen Schwächen nur dann überwinden, wenn wir allen Schwierigkeiten mutig ins Auge sehen; andernfalls leben wir ständig in Angst und Sorge und brechen jedesmal in Tränen aus, wenn uns das Leben Hindernisse in den Weg legt. Unsere Armmuskeln werden nur dann kräftiger, wenn wir sie trainieren. Ähnlich verhält es sich auch mit den Problemen des Lebens: Wir müssen unsere »geistigen Muskeln« – richtige Einstellung, Zuversicht und Gottvertrauen – regelmäßig gebrauchen und bereit sein, in allem Seinen Willen zu tun. Dann werden wir aus jeder schweren Zeit gestärkt hervorgehen. Durch hingebungsvolle Meditation und freudige Erfüllung unserer Pflichten werden wir das allmächtige, göttliche Wesen unserer Seele wiedergewinnen und ihr Ausdruck verleihen können.

WIE MAN SPANNUNGEN BESEITIGT

Aus einer Ansprache im internationalen Mutterzentrum der Self-Realization Fellowship

Viele Menschen leben heute in einem Zustand innerer Anspannung und Unsicherheit, weil sie das Christuswort noch nicht beherzigt haben: »Wer das Schwert nimmt, der soll durchs Schwert umkommen.«[1] Wenn selbstsüchtige Menschen ihr Ziel erreichen wollen, gebrauchen sie das »Schwert« aggressiven Verhaltens, und das unvermeidliche Ergebnis dieses Konflikts ist Zerstörung. Mit anderen Worten: Solange wir glauben – wie wir es seit Jahrhunderten getan haben –, daß uns das Ausleben unserer niederen Instinkte und das Bekämpfen jeder Person, die sich uns in den Weg stellt, Erfolg, Glück und Freiheit bringen, werden wir niemals inneren Frieden erlangen. Negative Gefühle und Gewohnheiten wie Selbstsucht, Haß, Habgier, Vorurteile und Weltlichkeit erzeugen Spannungen im Menschen; und in großem Umfang führt das zum Krieg. Ich will nun ein paar praktische Ratschläge geben, die uns allen helfen können, Spannungen zu vermeiden.

PRAKTISCHE METHODEN ZUR LÖSUNG VON SPANNUNGEN

»Haltet euren Geist durch regelmäßige Meditation

---

[1] *Matthäus* 26, 52.

Alles Glück liegt in dir

ruhig.« Wenn wir innerlich angespannt sind, werden wir reizbar. Wir denken nicht gründlich nach, und uns geht die natürliche, harmonische Beziehung zwischen Körper und Geist verloren. Wir wissen bereits, daß all unsere körperlichen Reaktionen geistigen Ursprungs sind; um also Spannungen zu beseitigen, müssen wir zuerst Herrschaft über unsere Gedanken gewinnen. Wenn wir gelernt haben, die Gedanken zu beruhigen, können wir auch den Körper beruhigen. Das ist einer der Gründe, warum heute in aller Welt ein so großes Interesse an der Meditation besteht. Der Wert der Hong-Sò-Technik[2], die unser Guru, Paramahansa Yogananda, uns gegeben hat, liegt in ihrer außerordentlich beruhigenden Wirkung auf den Geist. Ich rate euch allen, sie regelmäßig zu üben; ich selbst vergesse das nie. Jedesmal, wenn ich in meinem Zimmer bin und ein paar freie Augenblicke habe oder wenn ich auf jemanden warten muß, übe ich diese Technik. Wer das tut, erlangt einen wunderbaren Zustand inneren Friedens.

»Denkt jeden Gedanken zu Ende.« Wenn zu viele Gedanken auf uns einstürmen, geraten wir innerlich unter Druck. Gewöhnt euch an ein ruhiges Denken – denkt jeden Gedanken zu Ende.

»Unterbrecht andere nicht beim Reden. Laßt sie aussprechen.« Wenn wir unter Druck stehen, neigen' wir dazu, andere zu unterbrechen. Laßt andere ausreden, bevor ihr antwortet. Andererseits aber müssen wir diesen Rat in extremen Fällen revidieren und sagen: »Laßt den anderen nicht endlos weiter-

---

[2] Eine uralte Konzentrations- und Meditationstechnik, die von Paramahansa Yogananda in den *Lehrbriefen der Self-Realization Fellowship* erklärt wird.

Wie man Spannungen beseitigt

reden.« Wer zuviel redet, fühlt sich unsicher; er meint, er müsse anderen all seine Gedanken und Handlungen erklären. Das ist nicht nötig. Lernt, gute Zuhörer zu sein und nicht soviel zu reden.

»*Lest Bücher, die tiefe Konzentration erfordern.*« Lest keinen Schund. Nehmt euch nur einen oder zwei Abschnitte aus einem guten Buch vor, zum Beispiel von Guruji, und lest diese langsam durch. Wenn ihr das getan habt, fragt euch, ob ihr auch alles verstanden habt. Wenn nicht, lest diese Absätze so oft, bis ihr sicher seid, daß ihr die Bedeutung voll und ganz erfaßt habt. Dann vertieft euch in den nächsten Gedankengang.

Die Bedeutung richtiger Ernährung und körperlicher Bewegung

»*Gewöhnt euch daran, langsam zu essen.*« Das Essen hastig hinunterzuschlingen, ist ein Zeichen nervöser Anspannung. Die Wissenschaftler sagen, wir sollten all unsere Nahrung besser kauen, auch die flüssige. Und Guruji verlangte sogar, daß wir uns beim Essen nicht unterhielten, weil wir uns dann nicht richtig auf das Essen konzentrieren könnten; und das wiederum behindert die richtige Funktion der Lebenskraft, die für die Verdauung und Verwertung der Nahrung verantwortlich ist. Lernt also, langsamer und schweigend zu essen. Das hat noch einen weiteren Vorteil: Je langsamer ihr eßt, desto weniger Nahrung braucht ihr. Wer schnell und geistesabwesend ißt, schlingt alles hinunter und kann kaum warten, den nächsten Bissen in den Mund zu stecken. Im schlimmsten Fall kann dies zur Eßgier werden – und das alles nur wegen innerer Anspannung.

Alles Glück liegt in dir

»*Verschafft euch regelmäßig körperliche Bewegung.*« In dieser Hinsicht war der Meister eisern. Jeden Abend in Encinitas, ganz gleich, wie spät es war, nahm Guruji uns auf die Terrasse hinaus, wo wir die Aufladeübungen[3] mit ihm machten. Manchmal war es draußen bitter kalt, doch deshalb ließ er sich nicht davon abhalten. Auf diese Weise gewöhnten wir uns daran; und auch jetzt, selbst wenn ich erst um elf Uhr abends dazu komme, versäume ich nie, die Übungen zu machen. Außerdem hielt er uns dazu an, regelmäßig spazierenzugehen oder einen Dauerlauf zu machen. Vergeßt auch nicht, dabei tief zu atmen, wie Guruji es lehrte. Das ist besonders wichtig für Menschen, die eine überwiegend sitzende Lebensweise haben und deshalb nicht genug Sauerstoff bekommen.

Guruji bestand darauf, daß wir jeden Nachmittag zum Spielen auf den Tennisplatz hinausgingen. Weil wir aber so viele Aufgaben zu erledigen hatten, taten wir dies nur ungern. Wenn wir uns auf eine bestimmte Sache konzentriert hatten, wollten wir nicht gern davon abgelenkt werden. Doch er disziplinierte uns derart, daß wir zu der Stunde, die für Sport und Spiel festgesetzt war, alles andere liegenlassen mußten, auch wenn das bedeutete, daß wir unsere Arbeit erst später am Tag beenden konnten.

Was Paramahansaji zur Erholung tat

Jemand hat mich gefragt: »Können Sie uns bit-

---

[3] Eine Reihe von Übungen, die von Paramahansa Yogananda stammen und in den *Lehrbriefen der Self-Realization Fellowship* enthalten sind. Sie laden den Körper mit dem alldurchdringenden *Prana* – mit kosmischer Energie – auf.

Wie man Spannungen beseitigt

te eimal erzählen, was der Meister zur Erholung tat? Welchen Sport trieb er?« Guruji hielt viel von Spiel und Sport. Er war der Meinung, daß man für alles Zeit finden müsse: für die Meditation, für die Arbeit und für die Entspannung. Und oft zitierte er: »Immer nur Arbeit, und gar kein Spiel, macht Hans zu einem faden Gesell.«

Der Meister empfahl einfache und gesunde Arten der Entspannung und der körperlichen Bewegung. Besonders in den westlichen Ländern haben die Menschen verlernt, sich an einfachen Dingen zu erfreuen; sie verlangen nach immer neuem »Nervenkitzel«. Deshalb sind sie nie zufrieden, sondern langweilen sich schließlich oder sind übersättigt.

Führt ein einfaches Leben. Lernt, die einfachen Freuden des Lebens zu genießen. Ich freue mich darüber, daß heute so viele Menschen zu diesem Ideal zurückkehren. Manche Leute sind so unruhig and angespannt, daß sie sich nicht einmal an den Schönheiten der Natur – einem Baum oder einem Sonnenuntergang – freuen können.

Manchmal machte Guruji kleine Ausflüge mit uns. Da kommt mir ein Tag in Erinnerung, als wir alle mit ihm in der Wüste waren und er plötzlich sagte: »Kommt! Wir wollen ein Picknick halten!« Es gab keine großen Vorbereitungen und keine besonderen Delikatessen; wir nahmen einen Laib Brot, ein wenig Butter und Käse mit – keine Kekse und keine Limonade. Guruji hatte einen kleinen Plastikbehälter, den man ihm immer für seine Autofahrten mitgab, und darin befanden sich ein paar Rosinen, Nüsse, Äpfel, Karottenscheiben usw., die er liebevoll mit uns allen teilte. Das war alles, und schon waren wir bereit für

Alles Glück liegt in dir

unser Picknick. Manchmal ließ er später noch irgendwo anhalten und spendierte uns ein Eis.

Ein andermal fuhren wir in die Berge. Ich hatte mich sehr auf diesen Ausflug ins Freie gefreut, doch überall wimmelte es von Menschen, und wir konnten keinen geeigneten Platz für unser Picknick finden. So fuhren wir weiter und weiter, bis wir um die Zeit des Sonnenuntergangs wieder auf dem Rückweg waren und die Stadt Banning erreichten. Schließlich hielten wir vor den Stadtwerken an – da wuchs ein wenig Gras – und aßen unser Picknick im Auto. Viele hätten das sehr langweilig gefunden, aber wir hatten so viel Spaß dabei! Einfachheit gehörte zu Gurujis Wesen; er lehrte uns die Freude an einfachen Dingen und zeigte uns, daß es nicht darauf ankommt, was wir tun, sondern mit welcher Einstellung wir es tun.

Als ich 1931 nach Mt. Washington kam, war ich die jüngste von allen. Jeden Nachmittag, wenn wir mit unserer Büroarbeit fertig waren, rief mich Guruji – sicher, weil ich und nicht er es nötig hatte – und sagte: »Komm, laßt uns spielen!« Wir hatten alte Federballschläger, aber kein Netz. So spannten wir ein Seil über den Flur im 2. Stock und schlugen den Federball hin und her. Der Meister war sehr geschickt darin, und keiner kam gegen ihn an. Dem Anschein nach spielte er sehr lässig, doch plötzlich – mit einem spitzbübischen Lächeln – versetzte er dem Ball einen kräftigen Hieb, und ehe wir ihn abfangen konnten, war er schon an uns vorbeigesaust.

Später kamen noch mehr junge Schüler. Unser Bruder Dick[4] war ein ausgezeichneter Tennisspieler;

---

[4] C. Richard Wright, Sri Daya Matas älterer Bruder. Er ist durch

Wie man Spannungen beseitigt

er und der Meister spielten oft zusammen auf dem Tennisplatz. Manchmal gesellten wir Jüngeren uns dazu. Guruji war ebenfalls sehr gut im Tennisspiel; er war flink auf den Beinen.

Irgend jemand hatte uns einen kleinen Ping-Pong-Tisch zusammengebaut (nicht in den üblichen Abmessungen), und so spielten wir auch Tischtennis.

Natürlich liebte Guruji das Schwimmen. Wenn er in Encinitas war, ging er sogar im Winter mit den Mönchen zum Strand hinunter, um zu schwimmen, ganz gleich, wie kalt es war. Wir staunten immer darüber, denn alle anderen froren jämmerlich. Doch Guruji war es ganz gleich, wie kalt das Wasser war. Er sprang hinein und blieb so lange, wie es ihm gefiel – und manchmal schien das seinen Begleitern unheimlich lange!

Er ließ auch gern Drachen steigen – ein Sport, der ihn an seine Kindheit in Indien erinnerte. Damit hatte er in der Wüste oder in Encinitas viel Spaß. In Lake Hodges, nicht weit von Encinitas, hatte er ein kleines Ruderboot, das nur drei Personen faßte. Er liebte es, still darin zu sitzen, während einer von uns ihn um den See ruderte. Ich ruderte besonders gern, denn ehe ich in den Ashram eintrat, pflegten wir in Utah auf einem See in Salt Lake City zu rudern. Ich glaube, Guruji nahm mich zu diesen Ausflügen mit, weil ich ihm davon erzählt hatte. Einmal waren wir stundenlang auf dem Wasser und meditierten. Als die Sonne unterging, kam Wind auf, und die Wellen wurden immer heftiger. Da wurde es mir etwas unheimlich. Als Guruji nach einer Weile sag-

---

die *Autobiographie eines Yogi* bekannt geworden, denn er war einer der Jünger, die Paramahansaji 1935 nach Indien begleiteten.

Alles Glück liegt in dir

te: »Wir wollen jetzt zum Ufer zurückfahren«, mußte ich kräftig gegen die Strömung ankämpfen, die uns immer wieder hinaustrieb; nur mit allergrößtem Kraftaufwand gelang es mir, das Boot ans Ufer zurückzubringen. Schließlich hatten wir es geschafft, doch das war das letzte Mal, daß er mich zum Rudern mitnahm.

Was Guruji gar nicht billigte, war das Kartenspiel oder ähnlicher Zeitvertreib. Dagegen faszinierten ihn mechanische Spielzeuge und die dahintersteckende menschliche Erfindungsgabe. Deshalb erhielt er zu Weihnachten oft neue Spielzeuge, die hin- und herrollten, gestikulierten oder ulkige Sätze hervorbrachten. Er konnte sich daran freuen wie ein kleines Kind.

Er liebte Tiere, und einmal hielten wir uns hier eine Ziege. Ich weiß noch – es mag 1931 oder 1932 gewesen sein –, als Guruji hier saß und eine Andacht hielt. Die Tür, die nach draußen zur Treppe führte, stand offen, damit wir genug frische Luft hatten. An jenem Tag kam die Ziege gemächlich die Treppe heraufgetrappelt. Sie spazierte die Gänge entlang, und alles, was der Meister dazu bemerkte, war: »Seht mal an! Heute will sie mit zuhören.«

Was Guruji ebenfalls oft zur Erholung tat, war das Beobachten der Sterne. In klaren Nächten, wenn die Sterne am Himmel funkelten, saß er oft still draußen und schaute zu ihnen hinauf. Er hatte auch ein Teleskop, das er manchmal benutzte. Alles, was er tat, brachte er mit Gott in Verbindung. Ich sage euch dies, weil es gut ist, sich eine Entspannung innerhalb der Natur zu suchen, denn die Natur ist ja eine Ausdrucksform Gottes. Diese Welt ist Gottes

Körper. Bei allem, was wir tun oder auf Erden vollbringen, sollten wir versuchen, unsere Dankbarkeit zum Ausdruck zu bringen und Seinen Körper, Sein Wesen, mit allem zu schmücken, was schön, gut und gesund ist.

Richtet eure Gedanken auf Gott – in der Abgeschiedenheit und auch bei der Arbeit

Der nächste Grundsatz, der uns hilft, Streß im Leben zu vermindern, liegt mir besonders am Herzen: »*Entspannt euch. Regt euch nicht über jede Kleinigkeit auf.*« Macht dies zu einem eurer Leitsprüche. Wenn wir angespannt sind, messen wir kleinen Unannehmlichkeiten übertriebene Bedeutung bei. Fragt euch lieber: »Warum rege ich mich so darüber auf? Warum entspanne ich mich nicht?« Dann laßt euren Ärger fahren. Das müßt ihr in eurem eigenen Interesse tun.

»Nehmt euch Zeit für innere Einkehr, wo ihr mit Gott allein sein könnt und Zeit zum Nachdenken habt.« Wir alle haben Gelegenheit hierzu, wenn wir unsere Zeit sinnvoller nutzen. Vielleicht meint ihr, daß ihr zwei oder drei Tage dazu brauchtet, aber das ist nicht nötig. Jeden Abend oder am Wochenende, an einem oder auch nur an einem halben Wochentag – was immer eure Pflichten zulassen – nehmt euch Zeit, allein zu sein. Bewahrt während dieser Zeit Schweigen; seid innerlich allein mit Gott. Wenn nötig, ändert euren Tagesplan etwas ab. Haltet täglich kurze Schweigezeiten ein und – wenn möglich – einmal in der Woche längere Schweigezeiten, und seid mit euren Gedanken ganz bei Gott. Ihr werdet staunen, wieviel innere Kraft euch das gibt.

Alles Glück liegt in dir

»*Haltet eure Gedanken ständig auf Gott gerichtet, der euer Polarstern ist.*« Immer, wenn wir mit unseren Problemen zu Guruji kamen, sagte er nur: »Konzentriert euch hierauf«, wobei er auf das Zentrum des Christusbewußtseins wies. Manche dachten dann wohl: »Damit hilft er mir nicht viel weiter!« Er half aber doch; nur weil es ein solch einfacher Rat war, verstand nicht jeder, was er damit meinte. Haltet eure Gedanken auf Gott gerichtet; denn in Ihm liegt die endgültige Lösung aller Probleme.

MACHT EUCH FÜR DEN RAT DES GURUS EMPFÄNGLICH

Und der letzte Ratschlag: »*Versucht stets, nach bestem Vermögen in Gurujis Fußstapfen zu treten.*« Wenn ihr ein ruhiges Gewissen habt, ist das leicht. Und jedesmal, wenn euch die Gefühle überwältigen und ihr jemandem einen Hieb versetzen wollt, braucht ihr nur zu denken: »Gurudeva beobachtet mich.« Er sagte uns öfter: »Denkt nicht, daß ich nicht mehr bei euch bin, wenn ich diesen Körper verlassen habe. Ich werde euch schweigend beobachten.« Ich weiß, daß dies stimmt. Wir mögen gewisse Dinge vor allen anderen verbergen können, aber nicht vor unserem Guru. Seid ihm gegenüber immer aufrichtig. Wenn wir Unrecht getan haben, sollten wir zu ihm gehen und sagen; »Meister, ich weiß, daß ich dies nicht hätte tun sollen; bitte, hilf mir.« Er erwartet von uns nicht hundertprozentige Vollkommenheit; doch was er erwartet – und worauf er als unser Guru ein Anrecht hat –, sind Ehrlichkeit, Aufrichtigkeit und Wahrhaftigkeit. Das verlangte er von uns allen, die wir in seiner Nähe leb-

Wie man Spannungen beseitigt

ten. Und er sagte auch: »Ganz gleich, was ihr getan habt, versucht nicht, es vor mir zu verbergen.« Das Verhältnis zwischen Guru und Jünger muß von absoluter Offenheit des Herzens und der Gedanken geprägt sein; sonst kann er euch nicht viel helfen. Eine solche Beziehung bestand zwischen uns und Guruji. Ich muß zugeben, daß wir deshalb auch mehr gescholten wurden, als wenn wir weniger offen gewesen wären. Doch wir waren ja zu ihm gekommen, damit er unsere Fehler aufdeckte und wir uns ändern konnten; und nichts in der Welt hat uns besser dazu verholfen als seine Führung.

Jedesmal, wenn ihr merkt, daß ihr verkrampft seid, sagt euch: »Entspanne dich! Laß los! Ich bin hier, um Gott zu finden.« Vergeßt nicht, daß eines Tages andere die Arbeit tun werden, die wir jetzt leisten. Keiner von uns ist unersetzlich. Das heißt nun nicht, daß ihr euren Verpflichtungen nicht nachkommen sollt; es soll euch nur daran erinnern, daß ihr innerlich loslassen und die Gedanken in Gott ruhen lassen müßt; dann könnt ihr eure Pflichten ruhigen Geistes wieder aufnehmen.

Ich hatte einige meiner wunderbarsten Erlebnisse mit der Göttlichen Mutter, als sehr viel auf mich einstürmte. Plötzlich erinnerte ich mich daran, daß ich nicht für immer hier sein werde; ich ließ innerlich los und sagte: »Nicht *ich* trage die Verantwortung. Ich will, solange ich hier bin, mein Bestes geben, doch Du bist meine ganze Liebe.« Immer, wenn die Gedanken nach innen gehen, fühle ich Gottes liebende Nähe. Wenn ihr Ihm sagt, daß ihr Ihn liebt, und gleich darauf göttliche Freude in eurer Seele aufsteigen fühlt, so ist das ein Zeichen

Alles Glück liegt in dir

dafür, daß eure täglichen Bemühungen in der Vergegenwärtigung Gottes Früchte tragen. Die Suche nach Ihm ist so einfach, doch manchmal machen wir es uns schwer, weil bei uns alles andere zuerst kommt, und Gott zuletzt.

Ich will noch einmal kurz zusammenfassen, wie man sich von Spannungen befreien kann:

- Haltet den Geist durch regelmäßige Meditation ruhig.

- Denkt jeden Gedanken zu Ende.

- Unterbrecht andere nicht beim Reden. Laßt sie aussprechen.

- Lest Bücher, die tiefe Konzentration erfordern.

- Gewöhnt euch daran, langsam zu essen und dabei möglichst zu schweigen.

- Verschafft euch regelmäßig körperliche Bewegung.

- Entspannt euch. Regt euch nicht über jede Kleinigkeit auf.

- Nehmt euch Zeit für innere Einkehr, wo ihr mit Gott allein sein könnt und Zeit zum Nachdenken habt.

- Haltet eure Gedanken ständig auf Gott gerichtet, der euer Polarstern ist.

- Versucht stets, nach bestem Vermögen in Gurujis Fußstapfen zu treten.

EIN HERZ, DAS IN FLAMMEN STEHT

Aus einer Ansprache im internationalen Mutterzentrum der Self-Realization Fellowship

In den Lehrbriefen der *Self-Realization Fellowship* erklärt Paramahansa Yogananda im Zusammenhang mit der SRF-Konzentrationstechnik: »Zweck dieser Übung ist es, einen Zustand bewußter Passivität zu erreichen.« Ich will nun erklären, was mit bewußter Passivität gemeint ist und warum dieser Zustand keineswegs im Widerspruch zu dem brennenden Verlangen steht, das man braucht, um Gott zu erkennen – einem Verlangen, wie Guruji es in einem seiner Lieder zum Ausdruck gebracht hat: »Mein Herz ist entbrannt, meine Seele entflammt, nur für Dich, Herr, Dich, nur Dich.«

Passivität ist ein Zustand des Friedens. *Bewußte* Passivität aber geht noch weiter – sie ist ein Zustand großer Ruhe während der Meditation, dessen sich die Seele voll bewußt ist. Passivität darf nicht mit Bewußtlosigkeit verwechselt werden. Keine der heiligen Schriften lehrt – und mit Sicherheit nicht der Yoga –, daß der Gottsucher sich um einen passiven, bewußtlosen Zustand bemühen soll. In der Meditation verliert man nie das Bewußtsein. Das ist weder der Zweck noch das Ergebnis irgendeiner Yoga-Meditationstechnik. In tiefer Meditation erweitert sich das Bewußtsein, und die Wahrnehmungskraft verschärft sich.

Alles Glück liegt in dir

Verstandesmäßig mögt ihr dies verstehen, aber es gibt nur eine Methode, es wirklich zu erleben: Ihr müßt diesen Zustand bewußter Passivität in der Meditation selbst erfahren. Wie aber erreicht ihr das? Ich will es euch auf folgende Weise erklären: Wenn ihr meditiert, muß euer Geist entspannt sein. Denkt nicht die ganze Zeit: »Wann ist es endlich soweit, daß ich aufhören kann?« Ihr dürft eurer Meditation nicht von vornherein Grenzen setzen, indem ihr euch vornehmt, fünf oder zehn Minuten zu meditieren. Wenn ihr zur gemeinsamen Meditation in den Tempel geht, dann denkt nicht voller Unruhe: »Wann kommt endlich das Schlußgebet? Wann geht die Meditation zu Ende?« Und wenn ihr allein in eurem Zimmer meditiert, verbannt alle ruhelosen Gedanken, etwa diese: »Eigentlich habe ich keine Lust zu meditieren, aber ich muß es ja.« Das ist ein Zeichen innerer Anspannung.

Doch wenn ihr voller Konzentration und Begeisterung meditiert und von göttlicher Inbrunst erfüllt seid – so wie sie in diesen Worten zum Ausdruck kommt: »Mein Herz ist entbrannt, meine Seele entflammt«, erreicht ihr den Zustand bewußter Passivität. Die Gedanken schweigen, und dennoch seid ihr voll bewußt, eingehüllt in einen wunderbaren Frieden, in ein Gefühl grenzenloser Liebe und Freude. Diese Erfahrung wird eurem Bewußtsein nicht von außen eingeflößt – auch wenn Frieden, Liebe und Freude uns überall umgeben. Diese Eigenschaften sind ebenfalls in eurem eigenen Innern vorhanden – in eurer Seele. Die Meditation löst allmählich die verschiedenen Schichten der Gedanken, des Bewußtseins und der Sinneseindrücke auf, die

Ein Herz, das in Flammen steht

euch bisher daran gehindert haben, diese seelischen Schätze wahrzunehmen.

Der Frieden steigt nicht auf einmal von oben auf euch herab. Doch ihr erhaltet plötzlich einen Einblick in euer wahres Wesen. Diese Erfahrung wird euch mehr begeistern als alles andere! Transzendenter Friede liegt in euch selbst, er fließt nicht aus einer himmlischen Sphäre im Weltraum auf euch herab. Wenn ihr tief meditiert, öffnen sich euer Herz und euer Geist, so daß ihr schließlich die innere Quelle des Friedens erreicht. Das wird euch aber nur gelingen, wenn ihr alles, was Guruji uns gelehrt hat, auch übt: die Konzentrations- und Meditationstechniken und die Vergegenwärtigung Gottes oder – wie wir es nennen – das innere Singen.

Ein Massstab für die Tiefe der Meditation

Während und gegen Ende der Meditation erreicht der Gottsucher einen Zustand, in dem er nur noch eines fühlt: »Herr, ich weiß, daß ich Dich liebe.« Wenn er sich innerlich mit dem Göttlichen Geliebten unterhält und diese Liebe im Herzen fühlt, kann er gewiß sein, daß er immer von Gottes Hand geführt wird. Das war stets der Maßstab, an dem ich feststellen konnte, wie tief ich meditiert hatte. Dann sind Herz, Geist und Seele nur von dem aufrichtigen Gedanken erfüllt: »Es gibt nichts, worum ich Dich bitten könnte, Herr. Ich erwarte nichts von Dir. Ich kann Dir nichts weiter sagen als: ›Ich liebe Dich.‹ Und ich wünsche mir nichts anderes, als dankbar für diese Liebe zu sein, sie in meinem Herzen zu bewahren, meine Seele damit zu erfüllen und ewig davon zu trinken. Es gibt nichts in der Welt – keine geistigen Fähigkeiten und kein sinnliches Verlangen –, das meine Gedanken von dieser Liebesbeteuerung ablenkt.«

Uns durch irgend etwas von diesem Ziel abhalten zu lassen, ist eine große Versuchung und zeugt von größter Unwissenheit. Wir werden dieses Ziel bestimmt nicht erreichen, wenn wir unsere Pflichten vernachlässigen, die uns ja von Gott und unserem Karma auferlegt worden sind. Doch wir werden Erfolg haben, wenn wir mit ganzer Kraft, mit Mut und Vertrauen alles akzeptieren, was jeder Tag uns bringt, und wenn wir unseren Geist immer auf Gott, unseren Polarstern, gerichtet halten. Das ist das Wichtigste im Leben. Der einzige Zweck des Lebens besteht darin, uns anzuspornen, die schreckliche Täuschung zu überwinden, wir seien von Gott, unserem Schöpfer, getrennt, und unser verlorenes göttliches Erbteil als Kinder Gottes zurückzugewinnen. Wir müssen Ihm ganz einfach unsere Liebe und Hingabe zeigen und schweigend Zwiesprache mit Ihm halten.

Gott hat uns Gedankenfreiheit und Abgeschiedenheit im Heiligtum unserer Gedanken gewährt. Niemand kann in diese Freiheit und Abgeschiedenheit eindringen. Damit hat Er uns unendliche Möglichkeiten gegeben, Ihm unsere Liebe zu beweisen und mit Ihm Zwiesprache zu halten. Niemand braucht etwas von unserer schweigenden, inneren Anbetung – dem innigen, heiligen Austausch der Liebe und Freude zwischen Seele und Gott – zu erfahren. Hat Er unsere Seele doch seit Millionen von Inkarnationen erhalten und wird sie in alle Ewigkeit erhalten.

Ein Herz, das in Flammen steht

GOTT EINFACH UNSERE LIEBE BETEUERN

Ich halte es für schändlich und tragisch, daß wir Menschen uns von dem Einen abgewandt haben – und Ihm sogar ausweichen –, der uns alle erhält. Wenn wir ein weltliches Leben führen, mögen wir einige vergängliche Freuden erleben. Aber solange wir Gott nicht erkannt haben und nicht verstehen, daß wir ein Teil von Ihm sind, werden wir niemals ewiges Glück oder inneren Frieden finden – jene Zufriedenheit, Freude, göttliche Liebe und Erkenntnis, nach der wir uns in all unserer Tätigkeit und all unseren Beziehungen sehnen.

Die Suche nach Gott ist so einfach, wenn man Ihn liebt. Und genau das ist es, was Millionen von Gläubigen fehlt. Auf ihrer Suche nach Gott geben sie anderen Methoden den Vorzug. Sie halten lieber tiefgründige philosophische Diskussionen oder Streitgespräche über Gott oder sie spekulieren über Seine mannigfaltigen Ausdrucksformen und Offenbarungen, oder sie konzentrieren sich auf die Wunder, die Er vollbracht hat. Wem aber kommt es in den Sinn, Ihm einfach zu sagen, daß er Ihn liebt?

Wenn wir dem folgen, was der Meister uns lehrte und was er uns durch sein eigenes Beispiel täglich vorgelebt hat, können wir Gott leicht erkennen. Doch wir schenken unsere Liebe all den Dingen, die Gott geschaffen hat – der Welt und weltlichen Gewohnheiten, dem Körper, der eines Tages zerfallen wird, und unserem kleinen Ich: »Ich fühle mich verletzt; ich hasse diesen oder jenen; ich, ich, ich!« Wer aber schenkt seine Liebe Gott? Der Meister lehrte uns, Gott zu lieben. Versichert Gott immer wieder, daß ihr Ihn liebt. Wie viele von euch tun dies täglich, und sei es auch nur einmal am Tag? Und wie viele tun es viele, viele Male am Tag? Das aber ist die wahre »Vergegenwärtigung Gottes«. Kein Heiliger, ganz gleich, welcher Religion er angehört, hat Gott jemals gefunden, ohne sich hierin zu üben.

Wir sagen ständig: »Ich liebe dies und ich liebe das.« Wie gedankenlos wir das Wort »Liebe« gebrauchen und es dadurch herabwürdigen. Oft wird es mit Sinnlichkeit verwechselt. Genau genommen haben Liebe und Sinnlichkeit nichts miteinander zu tun. Liebe ist die größte Kraft, die gewaltigste Macht in der Welt. Ohne diese göttlich-ekstatische Kraft, die aus der Einen Quelle in die Herzen aller Menschen fließt, wären wir gar nicht fähig, irgend etwas oder irgend jemanden zu lieben. Wir empfangen diese Liebe als ein Geschenk Gottes, auch wenn wir nicht erkennen, daß sie von Gott kommt. Und wenn es darum geht, unsere Liebe zu verschenken, handeln wir sehr unüberlegt: Wir schenken sie der Welt und schließen Ihn aus. Das, meine Lieben, ist der Grund, warum die Menschheit leidet. Und wir werden so lange weiter leiden, bis wir Ihm unser Herz öffnen und Ihn darin aufnehmen.

Lasst Gott an all euren Erlebnissen teilnehmen

Um wieviel herrlicher und schöner ist das Leben für mich, wenn ich beim Gebrauch meiner Sinne immer an Gott denke. Ich schaue andere Seelen an und sage: »Das sind meine Freunde, die ich liebhabe.« Ich sehe die Vögel und die Bäume und sage: »Ich habe sie lieb.« Doch ich weiß: »Du bist es, den

Ein Herz, das in Flammen steht

ich liebe, o Herr. Du hast mir Augen geschenkt, mit denen ich die Schönheit in allen Dingen und allen Menschen sehe, die Du erschaffen hast. Du hast mir Ohren gegeben, damit ich Gutes hören kann. Du hast mir eine Stimme verliehen, aber nicht, damit ich ungehobelt daherrede, sondern damit ich ein wenig Licht in diese Welt bringe – damit ich anderen Menschen Mut einflöße, während ich diesen allzu kurzen Zeitraum des Lebens durchschreite.

Du hast mir auch einen Verstand gegeben, o Herr, mit dem ich denken und unterscheiden kann; deshalb wage ich es, mit jeder Frage zu Dir zu kommen. Ich bin Dir gegenüber nie scheu oder verlegen oder aufsässig, denn Du bist mein Geliebter. Du kennst meine einfache Seele. Du weißt, wie ich mich nach Verständnis und Weisheit sehne. Ich komme in all meiner Blöße zu Dir. Du siehst meine guten Eigenschaften, aber auch all meine schlechten Neigungen, von denen ich mich noch nicht habe lösen können. Du strafst mich nicht wegen meiner Schwächen, die meine reine Seele verdecken; Du hilfst mir. Ich versuche nicht, meine Unvollkommenheit vor Dir zu verbergen, o Herr. Ich komme voller Demut und Hingabe zu Dir, mit dem einfachen Vertrauen eines Kindes, und bitte Dich um Deine Hilfe. Und ich werde Dich immer weiter bitten, bis Du mir antwortest. Ich werde nie aufgeben.«

Vergegenwärtigt euch nur einmal die Gaben, die Gott uns allen geschenkt hat und die uns über die Bäume und die Tiere erheben. Ist es nicht undankbar und beleidigend, wenn wir unser SELBST, das Ihm zum Bilde erschaffen wurde, nicht richtig zum Ausdruck bringen? Ganz gleich, womit ich gerade beschäftigt bin – ob ich mich mit den Problemen dieser weltweiten Organisation (der *Self-Realization Fellowship/Yogoda Satsanga Society*) befassen muß, ob ich im Freien meine Aufladeübungen mache oder unter den Bäumen und Blumen im Garten umherwandere –, es ist so einfach für mich, meine Gedanken für einen Augenblick nach innen zu lenken und zu flüstern: »Ich liebe Dich, Gott. Ich weiß nur, daß ich Dich liebe. Gib mir bitte immer genug Kraft, genug Verständnis, genug Mut, genug Mitgefühl, damit ich meinen Mitmenschen dienen und sie so lieben kann, wie ich geliebt werden möchte – damit ich ihnen dieselbe Liebe schenke, mit der Du mein Bewußtsein überflutest.«

Nicht nur Menschen, die in einem Kloster leben, sondern auch alle, die in der Welt leben, sollten es sich zur Gewohnheit machen, innerlich mit Gott zu sprechen und Ihm ihre Liebe zu schenken. Das ist ohne weiteres möglich. Man muß sich nur mehr darum bemühen. Alle Gewohnheiten, die ihr bisher entwickelt habt, sind nichts anderes als regelmäßig wiederholte körperliche oder geistige Handlungen, die euch schließlich zur zweiten Natur geworden sind. Irgendwann einmal habt ihr damit begonnen, diese Gewohnheiten anzunehmen. Jetzt ist es an der Zeit, euch Handlungen und Gedanken anzueignen, die es euch ermöglichen, schweigend Zwiesprache mit Gott zu halten. Dazu bedarf es keiner langen, großartigen Gebete; ein schweigender Ruf eures Herzens, ein einfaches liebevolles Wort genügt: »Mein Gott, mein Geliebter, von wem sonst als von Dir könnte ich diese Liebe empfangen, die ich immer im Herzen aufsteigen fühle, wenn ich zu Dir komme? Keiner kann mir die Erfüllung geben, die Du mir schenkst. O Herr, Du erfüllst wahrlich Dein Versprechen an allen, die Deinem Gebot folgen: ›Entsagt allem anderen und folgt Mir nach.‹«

SAGT GOTT, DASS IHR IHN LIEBT

Sagt Gott ganz einfach mit euren eigenen Worten – schweigend, ohne daß andere euch hören können –, daß ihr Ihn liebt. Sagt es Ihm, wenn ihr still meditiert. Und auch wenn ihr eine belebte Straße entlanggeht oder an eurem Schreibtisch sitzt, flüstert Ihm zu: »Ich liebe Dich, mein Gott. Ich liebe Dich, Herr.« Abends vor dem Einschlafen sollte das euer letzter Gedanke sein. Probiert es einmal heute abend aus. Ihr werdet sehen, wie wunderbar das ist und wie froh es euch macht. Während ihr einschlaft und eure Seele in den Zustand der Ruhe hinübergleitet, singt leise und innig vor euch hin: »O Herr, ich liebe Dich, ich liebe Dich, mein Gott.« Und fühlt, was ihr Ihm sagt.

Euer erster Gedanke, wenn ihr am Morgen aufwacht, sollte sein: »Guten Morgen, Herr. Heute ist ein neuer Tag. Ich will mich heute noch mehr bemühen, vollkommener zu werden, so wie es meinem wahren Wesen entspricht. Hilf mir, andere richtig zu verstehen. Hilf mir, ruhiger zu werden. Laß mich liebevoll antworten, wenn andere unfreundlich zu mir sind. Hilf mir, Dich heute in meinem Leben zu offenbaren.« Ob ihr traurig oder glücklich seid, ob ihr körperlich krank oder voller Kraft seid, ob euch alles mißlingt oder gelingt – ihr müßt stets an diesem einen Gedanken festhalten: »Mein Gott, ich liebe Dich.« Und sagt Ihm das von ganzem Herzen.

Alles Glück liegt in dir

Wenn ihr das Wort »Gott« aussprecht, so solltet ihr Seinen Namen nie mißbrauchen. Zwar gilt es heutzutage als witzig und geistreich zu fluchen, aber dennoch ist es nicht richtig. Die Tatsache, daß alle anderen es tun, macht es längst nicht richtig. Immer, wenn ihr den Namen Gottes aussprecht, tut es bewußt, mit tiefer Aufmerksamkeit, voller Gefühl und Hingabe. Ich habe euch schon oft erzählt, wie Gurudeva (1948) in göttlicher Ekstase war und immer nur ein einziges Wort sagte. Er sagte nicht »Gott, Gott«, weil selbst das noch einen gewissen Abstand von Gott bedeutet. An dem Wort, das er gebrauchte und das mich innerlich zutiefst berührte, konnte ich erkennen, daß er sich unmittelbar in Gottes Gegenwart befand. Er sagte immer nur: »Du, Du, Du.« Wie dieses eine Wort uns alle elektrisierte! Er befand sich in Gottes Gegenwart, er sprach direkt zu Ihm, vor dem er stand – dem Göttlichen Geliebten aller Menschen.

Ähnlich sollt auch ihr euren Geist auf dieser hohen Ebene göttlicher Hingabe halten. Guruji lehrte uns, gleichzeitig in zwei Welten zu leben. Wenn wir uns in seiner Gegenwart befanden, versanken wir oft vollkommen in den Zustand göttlicher Freude; doch dann brachte er uns plötzlich wieder auf die irdische Ebene zurück, wo wir uns mit weltlichen Angelegenheiten befassen mußten. Er lehrte uns, mit den alltäglichen Problemen fertig zu werden, während unsere Gedanken auf Gott gerichtet waren und unsere Seele in Ihm ruhte. Das ist der höchste Bewußtseinszustand – wenn der Geist hoch in den Wolken schwebt, die Füße aber fest auf dem Boden stehen. Das erwartet Gott von uns, denn das ist auch Sein Wesen. Er ist der Vater, der Schöpfer des Universums. Und Er ist sehr praktisch. Wäre es nicht so, hätte Er vielleicht nur uns erschaffen, aber kein Wasser, um unseren Durst zu stillen, und keine Nahrung, um uns am Leben zu erhalten. Er hätte keine kosmischen Gesetze erlassen, welche die Bahn der Planeten und den Lauf der Sterne regeln. Sie wären alle schon vor langer Zeit zusammengestoßen, und die Erde hätte sich aufgelöst. Wir können also sagen, daß Gott »mit Seinen Füßen fest auf der Erde steht«. Dennoch berauscht Er sich ständig an Seiner göttlichen Glückseligkeit, Seiner göttlichen Liebe. Wir sind Ihm zum Bilde erschaffen, und Er erwartet von uns, daß auch wir in diesem Bewußtsein leben.

Tiefere Liebe zu Gott
Entwickeln

---

*Auszüge aus verschiedenen Ansprachen im
internationalen Mutterzentrum der
Self-Realization Fellowship*

Die Suche nach Gott beginnt damit, daß wir uns nach Ihm sehnen. Wir müssen Sehnsucht nach der Wahrheit, nach einer Gottesbeziehung haben. Die erste Eigenschaft, die man entwickeln muß, ist also ein tiefes, aufrichtiges Verlangen nach Gott, nach Seiner Liebe.

Selbst wenn ihr noch keine Liebe für Ihn fühlt, könnt ihr den Wunsch danach in euch erwecken, indem ihr euch immer vor Augen führt, wie sehr ihr Ihn braucht. Es wird oft gesagt, daß Leid der größte Lehrmeister sei. Und eigentlich stimmt es, daß die Menschen sich an Gott wenden, wenn sie von ihren Mitmenschen oder dem Leben in der Welt enttäuscht worden sind. Ich glaube, ich wußte schon als Kind, daß weder die Welt noch irgendein Mensch mir das geben kann, wonach ich mich wirklich sehne – obgleich ich nicht von den Menschen enttäuscht worden bin, denn ich liebe sie ja.

Wir alle verlangen nach Vollkommenheit; alle sehnen sich nach vollkommener Liebe, vollkommener Eintracht mit ihren Mitmenschen. Schon als Kind wußte ich, daß solche Vollkommenheit in dieser Welt nicht zu finden ist, daß ich kein Recht hatte, sie von anderen Menschen zu erwarten, weil ich

Tiefere Liebe zu Gott entwickeln

selbst unvollkommen bin. Wie könnte ich mir anmaßen, von anderen etwas zu verlangen, was ich selbst nicht geben kann? Und aus diesen Überlegungen heraus entstand der Wunsch: »Ich will mich deshalb auf die Suche nach Gott machen.« Nur Er kann unsere Sehnsucht, unser Verlangen nach vollkommener Liebe und vollkommenem Verständnis in jeder Hinsicht erfüllen. Kein durchschnittlicher Mensch ist dazu in der Lage. Wenn wir einmal begriffen haben, daß Gott allein unsere tiefste Sehnsucht stillen kann, nimmt unser Verlangen nach Ihm immer mehr zu.

Eines der ersten Gebote der Heiligen Schrift, das mich tief berührte, war dieses: »Trachtet am ersten nach dem Reich Gottes und nach seiner Gerechtigkeit, so wird euch solches alles zufallen.«[1] Ich dachte immer wieder über diese Wahrheit nach. Wir finden in den heiligen Schriften viele wunderbare Gedanken, die uns für kurze Zeit inspirieren; dann vergessen wir sie wieder, ohne sie im Leben wirklich angewandt zu haben. Doch die heiligen Schriften sind Lehrbücher, die wichtige Grundsätze enthalten; ebenso wie die Regeln der Mathematik führen sie zu nachweisbaren Ergebnissen, wenn wir unser Leben nach ihnen ausrichten.

Ich beschloß also, nach diesem einen Grundsatz zu leben. Ich wollte wissen, ob er wahr sei oder ob es sich nur um die inspirierende Behauptung eines edlen Menschen handele, der sich nicht mit dem Kleinkram des Alltags herumzuschlagen brauchte. Ich hielt mich an diesen einen Grundsatz: Suche Gott zuerst. Denn dann, so heißt es in der Bibel,

[1] *Matthäus* 6, 33.

Alles Glück liegt in dir

wird sich alles andere von selbst ergeben, dann wird mir alles andere zufallen. Immer wenn Versuchungen und Ablenkungen auf mich zukamen, hielt ich an dem Gedanken fest: Suche *Ihn*. Ich habe zu meiner eigenen Genugtuung feststellen können, daß die Wahrheiten, welche die großen Meister lehrten und uns vorlebten, auch *unser* Leben verwandeln können; denn sie mußten sich mit den gleichen Kämpfen, dem gleichen Kummer und den gleichen Enttäuschungen auseinandersetzen wie alle anderen Menschen.

Wer dies einmal verstanden hat, wird nach einer Methode suchen, die ihn Gott näherbringt. Die Methode, die ich – sowie viele andere von Gurujis Jüngern – angewandt habe, besteht darin, mich vor allem nach Gott zu sehnen und dann durch meine Hingabe eine persönliche Beziehung zu Ihm herzustellen.

Wer eine innige Beziehung zu Gott herstellen möchte, muß zuerst mit Ihm vertraut werden. Wenn man euch aufforderte, jemanden zu lieben, den ihr überhaupt nicht kennt, würde euch das sicher schwerfallen – selbst wenn man euch erzählte, welch wunderbare Eigenschaften dieser Mensch besitzt. Doch wenn ihr ihm begegnet und öfter mit ihm zusammen seid, habt ihr Gelegenheit, ihn kennenzulernen, allmählich Zuneigung zu ihm zu entwickeln und ihn schließlich zu lieben. Genauso müßt ihr es auch machen, wenn ihr Gott lieben lernen wollt.

Es fragt sich nun, *wie* man Ihn kennenlernen kann. Hierbei spielt nun die Meditation eine wichtige Rolle. Alle heiligen Schriften ermutigen den Menschen, der Gott suchen und finden will, sich

Tiefere Liebe zu Gott entwickeln

still hinzusetzen und Zwiesprache mit Ihm zu halten. Wir in der *Self-Realization Fellowship* üben zu diesem Zweck Meditationstechniken, singen andachtsvolle Lieder und beten. Man braucht dazu eine bestimmte Methode. Ihr könnt Ihn nicht erkennen, wenn ihr nur ein Buch über göttliche Freude und Liebe lest. Obgleich geistige Bücher innere Begeisterung und Glauben erwecken, können sie euch nicht an das höchste Ziel führen. Auch hilft es nicht viel, sich nur einen Vortrag über Gott anzuhören. Ihr müßt still meditieren, auch wenn es täglich nur wenige Augenblicke sein können, in denen ihr euren Geist von allen anderen Dingen abzieht und allein auf Gott richtet. Auf diese Weise lernt ihr Ihn allmählich kennen; und wenn ihr Ihn einmal kennt, könnt ihr gar nicht anders als Ihn lieben.

ZWECK UND WERT DER GRUPPENMEDITATION

Wenn wir mit Menschen zusammenkommen, die ebenfalls aufrichtig nach Gott suchen, vertieft das unsere eigene Hingabe. Aus diesem Grunde hatte Guruji damit begonnen, in aller Welt Meditationsgruppen und -zentren zu bilden. Er sagte oft: »Ich habe kein Interesse daran, riesige Bauwerke aus Stein zu errichten, in denen man Gottes Gegenwart nicht fühlen kann. Wir sollten viele kleine Tempel bauen, die vom Geist wahrer Hingabe und gemeinsamer Gottsuche erfüllt sind.« Gottsucher sollten in Gruppen zusammenkommen, um mit Ihm in Verbindung zu treten. Jeder sollte dem anderen ein geistiger Freund sein und sich bemühen, der gesamten Gruppe zu dienen.

Ich weiß noch, wie Guruji vor vielen Jahren in

den Osten der Vereinigten Staaten reiste, um dort Vorträge zu halten und Kriya-Einweihungen zu geben. Während jener Zeit hatten wir einen Gottesdienstleiter, der sehr nüchtern, trocken und langweilig war. Er konnte mich nicht inspirieren, und deshalb entschloß ich mich, nicht mehr in die Kapelle hinunterzugehen. Ich war der Meinung, daß ich in meinem Zimmer viel besser meditieren könne und das auch tun sollte.

Als Guruji zurückkehrte, rief er mich zu sich und sagte: »Wie ich höre, gehst du nicht mehr zur Meditation?«

»Aber Meister, ich meditiere doch«, erwiderte ich. Unser Verstand legt sich gern alles so aus, wie es uns paßt, nicht wahr? Immer haben wir eine logisch erscheinende Ausrede parat.

»Du gehst aber nicht mehr in die *Kapelle*?«

Ich antwortete: »Nein, denn in meinem Zimmer kann ich viel besser meditieren; ich kann dann viel tiefer nach innen gehen. Der Leiter macht es sehr langweilig.«

Er aber sagte: »Du gehst dennoch hin! Nicht, um dich vom Leiter inspirieren zu lassen, sondern um tief in dein Inneres zu tauchen. Mach dich von niemandem abhängig; du gehst nur aus einem einzigen Grund dorthin: um mit Gott in Verbindung zu treten.« Diese Worte habe ich nie vergessen. Sie sind mir eine wichtige und wunderbare Lehre geblieben.

Wenn ihr mit anderen zur Meditation zusammenkommt, vergeßt die Menschen um euch herum. Geht nur deshalb hin, um mit Gott in Verbindung zu treten. Wer keinen starken Willen hat, dem wird es helfen, mit einer Gruppe von Gleichgesinnten zu-

Tiefere Liebe zu Gott entwickeln

sammenzukommmen; das steht außer Zweifel. Wenn ihr zu Hause seid und euch dort mit Problemen herumschlagen müßt oder wenn ihr einen schweren Tag gehabt habt, sagt ihr vielleicht: »Ich werde heute abend nicht meditieren. Ich ruhe mich lieber aus. Das war wirklich ein hektischer Tag für mich.« Ihr schiebt die Meditation auf, und dann schiebt ihr sie erneut auf, weil ihr jeden Tag einen scheinbar triftigen Grund dafür findet. Ich sehe, wie jemand zustimmend nickt. Ihr versteht also, was ich meine!

Wenn euch irgend etwas davon abhalten will, sagt: »Nein, ich muß zur Gruppenmeditation gehen.« Geht aber aus dem richtigen Beweggrund hin: weil ihr euch geistig vervollkommnen wollt. Ihr geht nicht hin, um irgend jemanden zu beeindrucken oder zu bekehren. In dieser meditativen Gemeinschaft findet ein Austausch statt: Die Mitglieder der Gruppe geben euch Kraft, und ihr gebt ihnen Kraft.

BEMÜHT EUCH UM EINE PERSÖNLICHE
BEZIEHUNG ZU GOTT

Glaubt nicht, daß ihr der Welt entsagen und in einen Ashram eintreten müßtet, um Gott zu suchen. Ganz gleich, wie beschäftigt ihr seid, ihr könnt immer Zeit finden, eine persönliche Liebesbeziehung zu Gott herzustellen. Ich selbst trage große Verantwortung für die Verwaltung von Gurujis Organisation – nicht nur in diesem Land, sondern auch in Indien und anderen Teilen der Welt – und bin bestimmt so emsig beschäftigt wie der Arbeitsreichste von euch. Aber bei mir kommt Gott zuerst. Ich lasse nichts dazwischenkommen. Was ihr mehr als alles andere braucht, ist echte Sehnsucht nach Gott und der feste Entschluß, euch täglich in der Meditation Zeit für Ihn zu nehmen.

Die Meditation darf nie zu einer bloßen Routineangelegenheit werden. Auf meinen Reisen habe ich Tempel, Moscheen und Kirchen in aller Welt besucht und beobachten können, daß viele Gottsucher ihre Gebete geistesabwesend herunterleiern. Ich weiß noch, wie ich die heiligen Stätten in Jerusalem aufsuchte, wo Jesus Christus gelebt und Zwiesprache mit Gott gehalten hat. Der Priester, der den Gottesdienst leitete, betete mechanisch und interessierte sich mehr für die Anwesenden als für Ihn, zu dem er betete. Mein inneres Gefühl sagte mir: »Nicht doch, nicht doch! Du bist hier, um mit Christus zu kommunizieren!« Ähnlich war es auch in den Tempeln Indiens. Ich sah, wie die Priester ihre *Pujas* vollzogen und, während sie zu Gott sprachen, interessiert die anwesenden Leute beobachteten. Derjenige, an den ihre Gebete gerichtet waren, hörte sie gar nicht, weil ihre Gedanken ganz woanders waren! Eine große Schwäche der heutigen Religionen besteht darin, daß die Gläubigen Ihn, um den es sich wirklich handelt, völlig vergessen, weil sie sich auf das konzentrieren, was um sie herum geschieht. Guruji lehrte, daß unsere Aufmerksamkeit allein auf Gott gerichtet sein muß, wenn wir uns zur Meditation hinsetzen. Sprecht wenigstens fünf Minuten lang zu Gott und laßt euch durch nichts anderes ablenken. Dann werdet ihr sehen, wie eure Beziehung zu Ihm allmählich inniger wird.

Tiefe Hingabe kann man dadurch entwickeln, daß man Gottes Namen oder irgendeinen Gedan-

Tiefere Liebe zu Gott entwickeln

ken oder ein kleines Gebet ständig wiederholt. In Indien nennt man das *Japa-Yoga*, und im Westen »Vergegenwärtigung Gottes«.

Wir können unsere Sehnsucht nach Gott auch in einem Lied ausdrücken, zum Beispiel in einem von Gurujis *Kosmischen Liedern*. Man kann auch manch schöne Liebeslieder an Gott richten, obgleich sie ursprünglich nicht für Ihn geschrieben worden sind. Eines, das Guruji sehr gefiel, war »Der Liebesruf Indiens«. Wie beseligend ist es, wenn man diese Gefühle, dieses Verlangen keinem Menschen, sondern Gott entgegenbringt!

Lest auch Bücher über das Leben großer Heiliger, zum Beispiel über das Leben Gurujis, der ständig in Gottes Liebe eingehüllt war.

Wenn ihr Hingabe in euch erwecken wollt, versucht es einmal so: Denkt an jemanden, den ihr sehr liebt und dessen Liebe euch viel bedeutet. Guruji vergegenwärtigte sich oft die Liebe und Ehrfurcht, die er für seine Mutter empfand; es war eine wunderschöne, edle und reine Liebe. Nachdem ihr euch die Liebe, die ihr für eine solche Person – zum Beispiel eure Mutter – empfindet, vergegenwärtigt habt, richtet eure Aufmerksamkeit auf die Göttliche Mutter. »O Göttliche Mutter, ich weiß, daß Du es bist, die in der Gestalt meiner Mutter zu mir gekommen ist.« Ganz gleich, ob es die Eltern, der Ehemann oder die Ehefrau, das Kind oder ein Freund ist, vergegenwärtigt euch die liebenswerten Eigenschaften dieses Menschen, und wenn ihr daraufhin in eurem Herzen Liebe aufsteigen fühlt, denkt sofort an Gott. Sagt euch dann: »Dieser Mensch könnte mich nicht lieben, wenn Du ihm die Liebe nicht

Alles Glück liegt in dir

ins Herz gepflanzt hättest.« Alle Liebe kommt nur von Gott. Wenn ihr diese Einstellung habt, werdet ihr allmählich Ihn lieben lernen, der sich hinter allen von euch geliebten Menschen verbirgt.

Jeden Tag, wenn euch jemand auf irgendeine Weise hilft, seht darin Gottes helfende Hand. Wenn jemand etwas Anerkennendes über euch sagt, erkennt hinter diesen Worten die Stimme Gottes. Wenn euch im Leben etwas Gutes oder Schönes zuteil wird, fühlt, daß es von Gott kommt. Führt alles in eurem Leben auf Gott zurück. Wenn ihr die Dinge von dieser Warte aus betrachtet, werdet ihr eines Tages erkennen: »Es ist ja Er allein, mit dem ich es die ganze Zeit zu tun habe.« Gott ist der gemeinsame Nenner im Leben aller Menschen. Er ist die treibende Kraft hinter all unserem Tun, Er beschützt uns und will nur das Beste für uns. Kann es einen größeren Ansporn geben, Ihn zu lieben und Seine Liebe zu empfangen?

SINGEN ALS EINE ART DER MEDITATION

Aus einer Ansprache im internationalen Mutterzentrum der Self-Realization Fellowship

Ich möchte euch die Bedeutung hingebungsvollen Singens erklären, so wie wir es von Paramahansa Yogananda gelernt haben. In seinem Buch *Kosmische Lieder*[1] sagt er hierzu:

> Klang oder Schwingung ist die mächtigste Kraft im Universum. Die Musik ist eine göttliche Kunst, die man nicht nur zum Vergnügen, sondern als einen Weg zur Gottverwirklichung benutzen kann. Schwingungen, die durch hingebungsvolles Singen erzeugt werden, führen zum Einklang mit der Kosmischen Schwingung oder dem *Wort*. »Im Anfang war das Wort, und das Wort war bei Gott, und Gott war das Wort.«[2] ... Worte, die von Aufrichtigkeit, Überzeugung, Glauben und Intuition durchdrungen sind, gleichen Sprengkörpern und besitzen die Macht, die Felsblöcke, die uns im Wege stehen, zu sprengen und die ersehnte Wandlung herbeizuführen. ... Wer diese vergeistigten *Kosmischen Lieder* mit aufrichtiger Hingabe singt, wird Gott wahrhaft erleben und ekstatische Freude fühlen, so daß er dadurch körperlich, geistig und seelisch geheilt wird.

---

[1] Ein Buch mit religiösen Liedern von Paramahansa Yogananda; veröffentlicht von der *Self-Realization Fellowship*.
[2] *Johannes* 1, 1.

Alles Glück liegt in dir

Beim Lernen der Lieder konzentriert euch jeweils auf nur eines. Natürlich müßt ihr anfangs auf die Noten achten und auch darauf, daß ihr sie auf dem Harmonium[3] richtig wiedergebt. Sobald ihr aber das Lied gut spielen könnt, solltet ihr eure Aufmerksamkeit auf die Worte richten, die ihr singt. Wiederholt das Lied immer und immer wieder und konzentriert euch dabei jedesmal tiefer, bis euer Bewußtsein völlig in der Botschaft des Liedes aufgegangen ist. Wenn ihr euch darin übt, erreicht ihr schließlich einen Zustand, in dem ihr völlig eins mit dem Lied werdet. Dann dringt kein ablenkender Gedanke mehr in euer Bewußtsein ein; für euch existiert nur noch die Ausdrucksform Gottes, die ihr gerade herbeiruft.

Nehmen wir einmal das Lied, das wir gerade gesungen haben, »Blaue Lotosfüße«[4]:

> Versunken, Mutter, ruht mein Geist zu Deinen blauen Lotosfüßen. O komm, Mutter, Du geliebte Mutter! O komm, Mutter, Du geliebte Mutter!

Indem wir die Worte »geliebte Mutter« oft wiederholen, ziehen wir allmählich ihre liebende Gegenwart herbei. Das Entscheidende dabei ist, daß ihr so lange weitersingt, bis ihr innerlich ganz von dieser seligen Wahrnehmung erfüllt seid. Dann wißt ihr, daß ihr den Nektar aus der Blüte des Liedes herausgesogen habt. Und dann wird diese Methode des Singens zu einer Art Meditation.

---

[3] Ein kleines Harmonium, dessen Blasebalg von Hand betrieben wird. Es ist in Indien weit verbreitet und eignet sich besonders gut für die Begleitung von *Bhajans* – hingebungsvollen Liedern.
[4] Eines der *Kosmischen Lieder*, das sich an Gott in Seiner Ausdrucksform als Göttliche Mutter wendet.

Singen als eine Art der Meditation

Oft durften wir dabeisein, wenn Gurudeva ein neues Lied komponierte oder ein traditionelles indisches Lied ins Englische übertrug; und das war jedesmal ein großer Segen für uns. Während er das Lied immer und immer wieder sang, stimmten wir in seinen Gesang ein; und das ging manchmal bis in die Nacht hinein, bis wir Worte und Musik vergaßen und ganz in unserer Hingabe zu Gott und dem wunderbaren Gefühl Seiner Nähe aufgingen. Das ist der eigentliche Zweck des Singens.

Ich kann nicht genug betonen, wie wichtig es ist, mit tiefer Hingabe zu singen. Wenn wir mit dem Meister sangen, ermahnte er uns oft: »Seid mit ganzem Herzen dabei. Vergeßt, daß ich das Harmonium spiele; vergeßt mich. Versenkt euch ganz und gar in die Bedeutung der Worte. Denkt an Ihn, zu dem ihr singt.« Während er zur Göttlichen Mutter sang, war ich manchmal von meiner Liebe zu ihr wie berauscht. Der alleinige Gedanke an ihre grenzenlose Liebe erfüllte mein Inneres wie ein wogendes Meer.

Wenn man sich immer tiefer in einen einzigen geistigen Gedanken oder eine geistige Erkenntnis versenkt, tritt alles andere in den Hintergrund. Ich weiß noch, wie ich einmal mit Gurudeva und Rajarsi[5] in Encinitas meditierte. Unser geliebter Meister sang zur Göttlichen Mutter und ging dabei völlig in seinem Singen auf. Seine Liebe zur Mutter und seine Freude versetzten uns in einen entrückten Zu-

---

5 Rajarsi Janakananda – ein weit fortgeschrittener Jünger Paramahansa Yoganandas, den der Meister sehr liebte – war sein erster geistiger Nachfolger als Präsident der *Self-Realization Fellowship*. Er hatte dieses Amt bis zu seinem Tod im Jahr 1955 inne; seine Nachfolgerin wurde Sri Daya Mata.

Alles Glück liegt in dir

stand. Mein Geist wurde derart von Sehnsucht nach der Göttlichen Mutter und nach ihrer Liebe überflutet, daß ich in einen Zustand tiefer Ekstase einging. Der Meister hörte auf zu singen und berührte meine Stirn; dann wandte er sich an Rajarsi und sagte liebevoll: »Schau, sie hat meine Ekstase gestohlen.«[6]

Was für ein segensreiches Erlebnis das war! Wenn wir diese innere göttliche Freude fühlen wollen, müssen wir beim Singen oder Meditieren alles andere vergessen. Wir können Gottes Gegenwart nur dann wahrnehmen, wenn wir uns von allen anderen Dingen, die uns innerlich beschäftigen, vollständig lösen. Wenn ihr also den Namen der Göttlichen Mutter aussprecht, darf er nicht nur ein Wort für euch sein. Geht vollkommen im Gedanken an sie auf. Ihr müßt sie durch eure Konzentration und Hingabe zu einer lebendigen Wirklichkeit machen. Für alle, die sie für wirklich halten, ist sie auch wirklich; doch für jene, die sie nur auf mechanische Weise anrufen, ist sie weit weg – ist sie nicht mehr als ein Name oder eine vage Vorstellung.

In einem der Lieder[7] heißt es: »Wann, o Mutter, wird es sein, daß ich nach Dir allein mich sehne, Ma, nach Dir allein?« Ich werde nie vergessen, welche Seligkeit mich durchflutete, als ich den Meister dieses Lied zum ersten Mal singen hörte. Und die glei-

---

[6] Wenn sich der Gottsucher mit einem göttlichen Menschen im Einklang befindet, kann er die geistigen Schwingungen dieses Heiligen anziehen. Hierauf bezog sich Jesus, als eine Frau inmitten einer großen Menschenmenge ehrfurchtsvoll den Saum seines Gewandes berührte und er sagte: »Es hat mich jemand angerührt, denn ich fühle, daß eine Kraft von mir gegangen ist.« (*Lukas* 8, 46)

[7] »Wann, o Mutter« aus dem Buch *Kosmische Lieder*.

che Seligkeit durchschauert mich jedesmal von neuem, wenn ich mich in diese Worte vertiefe. So sollte es auch mit jedem von euch sein. Ihr solltet diesen Gedanken täglich in eurem Innern wiederholen und fühlen, wie diese göttliche Sehnsucht ganz von eurer Seele Besitz ergreift.

In den heiligen Schriften der Hindus heißt es, daß man Erlösung allein durch Wiederholung des Namens Gottes erlangen könne. Als ich das zum erstenmal las, konnte ich mir das gar nicht vorstellen. Doch dann erlebte ich, daß es tatsächlich möglich ist, wenn hinter diesem geistigen Gebet die ganze Sehnsucht und das ganze Verlangen der Seele steht: »Mein Gott, ich liebe nur Dich, ich will nur Dich, ich verlange nur nach Dir. Tu mit mir, was Du willst.« Wenn ihr euch Gott völlig anheimgebt – und darunter verstehe ich tiefe Hingabe, Glauben und Vertrauen –, wird Er mit Sicherheit antworten.

Deshalb, ihr Lieben, meditiert regelmäßig und aufrichtig. Singt Gott mit der ganzen Liebe eurer Seele die Lieder, die unser Gurudeva vergeistigt hat. Und betet um Hingabe; betet darum, daß euer Herz, euer Geist und eure Seele vor göttlicher Sehnsucht und göttlicher Inbrunst in Flammen stehen und daß euer Leben zu einem einzigen großen Verlangen nach Gott wird. Dann werdet ihr sicheren Schrittes auf dem geistigen Weg vorankommen.

WIE MAN SICH SELBST SCHÄTZEN LERNT

Aus einer Ansprache im internationalen Mutterzentrum der Self-Realization Fellowship

Innenschau – Selbsterforschung – ist unentbehrlich, wenn man Vollkommenheit erlangen will. Der erste Vers der Bhagavad-Gita lautet: »Als meine Nachkommen [meine guten und meine schlechten Eigenschaften] kampfbereit versammelt waren, was taten sie?«[1] Anders ausgedrückt: Ich will mir über meine Gedanken und Handlungen des heutigen Tages Rechenschaft ablegen – haben sie mich meinem Ziel nähergebracht? Wie habe ich mich verhalten? War ich niederträchtig? Habe ich gelogen? Habe ich jemanden betrogen? War ich selbstsüchtig oder habgierig? War ich unfreundlich? Auf diese Weise sollten wir täglich Innenschau üben.

Innenschau ist sehr heilsam; doch dürft ihr dabei nicht ständig über eure Schwächen nachgrübeln. Das kann nämlich dazu führen, daß ihr euch in solch tiefe Schuldgefühle hineinsteigert, daß ihr in einen Zustand der Depression verfallt und anfangt, euch selber zu hassen. Das wäre ein falscher Gebrauch oder Mißbrauch der Selbsterforschung. Wenn ihr euch nur auf eure Fehler konzentriert,

---

[1] Daya Mata bezieht sich hier auf Paramahansa Yoganandas Deutung, derzufolge die Krieger der Bhagavad-Gita die sich gegenseitig bekämpfenden guten und schlechten Neigungen jedes Menschen darstellen. (*Anmerkung des Herausgebers*)

Wie man sich selbst schätzen lernt

geht ihr am Ziel vorbei, denn je mehr ihr euch mit euren Schwächen identifiziert, um so schlimmer werden sie. Ihr seid nicht mit euren Schwächen identisch; ihr seid die ewig vollkommene Seele. Die Innenschau soll euch helfen, eure Charakterfehler, die eure angeborene Göttlichkeit verdunkeln, objektiv zu beurteilen und zu überwinden. Ihr braucht nicht allen Menschen eure Schwächen zu verraten oder ihnen zu erzählen, was ihr falsch gemacht habt. Aber *tut* etwas dagegen. Nehmt euch ehrlich unter die Lupe und versucht, alle unliebsamen Züge in euch zu beseitigen. Das ist die richtige Art der Selbsterforschung.

Macht euch keine Sorgen über früher begangene Sünden. Sie gehören jetzt nicht mehr zu euch. Das hat Gurudeva Paramahansa Yogananda uns immer wieder gesagt. Bessert euch, dann werden alle früher begangenen Irrtümer unwirklich. Vergeßt sie. Christus versicherte vielen, daß Gott ihnen vergeben habe, aber er ermahnte sie auch: »Sündigt nicht mehr!« womit er sagen wollte: Tut es nicht wieder. Haltet an dem Gedanken fest, daß euch alle früheren Fehler vergeben sind, und lernt euch selber höher einzuschätzen. Selbstwertgefühl hat nichts mit dem Ego zu tun; es bedeutet, daß ihr euch genauso akzeptiert, wie Gott es tut.

Ganz gleich, was wir getan haben mögen, Gott vergibt uns, wenn wir uns aufrichtig bemühen, es nie wieder zu tun. Es spielt keine Rolle, worum es sich handelt. Und was immer ihr getan haben mögt, es gibt nichts, das nicht jeder von uns hier in irgendeinem Leben auch schon einmal getan hat. Abgesehen davon – alles, was ihr je getan habt, ist be-

Alles Glück liegt in dir

reits in Gottes Gedanken vorhanden gewesen, sonst hättet ihr es gar nicht tun können. Wir dürfen nie davor zurückscheuen, uns Ihm gegenüber so zu zeigen, wie wir sind. Er weiß um all unsere Schwächen, um all die Fehler, die wir in zahllosen Leben begangen haben. Aber Er läßt uns nicht im Stich. Er liebt uns bedingungslos, und daran wird sich nie etwas ändern.

Einige halten sich für unwürdig und grübeln ständig darüber nach. Sie bemühen sich gar nicht, tief zu meditieren und Gott zu lieben. Sie denken immer nur an ihre Unwürdigkeit. Das ist ein schrecklicher Irrtum. Wir alle sind würdig, denn wir sind Gottes Kinder. Wir haben das Vorrecht und die Gelegenheit, Gott zu suchen. Tut es also! Denkt nicht immer: »Dazu tauge ich nicht.« Eine solche Vorstellung schadet euch nur, weil ihr dann viel Zeit damit vergeudet, euch selbst zu bemitleiden. Außerdem ist es eine unbewußte Ausrede dafür, sich nicht anzustrengen und Gott ernsthaft zu suchen: »Ich bin ja so unwürdig; Ihm kann nicht viel an mir liegen, weil ich kein guter Mensch bin.« Das sind unhaltbare Argumente. Unbewußt sagen wir uns damit: »Und außerdem fühle ich kein allzu tiefes Verlangen nach Gott; es paßt mir also ganz gut, daß ich meine Schwächen für meine unzureichenden Bemühungen verantwortlich machen kann.«

Wie unvollkommen ich auch sein mag, ich weiß nur, daß ich mich in diesem Leben vor allem darum bemühe, meine Liebe zu Gott zu vervollkommnen. Wenn ich mich bemühe, positive Gedanken zu hegen und täglich – so gut ich es vermag – etwas Nützliches zu tun, bleibt mir keine Zeit mehr, über meine Fehler nachzugrübeln oder mich zu fragen, ob ich für die Gottsuche geeignet bin. Ich suche Ihn einfach!

Lernt euch als das zu akzeptieren und zu schätzen, was ihr einmal sein wollt. Schaut jedem neuen Tag vertrauensvoll entgegen. Irgend jemand hat gesagt: »Jeder Tag gleicht einem Blatt unbeschriebenen Papiers.« Ihr habt jeden Tag die wunderbare Gelegenheit, euer Leben neu zu schreiben. Beschäftigt euch mit guten, kreativen und konstruktiven Gedanken, die euch selbst und anderen geistig weiterhelfen.

Je mehr ihr euren Geist auf Gott richtet und je weniger ihr über euch selbst und eure Fehler nachgrübelt, um so mehr werdet ihr mit Gott und dem Guru in Einklang sein. Wenn ihr euch selbst negativ beurteilt, führt das zu geistiger Schwäche, und das dürft ihr nicht zulassen. Verbannt solche Gedanken aus eurem Geist. Eure Vergangenheit gehört nicht mehr zu euch. Nur die Gegenwart und die Zukunft sind euer. Schreibt auf den noch verbleibenden Seiten eures Lebens neue gute Gedanken und Handlungen auf. Versucht euch immer daran zu erinnern.

Hingabe: Vertrauen auf Gottes unbegrenzte Kraft

Ansprache im internationalen Mutterzentrum der Self-Realization Fellowship

Irgendwann einmal gelangen wir alle an einen toten Punkt, an dem die Probleme uns zu überwältigen scheinen und wir das Gefühl haben, nicht mehr mit ihnen fertig zu werden. Dann denken wir: »Ich bin körperlich, geistig und gefühlsmäßig am Ende meiner Kräfte. Ich habe alles Erdenkliche getan. Was in aller Welt soll ich jetzt noch tun?« Viele Menschen suchen dann Rat bei einem Arzt oder einem Psychiater; und das ist auch gut so. Schließlich aber mag eine Zeit kommen, da uns auch die Ärzte nicht mehr helfen können. Was dann?

Ich bin überzeugt davon, daß das wirksamste Mittel darin besteht, sich Gott völlig anheimzugeben – das heißt, unser Leben ganz in Seine Hände zu legen. Er kann uns über alle Schwierigkeiten hinweghelfen, ganz gleich, welch unheilvolle Prognosen uns von irgend jemandem gestellt werden. Ich habe viele Krankheiten durchgemacht und mich dabei stets auf die Macht Gottes verlassen, weil ich weiß, daß sie allein mich erhält. Und Gott hat mir dies immer wieder bewiesen.

Wenn wir aus Gottes unbegrenzter Kraftquelle schöpfen wollen, müssen wir großes Vertrauen zu Ihm haben und unseren Glauben stärken. Gurudeva sagte mir einmal: »Halte innerlich immer an dem

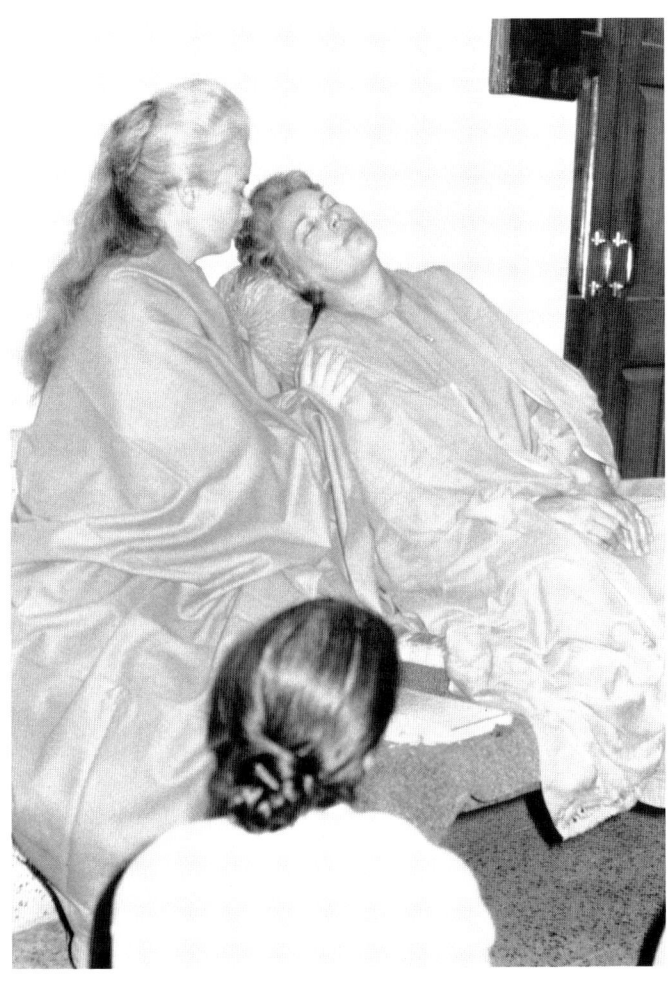

Im tiefen Zustand des *Samadhi* – unmittelbare, ekstatische Wahrnehmung Gottes –, in dem man sich des Körpers nicht mehr bewußt ist. Ranchi, 1967.

»Keine menschliche Erfahrung läßt sich mit der vollkommenen Liebe und Seligkeit vergleichen, die das Bewußtsein überfluten, wenn wir uns Gott mit ganzer Seele hingeben. Sie bedeuten die höchste Erfüllung, die einer Seele zuteil werden kann.«

Nach einem Weihnachts-*Satsanga*, Pasadena Civic Auditorium, 1978

»Wir können andere Menschen am besten dadurch ändern, daß wir ihnen durch unser eigenes Verhalten ein gutes Beispiel geben – nicht, indem wir uns für besser halten oder unsere geistigen Errungenschaften zur Schau stellen, sondern indem wir Güte, Rücksicht, Liebe und Verständnis zum Ausdruck bringen, Eigenschaften, die wir erwerben, während wir an Selbst-Verwirklichung zunehmen. So erreicht man die Herzen der Menschen.«

Hingabe: Vertrauen auf Gottes unbegrenzte Kraft

Gedanken fest: ›Herr, Dein Wille geschehe, nicht meiner.‹« Allzuoft haben die Menschen Angst davor, sich Gott ganz anheimzugeben, weil sie Ihm nicht wirklich vertrauen. Sie sind nicht sicher, daß Er ihnen das geben wird, was sie sich wünschen. Wenn sie also sagen: »Dein Wille geschehe«, meinen sie das nicht wirklich. Und darin liegt ihr Fehler.

Solange wir glauben, wir könnten unser Leben selbst regieren, werden wir nicht mit Gott in Verbindung gelangen. Wenn wir etwas von Gott empfangen wollen, müssen wir von der täuschenden Vorstellung ablassen, daß unser kleines Ich genüge. Viele Menschen gehen in die Irre, weil sie meinen: »Das schaffe ich schon allein.« Nein, wir schaffen es nicht! Wir können nicht einmal allein atmen noch unseren kleinen Finger bewegen. Wir sind jederzeit völlig von Gott abhängig; Er erhält uns jeden Augenblick.

Je mehr wir uns auf Ihn verlassen und je weniger wir uns von materiellen Hilfsmitteln abhängig machen, um so besser wird es uns ergehen. In all den Jahren habe ich bei vielen Jüngern unseres Gurus Paramahansa Yogananda beobachten können, wie wirksam solches Gottvertrauen ist. Das heißt nun nicht, daß wir den Rat der Ärzte oder die von ihnen empfohlenen Behandlungsmethoden mißachten sollten. Doch während wir professionelle Hilfe in Anspruch nehmen, sollten wir immer wissen, daß es in Wirklichkeit Gottes Kraft im menschlichen Geist ist, die eine Heilung bewirkt; die äußeren Methoden regen den Geist lediglich dazu an, etwas von dieser göttlichen Energie freizusetzen.

Die Fähigkeiten des menschlichen Geistes, sich Gottes Kraft zunutze zu machen, sind unbegrenzt.

Alles Glück liegt in dir

Diese Wahrheit möchte ich euch allen ans Herz legen, so wie Guruji es uns gegenüber tat, die wir viel in seiner Nähe sein durften. Der Körper, diese wunderbare physische Gestalt, in die sich der Mensch gekleidet hat, ist ein Erzeugnis seines eigenen Bewußtseins. Jeder von uns ist einzigartig, denn wir alle haben unseren Geist auf verschiedene Weise gebraucht. Alle Schwierigkeiten der Menschen rühren daher, daß sie ihren Geist falsch gebraucht haben. Auch die moderne Wissenschaft gelangt immer mehr zu dieser Erkenntnis. Wenn wir uns um positives Denken und die richtige Einstellung bemühen und die Techniken der Selbst-Verwirklichung üben, die uns der Meister gelehrt hat, wird es uns immer besser gelingen, dieses vollkommene göttliche Bewußtsein zum Ausdruck zu bringen; es ist die Widerspiegelung des SELBST oder der in uns verborgenen Seele.

BESEITIGUNG DER HINDERNISSE, DIE UNS VON GOTT FERNHALTEN

Vor vielen Jahren sagte uns Guruji (und die heutigen Psychologen würden ihm sicherlich recht geben), daß chronische Sorgen, Furcht, nervöse Anspannung und andere negative Gemütsbewegungen – wie Schuldgefühle, Haß, Eifersucht, Bitterkeit – das Einströmen der Weisheit und Heilung blockieren, die aus den tieferen Bewußtseinsschichten in unser Leben gelangen. Die Menschen verkrampfen sich beim Wälzen ihrer Probleme so sehr, daß sie gefühlsmäßig »zusammenklappen«. Wenn wir also alles Menschenmögliche getan haben, um unser Problem zu lösen, ohne daß uns dies gelungen ist, sollten wir uns weise verhalten und uns einfach *entspannen*. Versucht

Hingabe: Vertrauen auf Gottes unbegrenzte Kraft

nicht mehr, das Problem mit eurem begrenzten menschlichen Verstand zu lösen, denn das hat ja euren jetzigen Zustand der Enttäuschung und Anspannung verursacht. Legt das Problem voller Glauben und Vertrauen in Gottes Hände. Mit anderen Worten: »Laßt los und laßt Gott machen.«

Entspricht dies nicht genau dem, was die heiligen Schriften aller Religionen lehren? Bemüht euch darum, Gott euer Herz, euren Geist und euer Leben voll und ganz anheimzugeben. Dadurch könnt ihr die mentalen Blockierungen beseitigen, die euch glauben machen, ihr seiet von Ihm getrennt. Und dann werdet ihr feststellen, daß Seine Kraft plötzlich in weit größerem Maße in euch einströmt. Tiefe Denker, Erfinder, Menschen, die in Augenblicken der Not außergewöhnliche Kraft entwickeln, Heilige, die Gott tatsächlich erlebt haben – alle erfolgreichen Menschen – haben mehr oder weniger gelernt, jenes göttliche Reservoir in ihrem Innern anzuzapfen, dem alle schöpferische Inspiration und Kraft entspringen.

Die Psychologen würden sagen, daß diese Eigenschaften im »Unbewußten« verborgen liegen.[1] Sie gebrauchen vielleicht nicht das Wort »Gott«, weil die Wissenschaft alles im Hinblick auf die Naturgesetze erklärt. Man kann jedoch Gott nicht von Seinen Gesetzen trennen. Jeder, der tief genug forscht – ganz gleich, welche Terminologie er gebraucht –, wird die Ähnlichkeit zwischen den wis-

---

[1] Paramahansa Yogananda gebrauchte statt des Wortes »Unbewußtes« die Begriffe »Unterbewußtsein« und »Überbewußtsein«. Er erklärte: »In Wirklichkeit gibt es gar nichts »*Unbewußtes*«; das Bewußtsein mag schlafen oder ruhen, doch man kann nie ohne Bewußtsein sein. Im Schlaf ruht das Wachbewußtsein, das heißt, es ist nicht aktiv. Doch die Seele ist nie bewußtlos.«

Alles Glück liegt in dir

senschaftlichen Grundsätzen erkennen, die das Universum (einschließlich des menschlichen Körpers und Geistes) regieren, und den Wahrheiten, die seit jeher von den erleuchteten Sehern verkündet worden sind. Eine Wissenschaft, welche diese geistigen Wahrheiten abstreitet, hat das, was sie erforscht, noch nicht voll und ganz verstanden. In Wirklichkeit besteht kein Widerspruch zwischen dem Rat des religiösen Lehrers: »Vertraut auf Gott« und dem Rat des Psychologen, der sagt: »Schöpft aus den inneren Schätzen des Unbewußten«. Wenn wir mit den tieferen Schichten des Geistes in Berührung kommen, beginnen wir Gott wahrzunehmen.[2]

Der heutige Trend ging, besonders im Westen, bis vor kurzem dahin, das Universum und seine Geschöpfe als etwas von Gott Getrenntes zu betrachten. Heute können wir allerdings beobachten, daß viele Menschen sich bemühen, aus den Gleisen materialistischen Denkens hinauszugelangen; sie wenden sich wieder den tieferen, transzendenten Erfahrungen der alten Mystiker zu. Leider bilden sie sich oft ein, daß sie nach dem Verlassen der alten Gleise, die sie in die Irre geführt haben, in keine neuen mehr hineingelangen würden. Doch das tun sie! Manche versuchen zum Beispiel, das Reich des Innern durch das Einnehmen von Drogen zu erforschen; doch das verwirrt den Geist nur, so daß er nicht mehr zwischen Wirklichkeit und Unwirklichkeit unterscheiden kann. Manche Menschen lassen sich von Hypnose und Trance-Channeling oder anderen Methoden faszinieren, durch die sich auf pas-

---

[2] »Denn sehet, das Reich Gottes ist inwendig in euch.« (*Lukas* 17, 21)

Hingabe: Vertrauen auf Gottes unbegrenzte Kraft

sive Weise veränderte Bewußtseinszustände herbeiführen lassen. All diese Methoden sind jedoch mit großen Gefahren verbunden und führen die Betreffenden wieder auf neue mentale Gleise. Die einzige Methode, die euch davor bewahrt, in dieser Welt zu versagen, besteht darin, euren Ankergrund in Gott zu finden. Dann schwankt ihr nicht mehr hin und her; ihr seid fest verankert!

Der Geist ist ein wunderbares Land, dessen Kräfte wir unbedingt erforschen sollten – doch mit den richtigen Methoden! Der echte geistige Sucher folgt dem richtigen Weg – dem Weg der Meditation, der von einem erleuchteten Meister gelehrt wird. Er verliert nie das Gefühl für die Wirklichkeit, nie seinen gesunden Menschenverstand, nie sein Verständnis für die ewig gültigen Gesetze der Wahrheit.

ENTSPANNUNG UND MEDITATION – WEGE ZUR ERSCHLIESSUNG INNERER KRAFTRESERVEN

Meditation ist die wirksamste Methode, jene Kraft zu gewinnen, die man zur Überwindung aller Hindernisse braucht, ganz gleich, wie man es nennt: »die Kraft des Unbewußten anzapfen« oder »Verbindung mit Gott aufnehmen«. Jeder sollte seinen Tag so planen, daß er täglich Zeit findet, sich geistig von allen Sorgen, Verpflichtungen und äußeren Störungen zu befreien und während der Meditation nur an Gott zu denken.

Eine der ersten Voraussetzungen für die Meditation ist, daß wir lernen, Körper und Geist zu entspannen. Damit meine ich natürlich nicht, daß ihr euch hinlegen sollt, um entspannt genug für die Meditation zu sein; dann würdet ihr bald einschla-

Alles Glück liegt in dir

fen und denken: »Daya Mata hat ja gesagt, ich solle mich hinlegen und ein Nickerchen machen.« Es liegt in der menschlichen Natur, sich die Wahrheiten, die uns vermittelt werden, so auszulegen, daß sie unseren Neigungen entsprechen. Der Meister erzählte uns einmal, daß er während seiner ersten Jahre in diesem Land seinen Schülern empfahl, keinen Speck zu essen. Einige von ihnen meinten dann: »Er hat zwar gesagt, wir sollen keinen Speck essen, aber er hat nichts von Schinken gesagt.« Also riet ihnen der Meister, sowohl Speck als auch Schinken wegzulassen. Dann aber überlegten sie sich: »Er hat uns nicht gesagt, keine Schweinekoteletts zu essen.« So legt sich das Ego alles aus. Wir sollten uns stets fragen: »Verhalte ich mich scheinheilig?« Vielleicht sind wir derart voreingenommen, daß wir unbedingt das tun wollen, was *wir* gern möchten und deshalb nach »Schlupflöchern« in den Anweisungen des Gurus suchen. Nur wenn wir den Sinn seiner Lehre richtig verstehen, anstatt uns nur nach den Buchstaben zu richten, können wir Weisheit und gesunden Menschenverstand entwickeln.

Merkt euch also, daß Entspannung nicht Einschlafen bedeutet! Statt euch zum Meditieren hinzulegen, setzt euch aufrecht – mit gerader Wirbelsäule – auf einen Stuhl oder mit gekreuzten Beinen auf ein Kissen. Schließt die Augen, um Ablenkungen auszuschalten; richtet den Blick sanft auf das Christuszentrum[3]. Spannt und entspannt den Körper ein paarmal und atmet dabei tief ein und aus;

---

[3] Paramahansa Yogananda erklärte, daß die Stellung der Augen in unmittelbarem Zusammenhang mit dem Bewußtseinszustand des Menschen steht: Ein gesenkter oder nach unten gerichteter Blick entspricht dem Unterbewußtsein (und trägt da-

Hingabe: Vertrauen auf Gottes unbegrenzte Kraft

und dann entspannt euch körperlich und geistig. Haltet die Wirbelsäule gerade, aber macht euch bewußt von jeder unnötigen Muskelanspannung frei. Ihr müßt schlaff wie eine weiche Nudel sein, die an der geraden Achse eurer Wirbelsäule hängt.

Grübelt nicht über eure Probleme, sonst bleibt ihr auf der Ebene des Wachbewußtseins. Übt Kriya-Yoga und die anderen Techniken, und legt euer Herz, euren Geist und euer ganzes Leben in Gottes Hände. Wenn wir uns entspannen und den Geist in der Meditation beruhigen, erreichen wir allmählich eine höhere Bewußtseinsebene – die ewige Schatzkammer, in der alles, was wir je in diesem Leben und in zahllosen früheren Inkarnationen gelernt haben, gespeichert ist. Und wenn wir das Überbewußtsein anzapfen – die intuitive, allwissende Erkenntnis der Seele[4] –, sickert die Weisheit allmählich auch in unser Wachbewußtsein, und wir finden die richtige Lösung für unsere Schwierigkeiten, oder wir werden auf den richtigen Weg geführt.

---

zu bei, diesen Zustand herbeizuführen); blickt man geradeaus, ist das ein Zeichen für den aktiven Zustand des nach außen gerichteten Wachbewußtseins; ein nach oben gerichteter Blick hilft einem, den Geist ins Überbewußtsein zu erheben.

[4] Professor Jules-Bois von der Sorbonne definiert das Überbewußtsein als »das genaue Gegenteil des Unterbewußtseins, wie es von Freud verstanden wird; es besitzt Fähigkeiten, die den Menschen zu einem wahren Menschen und nicht nur zu einem höheren Tier machen«. Der französische Gelehrte erklärte ferner, daß die Erweckung des höheren Bewußtseins »nicht mit Couéismus oder Hypnotismus verwechselt werden darf. Die Existenz des Überbewußtseins ist den Philosophen seit langer Zeit bekannt, denn es ist in Wirklichkeit mit der von Emerson beschriebenen Überseele identisch. Von seiten der Wissenschaft ist es aber erst vor kurzem anerkannt worden«.

Alles Glück liegt in dir

Manche Leute erwarten, daß Gott aus den Wolken herabsteigen und zu ihnen sprechen müsse: »Mein Kind, mach zuerst dies und anschließend das; so wirst du dein Problem lösen.« Eine solche Vorstellung ist kindisch. Er wird nicht auf diese Weise vor uns erscheinen, und wir sollten uns das auch nicht wünschen. Glauben zu besitzen, bedeutet nicht, daß wir unsere Vernunft, unseren gesunden Menschenverstand und unsere Willenskraft preisgeben. Es bedeutet, daß wir alle Fähigkeiten, die Gott uns verliehen hat, gebrauchen, während wir uns gleichzeitig auf Seinen Willen einstimmen. Der Meister sagte: »Herr, ich will denken, ich will wollen, ich will handeln; doch leite Du mein Denken, Wollen und Handeln, damit ich in allem das Richtige tue.«

Gott will, daß wir von den göttlichen Kräften, die in jedem von uns verborgen liegen, Gebrauch machen. Nur so können wir wachsen. Wenn ich auf mein eigenes Leben zurückblicke und mich an die ersten Jahre auf dem geistigen Weg erinnere, bin ich dankbar für jeden schweren Kampf, den ich durchzufechten hatte. Denn das hat mir geholfen, innere Kraft und Entschlossenheit zu entwickeln und mich Gott und Seinem Willen vollkommen anheimzugeben – Eigenschaften, die ich mir wahrscheinlich auf keine andere Weise hätte aneignen können.

Wenn wir krank werden oder in eine schwere Krise geraten, kommen wir uns oft hilflos vor und sind bereit aufzugeben. Ihr müßt jedoch wissen, daß es im Leben vor allem darauf ankommt, den Problemen die Stirn zu bieten und sie zu meistern. Aus keinem anderen Grund sind wir hier – nicht, um zu jammern und zu verzweifeln, sondern um alles, was

Hingabe: Vertrauen auf Gottes unbegrenzte Kraft

kommt, zu akzeptieren und darin eine Möglichkeit zu sehen, unser Verhältnis zu Gott zu vertiefen. Wenn euch ein Unglück widerfährt, denkt nicht, daß Gott euch verlassen habe. Das ist unsinnig! Wenn ihr euch während solcher Prüfungen mit kindlichem Vertrauen an Ihn wendet, werdet ihr fühlen, daß Er bei euch ist; ihr werdet Seine Nähe vielleicht sogar deutlicher spüren, als in guten Zeiten.

WAS EINE POSITIVE EINSTELLUNG UND INNERE BESTÄTIGUNGEN BEWIRKEN KÖNNEN

Ganz gleich, was geschieht, schaut immer auf die Sonnenseite des Lebens und sagt euch: »Es wird bestimmt alles besser.« Dank Gottes Gnade habe ich nie die Hoffnung verloren. Ich lasse mich durch nichts deprimieren. Aber ich mußte mir diese Einstellung erkämpfen, und ihr alle solltet dasselbe tun. Manche Menschen neigen dazu, immer nur die dunkle Seite des Lebens zu sehen. Auf neue Vorschläge oder Situationen reagieren sie stets mit Ablehnung, Angst oder Pessimismus. Jeden Tag solltet ihr euer Verhalten prüfen; und wenn ihr euch dabei ertappt, daß ihr negativ reagiert, sagt euch sofort, daß ihr die falsche Einstellung habt und daß diese euren Frieden, euer Glück und euren konstruktiven Willen untergräbt. Natürlich existiert das Böse in der Welt; im Bereich der Dualität kann es kein Licht ohne Dunkelheit, keine Freude ohne Leid, keine Gesundheit ohne Krankheit, kein Leben ohne Tod geben. Aber ihr sündigt gegen eure Seele und gegen Gott, wenn ihr ständig nur die negative Seite des Lebens seht. Laßt euch nie von Mutlosigkeit überwältigen!

Schafft um euch herum eine Atmosphäre posi-

Alles Glück liegt in dir

tiven Denkens. Es heißt, die innere Einstellung sei wichtiger für den Geist als die Tatsachen; und das stimmt wirklich. Wenn wir in jeder Lebenslage nur das Beste sehen, werden Geist, Gefühle und Körper durch unsere positive Einstellung und Begeisterung auf wunderbare Weise angeregt. Die richtige Einstellung ist eine unschätzbare Hilfe bei der Beseitigung aller mentalen und gefühlsbedingten Hindernisse, die uns die innere göttliche Quelle versperren.

Guruji war uns in bezug auf positives Denken ein leuchtendes Beispiel. Während er das Werk der *Self-Realization Fellowship* und der *Yogoda Satsanga Society of India* aufbaute, mußte er unglaubliche Kämpfe ausfechten, aber wir sahen ihn niemals niedergeschlagen, noch klagte er darüber. Auch uns erlaubte er nie, den Mut zu verlieren. Er lehrte uns zu beten: »Göttliche Mutter, lehre mich, auch in einer zusammenbrechenden Welt noch standhaft zu bleiben.« Mit anderen Worten: »Ganz gleich, was mir im Leben geschieht, ich will mich nie geschlagen geben, denn Du bist bei mir. Du hast mir das Leben geschenkt, und Du bist es auch, die mich erhält.«

Eine solch eiserne Willenskraft gilt es zu entwickeln. Sagt euch inmitten all eurer Prüfungen mit tiefer Überzeugung: »Herr, ich *werde* Erfolg haben, denn Du bist in mir.« Dann setzt eure ganze Willenskraft ein, um eine Lösung zu finden, und ihr werdet feststellen, daß Gottes Kraft euch auf geheimnisvolle Weise hilft. Während ihr euch nach besten Kräften bemüht, setzt euch mit der inneren Quelle göttlicher Kraft und Führung in Verbindung und sagt euch immer: »Herr, Dein Wille geschehe, nicht meiner.« Darauf kommt es vor allem an.

Hingabe: Vertrauen auf Gottes unbegrenzte Kraft

Wie der Meister uns erklärte, sind Bestätigungen eine ausgezeichnete Methode, die Kraft des Geistes anzuzapfen.[5] Wenn ihr von Sorgen oder Ängsten befallen werdet, bestätigt euch mit jedem Atemzug: »Du bist in mir; ich bin in Dir.« Dann werdet ihr Seine tröstende Gegenwart fühlen. In Indien bezeichnet man diese Wissenschaft, bei der man fortwährend einen geistigen Gedanken wiederholt, als »Japa-Yoga«. In westlichen Ländern nennt man es »Vergegenwärtigung Gottes«. Wenn man Bestätigungen ständig mit tiefer Konzentration und Willenskraft wiederholt, dringen sie in das Unterbewußtsein und schließlich in das Überbewußtsein ein. Diese Bewußtseinsebenen reagieren dann entsprechend und führen genau die Umstände herbei, die wir in unserer Bestätigung zum Ausdruck gebracht haben. Auf diese Weise können wir uns ändern. Wir brauchen nicht so zu bleiben, wie wir sind. Guruji sagte: »Wir brauchen nicht zu »psychologischen Möbelstücken« zu werden. Möbel ändern sich nicht. Wenn sie noch ihre ursprüngliche Form als lebendiger Baum hätten, würden sie weiter wachsen und Früchte hervorbringen; ist das Holz aber erst zu einem Stuhl oder einem Tisch verarbeitet worden, entwickelt es sich nicht weiter. Es wird einfach älter und brüchig und zerfällt schließlich.

Wenn wir uns geistig höherentwickeln wollen, müssen wir ständig an uns arbeiten. Geistigkeit kann uns nicht von außen aufgepfropft werden – wie ein selbstgebastelter »Heiligenschein«, den wir uns auf den Kopf setzen. Wir entwickeln sie, indem

---

[5] Siehe *Wissenschaftliche Heilmeditationen* von Paramahansa Yogananda. Erschienen bei der *Self-Realization Fellowship*.

wir uns Tag für Tag geduldig darum bemühen und uns völlig entspannt dem Göttlichen anheimgeben. Das Licht Gottes steigt nicht plötzlich auf uns hernieder und macht uns im Handumdrehen zu Heiligen. Gewiß nicht! Wir müssen uns täglich darum bemühen, besser zu werden; wir müssen Herz, Geist und Seele in der Meditation und all unsere Tätigkeit Gott darbringen.

HÖCHSTE ERFÜLLUNG ERLANGT MAN NUR DURCH HINGABE

Wir sollten uns also mit der Tatsache vertraut machen, daß wir Gott gehören, und nicht mehr vor Ihm davonlaufen. Wir können Ihm ohnehin nicht entfliehen. Der Meister zitierte oft das Gedicht »Der Himmlische Jagdhund«[6]: »Ich floh vor Ihm bei Tag und auch bei Nacht, ich floh vor Ihm durch die Gewölbe vieler Jahre, ich floh vor Ihm durchs Labyrinth der eigenen Gedanken. ... « Doch schließlich hat der Himmlische Jagdhund die flüchtende Seele eingeholt, hält sie fest an der Hand und spricht: »Wer Mich verschmäht, verschmäht die Liebe selbst.« Solange wir uns nicht von Ihm einfangen lassen, werden wir keine wahre Liebe, Sicherheit oder Erfüllung finden.

Ich habe festgestellt, daß mir die tiefsten geistigen Offenbarungen immer dann zuteil wurden, wenn ich mich Gott völlig anheimgegeben hatte; und euch wird es ähnlich ergehen. Solange wir in der Meditation aufsehenerregende Erlebnisse – ein sichtbares »Wunder« oder eine übernatürliche Erscheinung – erwarten, wird Gott nicht antworten.

[6] Von Francis Thompson.

Hingabe: Vertrauen auf Gottes unbegrenzte Kraft

Wendet euch innerlich an Ihn und sagt: »Herr, Dir gehört mein ganzes Herz. Mach mit mir, was Du willst. Ganz gleich, ob Du zu mir kommst oder nicht, ich weiß nur, daß ich Dich liebe.« Das ist göttliche Liebe. Keine menschliche Erfahrung läßt sich mit der vollkommenen Liebe und Seligkeit vergleichen, die unser Bewußtsein überfluten, wenn wir uns Gott ganz und gar schenken. Es ist die höchste Erfüllung, die der Seele zuteil werden kann.

Gott bevorzugt niemanden; Er liebt jeden von uns genauso wie die größten Heiligen. Sie empfangen nur deshalb mehr, weil sie sich Ihm völlig anheimgeben und empfänglich für Ihn machen.

Fürchtet euch nie vor Gott, ganz gleich, welche Fehler ihr begangen habt. Viele Menschen lassen sich von Gefühlen der Schuld, der Angst und des Zweifels bedrängen, daß sie professionelle Hilfe in Anspruch nehmen, um sich über ihre Komplexe auszusprechen. Wenn wir genug Glauben besitzen, können wir solche Gespräche ebensogut mit Gott führen. Er ist der wahre Beichtvater, dem wir all unsere Probleme anvertrauen sollten. Er sieht uns so, wie wir wirklich sind; es ist unmöglich, etwas vor Ihm zu verbergen. Dennoch liebt Er uns bedingungslos, denn wir sind Seine Kinder. Wenn euch negative Gefühle belasten, wendet euch vertrauensvoll an Gott: »Vater, ob gut oder böse, ich bin Dein Kind. Hilf mir, tiefere Einsicht in mein wahres SELBST zu gewinnen und genug Kraft zu entwickeln, die Vollkommenheit meiner Seele zu offenbaren.«

Ein solches Gefühl des Vertrauens und der Hingabe bringt uns auf wunderbare Weise Gott näher; es läßt sich mit Worten gar nicht beschreiben. Ich kann

Alles Glück liegt in dir

euch nur sagen, daß alles andere im Leben erst durch diese Beziehung einen Sinn erhält. Welche Freude werdet ihr fühlen, wenn ihr jeden Morgen beim Aufwachen nach innen blickt und euch sagt: »Göttliche Mutter, was kann ich heute für Dich tun? Ich will nur Deinen Willen ausführen. Leite mich!« Wenn ihr eure Pflichten mit dieser Einstellung erfüllt, dann wird diese innere Quelle euer Leben mit Kraft und Liebe erfüllen. Dann habt ihr nur einen Wunsch: »Herr, mache mein Herz zu einem Strombett Deiner Liebe. Ich will die Menschen nicht für mich gewinnen, sondern nur für Dich, den ich anbete; denn ich habe erkannt, wie sehr alle Menschen Deine Liebe brauchen.«

So sollten wir alle in dieser Welt leben. Dort, wo Gott euch hingestellt hat, bemüht euch nach besten Kräften um eine positive Einstellung, um innere Festigkeit, Glauben und Vertrauen, und gebt euch Ihm völlig anheim. Es ist so leicht, Gott zu erkennen; ihr braucht nur innerlich loszulassen und Ihn zu eurem Gefährten zu machen. Darin liegt der ganze Sinn des geistigen Weges. Betrachtet jede Erfahrung als etwas, das Gott euch gesandt hat, und versucht daraus zu lernen. Sonst werdet ihr Tag für Tag, Jahr für Jahr, bis ans Ende eures Lebens immer wieder dieselben Irrtümer und Fehler begehen und nie erkennen, welch göttlicher Reichtum an innerer Erfüllung in eurem Innern verborgen liegt.

Bleibt nicht dieselben alten »psychologischen Antiquitäten«; macht von der Kraft Gottes in euch Gebrauch und ändert euer Leben. Auf diese Weise könnt ihr alle Begrenzungen des Körpers und Geistes abwerfen und euch über diese Welt der Täuschung erheben. Und darin liegt für uns alle der höchste Sieg.

Der Tod – geheimnisvolles Tor zu einer besseren Welt

Aus einer Ansprache im internationalen Mutterzentrum der Self-Realization Fellowship

Jemand hat die Frage gestellt: »Welche Ansicht vertritt die *Self-Realization Fellowship* im Hinblick auf das ›Recht zu sterben‹?«

Gurudeva Paramahansa Yogananda lehrte uns, daß es nicht die Aufgabe der *Self-Realization Fellowship* sei, solch schwierige soziale Themen zu erörtern, denn auf diese Art von Fragen gibt es keine allgemeingültige Antwort; diese hängt weitgehend von den jeweiligen Umständen ab. Letzten Endes ist Gott der Einzige, der unser Leben beenden darf. Er hat uns in diese Welt hineingestellt, und Er allein hat das Recht, uns wieder herauszuholen. Andererseits bin ich mir sicher, daß der Meister es nicht richtig fände, das Leben eines Menschen künstlich zu verlängern, wenn für diesen keine Überlebenschance mehr bestünde und sein Körper nur noch durch Apparate am Leben erhalten würde. Dies ist also eine Frage, über die in jedem Einzelfall neu entschieden werden muß – und zwar von jenen, welche die rechtliche Verantwortung dafür tragen. Unsere Aufgabe besteht darin, den Menschen die sittlichen und geistigen Grundsätze nahezubringen und ihnen zu zeigen, wie sie nach innen gehen und durch ihre persönliche Verbundenheit mit Gott die Antwort auf alle Fragen finden können. Dann werden sie in jeder

Alles Glück liegt in dir

Lebenslage wissen, was richtig und was falsch ist.

Es ist tragisch, wenn Menschen leiden müssen, darum ist die Frage nach dem »Recht zu sterben« aufgetaucht: »Warum sollte ein Mensch, der nur eine geringe oder gar keine Aussicht auf Genesung hat, so lange und schwer leiden müssen, wenn ihn doch der Tod von seinen Qualen erlösen kann?« Wir wissen jedoch nicht, ob eine Seele während einer lange andauernden Krankheit nicht etwas lernen mag, was sehr wichtig für sie ist; und gerade dieser Gesichtspunkt wird oft nicht berücksichtigt. Wir müssen immer auf das Mitgefühl und die Gerechtigkeit Gottes vertrauen – besonders dann, wenn das Leben so ungerecht zu sein scheint. Wir sollten für die Betreffenden beten und ihnen helfen, Kraft und Mut zu schöpfen.

Das soll nun nicht heißen, daß ich das Leiden befürworte. Aber ich akzeptiere die Entscheidungen des Herrn; etwas anderes bleibt uns gar nicht übrig! Und ich bin felsenfest davon überzeugt, daß Er immer das Richtige tut. Seine Liebe und Sein Mitgefühl sind bedingungslos. Mit unserem begrenzten menschlichen Verstand jedoch können wir Seine Beweggründe nicht immer nachvollziehen – besonders wenn wir Leid ertragen und dem Tod ins Auge sehen müssen.[1]

MAN BRAUCHT DEN TOD NICHT ZU FÜRCHTEN

Guruji sagte uns oft: »Warum Angst vor dem Tode haben? Solange ihr lebt, seid ihr nicht tot; und

---

[1] »Denn meine Gedanken sind nicht eure Gedanken, und eure Wege sind nicht meine Wege, spricht der Herr, sondern so viel der Himmel höher ist als die Erde, so sind auch meine Wege höher als eure Wege und meine Gedanken als eure Gedanken.« (*Jesaja* 55, 8 – 9)

Der Tod – geheimnisvolles Tor zu einer besseren Welt

wenn ihr tot seid, ist schon alles vorbei – warum also Angst davor haben?« Dieser Gedanke hat mich immer sehr beeindruckt.

»Der Tod«, erklärte der Meister, »ist das geheimnisvolle Tor, durch das jede Seele in eine bessere Welt eintritt.« Jeder macht diese Erfahrung und hat sie schon seit Äonen unzählige Male (in jeder neuen Inkarnation) gemacht. Da gibt es gar nichts zu fürchten. In diesem Leben schleppen wir ein äußerst lästiges Knochenbündel mit uns herum; doch schließlich kommt der Todesengel und fordert uns auf, diese schwere Bürde fallen zu lassen und in unsere grenzenlose Heimat zurückzukehren, wo wir von der Last des Leidens, der Krankheiten und der Sorgen befreit sind.

Ich habe das selbst erlebt, und ich kann euch nur sagen, es ist ein wunderbarer Bewußtseinszustand! Man spricht nicht gern über solch segensreiche göttliche Erfahrungen, weil sie zu persönlich sind. Aber von diesem einen Erlebnis will ich euch berichten, denn es hat mit dem Meister zu tun.

Während seines ganzen Lebens ging Guruji oft in den *Samadhi* [die bewußte Vereinigung mit Gott in der Meditation] ein, aber ab 1948 wurden die Zeiträume, die er in diesem Zustand weilte, immer länger. Er zog sich mehr und mehr von der Verwaltung seiner weltweiten Organisation zurück und versuchte sein möglichstes, eine widerstrebende Daya Mata dazu zu bewegen, mehr von dieser Verantwortung zu übernehmen. Eines Abends rief er mich in der Einsiedelei von Encinitas (wo der Meister und einige von uns Jüngern sich zu der Zeit aufhielten) zu sich und sagte: »Ich möchte, daß du nach

Alles Glück liegt in dir

Mt. Washington zurückkehrst und dort die Leitung des Ashrams und der Organisation übernimmst.«

Nachdem ich so viele Jahre in Gurujis Nähe verbracht hatte, machte mich die Vorstellung, ihn von nun an viel seltener zu sehen, sehr traurig. Allerdings wußte ich auch, daß er mir seine Schulung während all dieser Jahre nicht nur zu meinem eigenen Vorteil hatte angedeihen lassen, sondern auch, damit ich diese Verantwortung übernehmen könne. Ich nahm all meinen Mut zusammen und antwortete: »Gut, Meister, ich will mein Bestes versuchen.« Ich glaube, ich hatte nicht einmal einen ganzen Tag Zeit, um meinen Umzug vorzubereiten!

Meine Rückkehr nach Mt. Washington erlaubte mir – nach Erledigung meiner täglichen Pflichten – mehr Zeit zum Meditieren. (Wenn wir Guruji persönlich dienten, waren wir gewöhnlich von morgens bis spät in die Nacht beschäftigt; oft diktierte er uns bis in die frühen Morgenstunden seine Manuskripte und Briefe.) Nun konnte ich meine Abende in langer, inniger Zwiesprache mit Gott verbringen.

Um dieselbe Zeit herum zog Guruji in seinen kleinen Ashram in der Wüste und nahm mehrere seiner Jünger mit. Ich aber blieb in Mt. Washington. Es war ein Freitag, und am Abend zuvor hatte ich eine wunderbare sechsstündige Meditation gehabt. Mein Bewußtsein war ganz in der Liebe zur Göttlichen Mutter aufgegangen, und die Seligkeit, die mich bei ihrer Antwort überflutete, berauschte mich. Den ganzen Freitag lebte ich nur im Gedanken an sie; mein Herz jubelte vor Freude. (Ich bete von ganzem Herzen darum, daß ihr euch alle bemüht, diesen Zustand zu erreichen. Das wird euch leicht-

Der Tod – geheimnisvolles Tor zu einer besseren Welt

fallen, wenn ihr euch ständig in der Vergegenwärtigung Gottes übt.)

Nachdem ich abends meine Pflichten im Ashram erledigt hatte, ging ich gegen neun oder zehn Uhr in mein Zimmer und gab mich vollkommen jener inneren Freude hin. Auf einmal spürte ich einen stechenden Schmerz auf der einen Seite. »Du lieber Himmel,« dachte ich, »was ist denn das?« Nie zuvor hatte ich solch heftige, brennende Schmerzen gehabt. In der Hoffnung, daß sie nachlassen würden, wenn ich einige Augenblicke ausruhte, legte ich mich auf mein Bett. Doch dann glitt ich in einen halbbewußten Zustand hinüber. Ich fühlte zwar den körperlichen Schmerz, war mir aber immer noch der seligen Gegenwart der Göttlichen Mutter bewußt. In diesem Zustand verharrte ich die ganze Nacht.

Als ich am nächsten Morgen nicht zum Frühstück erschien, kam eine der anderen Schwestern, um nach mir zu sehen. Als sie sah, wie schlecht es mir ging, ließ sie sofort einen Arzt kommen. Als der endlich erschien und mich untersuchte, sagte er, ich müsse auf schnellstem Wege zu einer Notoperation ins Krankenhaus. Ich aber erwiderte: »Nein, ich gehe nicht ohne die Zustimmung des Meisters.« Ich hatte volles Vertrauen, daß mit dem Segen des Meisters alles ein gutes Ende nehmen würde. In all den Jahren hatte ich immer wieder seinen Schutz erfahren und hegte keinen Zweifel daran.

Allerdings befand sich Guruji 240 Kilometer weit entfernt in seinem abgeschiedenen Ashram in der Wüste, wo es kein Telefon gab. Erst am Sonntagmorgen erreichte ihn schließlich unsere Nachricht. Wir hatten eine Taxigesellschaft angerufen und den

Alles Glück liegt in dir

Fahrer gebeten, die Nachricht zur Einsiedelei zu bringen. Der Meister ging gerade auf dem Gelände spazieren; als er hörte, daß Faye (wie ich damals hieß) krank sei und der Doktor gesagt habe, sie solle sofort ins Krankenhaus gebracht werden, blieb er stehen und dachte einen Augenblick lang nach. Dann wandte er sich ruhig und tief in Gedanken an den Mönch, der ihn begleitete, und sagte: »Weißt du auch, daß dies ihre Zeit ist zu sterben?« Und er sandte folgende Antwort nach Mt. Washington: »Richtet Faye aus, ins Krankenhaus zu gehen. Mein Segen ist mit ihr.«

Ein Erlebnis in der Welt jenseits des Todes

Ich wurde mit dem Krankenwagen so rasch wie möglich zum Krankenhaus gebracht und sofort in den Operationssaal gefahren. Während all dieser Zeit befand ich mich immer noch in einem Zustand innerer Glückseligkeit – in derselben Freude, die seit meiner langen Meditation am Donnerstagabend nicht von mir gewichen war. Obgleich ich unter Vollnarkose stand, war ich mir der Ärzte und aller Vorgänge im Operationssaal deutlich bewußt. Auch fühlte ich intuitiv, daß sie meine Krankheit nicht richtig diagnostiziert hatten. Als der Chirurg seinen Einschnitt vornahm, hatte ich zwar eine Empfindung, aber keinen Schmerz auf der rechten Seite. Ich wußte, daß er einen Fehler gemacht hatte, aber ich konnte nicht sprechen und es ihm nicht sagen. Dann hörte ich, wie der eine Arzt dem anderen zurief: »Oh!« Er hatte bemerkt, daß er den Einschnitt an der falschen Stelle gemacht hatte, weil er von einer falschen Diagnose ausgegangen war.

Auf einmal hatte ich ein wundersames Erleb-

Der Tod – geheimnisvolles Tor zu einer besseren Welt

nis. Der ganze Raum wurde von einem sanften goldenen Licht erfüllt; und in meiner Stirn erschien das wunderschöne geistige Auge[2], das ich schon so oft erblickt hatte; es wurde immer größer, bis es schließlich den ganzen Raum auszufüllen schien. Ich hörte, wie mich der mächtige OM-Laut umfing und sich über mein ganzes Wesen ergoß. Welche Freude überflutete mich, als meine Seele ganz mit der Liebe der Göttlichen Mutter verschmolz!

Die Behauptung, daß das ganze Leben blitzschnell an einem vorüberzieht, wenn man an der Schwelle zur anderen Welt steht, stimmt tatsächlich. Es gibt kein Zeitbewußtsein mehr. In Wirklichkeit gibt es so etwas wie Zeit gar nicht; sie ist ein relativer Begriff. Der Meister hat erklärt, daß es in Gottes Bewußtsein keine Vergangenheit, Gegenwart und Zukunft gebe; alles geschehe gleichzeitig. Wenn beispielsweise dieser große Raum durch Trennwände unterteilt wäre, könntet ihr immer nur einen Teil des Raumes auf einmal sehen. Würdet ihr das Zimmer aber von oben betrachten, wäre eure Sicht nicht durch diese Unterteilungen begrenzt; ihr könntet den gesamten Raum überblicken. Ähnlich schaut man im göttlichen Bewußtsein alles als Teile des Ewigen Jetzt.

In diesem Bewußtseinszustand sah ich mein ganzes Leben von der Kindheit bis zum gegenwärtigen Augenblick an mir vorüberziehen, als ge-

[2] Das einfältige Auge der Intuition und allgegenwärtigen Wahrnehmung im Christuszentrum *(Ajna-Chakra)* zwischen den Augenbrauen; der Zugang zu den höchsten Stadien göttlichen Bewußtseins. Der tief meditierende Gottsucher schaut das geistige Auge als einen Ring goldenen Lichts, der einen Kreis von opalisierendem Blau umschließt, in dessen Zentrum ein fünfzackiger weißer Stern erstrahlt.

Alles Glück liegt in dir

schähe alles gerade jetzt. Und dann erlebte ich etwas Wunderbares. Eine Stimme, die aus dem OM-Laut hervorging, sprach sanft zu mir: »Dies ist der Tod. Bist du bereit?«

Umgeben vom großen Licht des geistigen Auges, warf ich einen Blick auf die vor mir liegende Welt; sie war von einer solch großen Freude erfüllt, daß ich mich eins mit Gott fühlte. Im Vergleich dazu erschien mir die physische Welt so rauh – von Finsternis umgeben und von grober Materie belastet. Normalerweise empfinden wir das nicht so, weil wir uns an diese Daseinsebene gewöhnt haben. Doch wenn ihr zwischen Diamanten und gewöhnlichen Steinbrocken wählen könntet, ist es klar, wofür ihr euch entscheiden würdet. Aus diesem Bewußtsein heraus antwortete ich der Stimme: »Ja, Göttliche Mutter! Da ich einmal so weit in die andere Welt vorgedrungen bin, will ich nicht mehr zurückkehren. Warum sollte ich an dieser grobstofflichen Welt hängen, wenn mich hier göttliche Glückseligkeit erwartet?«

Da sagte die Stimme so liebevoll: »Aber wenn Ich dich bitte, Mir zuliebe zu bleiben?« Oh – ich kann euch gar nicht beschreiben, welche Wirkung diese Worte auf mich hatten! Ein seliger Freudenschauer überrieselte mich! »Du bittest *mich*, für Dich zu bleiben? Aber ja, Göttliche Mutter, ich will bleiben, um Dir zu dienen!« Daraufhin antwortete die Stimme sehr sanft – und ich kann kaum das tröstende Gefühl beschreiben, in das mein ganzes Bewußtsein versank: »Gut, mein Kind, schlafe jetzt.« Da verlor ich das Bewußtsein, und die Operation nahm ihren Fortgang.

Einen oder zwei Tage später sagte der Arzt zu mir: »Nun, junge Frau, wir haben nicht geglaubt, daß

Der Tod – geheimnisvolles Tor zu einer besseren Welt

Sie durchkommen würden. Sie haben uns einen ganz schönen Schrecken eingejagt!« Dann meinte er: »Wenn Sie sich etwas erholt haben, würde ich mich gern einmal mit Ihnen unterhalten.« Zwei Tage später erzählte er mir: »Wir dachten, Sie hätten eine Blinddarmentzündung, und als wir den Einschnitt vornahmen, gingen wir davon aus. Aber dann stellten wir fest, daß das gar nicht Ihr Problem war.« Ich will keine Einzelheiten erklären, aber es war etwas wesentlich Ernsthafteres als eine Blinddarmentzündung.

Er fuhr fort: »Erzählen Sie mir bitte etwas über Ihr Leben. Was ist Ihre Religion?« Ich erklärte es ihm, und dann sagte er: »Ich muß gestehen, Sie haben alle, die dabei waren, tief beeindruckt. Während der Operation haben sie immer wieder voller Hingabe gesagt: ›Mein Gott, mein Gott! Geliebter Gott, geliebter Gott!‹ Das hat uns alle zutiefst bewegt.«[3] Ich habe ihm nie erzählt, was sich in meinem Innern abgespielt hatte; innerlich lächelte ich nur. Über tiefe geistige Erlebnisse spricht man am besten nicht, sonst geht einem etwas verloren. Ich habe euch diese Geschichte nur deshalb erzählt, weil ich fühle, daß der Meister es wünscht.

Seit jenem Jahr, 1948, habe ich dieses Erlebnis in Gedanken viele Male nachvollzogen. Die Erinnerung daran ist noch so lebhaft wie an jenem Tag, als es geschah. Und die Vorstellung, daß ich nur für die Göttliche Mutter hier bin und daß es mein einziges Be-

---

[3] 1983 berichtete Sri Daya Mata: »Der Arzt begegnete später Guruji und war tief von ihm beeindruckt. Vor etwa einem Jahr traf ich ihn zufällig in einem öffentlichen Gebäude in Pasadena. Er sagte mir: ›Ich habe Sie nie vergessen, auch Ihren Lehrer nicht. Jenes Erlebnis ist mir während all dieser Jahre immer in Erinnerung geblieben.‹« (*Anmerkung des Herausgebers*)

Alles Glück liegt in dir

streben ist, ihren Willen zu tun, erfüllt meine Seele mit großer Freude und schenkt mir inneren Frieden.

Lange Zeit hatte ich niemandem von meinem Erlebnis erzählt. Eines Abends, drei oder vier Tage vor seinem *Mahasamadhi*, bat mich Guruji, mit ihm auszufahren. (Er pflegte manchmal kurze Fahrten mit dem Auto zu machen, um bei den vielen Angelegenheiten, die seine Aufmerksamkeit beanspruchten, eine Atempause einzulegen.) Er gab mir bestimmte Anweisungen für die Zukunft des Werkes und teilte mir seine Wünsche mit. Während der Fahrt erzählte ich ihm, was damals im Krankenhaus mit mir geschehen war. Er hörte mir zu und bat mich dann, das Ganze zu wiederholen. Nach einer Weile sagte er: »Damals war deine Zeit gekommen, die Erde zu verlassen. Satan hat viele Male versucht, dir das Leben zu nehmen. Aber vergiß nie: Der Herr hat dir eine hohe Stellung und große geistige Freiheit verliehen. Niemand kann dir etwas anhaben. Sei dir dessen bis an dein Lebensende bewußt, und du wirst gegen alle Anfechtungen gefeit sein.«

Gurujis Worte flößten mir Sicherheit und Mut ein, denn er wußte, wie sehr ich mich innerlich dagegen sträubte, eine führende Rolle in seinem Werk zu übernehmen. Nicht dafür war ich hergekommen, sondern vor allem, um Gott zu finden; meine Stellung bedeutete mir nichts. Macht und Titel können einem keine Gottverwirklichung schenken, und nur diese war mein Ziel.

Ergebt euch freudig in Gottes Willen

Ich habe euch diese Geschichte erzählt, damit ihr versteht, daß wir den Tod nie zu fürchten brau-

Der Tod – geheimnisvolles Tor zu einer besseren Welt

chen. Das heißt aber nicht, daß wir ihn herausfordern sollen! Ich will damit nur sagen – und das war die wertvollste Lehre, die ich aus dieser Erfahrung gewonnen habe –, daß wir uns dem Willen Gottes freudig unterwerfen sollen. Diese Welt befindet sich nur deshalb in einem solchen Chaos, weil die Menschen sich nicht auf Gottes Willen einstellen. Wir sollten uns mehr um vollkommene, bedingungslose Hingabe bemühen und innerlich beten: »Dein Wille geschehe, o Herr, nicht meiner.« Und versucht, das, was ihr Ihm sagt, auch zu *fühlen*; es muß euch wirklich ernst damit sein.

Wer nach persönlicher Machtposition verlangt, begeht einen schwerwiegenden Fehler. Wir gewinnen sehr viel mehr, wenn wir uns ganz auf den Göttlichen Willen einstellen – durch Hingabe, Meditation und die tiefe Einsicht: »Herr, Du bist der Handelnde, nicht ich.« Das ist die richtige Art zu leben. Sagt Ihm: »Mein Gott, Du bist alles in allem. Und weil ich ein Teil von Dir bin, bin ich auch ein Teil von allem – aber nur in dem Maße, wie ich mir Deiner bewußt bin. Ich selbst bin nichts.« Diese Einsicht schenkt große Freude. Für mich ist Demut das wichtigste Fundament des geistigen Lebens. Ohne Demut ist das eigene Bewußtsein so sehr mit »ich, ich, und immer nur ich« angefüllt, daß für das »Du, Du, Du« kein Raum mehr bleibt.

Gott zu finden, erfordert Selbstdisziplin; man muß sich darum bemühen. Dennoch hat jeder Mensch die Kraft in sich, zu siegen. Wenn wir versagen, liegt das nur an unserem Denken. Guruji sagte immer wieder: Jeder von uns kann Gott noch in diesem Leben finden, wenn er die nötigen Anstrengungen macht. Und wir werden Ihn in dem Grade erkennen, in dem wir uns auf Seinen Willen einstellen.

Für jeden Menschen ist eines Tages das Leben auf dieser Erde zu Ende, und dann müssen wir uns alle fragen: »Was habe ich gewonnen? Was hat mir das Leben gebracht? Habe ich meine Zeit mit nutzlosen Dingen vergeudet? ›O wach auf, heilige Seele! Du hast nicht meditiert, hast dich nicht konzentriert, vergeudest Zeit mit eitlen Worten.‹«[4] Wir sollten so leben, daß wir zur Zeit des Todes weder Angst noch Bedauern fühlen, sondern freudig in die höheren Sphären des GEISTES aufsteigen können.

---

[4] Aus dem Lied »*O wach auf, heilige Seele*«, aus dem Buch *Kosmische Lieder* von Paramahansa Yogananda.

LÖST EURE PROBLEME DURCH INNERE FÜHRUNG

Zusammengestellt aus Ansprachen im internationalen Mutterzentrum der Self-Realization Fellowship

Gurudeva Paramahansa Yogananda führte oft das Sprichwort an: »Hilf dir selbst, so hilft dir Gott.« Wenn wir vor einer Entscheidung stehen, wünschen wir uns nichts sehnlicher, als daß eine göttliche Stimme uns genau sagt, was wir tun sollen. Das wäre so einfach; wir brauchten uns gar nicht anzustrengen, weil wir dann jeden Augenblick Gottes direkte Führung erhalten würden. Aber es soll gar nicht so einfach sein, und zwar aus folgendem Grunde: Jeder von uns ist ein Teil von Gott, aber wir wissen es nicht; und wir werden es niemals wissen, wenn wir all unsere Lasten Ihm übergeben und verlangen: »Sage mir, was ich tun soll« – so als seien wir hirnlose Marionetten und Er sei der Puppenspieler. Nein, Er erwartet von uns, daß wir von unserem Verstand Gebrauch machen, den Er uns ja verliehen hat – daß wir Ihn aber *gleichzeitig* um Hilfe bitten.

Das höchste Gebet Jesu lautet: »Herr, Dein Wille geschehe.« Viele Leute legen diesen Satz falsch aus und meinen, sie dürften überhaupt nichts wollen oder denken, sondern könnten einfach nur dasitzen, meditieren und darauf warten, daß Gott etwas durch sie bewirke. Das aber ist falsch. Wir sind Ihm zum Bilde geschaffen. Keinem anderen Lebe-

Alles Glück liegt in dir

wesen hat Er eine derart hohe Intelligenz verliehen wie dem Menschen, und Er erwartet, daß wir sie gebrauchen. Deshalb lehrte uns Guruji zu beten: »Herr, ich will denken, ich will wollen, ich will handeln; doch leite Du mein Denken, Wollen und Handeln, damit ich in allen Dingen das Richtige tue.«

Im Ashram wenden wir dieses Prinzip auch gewissenhaft an. Ehe wir eine Arbeitsbesprechung halten, meditieren wir zuerst einige Minuten und sprechen dieses Gebet. Und erst dann beginnen wir mit der Besprechung und treffen unsere Entscheidungen.

Lehnt euch also nicht bequem in den Stuhl zurück und erwartet, daß Gott euch sagt, was ihr zu tun habt. Wendet die Grundsätze richtigen Denkens, Wollens und Handelns an, und tut dann das, was ihr für das Beste haltet. Arbeitet gewissenhaft und macht von eurer Willenskraft und eurem Verstand Gebrauch, während ihr während der ganzen Zeit betet: »Herr, leite Du mich; ich will Deinen Willen tun. Nur Dein Wille soll geschehen.« Auf diese Weise macht ihr euren Geist für Gottes Führung empfänglich. Dann werdet ihr ganz genau wissen: »Nein; ich muß jetzt einen anderen Weg einschlagen.« Gott zeigt euch den Weg. Doch vergeßt nie, daß ihr euch innerlich nicht verschließen dürft, wenn ihr Gott um Führung bittet; ihr müßt stets aufgeschlossen und empfänglich bleiben. Auf diese Weise hilft Gott denen, die sich selber helfen. Das ist wirklich so, aber wir selbst müssen die Initiative ergreifen und die nötigen Anstrengungen machen.

Man braucht nicht in einem Ashram zu leben, um Gott zu dienen und Seinen Willen zu tun. Wir alle befinden uns jetzt genau dort, wo Gott und un-

Löst eure Probleme durch innere Führung

sere früheren Handlungen uns hingestellt haben. Wenn ihr mit eurer jetzigen Lage nicht zufrieden seid, meditiert und bittet Gott, daß Er euch leiten möge. Aber während ihr das tut, gebraucht die euch von Gott verliehene Vernunft. Untersucht, welche Möglichkeiten sich für euer Leben und eure Zukunft bieten.

Hört auf die Göttliche Stimme in eurem Innern

Die Göttliche Stimme in unserem Innern kann uns helfen, all unsere Probleme zu lösen. Die Stimme des Gewissens ist ein Werkzeug, das Gott jedem Menschen verliehen hat und durch das Er uns leitet. Doch viele können diese innere Stimme nicht wahrnehmen, weil sie sich ihr ganzes Leben oder sogar viele Inkarnationen lang geweigert haben, auf sie zu hören. Dann schweigt die Stimme nämlich oder ist kaum noch wahrnehmbar. Sobald sich der Mensch jedoch bemüht, in seinem Leben das Richtige zu tun, wird das innere Flüstern wieder deutlicher.

Hinter dem halb entwickelten intuitiven Gewissen liegt die reine Intuition, mit der die Seele die Wahrheit unmittelbar erfaßt – die unfehlbare Göttliche Stimme. Wir alle besitzen Intuition. Wir haben fünf physische Sinne und außerdem einen sechsten Sinn – die allwissende Intuition. Durch die fünf körperlichen Sinne stehen wir mit der Welt in Verbindung: wir fühlen, hören, riechen, schmecken und sehen. Bei den meisten Menschen bleibt der sechste Sinn, das intuitive Gefühl, wenig entwickelt, weil sie ihn nicht gebrauchen. Verbindet man einem Menschen von Kindheit an die Augen, so werden

Alles Glück liegt in dir

ihm, wenn die Binde nach Jahren wieder entfernt wird, alle Gegenstände flach erscheinen. Und wenn man einen Arm ruhigstellt, wird er sich wegen Mangel an Bewegung nicht richtig entwickeln. Ähnlich verhält es sich auch mit der Intuition: Weil viele Menschen sie kaum noch gebrauchen, funktioniert sie bei ihnen nicht mehr.

Es gibt jedoch eine Methode, mit der man seine Intuition schärfen kann. Solange wir Körper und Geist nicht beruhigen, kann der sechste Sinn sich nicht entfalten. Der erste Schritt zur Entwicklung der Intuition besteht also darin, zu meditieren, das heißt, einen Zustand innerer Ruhe zu erlangen. Je tiefer ihr meditiert, bevor ihr euch mit einem bestimmten Problem befaßt, um so mehr wird euch die Intuition bei der Lösung des Problems helfen. Diese Fähigkeit muß man aber nach und nach entwickeln; sie ist nicht plötzlich einfach da. Auch die Muskeln und Glieder werden erst durch entsprechendes Training kräftiger – das geschieht nicht über Nacht.

Wenn ihr von eurer Intuition Gebrauch machen wollt, müßt ihr, wie Guruji sagte, lernen, »während der Tätigkeit ruhig und während der Ruhe tätig zu sein; ihr müßt einem Friedensfürst gleichen, der auf dem Thron des Gleichmuts sitzt und von dort aus das Reich seiner Tätigkeit regiert«. Wer aufgeregt oder ruhelos ist oder zu emotionell reagiert, hat keine intuitiven Wahrnehmungen, die ihm helfen könnten. Sein Geist ist vielmehr verwirrt, so daß er falsche Entscheidungen trifft. Deshalb sollten alle Menschen lernen – nicht nur solche, die Gott suchen, sondern auch alle anderen –, durch Meditati-

Löst eure Probleme durch innere Führung

on ruhig zu werden. Hierbei sind Gurujis Konzentrations- und Meditationstechniken von unschätzbarem Wert. Wenn ihr innerlich ruhig seid, werdet ihr euch schließlich nicht mehr als körperliches Wesen betrachten. Ihr werdet euch einer inneren Stille bewußt, die von der Seele, eurem wahren SELBST, ausgeht. Diese Stille ist eine Voraussetzung für das Wirken der Intuition.

Menschen, die kontemplativ veranlagt sind, die Herz und Gedanken durch Meditation vollkommen beruhigt haben, können ihre Intuition entwickeln. Man darf sich weder von Gefühlen überwältigen noch vom Verstand blockieren lassen. Intuition ist ein Verschmelzen der Gedanken (des Denkvorgangs) und der Gefühle (der Regungen des Herzens). Viele Menschen gelangen auf dem Wege des Verstandes zu intuitiven Erfahrungen – wenn ihre Gedanken richtig geleitet werden. Bei mir zeigt sich die Intuition meist durch ein Gefühl. Wenn gewisse Ereignisse oder Personen bestimmte Empfindungen in mir hervorrufen, fühle ich diese als feine Schwingungen im Herzen, und dann weiß ich – aufgrund jahrelanger Erfahrung –, daß solche Mitteilungen richtig sind.

Wenn ihr eure Intuition bis zu einem gewissen Grad entwickelt habt, werdet ihr feststellen, daß bei jeder Entscheidung, die ihr zu treffen habt, irgend etwas in euch sagt: »Das ist der richtige Weg.« Das bedeutet, daß ihr von eurer Intuition geleitet werdet. Erwartet aber nicht, daß dies sofort geschieht. Anfangs werdet ihr öfters Fehler machen, weil andere innere Einflüsse den Fluß der Intuition behindern. Aber wenn ihr euch weiterhin in der Meditation übt und immer mehr im Zustand innerer Ruhe lebt, werden sich eure intuitiven Fähigkeiten spürbar entwickeln.

Es kommt jetzt oft vor, wenn ich über etwas nachdenke, daß ich nicht nur den augenblicklichen Stand der Dinge sehe, sondern auch vorausdenkend das Endergebnis sehe. Das ist Intuition. Und wenn ihr dieser inneren Stimme folgt, werdet ihr feststellen, daß alles gut geht. Und dennoch – selbst wenn ihr die richtige Entscheidung trefft, können sich Schwierigkeiten einstellen. Diese gehören zum Wachstumsprozeß und lehren euch, mit dem, was das Leben bringt, fertig zu werden. Dennoch sagt euch eure Intuition, daß ihr trotz aller vorhandenen Probleme richtig entschieden habt.

Ihr müßt lernen, zwischen innerer »Führung« aufgrund einer echten intuitiven Botschaft und Einbildung oder Gefühlsduselei zu unterscheiden (für die manche Menschen stark anfällig sind und die sie zuweilen mit Intuition verwechseln). Wenn ihr innerlich durch wahre Intuition geführt werdet, stellt sich immer das richtige Ergebnis ein. Widerspricht das Ergebnis aber eurer inneren Eingebung, dann könnt ihr sicher sein, daß es nur Einbildung war. Intuition führt immer zu einem positiven Ergebnis, das für euch oder andere richtig und gut ist. Allein Zeit und Erfahrung werden euch lehren, mit Sicherheit zu wissen, ob eine starke Neigung der Einbildung entspringt oder einem natürlichen, intuitiven Gefühl.

Um es noch einmal zusammenzufassen: Lernt, durch das Üben der Konzentrations- und Meditationstechniken in den Zustand tiefer innerer Ruhe

Löst eure Probleme durch innere Führung

einzugehen; werdet zu einem immer friedvolleren Menschen, während ihr eurer täglichen Arbeit nachgeht; und gebraucht die euch von Gott verliehene Intelligenz dazu, die bestmöglichen Entscheidungen zu treffen. Bittet gleichzeitig um göttliche Führung und macht euch innerlich empfänglich dafür, während ihr weiter vorwärtsschreitet.

WIE MAN INNERES VERSTÄNDNIS ENTWICKELT

Aus einer Ansprache im internationalen Mutterzentrum der Self-Realization Fellowship

Wer sich ernsthaft um geistigen Fortschritt bemüht, ist bestrebt, stets einen klaren Kopf zu behalten und innerlich gelassen zu bleiben, damit er in allen Lebenslagen göttliches Verständnis zeigen kann. Gurudeva Paramahansa Yogananda hat diese Eigenschaft wunderbar erklärt: »Verständnis ist euer inneres Vorstellungsvermögen – jene intuitive Fähigkeit, mit der ihr die Wahrheit über euch selbst, über andere Menschen und über alle Umstände auf eurem Lebensweg klar erfassen und euer Handeln darauf einstellen könnt.«

Guruji sagte uns oft: »Wenn ich euch etwas erkläre, versucht immer, den *Sinn* meiner Worte zu verstehen. Wenn ihr euch zu sehr anstrengt, begreift ihr nicht, was ich meine, weil euch der Verstand im Weg ist. Bleibt innerlich ruhig, damit ihr euch auf das, was ich sage, einstimmen könnt; dann werdet ihr es auch verstehen.« Er lehrte uns, mit intuitivem Verständnis zuzuhören.

»Denn der Weisheit Anfang ist, wenn man sie gerne hört«[1], heißt es in der Bibel. Wie viele von uns aber nehmen sich das zu Herzen und versuchen, es anzuwenden? Sobald uns irgend jemand oder ir-

---

[1] *Sprüche Salomos* 4, 7.

gend etwas begegnet, das anders ist, als wir es gewohnt sind, steigen sogleich Vorurteile in uns auf, und wir sperren uns innerlich dagegen. Wir versuchen nicht einmal, es zu verstehen; wir halten blindlings an unseren eigenen Vorstellungen fest, ganz gleich, wie kurzsichtig diese sein mögen. Das ist eine der größten Schwächen aller Kulturkreise, und deshalb gibt es so viele Mißverständnisse und Konflikte in der Welt. In der Schule werden wir in intellektuellen Fächern unterrichtet, doch wer lehrt uns die Kunst, andere zu verstehen? Jede Zivilisation meint, ihre Weltanschauung sei die beste, und so lernen wir nicht, über den Horizont unserer Eigenarten und Gepflogenheiten hinauszuwachsen.

Der Meister hat dies auf einzigartige Weise formuliert: »In dieser Welt sind wir alle ein wenig verrückt, aber wir merken es nicht. Die Menschen wissen nichts über ihre eigene ›Verrücktheit‹, weil sie stets mit Personen Umgang pflegen, die unter einer ähnlichen ›Verrücktheit‹ leiden. Erst wenn Menschen mit verschieden gearteter Verrücktheit zusammenkommen und versuchen, einander zu verstehen, bietet sich ihnen die Gelegenheit, ihre eigene Verrücktheit zu erkennen.«

Versteht ihr, was er damit sagen will? Seid immer aufgeschlossenen Geistes. Wenn jemand etwas sagt, was euch aufgrund eurer Persönlichkeit oder Denkweise fremd erscheint, verschließt euch nicht gleich dagegen und laßt euer Verständnis nicht durch Vorurteile beeinträchtigen. Hört ruhig, höflich und gern zu. Auf diese Weise könnt ihr vielleicht etwas Wertvolles von Menschen lernen, deren Anschauungen und Lebensumstände anders sind als die euren.

Emotionen und Launen sind die Feinde richtiger Verständigung

Emotionen und Launen sind tückische Feinde der Verständigung. Sie trüben unser Wahrnehmungsvermögen, so daß wir die Umstände nicht richtig erkennen können. Viele Menschen lassen sich so sehr von unbeherrschten inneren Reaktionen versklaven, daß sie sofort gereizt oder aufgebracht reagieren, sobald irgend etwas ihren Vorstellungen oder Gefühlen widerspricht. Dadurch verschließen sie sich jeder Verständigung.

Der Meister duldete absolut keine Launen; er bestand darauf, daß wir uns ernsthaft bemühten, sie zu überwinden. Und er erklärte, daß Launen eine Folge der schlechten Gewohnheiten seien, die wir aus früheren Inkarnationen mitgebracht haben. Deshalb tauchen sie auch ganz unvermittelt auf, so daß wir ohne ersichtlichen Grund wütend werden oder in eine schlechte Laune geraten – manchmal nur aufgrund eines banalen Vorfalls oder irgendeiner beiläufigen Bemerkung. Diese falschen Denk- und Verhaltensmuster haben sich während vieler Inkarnationen so tief in uns eingenistet, daß wir jedesmal, wenn wir auf Widerstand stoßen, unvernünftig reagieren.

Solange wir uns zum Opfer solch negativer Bewußtseinszustände machen, können wir unmöglich Verständnis entwickeln – und wir können unmöglich Gott erkennen. Werdet Herr über eure Launen und macht euch nicht zu ihren Sklaven! Setzt ihnen Widerstand entgegen! Befreit euch augenblicklich von ihnen, denn sonst behindern sie euren Fortschritt nicht nur auf dem geistigen Weg, sondern in allen Lebensbereichen.

Wie man inneres Verständnis entwickelt

Das bedeutet aber nicht, daß wir unsere Gefühle unterdrücken sollen. Unterdrückung ist ungesund für Körper, Geist und Seele. Wer seine Gefühle im Innern anstauen läßt, gleicht einem fest verschlossenen Topf, in dem das Wasser zu kochen beginnt. Während das Wasser siedet, verstärkt sich der Druck immer mehr, bis der Deckel schließlich mit einem Knall hochfliegt. Ähnlich ist es auch, wenn wir versuchen, unsere Gefühle zu unterdrücken. Vorübergehend erwecken wir vielleicht den Anschein innerer Ruhe, aber früher oder später müssen sich diese Gefühle Luft machen. Solange jedoch beeinträchtigen die siedenden Emotionen nicht nur unseren Frieden und unser Wohlbefinden, sondern auch unser Verständnis. Der Meister lehrte uns, die Gefühle zu beherrschen, aber nicht zu unterdrücken.[2]

Das könnt ihr erreichen, indem ihr nicht sofort reagiert, sondern zuerst kurz innehaltet und ernsthaft nachdenkt. Wenn ihr das nächste Mal bei jemandem auf Widerstand stoßt und den Drang habt, zurückzuschlagen oder eine scharfe Bemerkung zu machen, haltet einen Augenblick inne und fragt euch: »Ist es das wert? Wen bringe ich damit aus dem Gleichgewicht? Vor allem mich selbst. Ich will

---

[2] »Ist Ihre Lehre von der Beherrschung der Gefühle nicht gefährlich?« fragte ein Schüler Paramahansa Yogananda. »Viele Psychologen behaupten, daß Verdrängungen zu Kontaktschwäche, ja sogar zu körperlicher Krankheit führen.«
Der Meister erwiderte: »Verdrängung ist schädlich – wenn man sich z. B. etwas wünscht, aber nichts Konkretes unternimmt, um es sich zu beschaffen. Selbstbeherrschung jedoch ist förderlich – wenn man sein falsches Denken geduldig durch richtiges Denken und seine tadelnswerten Handlungen durch nützliche ersetzt.« Aus: *Worte des Meisters* von Paramahansa Yogananda.

Alles Glück liegt in dir

mir ruhig anhören, was der andere zu sagen hat und unvoreingenommen darüber nachdenken, bevor ich die Jalousie der Verständnislosigkeit herunterlasse. Warum sollte ich die Meinung des anderen nicht gebührend respektieren? Meine Ansichten sind auch nicht immer unfehlbar! Vielleicht kann ich von diesem Menschen etwas lernen.«

Zieht aus allen Erfahrungen eine göttliche Lehre

Wenn wir tiefere Einsicht gewinnen, erkennen wir auch, daß alles, was uns widerfährt, eine göttliche Ursache hat. Nichts in dieser Welt geschieht durch Zufall. Alles läuft nach universellen Gesetzen ab, und diese Gesetze sind vollkommen gerecht. Ganz gleich, welche Prüfungen ihr zu bestehen habt, bemüht euch stets, die geistige Lehre aus diesen Erfahrungen zu ziehen. Bildet euch nie ein, daß die äußeren Umstände an euren Schwierigkeiten schuld seien oder daß andere versuchten, euch »eins auszuwischen«. Wer ständig seinen Ehepartner, seinen Chef, seine Erziehung während der Kindheit für seine Probleme verantwortlich macht – das heißt alles andere, nur nicht seine eigenen Gedanken und sein eigenes Verhalten –, wird schließlich schwere emotionale Probleme haben.

Macht euch klar, daß wir es mit Gott allein zu tun haben. Er und kein anderer ist es, der uns jeden Augenblick beobachtet, der all unsere Worte, Handlungen und vor allem unsere Gedanken kennt. Sobald sich diese Wahrheit einmal fest in unserem Bewußtsein verankert hat, fällt es uns bei unangenehmen Ereignissen viel leichter, richtig zu reagieren.

Wie man inneres Verständnis entwickelt

Wir verschwenden keine Zeit mehr damit, uns zu rechtfertigen; denn wir erkennen, daß wir viel mehr gewinnen, wenn wir unsere innere Beziehung zu Gott vertiefen; dann wird Er selbst uns notfalls rechtfertigen. Er sorgt für uns; das habe ich immer wieder feststellen können.

Gott ist immer da. Es ist nicht so, daß Er plötzlich aus irgendeinem Teil des Weltraums hervortritt und sich uns nähert. Er ist immer bei uns, aber wir wissen es nicht, weil wir innerlich nicht mit Ihm verbunden sind. Wir lassen es zu, daß Launen, Gefühlsausbrüche, Überempfindlichkeit, Zorn und die dadurch entstehenden Mißverständnisse uns aufwühlen und unsere Sicht derart trüben, daß wir Seine Gegenwart nicht fühlen können.

Schult euch darin, nicht immer gleich »in die Luft« zu gehen. Sobald ihr die Beherrschung verliert, steht ihr nicht mehr mit Gott in Verbindung. Dann fällt es euch meist sehr schwer, eure innere Ruhe zurückzugewinnen und den Gesprächsfaden mit Gott wieder aufzunehmen.

Im geistigen Leben darf es keine häßlichen Worte und keinen Sarkasmus geben. Wutausbrüche gehören nicht zum Leben eines Gottsuchers. Allerdings sollen wir uns von anderen auch nicht zum »Fußabtreter« machen lassen. Wir sollten vielmehr lernen, vernünftig und verständnisvoll zu sprechen. Festigkeit müssen wir natürlich zeigen. Wir dürfen nicht Wachs in den Händen anderer sein. Was ich meine, ist, daß wir uns jedes Wort überlegen müssen, ehe wir es aussprechen.

Der Unterschied zwischen Launenhaftigkeit und Festigkeit ist dieser: Wenn wir die Beherr-

Alles Glück liegt in dir

schung verlieren, haben wir uns nicht mehr in der Gewalt. Wenn wir aber sicher sind, daß wir die Wahrheit sprechen, sollten wir so fest auf unserem Standpunkt beharren, daß nichts in der Welt uns von unserer Meinung abbringen kann; dennoch verlieren wir nicht unsere innere Ruhe, unsere Selbstbeherrschung oder unsere Achtung vor anderen Menschen.

Wenn unser Verständnis zunimmt, werden wir schließlich in jeder Lebenslage nur noch nach einem fragen: »Was ist Wahrheit?« Wenn wir in diesem Bewußtsein leben, nehmen wir ständig an Weisheit zu, und unsere Seele wird von der seligen Wahrnehmung Gottes überflutet. Ein solch klares Verständnis erlangen wir, sobald wir Launen, Vorurteile, Zuneigungen und Abneigungen überwinden, denn diese verhindern, daß wir die Wirklichkeit klar erkennen. Jeder Mensch, der eins mit Gott ist, hat auch tiefes Verständnis.

Innere Ruhe verhilft uns zu den richtigen Entscheidungen

Guruji sagte einmal: »Den meisten Menschen mangelt es an Verständnis und Weitsicht. Wenn unsere geistige Sicht getrübt ist, können wir unmöglich in die Zukunft schauen und erkennen, was auf uns zukommt. Da die Auswirkungen unserer Handlungen unsere Sicht blenden, tun wir oft das Falsche.« Wenn wir einen Zustand göttlicher innerer Ruhe erlangen, können wir auch künftige Ereignisse voraussehen, die ja durch das Gesetz von Ursache und Wirkung bestimmt werden. Gurudeva hat in den dreißiger und vierziger Jahren vieles vor-

Wie man inneres Verständnis entwickelt

ausgesagt, was nach seinem Heimgang tatsächlich eingetroffen ist. Er besaß jene Klarheit der Wahrnehmung, die das Ergebnis vollkommenen Gleichmuts ist. Ein ruhiger Geist gleicht einem göttlichen Spiegelglas, in dem sich die Wirklichkeit genau widerspiegelt. In einem solchen Spiegel sehen wir alles – jede Lebenslage – unverzerrt und können klar erkennen, wo uns die verschiedenen Möglichkeiten hinführen würden; und dann können wir die richtige Entscheidung treffen.

Die innere Ruhe, die für ein solch intuitives Verständnis nötig ist, gewinnen wir nur durch tägliche, tiefe Meditation. Ihr dürft nie nach einer Entschuldigung suchen, nicht zu meditieren. Wenn ich höre, daß jemand nicht mehr regelmäßig meditiert, macht mich das sehr traurig, denn das führt zu mangelnder Einsicht und folglich zu immer häufigeren Fehlentscheidungen.

HALTET IM TÄGLICHEN LEBEN IMMER AN DER WAHRHEIT FEST

»Denn der Weisheit Anfang ist, daß man sie gerne hört.« Ihr solltet euch diesen Satz auf einen Zettel schreiben und auf euren Schreibtisch oder sonst irgendwohin legen, damit euer Blick oft am Tage darauf fällt. Jedesmal, wenn ihr in Versuchung geratet, wütend oder launisch zu werden oder etwas Unfreundliches zu sagen, ruft euch in Erinnerung: »Denn der Weisheit Anfang ist, daß man sie gerne hört.«

Immer wenn ich in einer heiligen Schrift einen inspirierenden Satz entdeckte oder wenn der Meister uns etwas einprägte, genügte es mir nicht, das

Alles Glück liegt in dir

nur auswendig zu lernen; ich machte es zu einem Teil meines täglichen *Sadhana*[3]. Ganz gleich, wie sehr uns eine geistige Wahrheit inspirieren mag, sie hat nur dann Bedeutung für uns, wenn wir sie praktisch anwenden. Ihr dürft nicht zu einer psychologischen Antiquität werden, die sagt: »Daya Ma hat wirklich einen wunderbaren Vortrag gehalten; wie großartig ist doch die Lehre des Meisters!« und die gleich danach wieder in ihre alten, eingefahrenen Gewohnheiten zurückfällt.

Christus beschreibt in einem seiner Gleichnisse, daß einige ausgestreute Samenkörner auf unfruchtbaren, steinigen Boden fallen; andere fallen zwischen Unkraut, das die keimenden zarten Pflanzen erstickt; doch einige fallen auf fruchtbaren Boden und wachsen und tragen Früchte.[4] Ihr müßt den Boden eures Bewußtseins durch Empfänglichkeit und Begeisterung fruchtbar machen und ihn von Zweifeln, Launen und aller Gleichgültigkeit säubern, so daß die Saat der Wahrheit Wurzeln schlagen und die Blüten eurer eigenen Selbst-Verwirklichung hervorbringen kann.

Guruji sagte uns immer sehr freimütig, was wir tun müßten, um uns zu ändern und Gottesbewußtsein zu erlangen. Er war sehr offenherzig und aufrichtig, und ähnlich versuche auch ich zu euch allen zu sprechen. Ich will all die Grundsätze, die der Meister seine Jünger gelehrt hat, schriftlich niederlegen oder auf Tonband aufnehmen lassen. Denn nur, wenn wir diese hohen Ideale richtig verstehen

---

[3] Grundsätze, die zum persönlichen Weg geistiger Disziplin gehören.
[4] *Markus* 4, 14 – 20.

Wie man inneres Verständnis entwickelt

und auch anwenden, können wir seine Lehre für zahllose künftige Generationen von Wahrheitssuchern rein erhalten.

DIE BEDINGUNGSLOSE LIEBE GOTTES UND
DES GURUS

Wenn ich an die mit Guruji verbrachten Jahre zurückdenke, wird mir bewußt, welch großen Segen wir empfangen haben. Nur sehr wenige Menschen in der Welt kennen jemanden, der sie immer versteht. Für uns war der Meister ein solcher Mensch. Wir wußten, daß seine Liebe zu uns bedingungslos war. Er konnte zwar sehr feurig werden, wenn er mit unserem Verhalten nicht zufrieden war; aber ganz gleich, was für Fehler wir gemacht hatten, ganz gleich, wie streng er mit uns war, in ihm besaßen wir jemanden, der uns nie im Stich lassen würde.

Alle Mitglieder unserer großen geistigen Familie sollten im Geist dieser göttlichen Freundschaft und dieses göttlichen Verständnisses miteinander umgehen: Mann und Frau, Eltern und Kinder, Freunde, Ashrambewohner. Ich fühle mich mit so vielen von euch auf diese Weise verbunden. Wenn wir Gurujis Idealen treu bleiben, haben wir absolutes Vertrauen zueinander und unterstützen uns gegenseitig. Das ist die Frucht eines verständnisvollen Herzens. Wenn wir diese Frucht gemeinsam mit gleichgesinnten Seelen ernten, wird uns ein Überfluß zuteil, an dem wir andere teilhaben lassen können.

Ihr müßt die nötigen Anstrengungen machen, meine Lieben. Ein solches Gefühl der Einheit entsteht nicht von allein. Versucht Frieden zu stiften, wenn andere durch ihr Verhalten Unfrieden verbrei-

Alles Glück liegt in dir

ten. Seid gerecht und berücksichtigt die Meinungen aller anderen. Dadurch gewinnen wir ein tieferes Verständnis der menschlichen Natur und können leichter vergeben und mit anderen mitfühlen.

Und sind dies nicht dieselben Eigenschaften, die wir von Gott erwarten? Ich meine, ja. Wir sehnen uns nach jemandem, der uns trotz all unserer Fehler liebt; nach jemandem, der uns auch dann noch versteht, wenn wir uns selbst nicht mehr verstehen; nach jemandem, der uns immer treu bleibt und uns immer zu Hilfe kommt; nach jemandem, der eine immerwährende Quelle der Kraft für uns ist. Dieser göttliche, geliebte Herr ist in uns. Ihm gegenüber haben wir eine Verantwortung: Wir müssen unseren Mitmenschen Seine Liebe und Sein Verständnis entgegenbringen.

Jeder Tag kann Weihnachten sein

*Auszüge aus einer im internationalen Mutterzentrum
der Self-Realization Fellowship gehaltenen Ansprache*

Die Botschaft Jesu Christi ist heute noch genauso wichtig und anwendbar wie vor zwanzig Jahrhunderten. Weihnachten soll uns an diese zeitlose Botschaft erinnern und uns sein Leben wieder in Erinnerung rufen, damit es uns von neuem inspiriert.

Als ich im Jahre 1931 – es war kurz vor Weihnachten – in den Ashram von Mt. Washington eintrat, verspürte ich große Sehnsucht, Christus richtig zu verstehen. Von Kindheit an hatte ich eine Antwort auf die tiefgreifenden und komplizierten Fragen gesucht, die das Leben uns stellt: Warum leben wir auf dieser Welt? Warum gibt es so viel Leid, so viel Unglück? Warum so viele scheinbare Widersprüche? Ich hatte den Kindergottesdienst besucht und den Pfarrern zugehört in der Hoffnung, daß sie mir eine Antwort darauf geben könnten. Es waren aufrichtige, fromme Männer, die es gut meinten, und dennoch fühlte ich mich hinterher immer unbefriedigt.

Dann begegnete ich Paramahansa Yogananda, und seine Lehre und seine Liebe zu Gott hatten eine derartige Wirkung auf mich, daß sich mein Leben völlig verwandelte. Alles, was er sagte, befriedigte meine Vernunft und vor allem mein Herz. Da legte ich innerlich das heilige Gelübde ab: »Ihm will ich folgen.«

Alles Glück liegt in dir

Nachdem ich etwa einen Monat in Mt. Washington gewesen war, nahm ich erstmals an einer ganztägigen Weihnachtsmeditation[1] teil. Mehr als acht Stunden lang meditierte Gurudeva mit einer Gruppe von Jüngern und hielt die ganze Zeit Zwiesprache mit Gott und Christus; es war das erste Mal, daß ich bei einer solch langen Meditation zugegen war. Ich weiß noch, welche Nachwirkung jener denkwürdige Tag auf mich hatte und daß ich dachte: »Hier ist ein Orientale, im Hinduismus aufgewachsen, den die Christen vielleicht als ›Heiden‹ bezeichnen würden; dennoch ist seine Liebe zu Christus so groß, daß er ihn gesehen und mit ihm gesprochen hat. Er hat der westlichen Welt gezeigt, wie man Weihnachten im wahrsten Sinne feiern sollte.«

Guruji sagte voraus, daß man eines Tages in der ganzen Welt der Geburt Christi auf diese Weise gedenken werde. Und so ist es tatsächlich – nicht nur in den *Self-Realization*-Tempeln und -Zentren der westlichen Länder, sondern auch in Indien.

Die Menschheit leidet unter »geistiger Hungersnot«

Die heutige Welt befindet sich in einem trostlosen Zustand. Ein Geistlicher hat es richtig ausgedrückt, als er sagte, die Menschheit leide an »geistiger Hungersnot«. Über all ihrem Bemühen um große wissenschaftliche und materielle Fortschritte haben die Menschen ihre geistige Nahrung verges-

---

[1] Ein geistiger Brauch, den Paramahansaji 1931 eingeführt hatte und der alljährlich in den Ashrams, Tempeln und Zentren der *Self-Realization Fellowship* auf der ganzen Welt gepflegt wird.

sen – das, was das unsterbliche SELBST, die Seele, braucht. Auch auf dem Gebiet der Religion haben sich die Menschen in Äußerlichkeiten festgefahren. Sie verstehen nicht, was das Leben Jesu Christi für jeden einzelnen bedeutet. Selbst seine Anhänger haben zum größten Teil vergessen, was er lehrte. Man richtet seine Aufmerksamkeit auf schmucke Gebäude, wunderbare Chöre, gesellige Veranstaltungen und wohltätige Werke – wovon vieles wichtig sein mag und auch dem entspricht, was Christus lehrte. Aber die allerwichtigste Botschaft Christi lautete: »Du sollst Gott, deinen Herrn, lieben von ganzem Herzen, von ganzer Seele, von ganzem Gemüte und von allen deinen Kräften. Das ist das vornehmste Gebot.«[2] Man vertieft seine Liebe zu Gott, indem man ihn in der Meditation erlebt. »Wisset ihr nicht, daß ihr Gottes Tempel seid und der Geist Gottes in euch wohnt?«[3] Und in den Psalmen heißt es: »Seid stille und erkennet, daß ich Gott bin!«[4]

Ich will Euch einige Gedanken von Gurudeva über Weihnachten vorlesen. Als er 1935 in Indien war, sandte er uns folgende Botschaft:

> Liebe Jünger und Freunde der *Self-Realization Fellowship,*
>
> in diesem Jahr bin ich während der heiligen Weihnachtszeit weit von euch entfernt – in Indien. Deshalb will ich das Weihnachtsfest mit euch in der Christus-Freude feiern, oder in der Krishna-Freude, wie es hier in Indien heißt – einer Freude, die immer in eurem Herzen gegenwärtig ist ...

---

[2] *Markus* 12, 30.
[3] *1. Korinther* 3,16.
[4] *Psalm* 46, 11.

Alles Glück liegt in dir

Mein Krishna und mein Christus, beide ewig im GEIST vereint, werden am Weihnachtsmorgen in mir neu geboren werden.

Welches Geschenk ich euch dieses Mal gebe? Das kostbarste aller Geschenke: die Freude Christi und Krishnas, die ich am Weihnachtsmorgen empfangen und in meiner tiefen Meditation an euch weitergeben werde.

Taucht tief in euer inneres SELBST hinein und sucht zwischen den verästelten Wurzeln eurer Hingabe nach meinem verborgenen höchsten Geschenk; ihr werdet es in tiefer Meditation finden – ein Geschenk, das mit dem goldenen Band meiner ewigen Liebe verschnürt ist.

Möge jeder von euch während der kommenden Weihnachtszeit das göttliche Christusbewußtsein[5] im eigenen Bewußtsein fühlen. Denn Guruji sagte:

> Weihnachten dient dem Zweck, daß sich der Gottsucher bemüht, den Geist Christi in seinem eigenen Bewußtsein zu fühlen. Denkt während dieses Weihnachtsfestes vor allem daran, wie Ihr mit Christus in Verbindung treten könnt. Der Sinn seiner Geburtstagsfeier besteht darin, tief über das Leben desjenigen nachzudenken, den die Menschheit zwanzig Jahrhunderte lang verehrt hat.

DAS LEUCHTENDE BEISPIEL JESU CHRISTI

Warum verehren wir Jesus Christus? Nicht aufgrund irgendwelcher Errungenschaften, die man all-

---

[5] Gottes allgegenwärtige Intelligenz und die anziehende Kraft Seiner Liebe, die sich in der Schöpfung manifestiert; das allumfassende Bewußtsein, die Einheit mit Gott, die Jesus, Krishna und andere große Meister offenbarten.

Jeder Tag kann Weihnachten sein

gemein mit weltlichem Erfolg in Verbindung bringt. Jesus hatte keine weltlichen Reichtümer, keinen Grundbesitz, er hatte keine akademische Bildung. Er wußte, was es heißt, zu kämpfen und zu leiden; er wurde von seinen Freunden verlassen, und man kreuzigte ihn. Doch aufgrund seines Gottesbewußtseins, aufgrund seines leuchtenden Beispiels, seiner Liebe und Demut ist er nach wie vor ein strahlender Stern aus dem Osten, ein Stern, der den Himmel für die ganze Menschheit erhellt – nicht nur für solche, die äußerlich dem christlichen Glauben angehören, sondern für die Seelen in aller Welt, die sich aufrichtig bemühen, Gott zu erkennen.

Früher hatte ich immer das Gefühl, Jesus sei mir fremd – er stehe so hoch über mir, daß er mir niemals nahe sein könne. Doch unser Meister brachte uns Gott und Christus durch seine Hingabe auf solch einfache, unmittelbare und persönliche Weise nahe, daß wir fühlten, auch wir könnten zu ihnen sprechen, auch wir könnten eine ganz persönliche Beziehung zu ihnen haben. Und eben das fehlt dem heutigen Christentum – und auch allen anderen Religionen. Jeder Mensch braucht eine liebevolle und persönliche Beziehung zu seinem Schöpfer, und die erreicht er nur durch tiefe, tägliche Meditation.

Die ganze Lehre Jesu bestand darin, den Menschen zu helfen, eine unmittelbare und persönliche Beziehung zu Gott zu entwickeln. Für dieses Ideal, das ihm so viel bedeutete, gab er sein Leben hin. Wieviele in der heutigen Welt sind bereit, seinem Beispiel zu folgen und ihr Leben aus Liebe zu Gott zu opfern?

Anstatt Gott zu suchen, verbringen die meisten

Alles Glück liegt in dir

Menschen ihr Leben damit, materiellen Besitz zu erwerben und ihre Wünsche im Hinblick auf Nahrung, Kleidung und Wohnung zu befriedigen, die sich nur auf den irdischen Körper beziehen. Einige Menschen entwickeln voller Begeisterung ihren Intellekt und eignen sich Bücherwissen an, um durch vieles Lesen ein gewisses Verständnis zu erwerben. Die Botschaft der Selbst-Verwirklichung jedoch – die Botschaft, täglich unmittelbar mit Gott in Verbindung zu treten – ist an diejenigen gerichtet, die erkannt haben, daß es nicht genügt, körperliche und materielle Sicherheit zu besitzen und daß Bücher niemals das tiefe Verlangen der Seele nach Wahrheit befriedigen können. Durch tiefe, regelmäßige Meditation stellt der Jünger allmählich eine persönliche Beziehung zu Gott her: »Er geht mit mir, und Er steht zu mir und versichert mir, ich sei Sein.«[6] Ehe wir das nicht erlebt haben, wissen wir nicht, was die Lehre Christi wahrhaft bedeutet.

Je näher wir Christus in der Meditation kommen, um so mehr wünschen wir uns, nicht nur über ihn zu sprechen, sondern auch unser Leben nach ihm auszurichten, weil er uns immer nahe ist und uns schweigend beobachtet. Er richtet und verurteilt uns nie. Wenn wir in die Irre gehen, ist er der erste, der sagt: »Vater, vergib ihnen; sie sind Deine Kinder. Sie wissen nicht, was sie tun.«

Aber oft haben wir Schuldgefühle und schämen uns der Dinge, die wir getan haben. Und aufgrund dieses Gefühls der Unzulänglichkeit sind unser Herz, unsere Gedanken und unser Augenmerk

---

[6] Aus dem bekannten Kirchenlied »Im Garten« von C. Austin Miles.

nicht mehr auf Gott und Seine Boten gerichtet. Die Vorstellung, eine persönliche Beziehung zu ihnen aufzunehmen, ist uns unbehaglich. Deshalb wenden sich so viele Menschen vom Christentum, Hinduismus und anderen großen Religionen ab. Wenn wir die Liebe Gottes nicht selbst erlebt haben, scheint uns die Religion trocken und streng. Man zeigt dem Gottsucher nicht, wie er sich Gott demütig und voller Vertrauen nähern kann – so wie ein Kind seiner Mutter.

Der einzige Weg, die innere Zufriedenheit zu finden, nach der die Seele verlangt, ist tiefe Meditation. Nur dadurch beginnen wir den »Frieden Gottes« zu fühlen, »der höher ist als alle Vernunft«.[7] Das ist der Frieden, nach dem sich die ganze Menschheit sehnt.

Eine Welle geistigen Erwachens geht durch die ganze Welt

Vor vielen Jahren hat Guruji vorausgesagt, daß die ganze Welt von einer mächtigen Welle geistigen Erwachens erfaßt werde. Wir erleben jetzt den Anfang dieser geistigen Bewegung. Das göttliche Licht der Güte und Wahrheit wirkt den dunklen Kräften des Bösen entgegen. Der Mensch steht sozusagen in der Mitte, und weder Gut noch Böse können ihn ohne seine Zustimmung erobern. Er besitzt freien Willen und freie Wahl und kann sich in dieser Schöpfung entweder auf die Seite Satans oder auf die Seite Gottes stellen, – die Seite des universellen Christusbewußtseins. Großer Segen wird demjenigen

---

[7] *Philipper* 4, 7.

Alles Glück liegt in dir

zuteil, der seine Unterscheidungskraft und seinen freien Willen richtig gebraucht und im Einklang mit dem göttlichen Christus lebt, spricht und handelt.

Es heißt, wenn die Welt in tiefster Finsternis lebt und die Menschen kaum noch ein Licht sehen, das ihnen den Weg weist, daß der mitfühlende Herr dann Erbarmen mit Seinen Kindern hat und ihnen einen Boten sendet.[8] Dessen Lehre hilft ihnen, aus dem Verlies ihrer selbst erzeugten Dunkelheit herauszufinden. Jesus Christus brachte eine solche Botschaft. Sie ist nicht das Monopol einer Religion, sondern die zeitlose Ausdrucksform der ewigen, universellen Wahrheit – der gleichen Wahrheit, die der Herr Krishna vor mehreren tausend Jahren in Indien lehrte. Eine Wiederbelebung dieser Botschaft ist unserer Welt in dieser schwierigen Zeit durch die Lehre unseres gesegneten Gurus gesandt worden.

Der Sinn des Weihnachtsfestes – wie auch des Geburtstags jeden Avatars – besteht darin, denjenigen zu ehren, in dem sich Gott als Christusbewußtsein auf Erden offenbart hat, und ihm nachzueifern. Es genügt nicht, zu Weihnachten nur Kerzen anzuzünden, einen Baum zu schmücken und Geschenke auszutauschen. Diese Sitten sind gut und richtig; sie drücken Wohlwollen, Freundschaft und Liebe aus. Aber wenn wir dies tun und Christus dabei vergessen, ist Weihnachten bedeutungslos; dann sind wir am Ende erschöpft und froh, wenn alles wieder vorbei ist.

---

[8] »Immer, wenn die Tugend [*Dharma*] entartet und das Laster [*Adharma*] vorherrscht, verkörpere Ich Mich als ein Avatar. In jedem Zeitalter erscheine Ich in sichtbarer Gestalt, um die Tugendhaften zu schützen, das Böse auszurotten und die Gerechtigkeit wiederherzustellen.« (*Bhagavad-Gita* IV, 7 – 8)

Jeder Tag kann Weihnachten sein

Wir sollten unser Bewußtsein während dieser heiligen Zeit um folgende Gedanken kreisen lassen: »Herr, lehre mich, Christus nachzufolgen. Ich will mich bemühen, meinen Mitmenschen zu vergeben, besonders zur Weihnachtszeit. Jeder Tag soll für mich Weihnachten sein. Ich will alle Gefühle des Hasses und der Feindseligkeit aus meinem Herzen vertreiben. Ich will zu denen gehen, die ich verletzt habe oder die mich verletzt haben, und ihnen in Liebe und Freundschaft die Hand reichen, so wie Christus es getan hat. Hilf mir, o Herr, mich aufrichtiger darum zu bemühen, mit Dir in Verbindung zu treten – mit Dir, dem Geliebten meiner Seele.«

Auf diese Weise können wir beginnen, Christus nachzufolgen.

DIE UNIVERSALE BOTSCHAFT CHRISTI UND KRISHNAS

Aus einer Ansprache im internationalen Mutterzentrum der Self-Realization Fellowship

Einige von euch haben mich gebeten zu erklären, welche Rolle Christus und Krishna in der *Self-Realization Fellowship* spielen. Wie ihr wißt, basiert die Lehre der *Self-Realization Fellowship* auf zwei Bibeln: auf der Bhagavad-Gita, welche die Lehre Krishnas enthält, und auf dem Neuen Testament, das die Botschaft Jesu Christi enthält. Eines der *Ziele und Ideale*[1], die unser Guru Paramahansa Yogananda aufgestellt hat, lautet: »... darzulegen, daß das ursprüngliche, von Jesus Christus gelehrte Christentum und der ursprüngliche, von Bhagavan Krishna gelehrte Yoga im wesentlichen völlig übereinstimmen und daß ihre Prinzipien der Wahrheit die wissenschaftliche Grundlage aller echten Religionen bilden.« Die Wahrheit kann viele Bezeichnungen haben und auf vielerlei Weise ausgelegt werden; weil es aber nur einen Gott gibt, so gibt es auch nur eine Wahrheit.

ÜBEREINSTIMMUNGEN IM LEBEN CHRISTI UND KRISHNAS

Krishna wurde vor mehr als tausend Jahren vor Christus als ein Prinz in Indien geboren. Ähnlich

[1] Siehe Seite 408.

Die universale Botschaft Christi und Krishnas

wie die Ankunft Jesu Christi in der Heiligen Schrift prophezeit wurde, so war auch das Kommen Bhagavan Krishnas vorherbestimmt. Genau wie bei Jesus lautete die Prophezeiung, daß Krishna ein großer geistiger Sieger über alle Feinde der Tugend sein werde. Als sein lasterhafter Onkel, König Kansa, davon erfuhr, gab er den Befehl, das Kind gleich nach seiner Geburt zu töten – ähnlich wie später auch König Herodes versuchte, das Jesuskind umbringen zu lassen. Krishnas Vater erhielt eine göttliche Warnung vor dieser Gefahr (ähnlich wie auch der Vater Jesu gewarnt wurde) und floh mit dem Kind. Er hinterließ es heimlich bei einer Pflegemutter, die es in ihre Obhut nahm. Auch Jesu Eltern flüchteten aus ihrem Land, um das Leben ihres Sohnes zu retten. Ähnlich wie Jesus wuchs Krishna in einfachen Verhältnissen auf – als Kuhhirte in Brindaban. (Ich habe in Indien viele der Orte besucht, in denen er gelebt hat. Die heilige Stadt Brindaban ist ein wunderbares geistiges »Mekka«, wo Tausende von Pilgern dem Herrn Krishna huldigen.)

DIE UNIVERSALE BOTSCHAFT GÖTTLICHER LIEBE

Krishna war eine Inkarnation göttlicher Liebe. Seine erhabene Botschaft handelt von der Liebe zu Gott und der Liebe zum Nächsten, die sich in rechtschaffenem Handeln zeigt. Die Liebe, die Krishna zum Ausdruck brachte, war von höchster und reinster Art; es war dieselbe Liebe, die Jesus Christus viele Jahrhunderte später ausstrahlte.

In beiden Epochen der Geschichte war diese Botschaft göttlicher Liebe dringend nötig. In der Zeit vor Jesu Geburt hatte das Volk weitgehend die

Alles Glück liegt in dir

von Mose gelehrte geistige Einstellung: »Auge um Auge, Zahn um Zahn.«[2] Das Gebot, das Mose seinem Volk verkündigte und das den damaligen Verhältnissen entsprach, bezog sich auf das Gesetz der ausgleichenden Gerechtigkeit (daß jede Ursache eine entsprechende Wirkung hervorruft). Er predigte über Sittlichkeit, denn sittliche Grundsätze sind Gesetze Gottes, sind Naturgesetze, die wir befolgen müssen, wenn wir körperliche Gesundheit, inneren Frieden und seelische Freiheit in dieser Welt finden wollen.

Zur Zeit Jesu hatten sich die Menschen immer mehr auf die buchstabengetreue Auslegung der mosaischen Gesetze konzentriert und die ihnen zugrundeliegende Botschaft längst vergessen. Jesus lehrte, daß man die Gesetze durch Mitgefühl, Vergebung und Duldsamkeit mildern müsse: »Wenn dir jemand einen Streich gibt auf deine rechte Backe, dem biete die andere auch dar«[3], und »Vergib siebzigmal siebenmal.«[4] Diese wichtige Botschaft Jesu hat bis zum heutigen Tag Gültigkeit; sie hat die westliche Welt erobert; und ähnlich hat Krishnas Lehre in Indien und im ganzen Orient Millionen von Anhängern gefunden.

Verschiedene Gesichtspunkte der einen Wahrheit

Göttlichen Inkarnationen wie Krishna, Buddha und Christus wurde jeweils eine besondere Botschaft übertragen. Buddha betonte das Gesetz des

---

[2] *2. Mose* 21, 24.
[3] *Matthäus* 5, 39.
[4] *Matthäus* 18, 22.

Die universale Botschaft Christi und Krishnas

Karmas – ein Gesetz, das Christus später in den einfachen Worten zusammenfaßte: »Denn was ihr sät, das werdet ihr ernten.« Buddha sprach vom »Rad des Karmas«, um einen Grundsatz zu verdeutlichen: Die Wirkung jeder unserer Handlungen kehrt stets zu uns als dem Ausgangspunkt zurück und formt somit einen Kreis, der sich unerbittlich schließt. Wenn wir etwas Unrechtes getan haben – selbst wenn es lange her ist und wir es vor anderen verheimlicht haben oder uns gar nicht mehr daran erinnern –, wird uns das Rad des Karmas die unerfreulichen Früchte jener Tat in den Schoß werfen.

Sobald wir das Gesetz des Karmas verstehen, sehen wir auch ein, wie wichtig es ist, sich der Worte Christi zu erinnern: »Richtet nicht, auf daß ihr nicht gerichtet werdet.«[5] Wir sehen immer nur das äußere Betragen anderer Menschen; aber wir wissen nicht immer, warum sie sich so verhalten. Anstatt sie zu kritisieren, sollten wir, wie Jesus, sagen: »Vater, vergib ihnen; denn sie wissen nicht, was sie tun!«[6] Was für eine wunderbare geistige Erkenntnis liegt in diesen Worten! Sie bedeuten ganz einfach: »Ich bin nicht der Richter meiner Mitmenschen. Laß mich in meinem ganzen Leben ein Beispiel für andere sein, indem ich immer bereit bin zu vergeben – ebenso wie Du, geliebter Gott, mir die unrechten Handlungen, die ich in vielen, vielen Leben begangen habe, stets vergeben hast.« Sobald wir lernen, unsere überkritische Einstellung unseren Mitmenschen gegenüber abzulegen und statt dessen das Scheinwerferlicht unserer kritischen Aufmerksam-

---

[5] *Matthäus* 7, 1.
[6] *Lukas* 23, 34.

keit nach innen auf unsere eigenen Schwächen zu richten, beginnen wir, nach dieser Lehre Christi zu leben und uns selbst zu ändern.

DAS HÖCHSTE GEBOT

Jesus bezeichnete es als das höchste Gebot, Gott, unsern Herrn, von ganzem Herzen, von ganzem Gemüte, von ganzer Seele und mit allen unseren Kräften zu lieben; und das zweite Gebot, das dem ersten gleich ist, lautet, daß wir unseren Nächsten lieben sollen wie uns selbst. Auch Krishna lehrte dies, als er das Gebot des Herrn verkündete: »Versenke deinen Geist in Mich; bete Mich an; leg alles in Meine Hände; verneige dich vor Mir. ... Gib alle anderen Pflichten auf und denke nur noch an Mich.«[7] Und ferner: »Von allen Yogis ist Mir derjenige am liebsten, der die Freude und das Leid anderer so fühlt, als sei es sein eigenes.«[8]

Wenn wir unseren Nächsten lieben wollen wie uns selbst, müssen wir zunächst verstehen, daß unser wahres SELBST, die Seele, eine individualisierte Widerspiegelung Gottes ist. Wir müssen unser kleines selbstsüchtiges Ego vergessen, das immer nur an das »liebe Ich« denkt. Jesus meinte nicht, daß wir unseren Nächsten auf eine exklusive Art lieben sollen, indem wir seiner körperlichen Erscheinung oder Persönlichkeit verfallen und alle anderen Menschen ausschließen. Vielmehr meinte er, daß wir alle Menschen lieben sollen, weil wir erkennen, daß der GEIST genauso in ihnen wohnt wie in uns selbst.

---

[7] *Bhagavad-Gita* XVIII, 65 – 66.
[8] *Bhagavad-Gita* VI, 32.

Die universale Botschaft Christi und Krishnas

Krishna sprach: »Wer Mich überall wahrnimmt, und alles in Mir, der verliert Mich nie aus den Augen, noch verliere Ich ihn je aus den Augen.«[9] Christus drückte dieselbe Wahrheit in einer ähnlichen Metapher aus: »Kauft man nicht zwei Sperlinge um einen Pfennig? Dennoch fällt deren keiner auf die Erde ohne euren Vater [ohne daß euer Vater dessen gewahr wird].«[10] Dies ist das Versprechen des geliebten Gottes: »Für Meine Kinder, die immer an Mich denken und Mich überall suchen, bin Ich nie fern; Ich halte stets Meine Hand über sie.«

In allen Zeitaltern erschallt der Ruf der Wahrheit, doch nur selten erhebt sich aus der Menge eine Seele, die das göttliche Licht vollkommen empfängt und widerspiegelt. Guruji sagte oft: »Ein Mond leuchtet heller als alle Sterne am Himmel. Ähnlich verbreitet eine einzige erleuchtete Seele, die Gott von ganzem Herzen liebt und den Spuren der großen Meister folgt, mehr Licht in dieser Welt als Tausende, die nur von der Kanzel herab über die Dogmen und äußeren Zeremonien einer Religion predigen.«

Gurudevas Beziehung zu Gott war so wunderbar einfach und kindlich und hat mein Herz immer tief bewegt. Das war es auch, was mich zu dieser Lehre der Selbst-Verwirklichung hingezogen hat. Selbst wenn er vor einer großen Zuhörerschaft sprach (und er hielt seine Vorträge oft vor Tausenden von Menschen), predigte er nicht, sondern wandte sich als einer der ihren an jede Seele. Während er das, was er in seinem eigenen Bewußt-

---

[9] *Bhagavad-Gita* VI, 30.
[10] *Matthäus* 10, 29.

sein wahrnahm, weitergab, stellte er eine göttliche Verbindung zwischen sich und den Zuhörern her. Das Ziel der *Self-Realization Fellowship* ist das persönliche Gotteserleben; deshalb lernen alle Mönche und Nonnen dieses Ordens zuallererst, wie sie Gott in ihrem eigenen Innern fühlen können, damit sie auch nach den geistigen Idealen und Grundsätzen *leben* können.

Die Lösung aller Probleme

Während der ersten Zeit, die ich im Ashram verbrachte, erwartete ich, daß Guruji, der ja ein Meister war, für jedes Problem eine fertige Lösung parat haben würde – so ähnlich, wie er damals meinen Körper durch eine bloße Berührung von einer schweren Krankheit geheilt hatte. Ich dachte, daß er mich jedesmal, wenn ich mit einem Problem zu ihm kam, einfach nur zu berühren brauche und daß ich dann augenblicklich Erleuchtung erlangen würde! Aber so war es keineswegs. Viele Jahre harter Selbstdisziplin lagen noch vor mir – viele Jahre tiefer Seelenerforschung und Sehnsucht nach Gott. Nur so konnte ich eine persönliche Beziehung zu Ihm herstellen, der die Lösung aller Probleme bedeutet.

Das Leid, das wir in dieser Welt erfahren, ist keine Strafe; Gott will uns dadurch nur mitteilen: »Du läufst von Mir weg, Mein Kind. Komm zurück!« Ihr müßt eine so innige Beziehung zu Gott haben, daß ihr jedesmal, wenn ihr enttäuscht oder unzufrieden mit dem Leben seid, erkennt, daß Gott euch diese Schwierigkeit gesandt hat, um euch daran zu erinnern, Ihn nicht zu vergessen. Es ist Seine Liebe, die Ihn dazu veranlaßt, uns vor dieser Ver-

Die universale Botschaft Christi und Krishnas

geßlichkeit zu bewahren, denn sie ist die Hauptursache für all unser Leid und all unsere körperlichen, geistigen und seelischen Qualen.

Die Welt befindet sich heute in einem so schrecklichen Zustand, weil die Menschen Gott aus den Augen verloren haben. In materieller Hinsicht leben wir im Überfluß; aber einige besitzen viel, während andere nichts haben. Auf geistiger Ebene leiden viele unter Verwirrung, Zweifeln und Angst. Seelisch ist die Welt am Verhungern. Es scheint fast so, als sei die Menschheit in jeder Hinsicht bankrott gegangen.

Diese Zustände werden so lange andauern, bis die Menschen genug gelitten haben, so daß sie gar nicht anders können, als wieder zu Gott zurückzukehren. Wir alle werden früher oder später einsehen müssen, daß das Glück und die Sicherheit, die wir suchen, nicht in dieser Welt zu finden sind. Wir greifen nach einer Wolke, aber wir haben nichts in der Hand. Genauso ist das Leben. Solange wir unser Glück in äußeren Dingen suchen, wird es uns immer wieder entgleiten. Wenn wir aber die göttliche Glückseligkeit im eigenen Innern erleben, finden wir wahres Glück; und dann können uns keine noch so großen Schwierigkeiten mehr etwas anhaben. Wenn unser Herz von göttlicher Liebe erfüllt ist, kann uns auch die Feindseligkeit anderer Menschen nicht aus dem Gleichgewicht bringen.

Schwierigkeiten mit dem Ehepartner, den Kindern oder anderen Menschen haben wir deshalb, weil wir ständig von ihnen verlangen, daß sie uns glücklich machen. Wir selbst aber meinen, es genüge, unseren Angehörigen materielle Dinge zu geben, um sie zufriedenzustellen. Das wird nie genug sein, meine Lieben – niemals! Je mehr wir uns von äußeren Dingen abhängig machen, um Erfüllung zu finden, um so größer wird unser inneres Verlangen – der Hunger unserer Seele, den nur Gott stillen kann.

Das Leben Christi, Krishnas und aller großen Heiligen soll uns dazu anspornen, unsere Gedanken intensiver auf Gott zu richten. »Herr, mein Leben fliegt so schnell dahin, und immer noch bist Du nicht in mein Herz eingekehrt. Ich will mich jetzt mehr anstrengen, damit ich endlich lerne, Dich zu erkennen und mit Dir in Verbindung zu treten; denn nur in Dir finde ich jenen Frieden, jene Freude und Liebe, nach denen meine Seele verlangt, nach denen mein Herz hungert. Ich habe wie ein Bettler in dieser Welt gelebt, der nach ein wenig menschlicher Zuneigung jammert. Jetzt will ich nicht länger betteln, sondern meine Aufmerksamkeit nach innen richten und mit Dir, mein Geliebter, in Verbindung treten – mit Dir, der Quelle aller Freude, allen Lebens, allen Friedens, aller Liebe. Ich will Dein göttliches Licht durch mein Leben widerspiegeln und zu einem wahren Friedensstifter werden.«

DER WELTFRIEDEN BEGINNT IN DER EIGENEN FAMILIE

Viele Menschen sind eifrig bemüht, der Welt zum Frieden zu verhelfen, doch sie leben noch nicht einmal mit sich selbst und ihrer eigenen Familie in Frieden. Oft benehmen sich solche Menschen, wie der Meister sagte, »in der Öffentlichkeit wie Engel und bei sich zu Hause wie Teufel«. Menschen, die keinen inneren Frieden besitzen, können auch keinen Frieden stiften.

Die universale Botschaft Christi und Krishnas

Wir müssen bei uns zu Hause anfangen und uns zunächst unseren Angehörigen gegenüber wie Engel verhalten – denn Gott hat uns ja mit ihnen zusammengeführt. Wir alle befinden uns genau in der Umgebung, die wir für unser geistiges Wachstum benötigen. Deshalb dürfen wir nicht gleich vor allen Schwierigkeiten davonlaufen. Wir sollten uns statt dessen bemühen, in unserer eigenen Familie Harmonie, Liebenswürdigkeit, Rücksicht und Liebe zu schaffen – nicht indem wir über diese Eigenschaften predigen, sondern indem wir sie vorleben. Das ist der richtige Weg, wenn wir den Geist Christi in dieser Welt wieder lebendig machen wollen.

Wir besitzen die innere Kraft, diese Welt zu ändern. Doch wir müssen bei uns selbst anfangen, indem wir jeden Tag tief meditieren. Zieht euch abends in einen abgeschiedenen Winkel eures Heims zurück, wo ihr allein sein könnt. Ganz gleich, ob euch das Herz schwer ist oder ob ihr Freude und inneren Frieden fühlt, setzt euch ruhig hin und sprecht von ganzem Herzen zu Gott. Wenn ihr dies beharrlich tut, werdet ihr bestimmt Antwort von Ihm erhalten; es kann gar nicht anders sein. Je öfter ihr mit Ihm sprecht – nicht in gekünstelten, nachgeplapperten Gebeten, sondern mit Worten, die euch tief aus dem Herzen kommen –, um so mehr werdet ihr erleben, daß Er euch dann, wenn ihr es am wenigsten erwartet, antwortet. Wir *können* Gott erkennen; wir *können* mit Ihm in Verbindung treten und Seine Liebe fühlen. Das ist die universale Botschaft Christi und Krishnas.

KINDERERZIEHUNG: EINE KUNST, DIE GELERNT SEIN WILL

Zusammengestellt aus Satsangas, in denen Fragen über Kindererziehung gestellt wurden

Kinder zur Welt zu bringen, ist nicht nur ein naturgegebenes Recht, sondern auch eine von Gott übertragene Verantwortung. Die Gesellschaft fordert eine Ausbildung für jeden, der Jurist, Buchhalter oder Mechaniker werden will. Wie wenige aber sind darauf vorbereitet, Eltern zu werden – welches der anspruchsvollste aller Berufe ist!

Meiner Meinung nach wäre es ideal, wenn keiner die Schule verlassen dürfte, bevor er Unterricht darin erhalten hat, wie man ein verantwortungsvoller Erwachsener und ein guter Vater oder eine gute Mutter wird! Kinder lernen kochen, nähen, Buchhaltung und heutzutage sogar Computer bedienen. Das ist alles gut und schön, aber sie brauchen ebenfalls Unterricht darin, wie sie ihr Leben meistern können.

DIE AUSBILDUNG DER KINDER FÄNGT ZU HAUSE AN

Die richtige Erziehung der Kinder beginnt im Elternhaus. Die Schulen sind »sehr heruntergekommen«, wie man sagen kann. Jedoch es liegt nicht nur an den Schulen, daß dort solch schädliche Einflüsse herrschen. Wir müssen die Schuld dort suchen, wo sie liegt: in der mangelhaften Erziehung durch die Eltern.

In Palpara, einem Dorf in Westbengalen, 1973

»Eines Tages wird euer Bewußtsein ständig in einem meditativen Zustand verweilen – es wird ununterbrochen bei Gott sein. ... Dann werdet ihr feststellen, daß selbst mitten in der Arbeit ein Quell der Hingabe, der Freude und der Weisheit in euch zu sprudeln beginnt, wenn ihr euren Geist für einen Augenblick nach innen richtet. Und dann werdet ihr sagen: ›Oh, Er ist ja bei mir!‹ Dieses Bewußtsein ist eine Frucht der Meditation, die ihr jederzeit genießen könnt – in stiller Gottverbundenheit und inmitten all eurer Tätigkeit.«

Begrüßung der Schüler in der YSS-Knabenschule in Ranchi, 1972

Mit Teilnehmern des SRF-Sommer-Jugendprogramms für Jungen, SRF-Lake Shrine, 1978

»Kinder gleichen zarten Pflanzen. Um ihr volles Potential entfalten zu können, müssen sie die richtigen Nährstoffe erhalten. ... Die Aufgabe der Eltern besteht darin, ihnen das richtige Beispiel zu geben und ihnen zu zeigen, worauf es im Leben ankommt. Sie müssen lernen, Gott zu lieben, Verantwortung zu übernehmen, selbstlos zu sein und sich anderen gegenüber freundlich zu verhalten – alles Eigenschaften und Tugenden, an denen man einen geistig gesinnten Menschen erkennt.«

Kindererziehung: eine Kunst, die gelernt sein will

Ich gebe zu, daß es heutzutage nicht leicht ist, Kinder großzuziehen. Doch haben Eltern nie das Recht, ein Kind in die Welt zu setzen und sich dann der Verantwortung zu entziehen, es richtig zu leiten. Wer würde einen Samen oder einen kleinen Baum in seinem Garten einpflanzen und ihn dann sich selbst überlassen, ohne jede Pflege und jeden Schutz? Wenn Sie wollen, daß der Baum gesund und gerade wächst, müssen Sie ihn gut abstützen, damit er sich im Wind nicht biegt und nicht bricht. Wir haben unserer Jugend gegenüber eine Verantwortung, und es ist bedauernswert, wenn Eltern dieser Verpflichtung nicht nachkommen. Wäre es nicht Gottes Absicht gewesen, daß Eltern ihre Kinder erziehen, würden die Babies aus Eiern schlüpfen, die von den Eltern gelegt worden sind, und blieben dann sich selbst überlassen, um allein aufzuwachsen. So machen es die Schildkröten!

KINDER BRAUCHEN LIEBEVOLLE DISZIPLIN

Kinder brauchen Disziplin. Damit meine ich nicht Schläge; bitte verstehen Sie mich richtig. Man darf bei einem Kind niemals Gewalt anwenden! Sie müssen Ihre Kinder mit Strenge erziehen, aber Sie müssen ihnen viel Liebe schenken. Ich denke in diesem Zusammenhang gern an die Jahre zurück, in denen wir vom Meister geschult wurden: Wir Novizen auf dem geistigen Weg waren gewissermaßen Kinder. Er leitete uns durch Vernunft und – wenn nötig – mit Strenge, aber auch mit großer Liebe. Das ist die ideale Erziehung.

Ich erinnere mich vieler Eltern, die dem Rat eines gewissen Arztes folgten; dieser befürwortete die

Alles Glück liegt in dir

antiautoritäre Erziehung und meinte, man solle dem Kind erlauben, ganz seinen eigenen Neigungen zu folgen. Aber das war ein Fehler. Der gesunde Menschenverstand sagte mir damals, daß das nicht der richtige Weg sein könne. Diese unerfahrenen Seelen in ihren kleinen Körpern (wir wollen sie nicht »junge« Seelen nennen, denn sie mögen ja schon viele Inkarnationen durchlebt haben) können noch nicht völlig die Weisheit und das Verständnis zum Ausdruck bringen, die in ihrer Seele schlummern. Sie gleichen zarten Pflanzen. Um richtig wachsen und ihre Anlagen voll entfalten zu können, müssen sie gute Nahrung erhalten und beschnitten werden; sie brauchen Anleitung, Liebe und Verständnis, und das können ihnen nur die Eltern geben. Jedes Kind braucht den Dialog mit einer Vertrauensperson, die jenes Verständnis besitzt, das es selbst noch nicht erlangt hat, aber entwickeln wird, wenn es die richtige Führung erhält.

Der gegenwärtige Trend, zu nachgiebig zu sein, muß in die entgegengesetzte Richtung gelenkt werden – und eine mögliche Alternative ist die richtige Erziehung in den ersten Lebensjahren. Man sollte Kindern die richtige sittliche Einstellung und das richtige Betragen beibringen – nicht nur durch Worte, sondern vor allem durch das eigene Beispiel. Der Mangel an solcher Führung ist einer der wesentlichen Gründe für den tragischen Zusammenbruch der moralischen Werte und des sittlichen Verhaltens in diesem Land und hat mehr als alles andere dazu geführt, daß der Zusammenhalt der Familien verlorengegangen ist. Und was für Folgen hat das gehabt? Seelisch verkrüppelte Kinder. Und seelisch

Kindererziehung: eine Kunst, die gelernt sein will

verkrüppelte Kinder werden im allgemeinen auch seelisch verkrüppelte Erwachsene, die sich zurückgestoßen fühlen, und das macht sie verbittert gegen die gesamte menschliche Gesellschaft. Sie meinen, daß die Welt sie nicht richtig behandelt habe. Wenn diesem Zusammenbruch der Moral nicht entgegengewirkt wird, kann er zu einem Verderb des Verantwortungsbewußtseins führen, was schon Ursache für den Zerfall und Niedergang mancher Zivilisationen gewesen ist.

Eltern sollten ihre Kinder gemeinsam erziehen

Mutter und Vater spielen bei der Kindererziehung unterschiedliche Rollen, die beide sehr wichtig sind. Die Mutter ist hauptsächlich dafür zuständig, die Kinder aufzuziehen, solange sie klein sind. Ich will damit nicht sagen, daß sie allein dafür verantwortlich ist; aber es liegt nahe, daß vor allem sie den Kindern die Fürsorge und Erziehung angedeihen läßt, die in den ersten Jahren so wichtig sind. Sie ist es, die den Säugling mit Nahrung aus ihrem eigenen Körper versorgt. Jedoch sollte sich der Vater seinem Anteil an der Verantwortung nicht entziehen. Wenn das Kind heranwächst, braucht es die Kameradschaft, die Fürsorge und das Verständnis beider Elternteile. Vater und Mutter haben gemeinsam die Pflicht, ihre Kinder großzuziehen.

Ich bin zutiefst von der Gleichberechtigung der Geschlechter überzeugt. Gurudeva Paramahansa Yogananda war einer der ersten, der das betonte. Während man überall im Westen nur Männer mit Führungsaufgaben betraute, brach er mit dieser Tradition, indem er mich zu einer der ersten weiblichen Vorsitzenden einer weltweiten geistigen Organisation machte.

Was hat es schon zu bedeuten, ob man Herr, Frau oder Fräulein genannt wird, wo doch jeder Mensch im Grunde weder männlich noch weiblich, sondern eine Gott zum Bilde erschaffene Seele ist? Das wäre, als ob sich kleine Kinder um ihre Spielzeuge zankten. Die wichtigen Fragen beziehen sich auf etwas viel Größeres – sie betreffen unsere Seele. Jeder von uns hat eine wichtige Rolle in dieser Welt zu spielen. Wenn dem nicht so wäre, hätte Gott uns alle gleich erschaffen. Und letztendlich ist eine Rolle nicht wichtiger als die andere; worauf es ankommt, ist, daß wir unsere Rolle gut spielen, was immer sie sein mag.

Es ist nicht richtig, daß eine Mutter ihr Leben lang an Haus und Küche gebunden bleiben soll. Das ist weder gerecht noch notwendig. Natürlich brauchen Mütter auch andere Herausforderungen im Leben. Solange die Kinder jedoch noch im zarten Alter sind, finde ich, daß der Platz der Mutter zu Hause bei ihren Kindern ist. (In manchen Fällen ist eine alleinerziehende, berufstätige Mutter natürlich gezwungen, ihr Kind in einen Kinderhort zu geben.)

BEMÜHEN SIE SICH UM EINE ENGE BEZIEHUNG ZU IHREN KINDERN

Es ist wirklich ein anspruchsvoller Beruf, Kinder zu erziehen und ihre Bedürfnisse zu verstehen. Jedes einzelne Kind ist ein Fall für sich. Vor Gott sind wir zwar alle Seelen, die über die gleichen göttlichen Eigenschaften verfügen. Aber weil jeder frei-

Kindererziehung: eine Kunst, die gelernt sein will

en Willen und eigenständige Intelligenz besitzt, haben wir verschiedene Wege eingeschlagen und dementsprechend individuelle karmische Muster gebildet. Wir müssen deshalb jedes Kind als eine Persönlichkeit ansehen.

Ich war eines von vier Kindern in unserer Familie. Wir liebten unsere Mutter sehr, und ich denke, das ist immer dann der Fall, wenn eine Mutter sich um Verständnis bemüht. Sie hatte es nie nötig, uns zu züchtigen, denn wir versuchten immer, ihr Freude zu machen. Wenn wir sie enttäuscht hatten, tat uns das leid, denn wir hatten sie ja so lieb. Wir konnten über alles mit ihr sprechen und wurden immer verstanden. Aber sie behandelte uns nicht alle gleich. Sie wußte, was jedes einzelne brauchte, und das vermittelte sie uns. Ich glaube, das geschieht ganz von selbst, wenn eine Mutter ihren Kindern viel Zeit widmet. Schenken Sie jedem Ihrer Kinder die gleiche Liebe, aber vergessen Sie auch nicht, daß Sie jedem einzelnen etwas anderes geben müssen. Einige Kinder zeigen von Geburt an großen Eigensinn, andere sind flatterhaft, wieder andere launisch, einige dagegen immer froh und heiter. Es ist wichtig, daß Sie Ihr Kind genau kennenlernen; sollte es dann einen falschen Weg einschlagen, können Sie es auf eine Weise leiten, die es versteht.

Es ist sehr wichtig, daß Eltern sich um die richtige Beziehung zu ihren Kindern bemühen. Stellen Sie sich nicht mit Ihren Kindern auf eine Stufe. Sie sind die Eltern, nicht Brüder oder Schwestern. Die Kinder müssen Sie als Eltern lieben und respektieren. Ich bin nicht der Meinung, daß eine kumpelhafte Beziehung gut oder hilfreich für das Kind ist.

Alles Glück liegt in dir

Eine Mutter, die sich ihren Kindern gegenüber wie eine Schwester verhält, versucht nur, ihrem eigenen Ego zu schmeicheln. Sie will nicht erwachsen werden. Sie sollte aber eine verantwortungsbewußte Mutter sein. Und das gleiche gilt für den Vater.

Sorgen Sie für gegenseitige Verständigung

Wenn Sie Ihre Kinder richtig erziehen wollen, müssen Sie sich auch mit ihnen verständigen können. Die Kinder müssen Ihnen vertrauen können. Ermutigen Sie sie dazu, aufrichtig zu sein und Ihnen alles zu sagen, was sie innerlich beschäftigt. Wenn Sie ein Kind abweisen, weil es Ihnen etwas erzählt hat, das Ihnen mißfällt, wird es Ihnen in Zukunft ausweichen und seine wahren Gefühle verbergen; wenn es weiß, daß Ihnen irgendein Verhalten nicht recht ist, wird es das vor Ihnen geheimhalten und sich eine andere Vertrauensperson suchen. Es ist aber viel besser, wenn Sie dieser Freund sind, dem es alles anvertrauen kann. Wenn Sie eine solch gute Beziehung zu Ihren Kindern haben, werden diese es nicht nötig finden, Drogen zu nehmen oder anderswo nach Verständnis zu suchen.

Nehmen Sie sich Zeit, mit Ihren Kindern zu reden. Gehen Sie auf ihre Fragen ein und leiten Sie sie auf eine Art und Weise an, die sie verstehen. Sie dürfen nicht nur sagen: »Tu das nicht!« Sie müssen dem Kind alles richtig erklären, und zwar so, daß es auf Sie hört. Man lernt durch Zuhören, selbst wenn man nicht mit allem, was einem gesagt wird, einverstanden ist. Ermutigen Sie Ihr Kind dazu, auf Sie zu hören. Dann werden sich die positiven Ratschläge in seinem Bewußtsein festsetzen. Wenn es später

Kindererziehung: eine Kunst, die gelernt sein will

einmal eigene Kinder hat, wird es Ihnen sicher dankbar dafür sein. Schon während der ersten Lebensjahre müssen Sie für eine gute Beziehung zu Ihren Kindern sorgen. Wenn Sie warten, bis ein Problem auftaucht, wird es sehr viel schwerer sein, zu einer Verständigung zu kommen.

Vor einem möchte ich Sie allerdings warnen: Drängen Sie Ihren Kindern niemals Ihre eigenen geistigen Überzeugungen auf. Sagen Sie nicht: »Ich meditiere, deshalb solltest auch du meditieren.« Kinder gleichen zarten Pflanzen; geben Sie ihnen Zeit, zu wachsen und ihre eigene Persönlichkeit zu entfalten. Daran ist nichts auszusetzen. Ihre Aufgabe besteht darin, ihnen das richtige Beispiel zu geben und ihnen zu zeigen, worauf es im Leben ankommt: Gott zu lieben, Verantwortung zu übernehmen, selbstlos zu sein und sich anderen gegenüber gütig zu verhalten – alles Eigenschaften und Tugenden eines geistig gesinnten Menschen.

Als wir Kinder waren, lernten wir durch unsere Mutter schon sehr früh das Beten. Es gehörte zu unserer Zeremonie des Zubettgehens. Wir knieten um sie herum, sprachen ein kurzes Gebet und beteten anschließend für die einzelnen Familienmitglieder. Das war so wunderbar. Wir wurden nie dazu gezwungen. Wenn man ein Kind beten lehrt, tut es das gern. Als ich im Alter von siebzehn Jahren zur *Self-Realization Fellowship* kam, war ich so sehr damit beschäftigt, für andere zu beten, daß mein Abendgebet gar nicht enden wollte – meine Liste wurde immer länger. Wenn man für andere betet, lernt man, Mitgefühl zu entwickeln. Kinder sollten lernen, liebevoll und selbstlos zu sein.

Alles Glück liegt in dir

BRINGEN SIE IHREN KINDERN VERANTWORTUNGSBEWUSSTSEIN BEI

Es ist ebenfalls wichtig, daß Kinder lernen, Verantwortung zu übernehmen. Ich staune immer wieder, wenn ich Familien sehe, in denen die Eltern alles erledigen – das Kochen, Abwaschen, Saubermachen, die Gartenarbeit – und das Kind sitzt vor dem Fernseher oder ist bei seinen Freunden und hat überhaupt keine Pflichten. Das ist nicht richtig. Warum glauben manche Eltern, sie müßten alles allein machen? Warum geben sie ihrem Kind nicht die richtige Disziplin, die ihm hilft, seine Fähigkeiten und sein Pflichtbewußtsein zu entwickeln? Das Kind wächst zu einem rücksichtslosen und unzuverlässigen Menschen heran, der nicht weiß, wie er seine eigenen Kinder erziehen soll. Diese Gewohnheiten übertragen sich von einer Generation auf die andere, und viele junge Menschen haben heute darunter zu leiden, daß wir unsere Pflicht ihnen gegenüber nicht erfüllt haben.

Kinder sollten schon im frühen Alter lernen, daß man nichts ohne eigene Anstrengungen erreichen kann. In dieser Welt muß jeder arbeiten; er muß sich das, was er erhalten will, erst verdienen. Das ist ein wichtiger Grundsatz. Wenn man einem Kind alles gibt, was es haben will, wird es nie den Wert der Dinge schätzen lernen. Bringen Sie dem Kind bei, daß es in der Familie, im Freundeskreis und in seiner Gemeinde sein Teil beitragen muß. Auf diese Weise wird es darauf vorbereitet, den Anforderungen gerecht zu werden, die ihm später als Erwachsenem gestellt werden.

Eltern sind ihren Kindern gegenüber oft zu

Kindererziehung: eine Kunst, die gelernt sein will

nachgiebig. »Ich will meinem Kind all das geben, was ich selbst nicht haben konnte.« Unsinn! Geben Sie ihm Gelegenheit, sich zu entfalten, etwas zu erreichen und mit den Herausforderungen des Lebens fertig zu werden – und zwar mit Ihrer Hilfe und Unterstützung. Das wird seinen Charakter stärken. Sie können es nicht vor allem bewahren, noch können Sie ihm zu wahrem Glück verhelfen, wenn Sie seinen Launen nachgeben. Auf lange Sicht werden Sie ihm damit nicht helfen.

Und noch eine Sache ist wichtig: Wenn Sie Ihrem Kind eine Aufgabe übertragen, dann achten Sie darauf, daß es sie auch erledigt. Wenn Sie ihm sagen, es solle seine Kleider aufheben und abends ordentlich auf den Stuhl legen, dann bestehen Sie darauf, daß es wirklich tut, was Sie sagen. Schlagen Sie Ihr Kind nicht, aber bleiben Sie fest. Und wenn es einmal gute Gewohnheiten angenommen hat, wird es mit der Zeit ganz von selbst das Richtige tun.

Die Kinder helfen gern, wenn man sie darum bittet und wenn sie fühlen, daß sie gebraucht werden. Geben Sie Ihrem Kind ein Gefühl der »Dazugehörigkeit«. Loben und ermutigen Sie es, damit es von sich aus helfen *will*. Vergewissern Sie sich aber, daß die Verantwortung das Vermögen des Kindes nicht übersteigt. Und wenn es sich nach besten Kräften bemüht hat, geben Sie ihm eine Belohnung; bemüht es sich nicht, gibt es auch keine Belohnung. Das ist zwar nicht unbedingt die ideale Methode – es wäre besser, wenn das Kind gehorchte, weil es sich aus eigenem Antrieb gut benehmen will –, aber leider scheint eine Belohnung in den meisten Fällen doch etwas zu helfen.

Alles Glück liegt in dir

Als ich noch ein Kind war, erhielten wir keine andere Belohnung von unseren Eltern, als ihre Anerkennung für etwas, das wir gut gemacht hatten. Wir hatten alle unsere kleinen Pflichten, und wir wußten, man erwartete von uns, daß wir sie richtig erfüllten. Wenn wir zum Beispiel das Geschirr abgetrocknet hatten und die Gläser nicht blitzblank waren, wurden wir aus dem Bett geholt und mußten herunterkommen, um sie noch einmal abzuwaschen. Ich bin wirlich dankbar für diese Disziplin, die ich zu schätzen weiß. Hätte ich diese Schulung nicht schon als junges Mädchen erhalten, wäre mir vielleicht die Disziplin, die der Meister mir auferlegte, unerträglich gewesen. Er übertrug mir zunehmend größere Verantwortung, und sie gipfelte in dem, was heute auf meinen Schultern ruht.

Sollen Eltern den Beruf ihrer Kinder bestimmen?

Ich habe folgende Erfahrung gemacht: Wenn ein anderer uns sagt, was wir mit unserem Leben machen sollen, dann richten wir uns vielleicht eine Zeitlang nach diesen Anweisungen; wenn wir jedoch glücklich werden wollen, müssen wir über kurz oder lang unseren verborgenen inneren Neigungen folgen. Wenn mich jemand fragt: »Soll ich heiraten oder soll ich ledig bleiben?«, dann frage ich zuerst zurück: »Was ist Ihr wahrer Herzenswunsch?« Denn wenn ich dieser Person vorschlage, in einen religiösen Orden einzutreten, mag ein solches Leben nicht alle Wünsche, die sie noch hegt, auslöschen. Das Verlangen nach einer bestimmten Berufung im Leben muß im Herzen aufsteigen – erst dann kann diese Neigung unter der Anleitung anderer entwickelt werden.

Kindererziehung: eine Kunst, die gelernt sein will

Es hat zum Beispiel im Osten wie im Westen viele gegeben, die den Weg der Entsagung gingen, weil man das von ihnen erwartete. Das heißt, die Eltern hatten sich gewünscht, daß eines ihrer Kinder Mönch oder Nonne werden sollte, und sie schon in diesem Sinne großgezogen. Aber wenn dieser Wunsch nicht vor allem im Herzen der Betreffenden besteht, werden sie keine sehr guten Ordensleute sein. Dann setzen sich nach etwa fünf, zehn oder fünfzehn Jahren andere Wünsche durch, und sie folgen einem anderen Lebensweg.

Nur Sie selbst können sagen, was Sie wirklich wollen. Wenn mich jemand um Rat fragt und sagt: »Ich möchte wissen, was Gott mit mir vorhat«, komme ich immer auf den springenden Punkt zurück: Was wollen *Sie selbst*? Stellen Sie sich diese Frage zuerst, und prüfen Sie dann ganz sachlich, welcher Weg Ihnen im Leben karmisch bestimmt ist.

Manchmal wollen wir die Verantwortung für unser eigenes Leben nicht übernehmen. Wir möchten, daß Gott uns sagt, was wir tun sollen, vorausgesetzt, daß Gottes Wille mit unseren *eigenen Vorstellungen* übereinstimmt! Ich habe nichts dagegen einzuwenden, daß man herausfinden will, was Gottes Wille ist; ich bin sogar sehr dafür. Aber es genügt nicht, wenn wir immer nur sagen: »Ich möchte Gottes Willen tun«, während uns innerlich andere Wünsche verfolgen. Wir haben die Samen unserer Wünsche selbst gesät und vielleicht schon seit mehreren Leben mit uns herumgetragen. Deshalb genügt es nicht, etwas zu akzeptieren, von dem wir meinen, daß Gott es von uns erwarte oder daß unsere Eltern oder Freunde es wählen würden, wenn es uns innerlich widerstrebt. Wir müssen das tun, was wir selbst als richtig empfinden, und dann weitersehen.

Gott hat jedem von uns Intelligenz verliehen. Wir müssen diese Intelligenz dazu gebrauchen, Verantwortung für unser eigenes Leben zu übernehmen und die richtigen Entscheidungen zu treffen. Wenn wir das tun, wenn wir meditieren und gleichzeitig versuchen, uns ganz auf Gott einzustellen, erfüllen wir unsere eigene Bestimmung. Pflicht der Eltern ist es, ihre Kinder in diesem Sinne anzuleiten und ihnen gleichzeitig genug Freiheit einzuräumen, so daß sie ihren eigenen Neigungen folgen können.

Meine Jungen sind vierzehn und sechzehn Jahre alt. Sie wollen mit Mädchen ausgehen, aber ich bin Inderin und kann das mit meinem kulturellen Erbe nicht vereinbaren. Wie Sie wissen, werden Eheschließungen in Indien von den Eltern arrangiert. Ich weiß, daß es in Amerika anders ist und daß meine Einstellung ausgeglichen sein sollte. Dennoch habe ich das Gefühl, daß sie noch sehr jung sind und ihre Energie jetzt lieber in Unterricht und Sport einsetzen sollten.

Zuallererst muß ich Ihnen sagen, daß man keine allgemeinen Regeln aufstellen kann, denn jeder Fall ist anders. Manche Kinder sind früher reif als andere desselben Alters. Ferner stimme ich mit Ihnen darin überein, daß die Kinder im Westen zuviel Freiheit haben, was den Umgang mit dem anderen Geschlecht angeht; aber ich bin auch der Meinung, daß die Bräuche in Indien verbessert werden könnten. Ich habe in Indien von einigen tragischen Fällen erfahren, welche die Folge von arrangierten Heiraten waren. So weisen beide Systeme Fehler auf.

Kindererziehung: eine Kunst, die gelernt sein will

Guruji war ganz und gar dafür, daß Jungen und Mädchen im frühen Alter in getrennten Schulen unterrichtet werden. Die Aufmerksamkeit der Kinder sollte auf die Lehrfächer und die eigene Charakterbildung gerichtet sein – auf eine Entwicklung, die ihnen das beste Rüstzeug für ihr Leben als Erwachsene mitgibt –, ohne daß ihre erwachenden Sinne durch täglichen Umgang mit dem anderen Geschlecht übermäßig angeregt werden. Leider ist das sittliche Niveau in der heutigen Gesellschaft sehr gesunken. In einer Atmosphäre allgemeiner Freizügigkeit ist es nicht gut, sich zu früh mit Jugendlichen des anderen Geschlechts zu treffen. Das zunehmende Problem von Mädchen, die schon als Teenager schwanger werden, ist ein sprechender Beweis dafür.

Ich sprach einmal mit einem jungen Mädchen, dessen Vater ganz nach Gurujis Idealen aufgewachsen und sehr streng mit seinen Kindern war. Als sie noch jung waren, erlaubte er es ihnen nicht, sich zu verabreden, als viele ihrer gleichaltrigen Freunde und Freundinnen schon auszugehen begannen. Die Kinder richteten sich auch danach. Das führte aber dazu, daß die Tochter später, als sie endlich ausgehen durfte, dem Einfluß gleichaltriger Kameradinnen erlag und sich mit dem falschen Burschen einließ. Man brachte mir diese Angelegenheit damals zur Kenntnis. Mehrere Gespräche mit dem Mädchen waren nötig, in denen ich ihr ruhig erklärte, daß es entscheidend sei, sich zuerst zu einem verantwortungsvollen, tüchtigen Erwachsenen zu entwickeln – daß es dann ganz von selbst in der Lage sein werde, die richtige Wahl für ihr Leben zu

Alles Glück liegt in dir

treffen. Glücklicherweise hatte das Mädchen offene Ohren, und es ist sehr glücklich geworden. Es hat einen guten jungen Mann geheiratet, und beide haben mittlerweile ein reizendes Kind.

Sie kommen aus einem anderen Kulturkreis und müssen sich für die Bräuche des einen oder anderen Landes entscheiden. Viele indische Eltern in diesem Land fahren fort, den Lebensgefährten für ihre Kinder auszuwählen. Und ich will das nicht in Frage stellen, sofern sie die Charaktere der jungen Leute sorgfältig prüfen und sich davon überzeugt haben, daß beide gut zueinander passen. Es mag ein guter Brauch sein, vorausgesetzt, daß alle Charakterzüge und Interessen der Betreffenden berücksichtigt werden und man sich auch fragt: Kommen sie miteinander aus? Werden sie weiterhin so gut harmonieren, wenn sie heranwachsen? Stimmen sie in ihren Zielen und Idealen miteinander überein?

Wenn Sie jedoch den Bräuchen des Westens folgen wollen, möchte ich Ihnen folgenden Vorschlag machen: Sobald Sie meinen, daß Ihre Kinder alt genug sind, lassen Sie sie ihre Freunde nach Hause mitbringen, anstatt daß sie sich außerhalb treffen; auf diese Weise erfahren Sie, mit wem Ihre Kinder Umgang haben. Diese Freunde werden sich nicht immer so benehmen, wie es Ihnen recht ist – aber machen Sie Zugeständnisse an ihr Alter und ihre Interessen, solange sie sich an die sittlichen Grundsätze halten.

Laden Sie sie an einem Freitagnachmittag nach der Schule für einige Stunden ein, damit sie Schallplatten spielen, kleine Parties halten oder sich mit anderen Tätigkeiten, die ihnen Spaß bereiten, die Zeit

Kindererziehung: eine Kunst, die gelernt sein will

vertreiben. Ich glaube, daß es wichtig für die Eltern ist, ihre Wohnung den Freunden der Kinder gastfreundlich zu öffnen. Dann fühlen die Kinder, daß ihre Freunde zu Hause immer willkommen sind.

Sie haben das Recht und sogar die Pflicht, streng zu sein, wenn es darum geht, den Genuß von Alkohol und Drogen zu verbieten. Berufen Sie sich – falls nötig – auf fachärztlichen Rat und Beistand, um das durchzusetzen. Ich habe zu oft erlebt, wie Geist und Körper durch diese Stoffe auf tragische Weise zerstört worden sind. Sicher trifft dies nicht auf Ihre Kinder zu, aber ich erwähne es, weil es in manchen Familien der Fall ist.

Hierzulande wird es von verantwortungsbewußten Eltern allgemein akzeptiert, wenn die Kinder im Alter von fünfzehn oder sechzehn Jahren beginnen, sich gesellig mit Freunden des anderen Geschlechts zu verabreden. Achtzehn Jahre ist ein bißchen spät, wenn Sie sich nach dem richten wollen, was im Westen üblich ist. Ich sage nicht, daß das eine richtig und das andere falsch sei. Ich stelle lediglich fest, daß Ihre Kinder in einer Umgebung leben, in der es allgemeiner Brauch ist, etwas früher enge Freundschaften mit dem anderen Geschlecht zu pflegen. Es wäre zu Ihrem Nachteil, wenn Sie für übertrieben streng gehalten werden.

Manche Eltern wissen gar nicht, mit wem ihre Kinder Umgang haben. Und dann denken die Kinder natürlich: »Meine Eltern interessieren sich überhaupt nicht für mich.« Sehr oft sind die Kinder sogar froh, wenn die Eltern energisch werden und bestimmte Regeln aufstellen. Aber Sie müssen damit beginnen, solange die Kinder noch im erziehungs-

Alles Glück liegt in dir

fähigen Alter sind. Warten Sie nicht, bis sie Teenager sind, weil es dann schon zu spät sein könnte. Denn in diesem Alter sind sie an größere Unabhängigkeit gewöhnt, als Ihnen lieb sein wird.

Wir leben in einer wirklich schlimmen Wohngegend. Viele Eltern scheinen sich nicht darum zu kümmern, was ihre Kinder machen. Ist es in Ordnung, wenn ich meine Kinder mit den anderen spielen lasse? Sollen wir dort wohnen bleiben, oder sollten wir wegziehen? Als wir das Haus kauften, war die Gegend in Ordnung.

Wenn Sie in einer Gegend wohnen, in der es schlecht erzogene Kinder gibt, würde ich vorsichtig sein. Ich würde wissen wollen, mit wem meine Kinder spielen und was sie machen – aber ohne daß ich ihnen das Gefühl gebe, sie in ihrer Freiheit zu beschränken.

Den größten Einfluß im Leben der Kinder haben ihre Spielgefährten. Kinder ahmen andere nach und nehmen die Gewohnheiten von denjenigen an, mit denen sie oft zusammen sind. Wenn die Kinder in Ihrer Nachbarschaft nicht so sind, wie Sie es für die Entwicklung Ihrer eigenen wünschen, oder wenn jene Ihre Kinder sogar zu irgendwelchem Unfug verleiten, würde ich eingreifen.

Es ist sehr wichtig zu erkennen, in welchem Maße die Kinder auf ihre jeweilige Umgebung reagieren. Achten Sie darauf, daß Sie niemanden wegen seiner Hautfarbe, Religion oder Nationalität ablehnen, sondern urteilen Sie aufgrund seines Charakters. Sie können jede Art von Nachbarn haben, wichtig ist nur deren Charakter. Sie können nicht Ihr ganzes Leben lang Angst um Ihre Kinder haben, nur weil Sie in einer schlechten Umgebung leben. In

Kindererziehung: eine Kunst, die gelernt sein will

einem solchen Fall mag es besser sein, in einen anderen Stadtteil zu ziehen, wo es diese Probleme nicht gibt, damit Sie wieder inneren Frieden finden.

Zusammenfassend möchte ich auf einen wichtigen Punkt hinweisen: Wenn die Eltern den bestmöglichen Erfolg bei der Erziehung ihrer Kinder haben wollen, müssen sie durch ihr eigenes Beispiel die richtigen Maßstäbe setzen. Die Kinder müssen verstehen, daß es zu ihrem eigenen Besten dient, den aufgestellten Regeln zu folgen. Wenn Kinder durch gutes Beispiel und mit Liebe und Verständnis erzogen werden, wird sich ihr gutes Karma, das sie bereits aus früheren Leben mitgebracht haben, entfalten und ihr künftiges Wachstum fördern. Die Pflicht, die Gott den Eltern übertragen hat, besteht darin, die verborgenen guten Anlagen in den ihnen anvertrauten Kindern zu entwickeln und die Saat neuer Tugenden in ihre Seele zu pflanzen. Das ist in der Tat ein Beruf, den man lernen muß!

Wann ist die Anwendung von Gewalt gerechtfertigt?

*Diese Frage wurde während eines
Satsangas gestellt*

In seiner Deutung der Zehn Gebote schrieb Paramahansa Yogananda folgendes über das Gebot *Du sollst nicht töten*:

> »Der Sinn dieses Gebotes liegt darin, daß ihr nicht um des Tötens willen töten sollt, denn dann werdet ihr zum Mörder. Man darf anderen nicht in einem heftigen Anfall von Leidenschaft das Leben nehmen. Wenn aber euer Vaterland angegriffen und in einen Krieg verwickelt wird, sollt ihr kämpfen, um diejenigen, die Gott euch anvertraut hat, zu schützen. Ihr habt die rechtmäßige Pflicht, eure Familie und euer Land zu verteidigen.«[1]

Ich bin gefragt worden, ob Guruji es deshalb mißbilligen würde, wenn jemand nicht in den Krieg ziehen will. Nein, denn unser Guru kam auf die Erde, um besseres Verständnis unter den Menschen zu schaffen, nicht um zu verurteilen. Er verstand die Gefühle der »Kriegsdienstverweigerer«, die ihrem Land auf andere Weise dienen wollen. Während des Zweiten Weltkriegs sprach Guruji oft von den Millionen von Menschen, die ihr Leben lassen mußten. Er erklärte dazu, daß Seelen, die plötzlich aus dem

---

[1] Aus dem Kapitel »Die Zehn Gebote – Ewige Wegweiser zum Glück« in *Die Reise der Seele nach innen* von Paramahansa Yogananda.

Wann ist die Anwendung von Gewalt gerechtfertigt?

Körper hinausgeworfen werden – z.B. beim Tod auf dem Schlachtfeld oder bei einem Luftangriff –, viel schneller zur Erde zurückkehren als solche, die eine normale Lebensspanne gehabt haben. Er sagte auch, viele von ihnen hätten dann einen solchen Widerwillen gegen den Krieg, daß sie sich künftig weigern würden zu kämpfen. Und sehen wir das jetzt nicht bei den vielen jungen Menschen, die sich absolut weigern, in den Krieg geschickt zu werden? Guruji konnte in die Zukunft schauen; er kannte Ursache und Wirkung der Handlungen – nicht nur bei einzelnen Menschen, sondern bei ganzen Nationen.

Wir können nicht einfach sagen, daß alles Töten von Übel und jeder Krieg unrecht sei. Wenn ein Land ein anderes bedroht, so hat dieses das Recht, sich zu verteidigen. Wir dürfen nicht vergessen, daß wir es mit einer dualistischen Welt zu tun haben, einer Welt von Gut und Böse, in der nur wenige den höchsten Bewußtseinszustand erreicht haben. Es ist richtig und sinnvoll, sich selbst, seine Angehörigen und sein Land zu verteidigen – auch wenn dies das Töten erforderlich macht.

Wenn ihr seht, daß jemand einem eurer Lieben etwas antun will, dann schaut ihr bestimmt nicht ruhig zu und sagt: »Ich vergebe dir.« Ihr habt den natürlichen Impuls, den geliebten Menschen zu verteidigen. Wenn ihr dies tun könnt, ohne dem Angreifer zu schaden, um so besser. Doch wenn nicht, dann gebraucht notfalls Gewalt. Und sobald ihr die Gefahr abgewendet habt und dem Unschuldigen keine Gefahr mehr droht, helft auch dem Angreifer, falls er verletzt worden ist.

Alles Glück liegt in dir

GOTT URTEILT NACH DEM BEWEGGRUND DES HANDELNS

Wir müssen uns darüber klar sein, daß es Gott auf den Beweggrund unseres Handelns ankommt. Darum sollten wir immer die unseren Handlungen zugrundeliegende Absicht prüfen und uns fragen, ob das Endresultat, das wir erstreben, wirklich gut ist. Darum fällt es den meisten Menschen schwer, ihre Mitmenschen richtig einzuschätzen. Oft trüben Gefühlsregungen die Urteilsfähigkeit der Vernunft. Es ist zum Beispiel nicht richtig, jegliches Töten von Tieren zu verurteilen. Wenn jemand Vögel oder harmlose Tiere nur zum Spaß abschießt oder weil es ein unterhaltsamer Sport für ihn ist, begeht er ein Unrecht. Sieht jemand dagegen – wie es manchmal in Indien vorkommt –, daß ein wilder Tiger einen Menschen anfällt oder daß eine Schlange im Begriff ist, ein Kind zu beißen, so ist es selbstverständlich richtig, wenn er sein Gewehr nimmt, um die höhere Lebensform zu retten. In beiden Fällen urteilt Gott nach dem Beweggrund, nicht nach der Handlung.

VERSCHIEDENE STUFEN DER EVOLUTION

Aufgrund des Evolutionsgesetzes gibt es im Leben verschiedene Entwicklungsstufen. Das am höchsten entwickelte Lebewesen ist der Mensch, und unter ihm stehen alle niedrigeren Lebensformen. Wissenschaftler behaupten, daß das Pflanzen- und Tierleben seinen Ursprung im Meer hatte, sich von dort auf das Land ausbreitete und allmählich immer höhere und intelligentere Lebensformen annahm.

Wenn wir also eine niedrigere Lebensform tö-

Wann ist die Anwendung von Gewalt gerechtfertigt?

ten müssen, um eine höhere zu erhalten, so ist das gerechtfertigt. Es wäre höchst unpraktisch und töricht, krankheitserregende Insekten wie Moskitos *nicht* zu töten, denn sie übertragen lebensgefährliche Krankheiten. Hierin besteht keine Sünde, weil wir dadurch die höheren Lebensformen schützen.

Derselbe Grundsatz gilt auch für Tiere, die von der Tollwut befallen sind. Hier in der Gegend von Mt. Washington gibt es eine Anzahl wilder Tiere, die tollwütig werden können. Wenn es nötig ist, Menschenleben zu schützen, indem man ein tollwütiges Tier tötet, so ist das ebenfalls eine richtige und keine sündhafte Handlung. Außerdem zeugt diese Handlung von Mitgefühl, denn man erlöst das Tier von seinem Leiden.

UNTERSCHEIDUNGSKRAFT UND EHRFURCHT VOR ALLEM LEBEN

Wir müssen stets unsere Unterscheidungskraft gebrauchen und Ehrfurcht vor allem Leben haben. Ich sagte, daß das Töten als Zeitvertreib unrecht sei. Das trifft auch auf das Töten um der Bequemlichkeit willen zu. Wenn ich eine Fliege in meinem Zimmer habe und sehe, daß sie sich verirrt hat oder daß sie mich stört, dann ist mein erster Impuls, ein Fenster zu öffnen und sie hinauszulassen. Es ist nicht notwendig, die Fliege zu töten. Wenn ich mich jedoch in einem Land befinde, wo die Insekten Krankheiten und Epidemien verbreiten oder wo es Schädlinge wie zum Beispiel Ratten gibt, welche die Gesundheit und das Leben bedrohen, dann ist es nicht falsch, diese Insekten oder Nagetiere zu beseitigen, solange wir es ohne Böswilligkeit und in dem Be-

Alles Glück liegt in dir

wußtsein tun, daß der in ihnen bestehende Lebensfunke sich das nächste Mal zu einer höheren Daseinsform entwickeln wird.

Es ist also nicht unrecht, das zu töten, was das Leben eines Menschen oder eines höherentwickelten Tieres bedroht. Was würdet ihr zum Beispiel tun, wenn ihr seht, daß eine Klapperschlange einen hilflosen jungen Hund angreift? Bestimmt würdet ihr das Junge schützen, indem ihr die Schlange tötet. Und wenn die Schlange sich in einer dicht bevölkerten Gegend befindet, wird eure Vernunft euch ohnehin sagen, sie zu beseitigen, weil sie nicht nur den kleinen Hund, sondern auch Menschen töten könnte.

Wenn man andererseits in freier Natur oder einer unbewohnten Gegend der Wüste eine Klapperschlange antrifft, bin ich nicht der Meinung, daß man sie töten sollte. Dort hat Gott die Schlange hingesetzt; sie tut niemandem etwas zuleide und gehört mit zur Natur. Laßt sie also in Ruhe. In ihrer natürlichen Umgebung hat sie keine Gelegenheit, Haustiere oder Menschen anzugreifen; das ist die entscheidende Tatsache.

Wichtigkeit des Gedankenaustausches

Ich glaube also, daß man sich und andere in Augenblicken der Gefahr verteidigen soll, doch finde ich es töricht, wenn sich zwei Personen wegen einer Meinungsverschiedenheit bekämpfen. Es liegt immer ein Grund für das menschliche Verhalten vor, und ich bin der Überzeugung, daß man die Ursache der Meinungsverschiedenheit untersuchen sollte, anstatt handgreiflich zu werden!

Wann ist die Anwendung von Gewalt gerechtfertigt?

Eltern sollten ihre Kinder davon abhalten, miteinander zu kämpfen. Diese müssen einsehen lernen, daß man andere dadurch nicht ändert, sondern daß eine Einigung nur durch Aussprache, Gedankenaustausch und Verständnis möglich ist. Manche Kinder bringen von früher her aggressive Neigungen mit – oder sie entwickeln diese in ihrer jetzigen Umgebung. Wenn man ihnen erlaubt, sich das, was sie wollen, durch Gewalt zu beschaffen, wird es immer schlimmer mit ihnen. Man muß sie zum Meinungsaustausch mit anderen anhalten, damit sie lernen, sich selbst und andere zu verstehen.

Wenn ihr einem anderen sagt: »Du hast dieses und jenes falsch gemacht«, führt das zu keiner Verständigung. Sobald ihr jemanden anklagt, lehnt er sich dagegen auf. Sich mit anderen zu verständigen, bedeutet, ihnen folgendes zu sagen: »Wir haben Schwierigkeiten miteinander gehabt, und ich möchte gern wissen, wie es dazu kam. Willst du mir dabei helfen?« Dann laßt ihn zuerst sagen, was ihn bei euch stört und ihn so gereizt reagieren läßt. Nachdem er sich ausgesprochen hat, fragt ihn: »Kann ich jetzt sagen, was ich denke?« Versucht dies einmal. Auf diese Weise entwickelt man Verständnis und gewinnt Freunde.

Ich denke da an meine Kindheit zurück. Ich war etwas älter als einige der Nachbarskinder, und manche von diesen hackten oft auf meiner jüngeren Schwester herum. Das empörte mich, denn ich hatte schon von klein auf das Gefühl, daß ich andere verteidigen müsse. Wenn ich aber diejenigen, die sie geschlagen hatten, wieder schlug, merkte ich, daß ich damit nichts erreichte. (Auf diese Weise bilden

Alles Glück liegt in dir

sich Banden.) Dann stellte ich fest, daß sich durch Aussprache wieder Frieden herstellen ließ, und von da an wurde das meine Methode.

Später sagte der Meister von mir: »Sie ist eine Friedensstifterin.« Das begann schon in meiner Kindheit – unter der Anleitung meiner Mutter. Wir besprachen immer alles mit ihr, und sie nahm sich die Zeit, uns die Dinge zu erklären. Ich hatte nie das Gefühl, daß ich irgend etwas vor ihr verbergen müsse. Alle Eltern sollten versuchen, ein solches Vertrauensverhältnis zwischen sich und ihren Kindern zu schaffen, damit diese sich ganz von selbst an sie wenden, wenn sie Hilfe brauchen.

Fragt also andere immer zuerst, warum sie dies oder das getan haben. Anstatt ärgerlich zu werden, versucht zu verstehen, *warum* der andere so handelt. Ich habe mich mein ganzes Leben lang darin geübt. Prüft alles genau; auf diese Weise lernt ihr euch selbst und andere besser verstehen.

Ich meine nicht, daß wir jemanden, der angegriffen wird, im Stich lassen sollen. Ich sage nur, daß wir unseren gesunden Menschenverstand gebrauchen müssen, um zu entscheiden, wie wir anderen am besten helfen können. Einige Leute sind so jähzornig, daß sie ohne weiteres angreifen und einen Streit vom Zaun brechen. Doch das ist verkehrt. Glättet die Wogen und versucht die Spannungen zu beheben. Sobald sich die Gemüter beruhigt haben, kommt man leichter zu einer Verständigung.

Wenn sich die Erregung nach einiger Zeit gelegt hat, kann man selbst in einem Menschen, der Unrecht getan hat, Gott erkennen. Der Gott, den ich liebe und zu dem ich mich bekenne, ist ebenso in ei-

Wann ist die Anwendung von Gewalt gerechtfertigt?

nem fehlerhaften Menschen gegenwärtig wie in mir; derselbe Gott ist in ihm und in uns allen. Der einzige Unterschied besteht darin, daß das Ebenbild Gottes in dem anderen vorübergehend durch sein falsches Verhalten verdunkelt worden ist. Das bedeutet jedoch nicht, daß der *Mensch* böse ist.

Durch solches Denken wird die richtige Grundlage geschaffen, so daß ihr später, wenn ihr frei von Gemütserregungen seid und meditiert, im Herzen aufrichtige Liebe für diesen Menschen fühlt und ihm Gedanken der Liebe sendet. Die gewaltige Kraft der Liebe kann andere verwandeln. Das habe ich immer wieder bestätigt gefunden. Wenn euch jemand mißversteht und ihr euch auf keine Weise mit ihm verständigen könnt, macht von der Kraft des Gebets, von der Kraft liebender Gedanken Gebrauch. Versucht aber dennoch, zu einer Verständigung zu kommen; gebt eure Bemühungen nie auf!

Wie man grössere Geisteskraft erwirbt

Aus einer Ansprache im internationalen Mutterzentrum der Self-Realization Fellowship

Gurudeva Paramahansa Yogananda betonte immer wieder den Grundsatz positiven Denkens. Viele Ärzte und andere Therapeuten vertreten die Ansicht, daß möglicherweise neunzig Prozent unserer körperlichen Beschwerden durch unser Denken verursacht werden. Da der Meister wußte, welche Macht dem Geist innewohnt, hielt er es für äußerst wichtig, daß wir lernten, positiv zu denken und auch während körperlicher Schwierigkeiten geistig stark zu bleiben. Als er hier und in Indien sein Werk aufbaute, machte er es zu einem der grundlegenden Ziele und Ideale seiner Organisation, »die Überlegenheit des Geistes über den Körper und der Seele über den Geist zu beweisen.«

Gottsucher sollten dies immer mehr in ihrem Leben beherzigen und dabei ihre Vernunft und ihren gesunden Menschenverstand gebrauchen. Der Meister lehrte uns nicht, leichtsinnig zu sein; andererseits aber gibt es Menschen, die überhaupt nichts aushalten können. Sie können nicht den geringsten Schmerz ertragen. Seid nicht zu wehleidig; wehrt euch gegen Krankheiten; wehrt euch gegen jede Niederlage. Entwickelt größere geistige Kraft. Und wie? Während ihr versucht, euch selbst zu helfen, grübelt nicht ständig über euer Problem und redet

Wie man größere Geisteskraft erwirbt

nicht darüber; vertraut mehr auf Gottes Kraft. Das ist es, was Guruji uns lehrte.

Wendet jeden Tag Gurujis *Wissenschaftliche Heilmeditationen*[1] an, damit ihr geistig standhaft und zuversichtlich bleibt. Als ich nach Mt. Washington kam, wiederholten wir anfangs jeden Morgen während der Gruppenmeditation eine von Gurujis Bestätigungen. Seine Lehre bietet uns alles, was wir zu unserer Höherentwicklung brauchen. Wendet diese Lehre an; macht von ihr Gebrauch, um eure Widerstandskraft und euren Glauben zu stärken.

Alle Kraft wurzelt im Geist. Wenn wir in Schwierigkeiten geraten, macht uns das oft ängstlich, und wir fragen uns, wie es jetzt weitergehen soll. Guruji sagte: »Habt volles Vertrauen zu Gott, während ihr gleichzeitig versucht, die Ursache eurer Probleme zu beseitigen.« Wer sagt: »Gut, wenn es Dein Wille ist, daß ich sterbe, dann sterbe ich eben«, denkt nicht positiv! Es kommt eine Zeit, wo wir die philosophische Einstellung haben müssen: »Laß kommen, was kommen muß.« Aber solange es noch nicht soweit ist, gebraucht euren Willen. Der Meister sagte uns immer: »Redet nie vom ›Sterben‹.«

Denkt immer positiv – nicht nur im Hinblick auf eure Gesundheit, sondern auf alles. Positives Denken und Vertrauen sind im Grunde genommen ein und dasselbe; und wenn wir uns unser göttliches Potential vor Augen führen, wäre es eine Schande, keinen Gebrauch davon zu machen. Ich rate euch nicht, leichtsinnig zu sein. Wendet gesunden Menschenverstand an. Wenn ihr euch ein Bein brecht, dann setzt euch nicht einfach hin und sagt:

---

[1] Herausgegeben von der *Self-Realization Fellowship*.

Alles Glück liegt in dir

»Gott wird es heilen.« Gott hat den Menschen dazu befähigt, die Wissenschaft der Medizin zu entwickeln, und die solltet ihr euch zunutze machen. Doch gleichzeitig vertraut voll und ganz darauf, daß alles gutgehen wird.

Manchmal entspricht das, was wir uns wünschen, nicht Gottes Willen. Dann wird unser Glaube auf die Probe gestellt. Aber wir müssen ganz einfach darauf vertrauen, daß Er es am besten weiß. »Gut, Herr, wenn dies Dein Wille ist, akzeptiere ich es. Mein Glaube an Dich und mein Vertrauen zu Dir sind unerschütterlich. Ich weiß, daß Du nur mein Bestes im Sinn hast. Hilf mir, die positive Seite dieser Erfahrung zu erkennen, damit ich etwas daraus lerne und Dir näherkomme.«

Ich bin seit je davon überzeugt gewesen, daß ein Ort, der durch die Gegenwart unseres Gurus geheiligt wurde, gesegnet ist und daß jeder, der ihn hingebungsvoll betritt – so wie dieses Anwesen auf dem Mt. Washington oder der Ort, wo sein Körper ruht[2] – und dort voller Vertrauen betet, unmittelbar Antwort erhält. Ich habe dies bei mir selbst und bei anderen erlebt. Es kommt vor allem darauf an, durch unseren Glauben den göttlichen Segen auf uns zu ziehen.

Während einer meiner Indienreisen zog ich mir eine Lungenentzündung zu. Auf unserer Fahrt von Singapur nach Bangkok hatte ich vierzig Grad Fieber. Als wir im Hotel eintrafen, konnten die mich begleitenden Jünger mir ansehen, daß ich nahe am

---

[2] Viele Jünger Paramahansajis unternehmen Pilgerfahrten zum *Forest Lawn Memorial Park* in Glendale/Kalifornien, wo der Körper des Gurus beigesetzt worden ist.

Wie man größere Geisteskraft erwirbt

Zusammenbrechen war, und riefen einen Arzt herbei. Dieser wies mich in ein Krankenhaus ein und ließ mich röntgen; und nachdem er die Röntgenaufnahmen studiert hatte, sagte er: »Sie haben Tuberkulose. Sie müssen nach Amerika zurückkehren.«

Ich war wie vor den Kopf geschlagen. Dann aber reagierte ich wie folgt: »Das ist unmöglich! Ich gebe mich nicht geschlagen!« Bevor der Meister seinen Körper verließ, hatte er mir aufgetragen, mich um sein Werk in Indien zu kümmern; und ich war nicht gewillt, diesen Plan aufzugeben. Ihr seht also, wenn ihr durch positives Denken und Vertrauen auf Gott tiefen Glauben entwickelt, hilft dieser euch in Zeiten der Not. Ein durchschnittlicher Mensch würde angesichts einer solchen Krise denken: »Wenn ich nicht nach Hause fliege und in ein Sanatorium gehe, bin ich sicher des Todes!« Innerlich sagte ich mir: »Nein, Meister, Du hast mich nicht bis hierher kommen lassen, nur um mich wieder heimzuschicken.«

Ich fragte den Arzt, welche Alternativen mir zur Verfügung ständen. »Nun gut, wir können Sie hier im Krankenhaus behalten«, sagte er. »Ich werde noch weitere Untersuchungen durchführen und Ihnen einige Medikamente geben. Dieses Klima ist gut für Sie, wir werden Sie also einfach eine Weile hier behalten.« Ich tat alles, was von mir verlangt wurde, wobei ich mir ständig vergegenwärtigte, daß Gott und der Meister sich mit Hilfe des Arztes um mich kümmerten. Dann wurden weitere Röntgenbilder gemacht, die zeigten, daß ich keine Tuberkulose hatte! Und so setzte ich meine Reise nach Indien fort.

Allerdings hatte ich einen ziemlich unangeneh-

Alles Glück liegt in dir

men Ausschlag bekommen, der wahrscheinlich durch einige der Medikamente verursacht worden war. Eines Nachmittags fragten mich einige Jünger des Ashrams, ob ich den Tempel von Tarakeswar[3] bei Kalkutta aufsuchen wolle. Das Erlebnis, welches der Meister in diesem Tempel gehabt hatte, war mir zu jener Zeit völlig entfallen. Aber ich fuhr hin, nicht als Touristin, sondern mit einem Herzen voller Hingabe – und das ist die einzige Einstellung, mit der man einen Pilgerort aufsuchen sollte. Viele Gläubige liefen dort umher; ich jedoch ließ mich nieder, um zu meditieren. Ich weiß noch, wie ich dachte: »Herr, ich fühle, daß Du hier bist. Gib mir ein Zeichen: Befreie meinen Körper von diesem Ausschlag.« Dann begann ich zu meditieren und vergaß meine Beschwerden vollkommen. Als ich an jenem Abend in den Ashram zurückkehrte, war von dem Ausschlag keine Spur mehr zu sehen. So machtvoll ist die Kraft des Glaubens. Darum sagte Christus: »Dein Glaube hat dir geholfen.«[4] Alles, was wir brauchen, ist Glaube und gesunder Menschenverstand. Die beiden gehören zusammen.

Ich will euch ein anderes Beispiel nennen: Jahrelang hatte ich in regelmäßigen Abständen eine Mandelentzündung. Ich hatte gelernt, mich damit abzufinden, aber schließlich wurde es so schlimm,

---

[3] Hindus verehren den Tempel in Tarakeswar mit derselben Ehrfurcht, welche die Katholiken für die Grotte von Lourdes empfinden. In Tarakeswar haben viele Wunderheilungen stattgefunden. Und viele Leser von Paramahansajis *Autobiographie* erinnern sich vielleicht, daß sein Onkel Sarada aufgrund der Gebete geheilt wurde, die seine tiefgläubige Frau in diesem Tempel dargebracht hatte. Paramahansaji selbst hatte dort eine wunderbare Vision vom Herrn des Kosmos.
[4] *Lukas* 8, 48; 17, 19.

Wie man größere Geisteskraft erwirbt

daß der Meister mich zu Dr. Kennell[5], einem Hals-Nasen-Ohren-Arzt, schickte. Der untersuchte meine Mandeln und sagte: »Du lieber Himmel! Die müssen raus!« Also entfernte er sie und gab mir dann folgenden Rat: »Nehmen Sie jetzt nur kalte Speisen und Getränke zu sich, und schonen Sie sich. Es wäre gut, wenn Sie ein paar Tage lang im Bett blieben, damit Sie sich nicht überanstrengen.«

Der Doktor kam an jenem Abend mit einigen anderen Jüngern in den Ashram, denn der Meister hatte sie zum Abendessen eingeladen. Ich half beim Kochen. Wie gewöhnlich bat Guruji mich auch, das Essen zu servieren. Als ich das Speisezimmer betrat, blickte mich Dr. Kennell überrascht an und fragte: »Was tun *Sie* denn hier? Haben Sie sich gar nicht hingelegt?«

»Nein«, antwortete ich, »ich brauchte das nicht. Außerdem hat der Meister gesagt, es sei nicht nötig.«

»Entwickelt größere Kraft des Geistes«, pflegte der Meister zu sagen. »Laßt euch nicht vom Körper beherrschen. Stärkt euren Geist und macht euch mit seiner Hilfe zum Herrn über den Körper.« Auf diese Weise lernten wir, uns mehr auf die Kraft des Geistes zu verlassen. In dieser Hinsicht lassen wir uns von dem Grundsatz leiten, daß der Geist über die Materie herrscht; wir werden dabei aber nicht extrem. Ich will keine Fanatiker unter euch sehen!

Der Meister hielt uns alle dazu an, größere Geisteskraft zu entwickeln und die Macht des Geistes über die Materie zu erkennen. Wenn ihr diese gei-

---

[5] Der mittlerweile verstorbene Dr. Lloyd Kennell war ein treuer Jünger Paramahansa Yoganandas, den dieser sehr liebte. Von 1942 bis 1952 half er beim Leiten der Gottesdienste und Meditationen im Tempel der *Self-Realization Fellowship* in San Diego.

stige Kraft entwickelt, werdet ihr überrascht sein, wie sie euren Körper mit Energie erfüllt. Je mehr ihr meditiert, um so mehr werdet ihr euch der unermeßlichen Energie bewußt, von der diese körperliche Gestalt umgeben ist; wir leben im Meer der kosmischen Energie Gottes. Ein starker Geist kann sich diese Energie zunutze machen.

Zweifellos nimmt die Fähigkeit des Körpers, Energie zu speichern und zu nutzen, mit dem Alter ab. Aber selbst dann solltet ihr nicht aufhören, eure geistige Kraft zu gebrauchen. Wir wollen hoffen, daß wir uns alle bis zum letzten Tag unseres Lebens nützlich betätigen können. Ein starker Geist wird uns dabei helfen.

Der Geist bleibt stark, wenn wir in Gott verankert sind. Guruji lenkte unsere Gedanken immer wieder zu Gott zurück. Wenn wir ihn wegen eines Problems aufsuchten, gab er uns manchmal einen bestimmten Rat oder wies uns zurecht; meistens jedoch riet er uns bei jeder Schwierigkeit nur: »Richte die Gedanken auf Gott« oder: »Laß die Gedanken in Gott ruhen.«

Sein Geist war stets in Gott versunken, er war immer eins mit Ihm – ganz gleich, wo er sich befand oder was er gerade tat. Oft schloß er plötzlich mitten in einer Unterhaltung – wobei es um ganz alltägliche Dinge ging – die Augen. Ich konnte sehen, daß er sie auf das Christuszentrum richtete. Wir alle, die wir um ihn herumsaßen, verhielten uns ganz still, während er nach innen tauchte. Kurze Zeit danach trat er wieder aus diesem Zustand heraus und fragte: »Was hatte ich gerade gesagt?« und fuhr dann mit dem Thema fort.

Wie man größere Geisteskraft erwirbt

So sollten wir in dieser Welt leben; wir sollten Gott zum Mittelpunkt unseres Lebens machen. Warum den Körper, persönlichen Ehrgeiz oder irgend etwas anderes als Gott zum Leitstern unseres Leben machen?

Ich betrachte den geistigen Weg oft als eine Herausforderung. Für mich ist es eine herrliche Errungenschaft, sich in eine Sache zu vertiefen und die wilden Rosse des Geistes augenblicklich zu zügeln; auf diese Weise können wir unsere Gedanken jederzeit richtig lenken. Macht Gott zum höchsten Ziel, zum Mittelpunkt eures Lebens, um den sich all euer Handeln bewegt – ganz gleich, welche Schwierigkeiten es zu überwinden gilt. Das ist das Ideal eines wahren Yogis.

Verankert euer Leben in Gott

*Aus einer Ansprache an die Ordensschwestern
im internationalen Mutterzentrum der
Self-Realization Fellowship*

Der Gottsucher muß sich auf seinem *Sadhana* – seinem Weg geistiger Disziplin – von ganzem Herzen um einen Zustand ununterbrochener Gotteswahrnehmung bemühen. Weil ich an das, was unser Guru [Paramahansa Yogananda] lehrte, fest glaubte, wandte ich das Gelernte an und hielt mir besonders während meiner ersten Jahre im Ashram immer vor Augen: »Wenn ich meine Zeit sinnvoll nutze und lerne, Gurudevas Techniken und Lehre richtig anzuwenden, dann kann auch ich im Laufe der Jahre sicher jene hohen Bewußtseinszustände erreichen, von denen er spricht.«

Die Konzentrationstechnik der *Self-Realization Fellowship* dient dazu, den Geist vollständig nach innen zu ziehen, so daß keine der Botschaften, die von den fünf Sinnestelefonen übertragen werden, die Wahrnehmungen des verinnerlichten Bewußtseins stören und die Aufmerksamkeit auf äußere Dinge richten können. Der sich daraus ergebende Frieden ist das erste Anzeichen von Gottes Gegenwart. Sobald ihr diesen Frieden fühlt, übt lange und intensiv Kriya-Yoga, und vergeßt nicht, dies mit tiefer Aufmerksamkeit zu tun.

Verankert euer Leben in Gott

SCHULT EUREN GEIST, DAMIT IHR DIE WAHRHEIT
ERKENNEN KÖNNT

Tatsächlich befindet sich der Göttliche Geliebte, den ihr sucht, überall; Er ist in euch und umgibt euch allerorten. Wenn ihr das nur erkennen könntet! Gott ist sich unser jederzeit bewußt; wir jedoch müssen uns über diese begrenzte Welt erheben und uns um eine intensivere Wahrnehmung Gottes bemühen.

Man kann sagen, daß wir in einer ganz falschen Welt leben. Guruji sprach einmal über das Thema: »Diese Welt ist nicht so, wie ihr sie seht.« Wie wahr das ist! Aufgrund der *Maya*, der kosmischen Täuschung, die unseren Blick für die Wahrheit trübt, halten wir diese Welt aus festen Stoffen, Flüssigkeiten und Gasen für wirklich. Wir halten die Illusionen, die unsere Sinne und Gefühle uns vorgaukeln, und die Launen und schwankenden inneren Zustände, die wir täglich erleben, für echt. Doch je mehr wir uns in unserem wahren SELBST verankern, je mehr wir die Gegenwart Gottes in unserem Innern fühlen und uns nur von einem Verlangen, einer Sehnsucht, einem Ziel leiten lassen: Gott allein!, um so besser werden wir verstehen, was Wirklichkeit ist. Dann sind wir Tag und Nacht nur von einem Gedanken erfüllt: von Gott.

Es heißt: »Wie der Mensch denkt, so ist er.«[1] Nicht das äußere Verhalten eines Menschen bestimmt seinen Charaker; es kommt vielmehr darauf an, was er tiefinnerlich denkt. Wenn der Gottsucher nach außen hin alle geistigen Regeln befolgt, sich innerlich aber nach den Dingen dieser Welt sehnt,

---

[1] *Sprüche* 23, 7.

wird diese innere Einstellung früher oder später auch in seinem Handeln zum Ausdruck kommen. Sind die Gedanken des Suchers jedoch völlig in Gott versunken, so daß er ständig an Ihn denkt, an der Wahrheit festhält und von göttlicher Liebe erfüllt ist, dann werden sich diese Gedanken in seinem Leben widerspiegeln – in seinen Gewohnheiten, seinen Worten und seinen Taten.

Unsere Einstellung entscheidet, wie schnell wir Gott näherkommen. Wenn wir die richtige innere Einstellung hätten, ständen wir alle schon in diesem Augenblick mit Gott in Verbindung. Die richtige Einstellung zu haben, bedeutet aber, das Leben so zu sehen, wie es wirklich ist, und sich ständig der Wahrheit bewußt zu sein. Und die Wahrheit ist, daß Gott allein wirklich und alles andere in diesem Universum unwirklich ist.

Wenn wir die Wahrheit erkennen könnten, würden wir nichts anderes als jene großartige, intelligente, liebende Göttliche Kraft wahrnehmen, die sich in allen Dingen auf dieser Erde offenbart, sogar in einem Sandkorn. Doch solange wir diese Erkenntnis nicht haben, müssen wir unseren Geist dazu erziehen, in diesen Begriffen zu denken. Wir sollten damit beginnen, unseren Geist besser zu beherrschen und unseren Körper strenger in Zucht zu nehmen. Die Seele sollte jederzeit die Oberherrschaft haben. Sie muß sich den Körper und dessen Triebe dienstbar machen. Selbst während einer Krankheit sollte die Seele ihre Herrschaft ausüben.

»GEBT ALLES GOTT ANHEIM«

Wenn ihr Schwierigkeiten mit eurem Körper

Verankert euer Leben in Gott

habt, gebt ihn Gott anheim. Ich weiß noch, wie mir dieser Körper einmal große Probleme verursachte und ich mich kaum auf meine Arbeit konzentrieren konnte. Da klagte ich Guruji mein Leid: »Meister, es ist so schwer, Gottes Nähe zu fühlen. Wenn es mir so schlecht geht, fällt es mir schon schwer, meine Pflichten zu erfüllen.«

Wie weise er war! Er zeigte keinerlei Mitleid. Er sagte nur beiläufig: »Tu einfach dein Bestes – und überlaß alles andere Gott.«

Damals dachte ich: »Er versteht mich nicht; ich fühle mich zum Sterben elend!« Doch später wurde mir klar, daß er mich etwas lehren wollte, als er überhaupt nicht auf meine Krankheit einging: »Schenke dem Körper nicht so viel Beachtung.« Es erinnerte mich an das, was Christus sagte: »Sorget nicht um euer Leben, was ihr essen und trinken werdet; auch nicht um euren Leib, was ihr anziehen werdet«[2] und an Swami Sri Yukteswars Rat, den der Meister oft zitierte: »Wirf dem Hund ruhig einen Knochen hin und vergiß ihn dann!« Anders ausgedrückt: Gebt dem Körper das, was er braucht, und überlaßt alles andere Gott.

Ganz gleich, wie gut wir unseren Körper behandeln, wie viele Vitamine und Obstsäfte oder welche Menge an Gemüse und anderen gesunden Dingen wir ihm zuführen, eines Tages wird er dennoch krank; und es kommt zweifellos einmal die Zeit, da wir ihn aufgeben müssen. Nehmt ihn also nicht so wichtig. Das meinte der Meister mit seinen Worten: »Überlaß es einfach Gott.«

Einmal, als der Meister das Karma anderer

---

[2] *Matthäus* 6, 25.

Alles Glück liegt in dir

Menschen[3] auf sich genommen hatte, litt er unter starken Schmerzen. Ich konnte es nicht ertragen, mit anzusehen, wie er sich wochenlang quälte. Verzweifelt fragte ich ihn: »Welchen Sinn hat es, Gott zu suchen, wenn du, der du dein Leben ganz und gar Gott geschenkt hast und überhaupt nicht mehr an dich und dein Wohlergehen denkst, derart leiden mußt, um anderen zu helfen? Ich verstehe das nicht. Wo ist da Gottes Gerechtigkeit?«

Der Meister warf mir einen flammenden Blick zu; und aus seinen Augen strömte eine Kraft, die das ganze Universum zu durchdringen schien, als er sagte:

»So darfst du nie sprechen. Das verstehst du nicht. In diesem Kampf mit den starken Schmerzen offenbart mir die Göttliche Mutter eine ganze Welt neuer Erkenntnisse. Du weißt gar nicht, welch gewaltige Zusammenhänge sie mir durch diese körperliche Krankheit offenbart. Kritisiere *nie* die Göttliche Mutter. Verlange *nie* eine Rechtfertigung von ihr, auch wenn dir vom äußeren Standpunkt aus etwas ungerecht erscheint.«

---

[3] Den Vorgang, durch den erleuchtete Seelen die karmische Last ihrer Jünger erleichtern können, erklärte Paramahansaji einmal wie folgt: »Wenn du siehst, daß jemand einen anderen schlagen will, kannst du dich geschwind dazwischenstellen und den Schlag auffangen. Dasselbe tut ein großer Meister. Er kennt den Zeitpunkt, zu dem sich die ungünstigen Folgen schlechten Karmas im Leben seiner Jünger auswirken sollen. Wenn er es dann für richtig hält, wendet er eine bestimmte metaphysische Methode an, durch die er die Folgen der von seinen Jüngern begangenen Irrtümer auf sich selbst lenkt. ... Da die Heiligen wissen, daß Gott Ewiges Dasein und Unerschöpfliche Lebenskraft ist, können sie Schicksalsschläge überleben, an denen ein durchschnittlicher Mensch zerbrechen würde. Innerlich jedoch bleiben sie unberührt von körperlicher Krankheit und den Widerwärtigkeiten der Welt.«

Verankert euer Leben in Gott

Beschämt dachte ich, wie töricht meine Äußerung war, auch wenn sie meiner Liebe zu ihm entsprang und ich ihn von seinen Schmerzen befreit sehen wollte. So bewahrte er trotz seiner Krankheit immer die richtige Einstellung, die in keiner Weise durch sein Leiden beeinträchtigt wurde.

Auch wir können in entsprechend kleinerem Rahmen die richtige Einstellung zeigen. Ganz gleich, worin eure Probleme bestehen mögen, nehmt nie eine unschlüssige Haltung ein. Die Zeit wird kommen, da ihr euch als die Seele erkennen werdet, die jederzeit vollkommene Herrschaft über euch hat. Die Seele ist der Wagenlenker, der die Zügel des Geistes in der Hand hält und das Gefährt des Körpers lenkt. Nie läßt sich die Seele von körperlichem oder geistigem Schmerz, von Launen, Gefühlen oder Gewohnheiten beherrschen.

Das ist der Zustand, den wir alle anstreben. Und erreichen kann man ihn durch die Meditation. Der Meister sagte: »Ich möchte, daß ihr richtigen Gebrauch von eurer Zeit macht, damit ihr Gott noch in diesem Leben finden könnt.« Ich freue mich immer, wenn ich höre, daß ihr der Meditation mehr Zeit widmet – auch bin ich mir dessen stets bewußt. Ganz gleich, wo ich mich befinde, ich bitte die Göttliche Mutter ständig, euch alle zu segnen. Wenn ihr sie in tiefer Meditation hingebungsvoll und aus ganzem Herzen anruft, werdet ihr zweifellos Antwort von ihr erhalten – manchmal gerade dann, wenn ihr es am wenigsten erwartet.

Gott befindet sich jederzeit unmittelbar hinter euren Gedanken. Für mich ist dies die inspirierendste Wahrheit, die es gibt. Selbst wenn ich nur kurz

Alles Glück liegt in dir

meditiere, fühle ich Seine Gegenwart. Jeden Augenblick kann ich meinen Geist sofort nach innen lenken. Dann bete ich: »Göttliche Mutter, Du befindest Dich unmittelbar hinter meinen geschlossenen Augen; Du bist unmittelbar hinter meinem Geist; Du bist unmittelbar hinter dem Leben, das in diesem Körper pulsiert.« Erfüllt euer ganzes Bewußtsein damit, vergegenwärtigt es euch, indem ihr geistig immer tiefer in diese Vorstellung eintaucht. Dann werdet ihr fühlen, wie liebevoll Gott euch segnet.

»Voller Lebensfreude«

Folgenden Ausspruch unseres Meisters liebe ich besonders: »Auf dem geistigen Weg wird man wieder ganz zum Kind – ohne Groll, ohne Bindungen, voller Lebensfreude.« Denkt einmal darüber nach: Wie ein Kind – ganz voller Vertrauen, vollkommen der Mutter oder dem Vater hingegeben, völlig unschuldig, arglos und reinen Herzens. Ihr schenkt dem Kind ein Spielzeug, und eine Zeitlang spielt es begeistert damit; dann aber läßt es den Gegenstand fallen und vergißt ihn. Genauso sollten wir es machen: Ganz gleich, was kommt, wir sollten im Leben an nichts hängen.

»Laßt euch durch nichts verletzen oder aus der Ruhe bringen«, sagte der Meister. »Bleibt innerlich still und äußerlich ruhig. Nutzt eure freie Zeit für die Meditation. Ich weiß, daß sich keine weltliche Freude mit der geistigen Freude des *Kriya-Yoga* vergleichen läßt. Ich würde sie gegen keine Bequemlichkeiten des Westens und kein Gold in der Welt eintauschen. Dank des *Kriya-Yoga* ist es mir möglich, mein Glück immer bei mir zu tragen.«

Verankert euer Leben in Gott

WIE MAN INNERE KRAFT ENTWICKELT

Ich habe euch oft gesagt, daß ihr noch in diesem Leben zu Heiligen werden könnt, wenn ihr euch nur eine einzige Wahrheit aus der Lehre des Meisters auswählt und euch bemüht, sie zu verwirklichen. Konzentriert euch jeden Tag auf einen bestimmten Grundsatz der Wahrheit und lebt danach. Vielleicht sagt ihr nun: »Ich bin so sehr von meinen Pflichten in Anspruch genommen, daß ich keine Zeit habe, meine Gedanken hierauf zu richten.« Aber das kann ich nicht gelten lassen. Ich weiß, daß der geistige Weg mühsam ist; es ist schwer, Gott zu erkennen. Doch ich weiß auch, daß besonders eure Prüfungen und Pflichten euch die innere Kraft geben werden, Ihn zu finden. Zweifelt nicht daran. Ich habe das in meinem eigenen Leben erfahren und es auch bei vielen anderen beobachten können.

Ich versichere euch, daß ihr alle Kraft besitzt, die ihr braucht, um über eure Schwächen zu siegen; denn ihr seid Gottes Kinder. Der Meister betonte das immer wieder. Er erlaubte uns nie zu klagen, zu weinen oder zu stöhnen. Er erfüllte uns mit göttlicher Kraft.

Ihr denkt vielleicht: »Na ja, wenn ich die Möglichkeit hätte, die ganze Zeit nur zu meditieren, könnte auch ich das Ziel erreichen.« Aber ein solches Leben würde euch keine Selbstdisziplin lehren. Nur wenn wir täglich Probleme zu lösen haben, entwickeln wir innere Kraft und lernen, über dieses unberechenbare Selbst zu siegen. Wenn ihr euren Arm nie bewegt, werden seine Muskeln bald verkümmern. Der Arm wird schwach und nutzlos, weil er nie gebraucht wurde. Standhaftigkeit, Willenskraft,

Alles Glück liegt in dir

Glauben – all diese »Muskeln« – entwickelt man, wenn man sich gezwungen sieht, sie zu gebrauchen. Denkt also nie, daß ihr Gott leichter finden könntet, wenn das Leben weniger beschwerlich für euch wäre, denn das stimmt nicht. Gott schult euch genau so, wie ihr es für eure Weiterentwicklung braucht. Vergeßt dies nie.

Ich betone dies deshalb so sehr, weil ihr auf dem geistigen Weg schnelle Fortschritte machen könnt, wenn ihr immer bereit seid, Gottes Willen zu tun. Dann eilt ihr eurem göttlichen Ziel geschwind entgegen. Widerstreben oder Unwilligkeit dagegen führen zu Niedergeschlagenheit. Betrachtet das Leben als ein Spiel. Und vertraut darauf, daß die Göttliche Mutter euch von euren Prüfungen oder Versuchungen befreien wird, sobald ihr die darin enthaltene Lehre verstanden habt; denn dann hat die Prüfung ihren Zweck erfüllt.

»ABGESCHIEDENHEIT IST DER PREIS, DEN MAN FÜR DIE GOTTVERWIRKLICHUNG ZAHLEN MUSS«

Vor allem aber – und das betone ich immer wieder – bemüht euch um Liebe zu Gott. Hängt nur noch an einem: an Gott. Nichts ist wunderbarer als jene Einsamkeit, in der man ununterbrochen an den Göttlichen Geliebten denkt, der sich im eigenen Innern befindet. Der Meister legte uns dieses besonders ans Herz: »Verbringt mehr Zeit allein. Abgeschiedenheit ist der Preis, den man für die Gottverwirklichung zahlen muß.« Ich betrachte es als meine geistige Pflicht, euch zu ermahnen, mehr Zeit mit Gott allein zu verbringen. Macht es euch zur Gewohnheit, Zwiesprache mit Ihm zu halten. Geht öf-

Verankert euer Leben in Gott

ter spazieren und unterhaltet euch dabei mit Gott. Guruji sagte: »Ich möchte sehen, daß eure Gedanken immer auf Gott gerichtet sind.« Wenn ihr dies nicht zu einem Teil eures *Sadhana* macht, werdet ihr nie verstehen, was ich meine; ihr werdet nie die Bedeutung jener geistigen Abgeschiedenheit erkennen, in der Gott zu eurem Himmlischen Gefährten wird. Wenn Er bei euch ist, fühlt ihr euch in der Gesellschaft aller Menschen wohl.

Seid nie müßig! Seid trunken von Gott, von der Freude, mit Ihm sprechen zu können. Wirbelt den Äther auf, bis ihr im Innern Seine Antwort fühlt. Das ist die Grundlage, auf der ich mein *Sadhana* aufbaute – jede Nacht rief ich nach Gott. Wenn ich euch nur aus eurer Lethargie aufrütteln und jenes unstillbare Verlangen nach Gott in euch erwecken könnte, das Tag und Nacht anhält, so daß ihr euch – ganz gleich, was eure Pflichten sind – vor Sehnsucht nach Seiner Liebe verzehrt und Ihn im eigenen Innern sucht! Dann würde sich euer Leben auf wundersame Weise verändern. Der Tag wird kommen, an dem ihr euch meiner Worte erinnern und sagen werdet: »Wie recht sie hatte! Sie versuchte, unsere Herzen aufzurütteln, so wie der Meister es mit ihr getan hat.« Ich kann nur euren Appetit anregen; aber ihr selbst müßt die Nahrung zu euch nehmen, um etwas daraus zu gewinnen.

Nichts auf der Welt, keine Freundschaft kann sich mit der Freude messen, die Gottes Gegenwart schenkt. Guruji sagte uns oft: »Wenn mir diese Welt nicht gefällt, begebe ich mich in die andere.« Wenn die Umstände allzu problematisch wurden, schaltete er sein Sinnesbewußtsein einfach ab und tauchte eine Weile in die belebende Glückseligkeit des Göttlichen Bewußtseins ein. Ich glaube, ohne diese innere Wahrnehmung Gottes könnte ich unmöglich weitermachen – weder körperlich noch geistig. Aber zuerst müssen wir die Fähigkeit entwickeln, »abzuschalten« und uns zu jenen höheren Bewußtseinszuständen aufzuschwingen. Das erreichen wir durch Selbstdisziplin und tiefe Meditation – durch die Schulung, die Gurujis Lehre und eure täglichen Lebenserfahrungen euch vermitteln. Ich kann euch zweifellos versichern, daß die Göttliche Mutter und der Meister für euer Leben sorgen: »Wer mich nahe glaubt, dem werde ich nahe sein«, versprach Guruji. Diese Nähe bedeutet, daß er euch fortwährend segnet und jederzeit über euer geistiges Leben wacht.

Zwischen euch und Gott, zwischen euch und dem Guru besteht ein heiliges Band. Der Meister sagte: »Erfolg auf dem geistigen Weg wird zu fünfundzwanzig Prozent durch die eigenen Bemühungen des Gottsuchers bestimmt, zu fünfundzwanzig Prozent durch den Segen des Gurus und zu fünfzig Prozent durch Gottes Gnade.« Denkt nur, wie wenig ihr selbst zu tun braucht! Aber eure fünfundzwanzig Prozent müßt ihr hundertprozentig einbringen. Ihr müßt *euren* Teil dazutun; das ist der springende Punkt.

Immer wenn in eurem Leben etwas schiefgeht, klammert euch innerlich an Gott. Ruft Ihn an. Bemüht euch, eure Probleme zu meistern; ihr müßt euch selbst anstrengen, wenn ihr eure Lage verbessern wollt. Doch während der ganzen Zeit müßt ihr innerlich ruhig bleiben und auf Gott vertrauen.

Verankert euer Leben in Gott

Sri Gyanamata[4] sagte: »Gott zuerst; Gott allein.« An diesem Grundsatz solltet ihr bei allem, was ihr tut, festhalten. Wenn euer Geist einmal in diesem Bewußtsein verankert ist, wird es euch immer leichterfallen, euren Pflichten nachzukommen; sie können euch dann nicht mehr aus dem Gleichgewicht bringen. Ihr erfüllt eure Pflichten gewissenhaft, aber der Geist ist so tief im Meer der Gegenwart Gottes versunken, daß die Wellen an der Oberfläche ihn nicht umherwerfen können. So leben die Heiligen. Und so konnte Christus über seine größte Versuchung siegen. Ganz gleich, welche Schwierigkeiten sich euch in den Weg stellen, meditiert tief und bleibt in Gott verankert. Laßt euch von den äußeren Umständen nicht aus der Ruhe bringen. Ruft euch das Gebet unseres Meisters in Erinnerung: »Wenn mich der Sturm der Versuchung umbraust und Sorgen mich quälend verfolgen, will ich sie laut übertönen und rufen: ›Gott! Gott! Gott!‹«

»NICHTS KANN EUCH ETWAS ANHABEN, WENN IHR
GOTT INNIG LIEBT«

Wie liebevoll ich mich der Worte erinnere, die der Meister einmal zu mir sprach: »Denk immer

---

[4] Sri Gyanamata (»Mutter der Weisheit«) war eine der ersten *Sannyasinis* des klösterlichen Ordens der *Self-Realization Fellowship*. Paramahansa Yogananda sprach öfter von ihrer geistigen Größe. Sie trat 1932 in den Ashram ein, als sie Anfang sechzig war; ein Jahr zuvor war Sri Daya Mata mit siebzehn Jahren in den Ashram gekommen. Wenn Paramahansaji sich nicht in Mt. Washington aufhielt, stellte er die jüngeren Ordensjüngerinnen unter die Obhut Gyanamatas. Ihre inspirierenden geistigen Ratschläge sind in dem Buch *God Alone: The Life and Letters of a Saint* veröffentlicht worden. (*Anmerkung des Herausgebers*)

Alles Glück liegt in dir

daran, daß nichts dir etwas anhaben kann, wenn du Gott innig liebst.« In all diesen Jahren habe ich mir diese Worte immer wieder in Erinnerung gerufen. Und nun richte ich sie auch an euch: »Nichts kann *euch* etwas anhaben, wenn ihr Gott innig liebt.« Liebt Ihn so sehr, daß ihr euch stets der Kraft in eurem Innern bewußt seid, denn sie kommt von Gott; daß ihr euch stets eures Glaubens bewußt seid, denn er kommt von Gott; und daß ihr vollkommen mit der Liebe eins werdet, die euch innerlich erfüllt, denn diese Liebe ist Gott.

Darin besteht das Wesentliche, und ich spreche aus eigener Erfahrung: Ganz gleich, welche Pflichten auf mich zukommen, sobald mein Geist nicht mehr mit einer bestimmten Tätigkeit oder mit wichtigen organisatorischen Entscheidungen beschäftigt ist, lasse ich ihn in Gott ruhen, anstatt ihn mit nutzlosen Dingen abzulenken. Gott ist der Mittelpunkt meines Lebens. Meine Gedanken sind nirgendwo anders als bei Ihm. Wo sonst sollten sie sein? Ich tauche mit meinem ganzen Wesen in Ihn ein wie in eine sprudelnde Quelle der Freude. Die Wasser göttlicher Liebe überfluten mein Herz, meinen Geist und meine Seele. Das könnt ihr überall üben – während einer Autofahrt, während der Arbeit und immer, wenn ihr zwischendurch eine kleine Pause habt. Laßt euren Geist dann einige Augenblicke in Gott ruhen und sagt Ihm: »Mein Geliebter, Dir gehört meine ganze Liebe. Wie sehr ich auch äußerlich beschäftigt sein mag, ich denke immer nur an Dich.«

Gebt euch nie mit etwas Geringerem zufrieden als mit der Gegenwart Gottes. Sobald ihr merkt, daß

Verankert euer Leben in Gott

ihr in euren geistigen Bemühungen nachlaßt und gleichgültig, nachlässig oder träge werdet, betet zu Gott, daß er euch aus diesem Zustand aufrütteln möge. Ich sage Ihm immer: »Tu mit mir, was Du willst – nur laß meine Gedanken immer auf Dich gerichtet sein, ob Du mich mit Versuchungen prüfst oder mir Freude schenkst. Ich bitte Dich um nichts anderes. Alles, was Du mit mir tust, soll mir recht sein. Ich weiß nur, daß meine Gedanken immer bei Dir sein müssen.«

Ihr werdet überrascht sein, wie die Göttliche Mutter auf eine solch tiefe Sehnsucht reagiert – wenn die Gedanken nicht nur ein Lippenbekenntnis sind, sondern euch aus dem Herzen kommen. Sie schaut in euer Herz hinein. Ihr müßt das, was ihr zu ihr sagt, auch wirklich meinen. Laßt den Strom eurer Hingabe ständig auf sie gerichtet sein, ganz gleich, womit ihr beschäftigt seid. Innerlich müßt ihr euch immer der Nähe Gottes bewußt sein. Das ist möglich. Je mehr ihr euch darin übt, um so leichter wird es euch fallen. Vom weltlichen Standpunkt aus entspricht dies dem Verhalten eines Menschen, der verliebt ist: Bei all seiner Arbeit und bei der Erfüllung seiner Pflichten denkt der Verliebte ständig an den geliebten Menschen. Ein echter Gottsucher ist in Gott verliebt; und er ist weiser als alle anderen, denn er hat sich den wahren Ewigen Liebhaber erwählt, den einzigen Geliebten, der ihn nie enttäuschen wird. Diese Liebe ist unvergänglich – immer neu, immer echt, immer beständig.

Jeder sehnt sich nach vollkommener Liebe, vollkommener Freude. Und diese Liebe, diese Freude ist Gott. Alles, woran wir uns im Leben klam-

Alles Glück liegt in dir

mern, bringt uns schließlich Enttäuschung, Elend und Unglück – nur Gott nicht. Er allein kann uns höchste Erfüllung schenken. Christus drückte es mit folgenden Worten aus: »Trachtet am ersten nach dem Reich Gottes und nach seiner Gerechtigkeit, so wird euch solches alles zufallen.«[5] »Solches alles« schließt die Erfüllung aller Wünsche und Sehnsüchte ein, die das menschliche Herz je gehegt hat. Wir bezweifeln das oft; aber zweifelt nicht daran, sondern habt Vertrauen.

Wenn mir der Weg anfangs schwierig erschien und ich manchmal entmutigt war oder zweifelte, sagte ich Gott immer: »Also gut, Herr, ich will folgende Vereinbarung mit Dir treffen: Ich will mich mein ganzes Leben lang bemühen, Dich zu finden; und ich will dieses Ziel von ganzem Herzen, mit ganzem Gemüt und mit ganzer Seele verfolgen. Ganz gleich, was kommt, ich werde nie aufgeben.« Wenn ihr einen derartigen Entschluß faßt, werdet ihr feststellen, daß Gott keine falschen Versprechungen macht. Er sagt: »Solches alles wird euch zufallen«. In Ihm *werdet* ihr höchste Erfüllung finden und euch nach nichts anderem mehr sehnen.

Die heiligen Schriften Indiens lehren Wunschlosigkeit. Das ist kein negativer Bewußtseinszustand, denn er schenkt uns ewig neues Glück. Es ist der Zustand, in dem es keine Wünsche mehr gibt – weil ihr bereits alles besitzt! Wer viele materielle Wünsche hat, der spürt natürlich eine gewisse Vorfreude bei der Aussicht auf Erfüllung dieser Wünsche; doch wenn keine Hoffnung oder Wahrscheinlichkeit besteht, daß diese Wünsche erfüllt werden, erlebt er im-

[5] *Matthäus 6, 33.*

Verankert euer Leben in Gott

mer wieder Enttäuschungen und wird aufgrund seiner unerfüllten Wünsche unglücklich. Der geistige Zustand der Wunschlosigkeit ist der größte Gewinn, der durch nichts anderes zu übertreffen ist. Wenn wir höchste Erfüllung erlangt haben, bleibt nichts mehr zu wünschen übrig. Der Gottsucher frohlockt und sagt: »Ich habe höchste Zufriedenheit gefunden.«

Oft denke ich: »Ich bin völlig zufrieden, ich habe Erfüllung gefunden. Mich dürstet nicht mehr, denn ich trinke unaufhörlich aus einer Quelle, die nie versiegt.« Das ist der wunderbare Zustand der Wunschlosigkeit.

Wir wollen gemeinsam beten: »Göttliche Mutter, laß mich wie ein kleines Kind voller Vertrauen und Glauben sein; ich will Dich unentwegt suchen und Dir all meine Freuden, Sorgen und Probleme zu Füßen legen. Wohin ich auch gehe und wohin ich schaue, laß mich in Licht und Dunkelheit immer den Segen spüren, mit dem Du mich überschüttest. Göttliche Mutter, laß mich erkennen, daß Du mir näher stehst als die nächsten Menschen, daß Du meine einzige Liebe bist, daß ich inniger mit Dir verbunden bin als mit irgend jemand anderem. Segne mich mit Deiner Gegenwart, die sich unmittelbar hinter meinen Gedanken verbirgt und leise durch mein Gewissen spricht, die mich schweigend leitet, während ich mich bemühe, innerlich im Einklang mit Dir zu sein.«

Vollkommene Freude

Wie man sein Bewusstsein durch richtige innere Einstellung vergeistigen kann

---

Eine Zusammenstellung aus verschiedenen Satsangas, die zur Osterzeit im internationalen Mutterzentrum der Self-Realization Fellowship und in der SRF-Indienhalle in Hollywood gehalten wurden.

Ich habe mir überlegt, was ich euch jetzt, da das segensreiche Osterfest herannaht, über das inspirierende heilige Leben Jesu Christi und die Bedeutung seiner Auferstehung erzählen soll, so daß es Bezug auf unser tägliches Leben hat. Gurudeva Paramahansa Yogananda verehrte den heiligen Franziskus von Assisi, weil er Christus über alles liebte und ein Vorbild für alle Nachfolger Christi war. Hier in diesem Raum [der Kapelle des internationalen SRF-Mutterzentrums] hatte Guruji eine Vision vom heiligen Franziskus, und während dieser Vision entstand sein Gedicht »Gott, Gott, Gott«, das wir alle so lieben. Auch werde ich nie vergessen, welche Seligkeit mein Herz überflutete, als wir Assisi besuchten. 1959 machten wir auf unserer Rückreise von Indien einen Abstecher dorthin und suchten all die Orte auf, in denen der Geist dieses geliebten Heiligen so deutlich fühlbar ist.

Eine besondere Begebenheit im Leben des heiligen Franziskus bringt meiner Meinung nach den eigentlichen Kern des geistigen Lebens zum Aus-

Vollkommene Freude

druck. Während meiner ersten Jahre im Ashram gab unsere verehrte Sri Gyanamata uns jüngeren Schwestern ein Buch über den Heiligen[1] zu lesen. Ich möchte euch heute etwas daraus vorlesen:

Als der heilige Franziskus einmal zur Winterzeit mit Bruder Leo von Perugia nach Santa Maria degli Angeli wanderte und die große Kälte ihnen hart zusetzte, da rief er zu Bruder Leo, der ihm ein wenig vorausging: »O Bruder Leo, auch wenn die Brüder unseres Ordens überall ein treffliches Beispiel an Heiligkeit und Erbauung abgeben würden, so schreibe doch und zeichne es sorgfältig auf, daß hierin noch nicht die vollkommene Freude liegt.«

Und nach einer Strecke Weges rief der heilige Franziskus zum zweiten Male: »O Bruder Leo, auch wenn die Brüder die Blinden sehend machten und die Krüppel gerade, wenn sie die Teufel austrieben, die Tauben hören, die Lahmen gehen und die Stummen reden machten, ja wenn sie, was noch gewaltiger wäre, die Toten am vierten Tage auferstehen ließen, schreibe auf, daß darin noch nicht die vollkommene Freude liegt.«

Nach einem weiteren Stück Weges rief der heilige Franziskus laut: »O Bruder Leo, würden unsere Brüder auch alle Sprachen sprechen, alle Wissenschaften beherrschen und alle Schriften kennen, könnten sie nicht nur prophezeien und die Zukunft voraussagen, sondern auch die Geheimnisse der Seelen und des Gewissens enthüllen, schreibe auf, daß hierin noch nicht die vollkommene Freude liegt.«

Und wieder ein Stück weiter rief der heilige Franziskus abermals laut: »O Bruder Leo, du Schäflein Gottes, auch wenn die Brüder unseres Ordens mit Engelszungen reden könnten und den Lauf der

---

[1] *Die Blümlein des heiligen Franziskus.*

Sterne und die Heilkraft der Kräuter kennen würden und wenn sie alle Schätze der Erde entdeckten, das Wesen der Vögel, der Fische und allen Getiers, der Menschen, der Bäume, der Steine, der Wurzeln und der Gewässer erforschen könnten, schreibe auf, daß hierin noch nicht die vollkommene Freude liegt.«

Und während der heilige Franziskus wohl gut über zwei Meilen lang auf diese Weise redete, fragte Bruder Leo endlich hoch erstaunt: »Vater, ich bitte dich um Gottes willen, daß du mir sagen mögest, worin die vollkommene Freude liegt.«

Und der heilige Franziskus antwortete ihm: »Wenn wir in Santa Maria degli Angeli ankommen, durchnäßt vom Regen und steif vor Kälte, voll von Schmutz und vom Hunger geplagt, und an das Klostertor klopfen und der Pförtner erzürnt herausschaut und fragt: ›Wer seid ihr?‹, und wir antworten: ›Wir sind zwei von euch Mönchen!‹, und er antwortet: ›Ihr lügt, ihr seid vielmehr zwei Spitzbuben, die umherziehen und den Armen Almosen rauben, schert euch davon!‹ – und er uns nicht aufmacht und uns draußen in Schnee und Regen hungernd und frierend bis in die Nacht stehen läßt; wenn wir dann so große Schmach und Grausamkeit und seine Abweisung geduldig ertragen, ohne uns zu erregen oder zu murren und wenn wir in Demut und Liebe denken, daß der Pförtner uns in Wirklichkeit kennt, daß aber Gott ihn sich so gegen uns benehmen läßt, o Bruder Leo, schreibe auf, daß darin die vollkommene Freude liegt.

Und wenn wir dann vom Hunger, von der Kälte und von der finsteren Nacht gepeinigt immer noch klopfen und um der Liebe Gottes willen inständig flehen und rufen, daß er uns öffne und Einlaß gewähre, er hingegen wutentbrannt ruft: ›Was für nichtsnutzige Tagediebe, ich werde es ihnen noch heimzahlen!‹ – und wenn er dann herauskommt mit einem Knüp-

Vollkommene Freude

pel, uns bei der Kapuze packt, uns zu Boden wirft, uns in den Schnee stößt und uns mit seinem Knüppel tüchtig verprügelt; wenn wir dies alles in Geduld und Gelassenheit ertragen und dabei an die Pein unseres Herrn Jesu denken, die wir aus Liebe zu ihm ertragen dürfen; lieber Bruder Leo, schreibe auf, daß hierin die vollkommene Freude liegt.

Und nun höre die Lehre daraus, Bruder Leo! Über aller Gnade und allen Gaben des Heiligen Geistes, die Christus den Seinen zuteil werden läßt, steht die Tugend der Selbstüberwindung, um seiner Liebe willen freimütig Drangsal und Schmach, Mühen und Entbehrungen zu ertragen.«

Diese Geschichte beschreibt das Ideal, das jeder, der sich auf dem geistigen Weg befindet, anstreben sollte – ein Ideal, das in der Kreuzigung und Auferstehung Christi seinen vollendeten Ausdruck fand: Geistigkeit offenbart sich nicht in der Kraft, andere zu heilen, Wunder zu vollbringen oder die Welt durch unsere Weisheit in Erstaunen zu versetzen, sondern in der Fähigkeit, all unsere »Kreuze« – ganz gleich, worin sie bestehen – mit der richtigen Einstellung zu tragen und uns innerlich über sie zu erheben. Durch eine solche Geisteshaltung erlangen wir die Kraft, alle Schwierigkeiten zu überwinden und wahres Glück zu finden.

WIE MAN MIT SCHMERZVOLLEN ERLEBNISSEN FERTIG WIRD

Jeder von uns erlebt Zeiten schwerer Prüfungen, die uns unerträglich scheinen. Dann fragen wir uns: »Warum geschieht mir das? Es kommt mir so ungerecht vor.« Immer, wenn ich in Versuchung gerate, so zu denken, rufe ich mir obige Geschichte des heiligen Franziskus in Erinnerung. Jede Erfahrung – sei sie freudig oder schmerzvoll – dient nur einem einzigen Zweck: Wir sollen dem geliebten Gott dadurch näherkommen. Wenn wir uns auf selbstlose Art um die beste Lösung bemühen, dann aber demütig annehmen, was Gott uns schickt, finden wir vollkommene Freude.

Die meisten Menschen sind gleich verbittert, wenn andere sie enttäuschen. Laßt dies nie geschehen! Wendet euch an Gott – so wie ein Kind, das zu seiner Mutter läuft, um sich von ihr trösten zu lassen. Durch unsere wahren Freunde erfahren wir die Liebe des einen Göttlichen Freundes. Und wenn wir mißverstanden und falsch beurteilt werden, müssen wir bei Gott Kraft und Trost suchen; auf diese Weise können wir vollkommene Freude finden. Wenn ihr eine solche Beziehung zu Gott habt, könnt ihr denen gegenüber, die euch ungerecht behandeln, gar keine Bitterkeit empfinden. Dann wißt ihr, daß eure verletzten Gefühle, eure Einsamkeit und eure innere Leere euch nur daran erinnern sollen, eure Beziehung zu Ihm zu vertiefen; denn Er wird euch nie enttäuschen.

Das war eine der ersten Lektionen, die ich im Ashram lernte. Eine bestimmte Gruppe von Ashrambewohnern pflegte mich von all ihren Vorhaben auszuschließen. Ich fühlte mich übergangen und zurückgewiesen. Anfangs verletzte mich das sehr (schließlich war ich noch ein unreifes junges Mädchen), und ich fragte mich: »Warum? Warum schließen sie mich aus?« Aber ich empfand keinen Groll. Ich sagte mir, daß ich schließlich nicht in den

Vollkommene Freude

Ashram gekommen sei, um geselliges Beisammensein mit anderen Menschen zu pflegen, sondern um Gott zu suchen. Oft ging ich in den Garten hinaus, besonders am späten Abend, und ach – mit welch tiefer Sehnsucht mein Herz dann den Göttlichen Geliebten anrief!

Wenn wir innerlich den aufrichtigen Entschluß fassen: »Herr, ich will Dich, nur Dich«, dann fängt Gott unsere Gedanken sogleich auf. Und von diesem Augenblick an müssen wir alle äußeren Umstände in unserem Leben akzeptieren, weil wir verstehen, daß sie nur mit Gottes Einverständnis geschehen. So lernen wir, jede unserer Prüfungen als ein Werkzeug göttlicher Liebe zu erkennen, die uns ermahnen soll, an nichts anderem zu hängen als an Ihm. Wenn wir lernen, schmerzvolle Erfahrungen tapfer zu ertragen, sprengen wir dadurch die Fesseln, die unsere Seele in dieser kleinen Zelle des schmerzgeprüften Fleisches und der oberflächlichen Gefühle gefangenhalten.

Warum leiden wir?

Ich weiß nicht, wie Menschen ihre Probleme ohne diese Erkenntnis und ohne Liebe zu Gott ertragen können. Viele Personen wenden sich hilfesuchend an mich, und dabei blutet mir oft das Herz. Dennoch, meine Lieben, müssen wir uns fragen, was unser Leiden verursacht. Es sind nicht andere Menschen, nicht die äußeren Umstände, auch nicht Gott. Wir selbst fügen uns Leid zu, wenn wir den Fehler begehen, unsere Erfüllung in äußeren Dingen zu suchen.

Wißt ihr, was der wahre Grund all unserer un-

Alles Glück liegt in dir

kontrollierten Emotionen, verletzten Gefühle und ruhelosen Wünsche ist? All diese Leiden wurzeln in der Einsamkeit und der inneren Leere, die wir empfinden, weil wir Gott nicht kennen. Unsere Seele erinnert sich der vollkommenen Liebe, die wir einst besessen haben, als wir noch vollkommen eins mit dem Göttlichen Geliebten waren; und nach dieser Liebe sehnen wir uns in der Einöde dieser Welt zurück.

Warum gibt es in unseren menschlichen Beziehungen Eifersucht, Zorn und Besitzgier? Weil wir alle nach jenem Etwas hungern, das uns auf einzigartige Weise gehört und von dem wir überzeugt sind, daß nichts und niemand es uns nehmen kann. Wir suchen nach den vollkommenen Bedingungen oder der vollkommenen Umgebung, die uns ein solches Gefühl der Sicherheit verschafft – nach einem einzigartigen Freund, der uns Halt geben kann, nach einem Geliebten, der nur uns gehört. Jeder sehnt sich nach vollkommener Liebe, vollkommener Vereinigung mit einem anderen Menschen. Der Einzige jedoch, der uns auf diese Weise gehören kann, ist Gott. Alle menschlichen Beziehungen enden schließlich in Verlust oder Enttäuschung – es sei denn, sie sind im Göttlichen verankert; so war es seit Anbeginn der Zeit.

Warum kritisieren wir andere? Weil unsere wahre seelische Natur vollkommen ist und wir instinktiv nach dieser Vollkommenheit suchen – allerdings in äußeren Umständen, in anderen Menschen, in Organisationen. Obgleich es nicht ausbleiben kann, daß sie unsere Erwartungen enttäuschen, nehmen wir ihnen das übel. Die Seele sehnt sich

Vollkommene Freude

nach ihrem verlorenen göttlichen Erbe; doch solange wir das ersehnte Glück in der Welt suchen, werden wir nie vollkommene Freude finden.

Ich halte mir stets vor Augen, daß die äußeren Umstände nie vollkommen sein können. Besitz, soziale Stellung, das Lob anderer Menschen – all das ist von sehr kurzer Dauer. Was wir in dieser vergänglichen Welt besitzen oder nicht, ist nicht wichtig; wichtig ist nur unsere innere Einstellung zu allem, was uns täglich begegnet. Nur wenn wir unsere Einstellung vervollkommnen, können wir Kraft und Freude gewinnen und erkennen, daß das Göttliche in uns selbst liegt.

WORIN BESTEHT DIE RICHTIGE EINSTELLUNG?

Am Silvesterabend jeden Jahres versammelten sich alle Ashrambewohner mit dem Meister um halb zwölf Uhr in der Kapelle, wo wir bis nach Mitternacht meditierten. Am Ende der Meditation pflegte er uns oft einen bestimmten Gedanken mit auf den Weg zu geben oder eine Eigenschaft zu nennen, auf die wir uns im kommenden Jahr konzentrieren sollten. Einmal sagte er: »Seid demütig; kritisiert andere nicht; habt Mitgefühl mit anderen.« Dies sind drei wesentliche Eigenschaften, die jeder Gottsucher braucht, der sich um die richtige Einstellung bemüht.

Demut hat nichts mit äußerer Frömmigkeit zu tun. Sie bedeutet, allen Erfahrungen im Leben mit der richtigen Einstellung zu begegnen, auch dann, wenn wir mit häßlichen Worten verhöhnt werden. Der heilige Franziskus, den ich als einen Heiligen betrachte, der vollendete Demut besaß, hat es so wunderbar ausgedrückt: »Lernt, Tadel, Kritik und Anschuldigungen schweigend und ohne den Wunsch nach Vergeltung hinzunehmen, auch wenn sie falsch und ungerechtfertigt sind.« Wenn wir versuchen, uns zu rechtfertigen, versinken wir im Schlamm des Selbstmitleids und der Selbstverteidigung. Wahre Demut dagegen macht uns stark, denn wir suchen nicht die Anerkennung der Menschen, sondern nur die Gottes. Indem wir Ihm treu bleiben, entwickeln wir Charaktereigenschaften, die auch andere Menschen an uns schätzen lernen.

Merzt das Krebsgeschwür der Kritiksucht aus

Als nächstes betonte der Meister, daß wir nicht kritisch sein sollen. Eine schulmeisterliche Einstellung gleicht einem Krebsgeschwür, das die Wurzeln eures inneren Friedens zerstört. Ihr könnt nicht glücklich sein, solange ihr negative und kritische Gedanken hegt.

Einmal war ich dabei, als einer der Ashramjünger zum Meister kam und sich heftig über eine andere Person beschwerte. Der Meister hörte etwa drei Minuten lang geduldig zu. Schließlich sagte er lächelnd zu dem Krittler: »Jetzt sprich einmal genauso lange über deine eigenen Schwächen zu mir.« Der Jünger war entsetzt, und ich bezweifle, daß er sich in Gurujis Gegenwart je wieder kritisch geäußert hat.

Heilsame Kritik – aufrichtige Verbesserungsvorschläge – können natürlich von Wert sein. Aber man neigt leicht dazu, zuviel zu analysieren und negative Kritik an anderen zu üben. Wenn wir feststellen, daß

Vollkommene Freude

unsere ruhelosen Gedanken ständig auf den Wellen der Unzufriedenheit und Mißgunst umhertreiben, können wir sicher sein, daß wir nicht die richtige Einstellung haben. Solange unsere Haltung negativ ist, auch wenn sie uns gerechtfertigt scheint, wird Gott sich uns nicht offenbaren. Dunkelheit und Licht können nicht im selben Raum miteinander bestehen; ähnlich kann auch das Bewußtsein nicht gleichzeitig von Weisheit und Unwissenheit, von Liebe und Haß erfüllt sein. Je weniger klatschsüchtig und kritisch wir sind, um so friedvoller werden wir.

WIR EMPFANGEN, INDEM WIR GEBEN

Der letzte Hinweis, den der Meister uns in jener Silvesternacht gab, war dieser: Lernt mit anderen mitzufühlen! Die meisten Menschen meinen, daß diese Eigenschaft allen anderen Leuten fehle; wir wünschen uns nämlich, daß andere mehr Mitgefühl für uns empfinden. Doch wir müssen bei uns selbst anfangen – wir müssen uns selbst vergessen, weniger an unser eigenes Wohl denken und mehr Rücksicht auf die Bedürfnisse der Menschen nehmen, mit denen wir zusammenkommen. Der heilige Franziskus sagte: »Wir empfangen, indem wir geben.«

Wir sollten nur in einer Hinsicht selbstsüchtig sein: Wir sollten unsere Beziehung zu Gott unter allen Umständen aufrechterhalten. Er schenkt uns bedingungslose Liebe und bedingungsloses Verständnis, damit wir diese Eigenschaften auch in unseren Beziehungen zu anderen Menschen zum Ausdruck bringen.

Die größte Freude in meinem Leben besteht darin, daß ich Gott liebe. Ich habe nicht den Weg eingeschlagen, dem die meisten Menschen in der Welt folgen: menschliche Liebe und Gesellschaft zu suchen. Dennoch fühle ich mich zutiefst geliebt, *innigst geliebt*. Der Geliebte des Universums enttäuscht mich nie. Selbst in Zeiten der Prüfungen weiß ich, daß sich unmittelbar hinter den schmerzlichen Erfahrungen Sein Segen verbirgt und mich dazu drängt, alle begrenzenden Fesseln zu sprengen und Ihm immer näherzukommen. Wenn ein Gottsucher die richtige Einstellung hat, fühlt er auch in Zeiten großer Schmerzen und Versuchungen die innige Liebe Gottes. Euch allen, meine Lieben, lege ich ans Herz, sämtliche Erfahrungen im Leben mit dieser Einstellung zu akzeptieren. Ihr könnt gewiß sein, daß euch der Guru stets zur Seite steht und euch segnet. Er wird euch nie enttäuschen.

Jetzt, da das Osterfest herannaht, wollen wir größere geistige Anstrengungen machen und unsere Gleichgültigkeit abschütteln; diese kann sich leicht einstellen, wenn das Leben uns zu beschwerlich erscheint oder wenn wir uns zu sehr mit materiellen Dingen beschäftigen. Bemüht euch, anderen Menschen gegenüber mitfühlend und verständnisvoll zu sein. Helft euren Mitmenschen, aber kritisiert sie nicht. Bringt ihnen aufrichtige Liebe entgegen. Vor allem aber schenkt eure Liebe dem über alles geliebten Gott. Wenn wir trunken vor Sehnsucht nach Gott sind, wird unser Bewußtsein frei von den negativen Vorstellungen, die uns von Ihm trennen, und wir können in Seine vollkommene Freude eingehen.

WIE MAN GEISTIGE
REIFE ERLANGT

Aus einer Ansprache im internationalen Mutterzentrum der Self-Realization Fellowship

Wenn ich an die Jahre geistiger Disziplin zurückdenke, in denen unser Guru Paramahansa Yogananda diejenigen von uns, die oft in seiner Nähe sein durften, leitete und schulte, erkenne ich, mit welcher Weisheit er uns zu geistiger und gefühlsmäßiger Reife verholfen hat. Geistige Unreife ist eines der Grundprobleme der Menschheit. Kriege entstehen, weil wir uns wie verzogene, rücksichtslose Kinder verhalten. Jugendliche nehmen Steine auf und bewerfen sich gegenseitig damit; erwachsene Kinder tun das gleiche, nur werfen sie Bomben ab. Wir kämpfen, und wir streiten. Wenn jemand ein »Spielzeug« besitzt, wollen wir dasselbe auch haben – genau wie die Kinder. Anders ausgedrückt, alle werden zwar dem Alter nach erwachsen, aber nur wenige wachsen zu innerer, geistiger Reife heran. Wen kann man wirklich als einen reifen Menschen bezeichnen? Einen Jesus Christus, einen Buddha, einen Mahavatar Babaji, einen Paramahansa Yogananda – alle großen Heiligen. Um diese innere Reife müssen wir uns alle bemühen.

Hier sind einige Kriterien für innere Reife:

DIE FÄHIGKEIT, MIT DER REALITÄT FERTIG ZU WERDEN

1. *Die Fähigkeit, mit der Realität fertig zu werden.*

Alles Glück liegt in dir

Denkt einmal darüber nach. Als unreife Menschen wollen wir mit der Realität nichts zu tun haben, weil sie uns nicht gefällt. Wir wollen ihr am liebsten den Rücken kehren und davonlaufen. Wir wollen uns gar nicht mit der Wahrheit auseinandersetzen, wenn sie unserer Meinung nicht entspricht. Wir verstecken uns lieber; wir wollen nichts darüber hören. Wir wollen zum Beispiel von unserem Guru oder unserem geistigen Berater nichts Negatives über uns selbst erfahren. Wir wollen nicht, daß unsere Familie uns kritisiert, auch dann nicht, wenn sie recht hat. Kritik erweckt in uns den Wunsch nach Vergeltung. Wenn eine Frau zu ihrem Mann sagt: »Du rauchst zu viel«, ist er sofort geneigt, etwas Gehässiges zu erwidern – ein Zeichen gefühlsmäßiger Unreife: »Du hast mich geschlagen, deshalb schlage ich jetzt zurück.« So verhalten sich Kinder. Ein gefühlsmäßig reifer Mensch wird innerlich ruhig bleiben und sich zunächst überlegen: »Stimmt das wirklich? Ja, es stimmt. Ich rauche wirklich zu viel. Ich sollte das Rauchen aufgeben, denn es schadet mir.« Vielleicht spricht er diese Gedanken seiner Frau gegenüber nicht aus; vielleicht schweigt er einfach. Zumindest aber wird er keine gehässige Antwort geben, um sie zu verletzen. Er wird der Wahrheit ins Auge sehen und vernünftig reagieren.

Millionen Menschen landen in Nervenkliniken oder bei einem Psychiater, weil sie sich im Grunde gar nicht selbst erkennen wollen und sich weigern, ihre Schwächen näher zu untersuchen. Doch genau darin besteht der erste Schritt, den jeder tun muß, wenn er erwachsen werden will.

Wißt ihr auch, warum wir uns so sehr dagegen sträuben, unsere Fehler einzugestehen? Als Seelen fühlen wir, daß wir vollkommen sind. Darauf basiert unser Verständnis. Wir *sind* vollkommen, daran besteht kein Zweifel – aber nur als die Seele, nicht als das unvollkommene Ego, das sich an die Begrenzungen dieser körperlichen Hülle gewöhnt und im Laufe vieler Inkarnationen falsche Gewohnheiten angenommen hat. Es ist das Ego, das sich von niemandem kritisieren lassen will.

Ist es aber nicht so, daß wir innerlich etwas gewinnen, wenn wir die Kritik, die andere an uns üben, mit der richtigen Einstellung akzeptieren? Dabei ist es nicht weiter wichtig, ob diese Kritik gehässig und unfreundlich oder liebevoll klingt. Natürlich wäre es besser und für den Kritiker vorteilhafter, wenn er sich freundlich ausdrückte; aber schließlich ist die Unfreundlichkeit eines Menschen sein eigenes Problem. Ihr braucht nur darauf zu achten, wie ihr reagiert.

Ich will euch ein Beispiel vom heiligen Franziskus von Assisi nennen. Der folgende Satz stammt von ihm, und nach diesem Grundsatz lebte er: »Lernt, Tadel, Kritik und Anschuldigungen schweigend und ohne den Wunsch nach Vergeltung hinzunehmen, selbst wenn sie falsch und ungerechtfertigt sind.« Dies sind die Worte eines innerlich reifen Menschen. Wenn es uns gelänge, auch nur ein Fünfzigstel davon umzusetzen, würden nicht nur alle anderen Menschen uns achten und bewundern, sondern wir würden uns auch selbst achten können.

DIE FÄHIGKEIT, SICH DEM WECHSEL DER
EREIGNISSE ANZUPASSEN

2. *Die Fähigkeit, sich dem Wechsel der Ereignisse anzupassen.* Ich danke unserem Meister für die Schu-

Alles Glück liegt in dir

lung, die er uns in bezug auf Anpassungsfähigkeit gegeben hat. Wir lernten, uns augenblicklich umzustellen, wenn uns neue Pflichten übertragen wurden oder wenn die Umstände sich änderten. Zu jeder Tages- oder Nachtzeit brachen wir auf, um von einem Ashram in den anderen zu ziehen. Wir hatten kaum Zeit, das Nötigste zusammenzupacken. Wenn wir dann in Encinitas eintrafen, wo sich fast immer Gäste aufhielten (damals gab es noch kein Gästehaus), überließen wir ihnen unsere Zimmer und schliefen auf einer Decke auf dem Fußboden des Wohnzimmers. Ich habe das immer gern getan. Es ist menschlich, in seinen Gewohnheiten zu erstarren. Aber die Welt ist alles andere als beständig. Daher ist die Fähigkeit, sich Veränderungen anzupassen, von großer Wichtigkeit.

FINDET EUER GLÜCK IM GEBEN

3. *Die Fähigkeit, mehr Glück und Erfüllung im Geben als im Nehmen zu finden.* Bemüht euch um Großzügigkeit und Offenherzigkeit. Gewöhnt euch daran, immer wieder freudigen Herzens zu geben. Es spielt keine Rolle, was ihr gebt. Überlegt euch, wie ihr andere glücklich machen könnt. Macht euch keine Gedanken darüber, ob ihr etwas als Gegengabe zurückerhaltet. Nehmen wir als Beispiel einmal die Weihnachtszeit. Ihr tauscht mit jemandem Geschenke aus; und nachher denkt ihr: »Das hier ist aber längst nicht so viel wert, wie das Geschenk, das ich ihm gegeben habe.« Wie kleinlich! Was hat das schon zu bedeuten? Je freigebiger ihr schenkt, um so zufriedener seid ihr. »Geben ist seliger denn Nehmen.«

Ihr braucht nicht immer nur materielle Dinge

Am SRF-Lake Shrine, 1988

»Wenn wir in jeder Lebenslage das Beste zu sehen versuchen, wirkt unsere positive Einstellung und Begeisterung wunderbar belebend auf Geist, Gefühle und Körper. Die richtige Einstellung ist unbedingt notwendig, wenn wir die geistigen und gefühlsmäßigen Hindernisse, die uns von der Göttlichen Quelle in unserem eigenen Innern trennen, beseitigen wollen.«

In der Mädchenschule der *Yogoda Satsanga Society* in Ranchi, 1972

(Oben) Begrüßung von Mitgliedern nach einem *Satsanga* im YSS-Ashram in Ranchi, 1967; *(unten)* im SRF-Mutterzentrum, Los Angeles, 1982

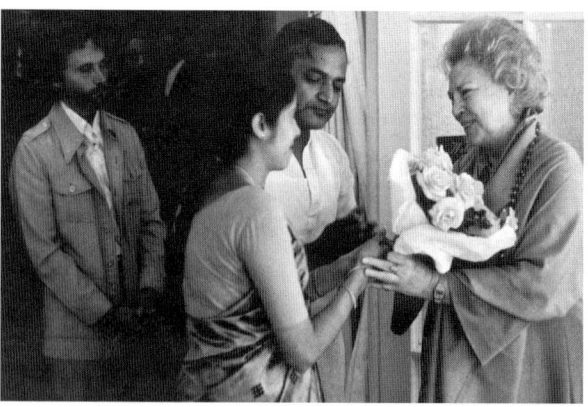

»Um Liebe empfangen zu können, muß man Liebe geben. Doch wie wenige in dieser Welt wissen, was tiefe und aufrichtige Liebe ist. Wenn wir mit Hilfe der Meditation lernen, Gott mehr zu lieben und Seine Liebe zu fühlen, werden wir lieben können, ohne etwas als Gegengabe zu erwarten.«

Mit Seiner Heiligkeit, Sri Jagadguru Shankaracharya Bharati Krishna Tirtha vom Gowardhan Math in Puri, während seines Besuchs im Yogoda Math in Dakshineswar, dem Hauptsitz der *Yogoda Satsanga Society of India* im Mai 1959. Seine Heiligkeit war das geistliche Oberhaupt von Millionen Hindus und als apostolischer Nachfolger von Adi Shankaracharya (Indiens berühmtem Philosophen, der im 9. Jahrhundert n. Chr. lebte) das Oberhaupt des altehrwürdigen Swami-Ordens.

Als der Jagadguru (»Weltlehrer«) 1958 die Vereinigten Staaten besuchte, war er der erste Shankaracharya, der eine Reise außerhalb Indiens unternahm. Er sprach an den führenden Universitäten des Landes über den Wert der ewigen Grundsätze der Wahrheit, wie sie in Indien gelehrt werden. Dieser historische Besuch stand unter der Schirmherrschaft der *Self-Realization Fellowship*.

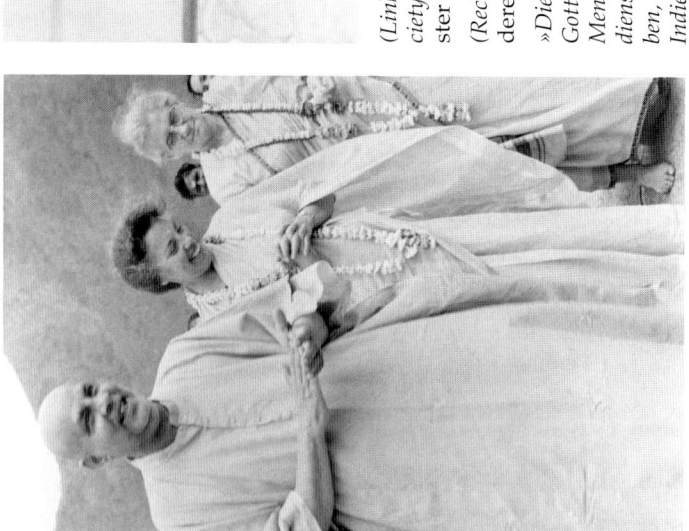

(Links) Mit Swami Sivananda, dem Gründer der *Divine Life Society*, in dessen Ashram in Rishikesh im Himalaja, und Schwester Revati vom SRF-Mutterzentrum im Jahr 1959

(Rechts) Mit Ananda Moyi Ma, der »glückseligen Mutter«, in deren Ashram am Ganges in Benares, 1959

»Die größten Liebenden, die diese Welt je gekannt hat, sind jene, die Gott geliebt haben. Über die Jahrhunderte hindurch haben sie die Menschheit immer wieder inspiriert. Der wahre Sinn der Lehre Indiens besteht darin, Seelen hervorzubringen, die Gott wahrhaft lieben, weil sie Ihn kennen; das ist die Botschaft der heiligen Schriften Indiens an die Menschheit.«

Wie man geistige Reife erlangt

zu schenken. Schenkt anderen euer Herz, schenkt ihnen Verständnis. Selbst wenn ihr körperliche Schwierigkeiten habt, ist es wunderbar, einen niedergeschlagenen, entmutigten Menschen mit den richtigen Worten aufzurichten, so daß er neuen Mut schöpft. Der Meister führte oft das Beispiel des heiligen Franziskus an: Obgleich dieser blind und krank war, spendete er anderen Kraft und heilte sie. Seine Worte, seine rührende Demut und seine Liebe zu Gott haben in all diesen Jahrhunderten Millionen von Menschen inspiriert.

Lernt andere zu lieben

4. *Die Fähigkeit zu lieben.* Andere Menschen zu lieben, ist der höchste Zustand innerer Reife. Das bezieht sich natürlich nicht auf die sinnliche Liebe. Gemeint ist hier die göttliche Liebe, die bedingungslos ist und keine Gegenleistung erwartet. Unsere Beziehung zu unserem Guru, unsere Beziehung zu Gott – eine Art von Beziehung, die wir zu allen Menschen entwickeln sollten – beruht auf göttlicher Liebe.

Lernt andere zu lieben. Vermeidet das Wort *Haß*. Und vermeidet alle lieblosen Gedanken und Handlungen. Wenn ihr jemandem etwas Unangenehmes sagen müßt, dann tut es liebevoll. Welch unbeschreibliche Freude es ist, wahrhaft zu lieben! Ihr braucht eure Gefühle nicht allen zu zeigen; das ist nicht nötig. Doch ein reifer Mensch ist immer ein Idealist; er empfindet aufrichtige Liebe für alle Menschen und Lebewesen und hat Ehrfurcht vor allem Leben. Diese Liebe sahen wir so vollkommen in Guruji verkörpert.

Alles Glück liegt in dir

Wie sehr wir einen Menschen schätzen und lieben, der immer etwas Freundliches über andere zu sagen weiß! Nicht immer finden wir bei anderen Verständnis und freundliches Entgegenkommen, denn nicht jeder wird uns verstehen. Christus hatte seine Feinde, aber er selbst schenkte anderen nur Liebe. Er hatte die Geduld zu warten, bis sie ihn verstehen würden. Und er war fähig, für diejenigen, die ihm nur Haß entgegenbrachten, zu beten: »Vater, vergib ihnen; denn sie wissen nicht, was sie tun.« Das war nicht nur ein edler Ausspruch, der die Menschen beeindrucken sollte. Er meinte es wirklich so! Können wir das nicht ebenfalls versuchen? Wir müssen es, denn das ist der Weg, der zu Frieden und Glück führt und uns göttliche Reife verleiht. Wir sollten das Wort *Liebe* öfter gebrauchen und diese Liebe auch fühlen. Ich liebe die Vögel; ich liebe die Bäume – ich liebe die ganze Natur. Ich liebe es, in den unermeßlichen blauen Himmel zu schauen. Ich liebe die Menschen; ich beurteile sie nicht nach ihren Fehlern.

Wir alle haben Schwächen, die andere irritieren; aber Gott erträgt uns dennoch. Können wir einander nicht ebenfalls ertragen? Wir sollten uns vor allem darum bemühen, uns selbst zu ändern und die Schlacken der Unvollkommenheit und Unwissenheit, die unsere strahlend goldene Seele verhüllen, zu entfernen; und gleichzeitig sollten wir große Nachsicht mit den Schwächen anderer Menschen haben. Wir dürfen nicht glauben, daß es unsere Pflicht oder unser gutes Recht sei, alle anderen zurechtzuweisen, weil wir der Meinung sind: »Ich übe Yoga und weiß es deshalb am besten.« Das ist gei-

Wie man geistige Reife erlangt

stiger Egoismus! Wir können anderen am besten helfen, wenn wir Verständnis für sie haben, wenn wir ihnen gegenüber freundlich und mitfühlend sind und ihnen Liebe schenken.

Guruji ermahnte uns oft: »Narren streiten miteinander, weise Menschen sprechen sich aus.« Natürlich versuchten wir alle, keine Narren zu sein! Wir bemühten uns aufrichtig, offen miteinander zu reden und trotz unserer Meinungsverschiedenheiten zu einer Einigung zu kommen.

Wir alle sind Kinder Gottes, die gemeinsam mit vielen Tausenden von Gurujis Jüngern in aller Welt auf dem Heimweg zu Ihm sind. »Herr, Du hast diesem Mönch eine große Familie geschenkt«, schrieb Guruji in seiner *Autobiographie eines Yogi*. Wir sind in göttlicher Liebe, göttlicher Brüderlichkeit und göttlicher Freundschaft miteinander verbunden, und wir haben ein gemeinsames Ziel: Gott gemeinsam zu suchen und Ihm auf jede mögliche Weise zu dienen, während wir uns bemühen, alle Lebewesen als unsere größere Familie zu betrachten.

WIE MAN CHARAKTERSCHWÄCHEN ÜBERWINDET

Aus einer Ansprache an die Ordensleute im internationalen Mutterzentrum der Self-Realization Fellowship

Unser Guru [Paramahansa Yogananda] vermittelte uns durch seine geistige Schulung nicht nur die Grundsätze der Meditation und des richtigen Handelns, sondern auch die Voraussetzungen für ein seelisches Gleichgewicht. Ich fühle, daß es meine Pflicht ist, euch zu einem richtigen Verständnis des geistigen Lebens zu verhelfen, und deshalb will ich euch etwas über die negativen Eigenschaften erklären, die unseren Frieden, unser Glück und unsere Beziehungen zu anderen Menschen zerstören und uns von Gott fernhalten können.

Der geistige Weg gleicht eines Messers Schneide. Wenn wir uns nicht an die Grundsätze dieses engen und schmalen Weges halten, werden wir es sehr schwer haben, Gott zu finden. Wir können diesen kostbarsten Schatz nur dann erwerben, wenn wir das höchste Opfer bringen: Wir müssen alle inneren Schwächen überwinden, die uns so unauflöslich an unseren Körper und an das Ego binden und uns von Gott trennen.

ERZIEHT EUREN GEIST ZU OBJEKTIVEM DENKEN

Das Selbstmitleid ist ein Kennzeichen dafür, daß wir uns in hohem Grade mit unserem kleinen

Wie man Charakterschwächen überwindet

Ich identifizieren. Wenn wir uns selbst bemitleiden, sehen wir alles subjektiv und nehmen es zu persönlich. Wir können nichts objektiv beurteilen und bedauern uns ständig selbst. Objektiv zu sein heißt, stets darauf zu achten, welche Einstellung wir zu unserer Arbeit, zu anderen Menschen und vor allem zu Gott haben sollten.

Eine subjektive Denkweise macht uns äußerst empfindlich. Niemand wagt es dann, uns gegenüber irgendeine gutgemeinte Kritik anzubringen, weil wir uns ständig rechtfertigen. Rechtfertigung ist ein Zeichen von Selbstmitleid. Übt euch darin, innerlich Abstand zu nehmen und eure Reaktionen auf bestimmte Geschehnisse ganz unvoreingenommen zu beurteilen. Wenn man euch auf einen offensichtlichen Fehler aufmerksam macht, dann gesteht diesen auch ein.

Wenn ihr jedoch bei jeder Kritik niedergeschlagen oder launisch werdet und innerlich zusammenzuckt, dann könnt ihr gewiß sein, daß dies eine eurer Schwachstellen ist. Gott prüft jeden von uns genau in den Bereichen, in denen wir mehr Kraft entwickeln müssen. Er wird nicht plötzlich vom Himmel herabsteigen und uns sagen: »Hör zu, Mein Kind, dies sind die Dinge, die bei dir nicht in Ordnung sind.« Statt dessen wird Er für bestimmte Umstände in unserem Leben sorgen, die uns Gelegenheit geben, all unsere psychologischen Schwächen zu erkennen und zu heilen.

Die Zwillingsschwester des Selbstmitleids ist die Selbstverteidigung, der Drang, unser Verhalten ständig zu rechtfertigen. Widersteht dem Verlangen, jedesmal lange Erklärungen abzugeben, wenn man

Alles Glück liegt in dir

euch auf eure Fehler und Schwächen aufmerksam macht. Wenn euch jemand zum Beispiel sagt, daß ihr zuviel über andere klatscht oder immer nur die negative Seite der Dinge seht, haltet euch zurück und prüft euch schweigend. Vielleicht hat diese Person recht und erweist euch durch ihre Kritik einen echten Freundschaftsdienst.

Selbstachtung kommt aus dem eigenen Innern

Eine andere Schwäche des Ego ist Wichtigtuerei: »Ich habe dies und das getan; diese Idee stammt von mir!« Falscher Stolz entsteht, wenn wir unsere Errungenschaften zu wichtig nehmen und dabei vergessen, daß Gott der Handelnde ist – daß jeder Erfolg, den wir erzielen, allein Sein Verdienst ist. Dem Sprichwort »Hochmut kommt vor dem Fall« liegt eine tiefe Wahrheit zugrunde. Sobald ihr falschen Stolz hegt, zieht ihr auch Niederlagen an.

Guruji zitierte oft: »Gar manche Blume ward geboren, um unbeachtet zu erblühen und ihre ganze Süße im Wüstenwinde zu verschwenden.«[1] Es kommt wirklich nicht darauf an, ob unsere Taten anerkannt werden oder nicht. Auf dem geistigen Weg kann das Bedürfnis nach menschlicher Anerkennung zu einer Falle werden; sie kann uns auf den Flügeln der Schmeichelei weit forttragen, denn sie appelliert nur an unser Ego.

Geistige Fortschritte machen wir dann, wenn wir das tun, was richtig ist – nicht, weil wir Anerkennung dafür erhalten. Vielleicht wendet ihr jetzt

---

[1] Thomas Gray: *Elegy in a Country Churchyard.*

Wie man Charakterschwächen überwindet

ein: »Aber dann verliere ich meine Motivation; ich *möchte* gern Anerkennung finden!« Die wahre Anerkennung aber kommt von innen, von der Gewißheit, daß wir *Gottes* Zustimmung haben. Viele Menschen, die weltberühmt geworden sind, haben ihrem Leben dennoch durch Selbstmord ein Ende gesetzt. Die Bewunderung, die ihnen zuteil wurde, bedeutete ihnen nichts mehr, denn sie brachte ihnen nicht die ersehnte innere Erfüllung. Wenn ihr aber im eigenen Herzen fühlt, daß ihr Gottes Gnade erlangt habt, daß ihr Ihm Freude macht, dann kann euch nichts aus der Ruhe bringen – ganz gleich, ob man euch mit Lob oder Tadel überschüttet.

Immer, wenn jemand etwas Anerkennendes zu Gurudeva sagte, huschte ein solch liebes, rührendes und demütiges Lächeln über sein Gesicht. Er legte jedes Lob immer mit ein paar einfachen Worten Gott zu Füßen: »Ich erwarte von niemandem etwas; aber ich freue mich immer, wenn ich meinem Gott auf irgendeine Weise Freude machen kann.« Er war in jeder Hinsicht ein wahrhaft demütiges Wesen und bewahrte in allen Lebenslagen sein inneres Gleichgewicht.

Die richtige Einstellung zu den eigenen Fehlern

Das entgegengesetzte Extrem zu Wichtigtuerei ist die Selbstverurteilung, die ebenso zerstörerisch ist. Vor vielen Jahren lebte jemand unter uns, der es geradezu darauf angelegt hatte, sich selbst zu verurteilen. Seine Gedanken und Worte kreisten die ganze Zeit nur darum, wie unwürdig und unvollkommen er sei: Ich bin der unbedeutendste von allen, ich bin so unwürdig, ich habe so viele Fehler –

immer nur ich, ich, ich! Schließlich hätten wir alle ihm am liebsten gesagt: »Könntest du das ›Ich‹ nicht endlich mal vergessen? Halte dich meinetwegen für ein Staubkorn, aber rede nicht dauernd darüber!« Selbstverurteilung hat nichts mit Demut zu tun. Ein Mensch, der sich selbst verurteilt, hat ein ausgeprägtes Ego, während ein demütiger Mensch sein Ich völlig vergessen hat.

Verurteilt euch nicht allzu schnell. Jeder macht Fehler, und ich glaube nicht, daß Gott auch nur im geringsten an diesen interessiert ist. Ihm kommt es vor allem darauf an, daß wir uns aufrichtig bemühen, besser zu werden. Er erwartet, daß wir den Entschluß fassen: »Herr, ich mag immer wieder fallen, aber ich will mich bis zum letzten Atemzug weiter bemühen.«

Seid euch selbst und Gott gegenüber aufrichtig

Unaufrichtigkeit ist eine ernsthafte Schwäche. Sie deutet auf einen tiefen seelischen Konflikt hin. Ihr könnt nicht unaufrichtig sein und gleichzeitig an Gott denken, denn Er ist die Wahrheit selbst. Man kann unmöglich mit seinen Füßen in zwei verschiedenen Booten stehen, von denen das eine auf die Wahrheit und das andere in die entgegengesetzte Richtung – auf die Unwahrheit – zusteuert.

Doch sollen wir tatsächlich immer die Wahrheit sagen, selbst wenn wir anderen damit schaden? Der Meister hat dies wie folgt erklärt: »Wenn ihr einen Blinden die Straße entlanggehen seht und ihm mit dem Vorsatz, ehrlich zu sein, zuruft: ›He, Sie Blinder, warten Sie mal!‹, so ist das grausam.« Ge-

Wie man Charakterschwächen überwindet

braucht eure Unterscheidungskraft, dann werdet ihr auch wissen, was unter Wahrheit zu *verstehen* ist.

Einmal kam dem Meister zu Ohren, daß jemand eine lieblose Bemerkung über einen anderen gemacht hatte. Als er den Betreffenden zur Rede stellte, erklärte dieser: »Na ja, mir wurde eine Frage gestellt, und ich hielt es für meine Pflicht, eine ehrliche Antwort zu geben.« Dieser Mensch hatte jedoch kein Recht, über den anderen zu urteilen, denn die Sache ging ihn gar nichts an; außerdem waren ihm nicht alle Umstände bekannt. Nachdem der Meister ihm dies erklärt hatte, führte er ein Beispiel an, um den Grundsatz geistiger Ehrlichkeit zu verdeutlichen. Er sagte: »Angenommen, jemand wird von einem Raubmörder verfolgt, der ein Messer in der Hand hält. Du bist ein unbeteiligter Beobachter. Der Raubmörder fragt dich, in welche Richtung der andere Mann geflohen sei, und du antwortest: ›Er versteckt sich oben auf diesem Baum.‹ Dann wärst du zwar ehrlich, aber deine Antwort würde großes Unglück heraufbeschwören. Deshalb ist diese Art der Wahrheitsliebe nicht richtig. Es wäre besser, zu schweigen oder sogar in eine andere Richtung zu deuten, als etwas zu tun, was schlimme Folgen nach sich zieht.« In dieser Welt der Relativität müssen wir uns von Unterscheidungskraft leiten lassen.

Bemüht euch vor allem, Gott gegenüber völlig aufrichtig zu sein. Gebt Ihm gegenüber nie vor, besser zu sein, als ihr in Wirklichkeit seid; denn Er kennt euch bereits. Bemüht euch, Seine Erwartungen zu erfüllen. Statt euch zu verteidigen, gesteht Ihm eure Fehler ein: »Herr, ich war ungeduldig; ich habe die Beherrschung verloren. Ich weiß, das war

Alles Glück liegt in dir

falsch, denn jetzt habe ich keinen inneren Frieden mehr. Vergib mir.«

Wenn ihr aufrichtig seid, wird es euch leichterfallen, Euch Gott anzuvertrauen wie einem Vater, einer Mutter oder einem geliebten Menschen. Versucht ihr aber, euch vor Gott oder vor euch selbst zu verbergen, steigen allmählich tiefe Schuldgefühle in euch auf. Das führt schließlich so weit, daß ihr Angst vor Gott habt und gar nicht mehr vor Ihn hinzutreten wagt; dann wollt ihr überhaupt nicht mehr nach innen blicken und euch erforschen, weil ihr euch der häßlichen, abstoßenden Wesenszüge schämt, die ihr dort vorzufinden glaubt. Solche Menschen brauchen oft psychiatrische Behandlung, denn sie sind nicht mehr in der Lage, sich selbst objektiv zu beurteilen.

Die Meditation verhilft euch dazu, Gott und Sein tiefes Mitgefühl richtig zu verstehen und eine Beziehung zu Ihm herzustellen. Ihr könnt allmählich alle psychologischen Probleme beseitigen, die euch von Ihm fernhalten. Mit Hilfe der Meditation werdet ihr schließlich all eure Schwächen ehrlich untersuchen können, ohne euch Gott gegenüber schuldig zu fühlen oder Ihn zu fürchten. Nach und nach verwandelt ihr eure Schwächen dann in seelische Tugenden.

Geduld und Entschlossenheit

Eine weitere Charakterschwäche ist Ungeduld. Wir alle werden zuweilen ungeduldig, besonders wenn wir unter großem Druck stehen. Das ist eine normale menschliche Reaktion. Doch diese Schwäche kann zu einem echten Hindernis werden, wenn es darum geht, mit anderen gut auszukommen oder geistige Fortschritte zu machen.

Wie man Charakterschwächen überwindet

Ein Mensch, der sich nicht in Geduld übt, wird auf seiner Suche nach Gott keine Ausdauer entwickeln. Wir brauchen solch göttliche Entschlossenheit, wie sie in einem von Gurudevas Liedern zum Ausdruck kommt: »Im Tal der Sorgen, tausend Jahre oder bis morgen, ich warte ja nur auf Dich, Herr, Dich, nur Dich.«[2] Das ist Geduld: »Es macht nichts, Herr, ob Du schon heute oder erst in tausend Jahren zu mir kommst. Ich suche unter allen Umständen weiter nach Dir.« Durch eine solch geduldige, liebevolle Entschlossenheit werdet ihr Gott näherkommen. Wenn ihr jedoch damit droht aufzugeben, falls Er euch innerhalb einer erhofften Zeit nicht antwortet, habt ihr euch schon selbst zum Fehlschlag verurteilt. Gott läßt sich keine Bedingungen auferlegen. Er wird kommen, wenn Er dazu bereit ist. Vor allem wird Er erst dann kommen, wenn Er sieht, daß *wir* bereit sind. Wenn wir unsere Suche zeitlich einschränken oder andere Bedingungen stellen, können wir nicht auf Seine Antwort hoffen. Wir müssen uns in Geduld üben.

Gurudeva half uns, Geduld zu entwickeln, indem er uns immer wieder Geduldsproben stellte. Einmal ließ er mich und eine andere Jüngerin mehrere Stunden lang auf der *Golden-Gate*-Brücke in San Francisco warten. Als wir vor Müdigkeit nicht mehr stehen konnten, setzen wir uns am Bordstein nieder; und es war uns egal, was die Leute über uns dachten. Als der Meister endlich mit seinem Fahrer zurückkehrte, um uns abzuholen, wehte bereits ein eiskalter Wind. Ich fürchtete schon, ich sei ganz blau geworden und könne erfrieren! Aber ich nahm mich zusammen und klagte nicht; auch zeigte ich mich nicht

---

[2] Aus *Kosmische Lieder* von Paramahansa Yogananda.

Alles Glück liegt in dir

gereizt. Ein andermal, 1933, nahm der Meister eine kleine Gruppe, zu der auch mein Bruder Dick Wright und ich gehörten, zur Weltausstellung in Chicago mit.[3] Er ging mit meinem Bruder davon, mir aber gebot er, dort zu warten. Erst nach vier Stunden kamen sie zurück! Er hatte mir gesagt: »Lauf nicht weg«, und so sah ich nichts von der Weltausstellung außer dem Gebäude, in dem ich wartete; es war das Gebäude mit der Ausstellung von *Ford Motors*, was mich nicht besonders interessierte.

Manch einer würde eine solche Schulung sicher kritisieren und sie für unvernünftig halten. Sicher wären die meisten Menschen ungeduldig und ärgerlich geworden. Jeder, der eine solche Einstellung hatte und dem es an geistigem Verständnis mangelte, hielt es nicht lange bei Guruji aus. Unserem Guru kam es darauf an, daß wir jene Eigenschaften entwickelten, die wir brauchten, um Gott zu finden – nicht, daß wir es möglichst bequem hatten oder daß all unsere kleinen Wünsche erfüllt wurden. Ich bin zutiefst dankbar für die Disziplin und Charakterschulung, die Guruji mir gegeben hat; ohne diese hätte ich die innere Erfüllung, die Kraft, Liebe und Freude, mit denen mein Leben jetzt gesegnet ist, nicht finden können.

HASS UND GROLL ZERSETZEN EUER GEISTIGES LEBEN

Haß ist ein gefährlicher Charakterzug mit zersetzender Wirkung. Wenn unser Herz von Haß erfüllt ist, können wir unmöglich im Einklang mit

---

[3] Paramahansaji war vor allem deshalb nach Chicago gereist, um am 10. September 1933 auf der *World Fellowship of Faiths* zu sprechen. Zur selben Zeit fand die Weltausstellung statt.

Wie man Charakterschwächen überwindet

Gott sein. Der Haß ist eine ungeheure Kraft; nur eine Kraft ist noch größer: die der Liebe. Wenn das Herz voller Haß ist, nagt dieses negative Gefühl unmittelbar an den Wurzeln des geistigen Lebens. Sie ist eine der größten Prüfungen, denen die menschliche Natur ausgesetzt wird.

Jesus hätte mit intensivem Haß reagieren können, als sein Körper auf solch grausame Weise von seinen Feinden zerstört wurde. Aber er tat es nicht. Er brachte ihnen die Weitherzigkeit, das Mitgefühl und die göttliche Liebe entgegen, die der Seele – der wahren Natur jedes Menschen – zu eigen sind.

Wenn ihr irgendeinen Menschen haßt, werdet ihr euch innerlich so lange damit quälen, bis ihr diesen Haß überwunden habt – ganz gleich, wie sehr ihr im Recht zu sein glaubt. Niemand, der solch bösartige Schwingungen im Herzen hegt, kann Gott erkennen.

Groll ist ein Vetter des Hasses. Das Gefühl, verletzt oder ungerecht behandelt worden zu sein, ist eine natürliche menschliche Reaktion – wenn uns zum Beispiel etwas, das wir gesagt haben, verzerrt wieder zu Ohren kommt, oder wenn jemand etwas von uns behauptet, was unserer Meinung nach nicht den Tatsachen entspricht. Ebenso wie der Haß wird auch der Groll euer geistiges Leben zunichte machen. Sobald ihr Groll in euch aufsteigen laßt, könnt ihr Gott nicht mehr wahrnehmen. Verbannt allen Groll aus eurem Bewußtsein. Immer, wenn er versucht, sich bei euch einzuschleichen, weist ihn energisch zurück.

WIE MAN EIFERSUCHT UND NEID ÜBERWINDET

Eifersucht entspringt einem Gefühl großer innerer Unsicherheit. Wenn wir mit Gott im Einklang

Alles Glück liegt in dir

sind, haben wir keinen Grund mehr, eifersüchtig zu sein. Wir sind zufrieden mit dem, was wir haben, weil wir erkennen, daß es von Ihm kommt. Wir sehnen uns nicht nach dem, was andere besitzen, denn wir haben innere Erfüllung gefunden; wir brauchen nichts anderes mehr. Eifersucht ist unter weltlich gesinnten Menschen weit verbreitet, aber in den Herzen derer, die Gott suchen, kann sie nicht existieren. Der Meister gab uns im Zusammenhang mit Eifersucht einen Vergleich, den ich nie vergessen werde. Vor vielen Jahren sagte er zu einigen Jüngern: »Hier ist meine Hand mit ihren fünf Fingern. Dieser Finger hier kann den Finger daneben nicht ersetzen, und der wiederum kann den nächsten nicht ersetzen. Um mein Werk vollbringen zu können, brauche ich sie alle. Jeder von euch hat seinen rechtmäßigen Platz in meinem Herzen und in der Liebe Gottes.« Und jeder wird seinen rechtmäßigen Platz innerhalb der Familie oder Gemeinde finden, wenn er sich stets von seiner besten Seite zeigt. Eifersucht läßt sich nie rechtfertigen.

Eng verwandt mit der Eifersucht ist der Neid. Manchmal schenkte Guruji absichtlich einem Jünger etwas und überging andere. Diejenigen, die den Meister kannten, wußten, daß er dies nur tat, um irgendeine verborgene Regung von Neid ans Licht zu bringen, damit wir sie erkennen und beseitigen konnten.

Ich will euch ein Beispiel geben: Guruji pflegte uns Jüngern jedes Jahr zu Weihnachten kleine Geschenke zu machen, aber mir gab er immer das geringste. Beim ersten Mal fragte ich mich, was der Grund sein mochte. Ich dachte: »Na ja, er hat mich wohl nicht so gern wie die anderen Jünger.« Dann

Wie man Charakterschwächen überwindet

aber schämte ich mich dieses Gedankens sehr, denn ich erkannte, wie engstirnig er war. So etwas ist zwar menschlich, aber es mißfiel mir, daß ich selbst oder andere so kleinlich sein könnten. Also überlegte ich mir: »Machst du dir wirklich etwas daraus? Du hast nie nach materiellen Dingen verlangt. Du wünscht dir nur, daß du ihm etwas bedeutest, und um dir das zu zeigen, braucht er dir keine besonderen Weihnachtsgeschenke zu machen.« Im selben Augenblick wußte ich, was es heißt, Neid zu überwinden. Seither habe ich ein solches Gefühl nie wieder in mir aufsteigen lassen.

Der Meister duldete keine Eifersucht und keinen Neid um sich herum; Jünger, die zu seinem inneren Kreis gehörten, mußten frei von solch egozentrischen Gefühlen sein. Er pflegte zu sagen: »Schaut auf euren eigenen Teller und kümmert euch nicht darum, was auf den Tellern anderer liegt. Ihr könnt nur das haben, was euch zusteht, und das werdet ihr mit Sicherheit erhalten.« Das war eine wunderbare Lehre für mich – daß es wirklich nicht wichtig war, welche Beziehung der Meister zu irgendeinem der anderen Jünger hatte. Wichtig war nur, ob meine eigene Beziehung zu Gott und zu meinem Guru tiefer wurde.

WIE MAN SICH DAZU ANSPORNT, GOTT ZU SUCHEN

Das Leben gibt uns genau das zurück, was wir investiert haben. Deshalb gehört Trägheit zu den negativen Eigenschaften, die wir ablegen müssen, wenn wir auf unserer Suche nach Gott oder in anderen Dingen Erfolg haben wollen. Guruji sagte: »Einem körperlich trägen Menschen kann ich ver-

Alles Glück liegt in dir

geben, aber nicht einem, der geistig träge ist.« Für körperliche Trägheit mögen gesundheitliche Gründe vorliegen, doch geistige Trägheit bedeutet, daß es einem an Bereitschaft oder Begeisterung fehlt. Auf dem geistigen Weg gibt es keine Entschuldigung dafür, innerlich stumpf und gleichgültig zu sein und sich nicht konzentriert zu bemühen, Gott zu suchen. Wenn wir nicht mit echter Begeisterung und göttlicher Zielstrebigkeit arbeiten, meditieren und unsere übrigen Pflichten erfüllen, werden wir weder Gott noch das wahre Glück finden, nach dem wir uns sehnen; das ist unmöglich. Niemand kann uns diese Einstellung schenken; wir selbst müssen unsere innere Haltung ändern.

In den ersten Jahren, als das Werk des Meisters in Amerika noch in seinem Anfangsstadium war, überprüfte ich oft die Beweggründe, von denen ich mich als junge Nonne leiten ließ. Ich hatte nämlich bemerkt, daß einige, die alles nur halbherzig taten – nicht mehr, als unbedingt nötig war –, etwas versäumten. Sie änderten sich nicht zu ihrem Vorteil; sie kamen Gott nicht näher. Ich wußte allerdings auch, daß es damals nicht meine Aufgabe war festzustellen, ob andere hierhergekommen waren, um Gott zu finden. Ich wußte, daß *ich* deswegen gekommen war, und faßte den Entschluß, meine Zeit nicht zu vergeuden, sondern in dieser Hinsicht selbstsüchtig zu sein: Wenn die Gesellschaft anderer mich nicht inspirierte, blieb ich lieber allein. Ich hielt meinen Geist immer auf Gott gerichtet. So lebte ich, und diese Abgeschiedenheit und nie versiegende Begeisterung schenkten mir viel Kraft und Verständnis.

Eine lästige Nebenwirkung der Trägheit ist die

Gewohnheit, Dinge aufzuschieben. Der saumselige Mensch sagt sich: »Morgen will ich mich wirklich mehr anstrengen, aber heute will ich noch so bleiben, wie ich bin.« Das kann bis ans Lebensende so weitergehen. Wer die Dinge immer wieder aufschiebt, erreicht sein Ziel nie. Gebt jetzt euer Bestes – heute wie an jedem neuen Tag.

Besiegt unangenehme Zustände durch positives Denken

Negatives Denken ist ein Krebsgeschwür der Seele. Der Meister schrieb: »Ist die See auch schwarz, ist auch kein Stern zu sehen, ich finde doch den Weg durch Deine Gnade.«[4] Positives Denken ist absolut erforderlich, wenn man Erfolg haben will – ganz besonders auf dem geistigen Weg.

Alles in dieser Welt der Relativität hat zwei Seiten. So könnte zum Beispiel die eine Seite der Münze oder die eine Seite der Hand ohne die andere nicht existieren. Ebenso gibt es in jeder Lebenslage immer zwei Perspektiven: eine positive und eine negative. Sorgt dafür, daß ihr stets die positive Seite seht. Laßt euch nicht von negativen Gedanken regieren. Sonst werdet ihr keinen inneren Frieden finden, und es wird euch schwerfallen, mit Gott in Verbindung zu treten.

Manche Leute sagen: »Ich versuche zu meditieren und Gott zu fühlen, aber ich scheine überhaupt keine Fortschritte zu machen.« Dann frage ich sie: »Erfüllen Sie Ihren Geist auch immer mit der göttlichen Kraft positiver Gedanken?« Negative Men-

---

[4] Aus *Kosmische Lieder* von Paramahansa Yogananda.

Alles Glück liegt in dir

schen sind innerlich stets ruhelos und entmutigt. Der Meister sagte einmal, daß positives Denken einen heiligen von einem gewöhnlichen Menschen unterscheide. Gewiß gibt es in dieser Welt zahllose Dinge, die nicht in Ordnung sind. Deshalb brauchen wir uns aber nicht hilflos zu fühlen. Wir dürfen unseren Geist nur nicht durch die äußeren Umstände beeinträchtigen lassen.

Woher kommen negative und vulgäre Gedanken?

Die schlimmste Art negativer Gedanken steigt manchmal aus dem Unterbewußtsein auf. So schrieb mir kürzlich jemand: »Immer, wenn ich mich zum Meditieren hinsetze, werde ich von gemeinen, unredlichen Gedanken überfallen. Warum passiert mir das immer gerade dann, wenn ich zu meditieren versuche?« Meine Antwort auf diese Frage lautet: Aus dem einfachen Grunde, weil Sie noch nicht wirklich meditieren. Zum erstenmal in Ihrem Leben oder vielleicht sogar seit vielen Leben lernen Sie, nach innen zu tauchen und sich selbst zu erforschen. Der Geist ist ein Sammelbecken aller früheren Erfahrungen, und das schließt unnütze Gedanken, Klatsch und weltliche Neigungen mit ein. Solange diese ungeistigen Eindrücke vorherrschen, nehmen Sie diese natürlich als erstes wahr, sobald Sie nach innen tauchen.

Das Bewußtsein des Anfängers in der Meditation gleicht einem Glas schlammigen Wassers. Wenn ihr euch jedoch diszipliniert und den Geist beruhigt, wird sich der Schlamm der finsteren Gedanken allmählich setzen oder auflösen, so daß das klare Wasser göttlicher Wahrnehmung zum Vorschein kommt. Wasser ist von Natur aus klar und rein. Es erscheint nur schmutzig, wenn man es mit Schlamm vermischt. Auch das menschliche Bewußtsein ist von Natur aus rein; doch negatives Denken, niedrige Gedanken, Klatsch, Eifersucht, Neid, Haß – all die negativen Eigenschaften, über die wir gerade gesprochen haben – trüben seine Reinheit. Wenn ihr lernt, den Geist in der Meditation zu beruhigen, werdet ihr sehen, daß das Wasser eures Bewußtseins wieder rein wird.

Vervollkommnet eure Beziehung zu Gott

Es ist gut, sich die geistigen Grundsätze immer wieder vor Augen zu führen. Der Meister ließ uns gelegentlich zusammenkommen – so wie jetzt –, um über die wichtigen Eigenschaften zu sprechen, die man auf dem geistigen Weg braucht, wenn man Erfolg haben will. Das Fundament dieser geistigen Voraussetzungen besteht in unserer wichtigsten Pflicht: unsere Liebe zu Gott zu vervollkommnen. Das wird uns aber nicht gelingen, solange wir uns nicht genug Zeit nehmen, an Ihn zu denken, und solange unser Geist voll negativer Gedanken ist und in irgendeine dieser psychologischen Schwächen verfällt. Sagt dem Herrn immer und immer wieder: »Ich bin in diese Welt gekommen, um mich zu ändern. Hilf mir. Schule mich so, wie Du es für nötig hältst. Ich weiß nur, daß ich Dich liebe, daß ich mich nach Dir sehne. Ich will mich vervollkommnen, damit ich Dich finden kann.«

Wir können nicht leben, ohne etwas zu lieben. Laßt Gott dieses Etwas sein – nicht euer kleines Ich,

Alles Glück liegt in dir

nicht eure Leidenschaften und Gewohnheiten, nicht eure Wünsche, sondern Gott. Konzentriert euch mit ganzer Sehnsucht auf Ihn. Selbst wenn euch der Körper, der Geist und das Ego zuweilen hinabzuziehen versuchen, laßt euch dadurch nicht entmutigen. Fleht Ihn immerfort schweigend an: »Gib mir die Fähigkeit, Dich zu lieben. Offenbare Dich mir, offenbare Dich mir.«

Betet um eine innige Beziehung zu Gott, bis ihr fühlt, daß Er wirklich da ist und euch tatsächlich antwortet. Diese Beziehung zu Ihm wird euer Leben verwandeln. Der Meister sagte mir einmal vor vielen Jahren: »Eines Tages, Faye[5], wird sich dein Leben und auch dein Bewußtsein so gewandelt haben, daß du dich im Vergleich zu jetzt gar nicht mehr wiedererkennst. Du wirst das Gefühl haben, zum zweiten Mal geboren worden zu sein.« So ist es tatsächlich. Wünscht euch, wie die alten Apostel, nur noch eines: »Ich will mein Leben für Dich hingeben, Herr.« Dann wird eine große Freude in euch aufsteigen. Es handelt sich dabei um keine ermüdende, langweilige Aufgabe. Es ist eine Freude, so von Gott gebraucht zu werden, wie es Ihm gefällt. Dann wünscht ihr euch, Millionen Stimmen zu haben, damit ihr Seinen Namen singen könnt, und Millionen Herzen, mit denen ihr Seine Liebe empfangen und zum Ausdruck bringen könnt.

Hört nie auf, an euch zu arbeiten und euer Leben in jeder Hinsicht zu vergeistigen. Vergeßt nie, daß der einzige Unterschied zwischen einem Heiligen und einem Sünder darin besteht, daß der Heilige seine Bemühungen nie aufgegeben hat.

[5] Daya Matas bürgerlicher Name.

DEMUT: DIE BESTÄNDIGE RUHE DES HERZENS

Eine Zusammenfassung aus zwei Ansprachen im internationalen Mutterzentrum der Self-Realization Fellowship

Jemand von euch hat mir geschrieben: »Sprich doch bitte in einem *Satsanga* über den Wunsch, berühmt zu werden. Auf welche Weise behindert ein solcher Wunsch den geistigen Fortschritt? Wie kann man einen gesunden Ausgleich zwischen natürlichem Selbstbewußtsein und echter Demut erreichen?«

Der Wunsch nach öffentlicher Anerkennung ist in jedem Herzen vorhanden. Er gehört mit zu unserem Wesen, und zwar in diesem Sinne: Gott ist ewig und unendlich, und auch des Menschen Seele *(Atman)* besitzt diese göttlichen Eigenschaften, denn sie ist Gott zum Bilde erschaffen – und sie ist sich immer ihrer Unsterblichkeit und Einheit mit allen Dingen bewußt. Daher ist es verständlich, daß sich diese uns innewohnende Unsterblichkeit und Allgegenwart als der Drang bemerkbar macht, einen Platz in der Geschichte einzunehmen und nicht nur vom eigenen kleinen Bekanntenkreis, sondern weltweit geschätzt und nicht vergessen zu werden. Das Problem liegt darin, daß die meisten Menschen diese Befriedigung irrtümlicherweise in weltlicher Anerkennung suchen.

Weltlicher Ruhm ist nicht von Dauer und befriedigt uns nicht; der Name, den sich selbst der größte Künstler oder Schriftsteller macht, ist nur kurzlebig. Selbst wenn diese Menschen über den Tod hinaus bekannt bleiben, werden sie sich in ihrer nächsten Inkarnation nicht mehr daran erinnern, daß dieser Ruhm ihnen galt. Der einzige Weg, Erfüllung durch eine Erweiterung seines eigenen Seins zu erleben, besteht darin, sich als die unsterbliche Seele zu erkennen, die eins mit Gott ist.

Untersucht einmal dieses Verlangen nach Ruhm. Ihr wollt anerkannt werden, ihr wollt das sichere Gefühl haben, daß andere euch achten und schätzen. Ihr könnt diese Sehnsucht am besten stillen, indem ihr jeden egoistischen Wunsch nach menschlicher Anerkennung aus euren Gedanken verbannt – denn diese hält erfahrungsgemäß nicht an – und statt dessen die Anerkennung Gottes sucht, denn Sein Segen besteht ewig. Wenn ihr mit Gott in Verbindung seid, ist der Wunsch nach Anerkennung vollständig und auf immer befriedigt.

Was Demut bedeutet

Selbst der Wunsch nach geistigem Fortschritt sollte aus der richtigen Perspektive betrachtet werden. Will jemand ein Heiliger werden, weil es ihn danach verlangt, von anderen verehrt zu werden, so ist der Beweggrund nicht richtig. Gurudeva Paramahansa Yogananda wies oft warnend darauf hin, daß viele hochentwickelte Menschen in solche Fallen geraten sind, die ihnen das kleine Ich gestellt hat. Wenn man Heiligkeit mit der richtigen Einstellung anstrebt, will man Gott in aller Demut lieben und mit Ihm in Verbindung stehen.

Es zeugt nicht von Demut, wenn jemand sagt:

Demut: die beständige Ruhe des Herzens

»Ich bin ein demütiger Mensch«. Schon die Tatsache, daß er behauptet: »Ich bin demütig«, beweist, daß er es nicht ist. Eine solche Äußerung ist widersprüchlich, denn ein Mensch, der so spricht, hält viel von sich selbst. Wenn ihr glaubt, in euch eine Tugend zu erkennen, und dann zur ganzen Welt darüber sprecht, ist das kein demütiges Verhalten. Ein wahrhaft demütiger Mensch erwähnt dies nicht – ihm ist nicht einmal bewußt, daß er diese große Tugend besitzt.

Bittet Gott um Demut. Bittet Ihn in euren Meditationen darum, euch zu zeigen, worin wahre Demut besteht. Ohne diese grundlegende Eigenschaft kann man es auf dem geistigen Weg zwar weit bringen, aber man kann auch plötzlich in den Abgrund der Täuschung fallen. Von denen, die in den Ashram kamen, wollte der Meister immer zuerst wissen, ob sie die rechte Motivation hatten. Wenn jemand der Meinung war, er sei dazu bestimmt, ein großer Lehrer und Erlöser der Menschheit zu werden, und das dem Meister gegenüber zum Ausdruck brachte, lächelte dieser nur und sagte nichts. Wer sich selbst derart wichtig nimmt, wird nie wahre Größe erlangen.

Eine der Methoden, durch die Guruji seine Jünger in Demut schulte, war folgende: Jedesmal, wenn jemand dazu neigte, alles bestimmen zu wollen und sich in den Vordergrund zu spielen oder wenn er die Aufmerksamkeit des Gurus auf sich ziehen wollte, begann dieser sofort die betreffende Person nach außen hin zu ignorieren oder sich von ihr zu distanzieren. Er wußte, daß es für diese Seele nicht gut wäre, wenn er der bewußten oder unbewußten,

Alles Glück liegt in dir

selbstsüchtigen Aufforderung nachgäbe: »Schenke mir Beachtung! Schenke mir deine Zeit! Schenke mir deine besondere Aufmerksamkeit!« Durch diese Schulung lernte der empfängliche Gottsucher, sich zurückzunehmen und sich mit dem letzten Platz in der Gruppe zufriedenzugeben.

Man kann sich in Demut üben, indem man sich in allen Dingen an Gott wendet: »Herr, Du bist der Handelnde, nicht ich.« Wenn ihr gelobt werdet, denkt immer daran, daß all eure Fähigkeiten von Ihm, dem Quell aller Kraft, entliehen sind. Es gibt in Wirklichkeit nur Einen, der unser Gehirn betätigt, in unserem Herzen pulsiert und unsere Glieder bewegt – und das ist Gott. Wie können wir da noch Lob für uns beanspruchen? Aus uns selbst heraus können wir nichts tun. Die Erkenntnis unserer völligen menschlichen Unzulänglichkeit sollte jedoch nicht zu einem Minderwertigkeitskomplex führen; sie sollte uns vielmehr die freudige Erkenntnis vermitteln, daß wir ganz und gar von der Liebe unseres Schöpfers abhängig sind. Je mehr wir uns auf Gott verlassen, um so besser verstehen wir, was wahre Demut ist, desto mehr Zuversicht gewinnen wir, und um so mehr wird unser Leben von Seiner Kraft erfüllt.

Wahre Demut ist nicht gleichbedeutend mit Schwäche. Sie bedeutet, Gott ständig im Herzen zu tragen und in dem Bewußtsein zu leben: »Herr, nicht mein Wille geschehe, sondern Deiner.« Wenn wir dies wirklich so meinen, können wir jederzeit unsere persönlichen Wünsche und unsere Enttäuschung über unerfüllte Wünsche hintansetzen und Zufriedenheit in dem größeren Wunsch finden, das

Demut: die beständige Ruhe des Herzens

zu tun, was Gott von uns erwartet. Wahre Demut heißt: Gott allein den ersten Platz in unserem Leben einzuräumen.

Kritik ertragen können

Wenn wir kritisiert werden und das Gefühl haben, uns sogleich rechtfertigen zu müssen, zeugt das von unserem Egoismus. Im Fall, daß Grundsätze verletzt werden, müssen wir natürlich unseren Standpunkt vertreten; doch es ist nicht nötig, auf Kritik an der eigenen Person in gleicher Weise zu reagieren. Schaut lieber in euch selbst hinein, ob ihr euch in irgendeiner Hinsicht ändern solltet, aber regt euch dabei nicht auf. Ich sage mir oft: Ich bin das, was ich in den Augen Gottes und des Gurus bin – nicht mehr und nicht weniger. Ich behaupte nicht, daß ich vollkommen bin oder große Talente und Fähigkeiten besitze; doch ich bemühe mich, in diesem Leben eines zu vervollkommnen: meine Liebe zu Gott.

Wenn wir uns um diese Demut bemühen, die Gott über all unsere persönlichen Wünsche und über all unseren Ehrgeiz stellt, entwickeln wir erstaunliche innere Kraft. Dann können wir nicht nur jede Kritik aushalten, sondern auch jedes Kreuz tragen, das uns im Leben auferlegt wird.

»Eine geheime Kammer in meinem Herzen«

Schon seit vielen Jahren steht der folgende inspirierende Spruch auf meinem Schreibtisch:

> Demut zu besitzen bedeutet, allezeit ein ruhiges Herz zu haben. Es bedeutet, sich keine Sorgen

Alles Glück liegt in dir

zu machen, sich über nichts aufzuregen, nie gereizt oder enttäuscht zu sein und sich niemals verletzt zu fühlen.

Es bedeutet, sich über nichts, was einem angetan wird, zu wundern und nie das Gefühl zu haben, daß andere einen kränken wollen. Es bedeutet, immer zufrieden zu sein, auch dann, wenn man nicht gelobt oder wenn man kritisiert und verachtet wird.

Es bedeutet, daß ich eine geheime Kammer in meinem Herzen habe, in die ich mich jederzeit zurückziehen kann, um heimlich vor meinem Vater niederzuknien und in ein tiefes Meer des Friedens zu versinken, während alles um mich herum in Aufruhr ist.[1]

Diese innere Sicherheit und diesen Frieden können wir erlangen, wenn wir unsere Gedanken immer auf Gott richten. Da ich mich jahrelang darin geübt habe, brauche ich meinen Geist selbst dann, wenn ich mit großen Schwierigkeiten zu kämpfen habe und unter starkem Druck stehe, nur für einen Augenblick nach innen zu richten, und sofort bin ich von tiefer Freude und Hingabe erfüllt.

Was für ein unermeßliches Reich der Liebe und Freude sich in unserer Seele befindet! Wir brauchen es nicht erst zu erobern; es gehört uns bereits. Wir brauchen nur den dunklen Vorhang des Ego beiseite zu ziehen und den Deckmantel egoistischer Gedanken und Verhaltensweisen abzuwerfen, der den göttlichen Glanz der Seele verhüllt. Solange wir in irgendeiner Hinsicht selbstsüchtig oder egozentrisch sind, können wir diesen erhabenen Zustand nicht erreichen; wir bleiben Gefangene des einen-

---

[1] Von Kanonikus T.T. Carter (1809 – 1901).

Demut: die beständige Ruhe des Herzens

genden Bewußtseins von »ich, mir und mein«. Diesem Gefängnis können wir durch das Tor entfliehen, das ins Reich Gottes führt.

Seid trunken von der Liebe Gottes, dann wird sich das kleine Ich in Ihm verlieren; dann kann Er euch zu einem herrlichen Werkzeug machen, so wie ihr es euch nie hättet träumen lassen. Durch einen solch demütigen und empfänglichen Schüler können sich Gott und der Guru Ausdruck verschaffen.

Empfänglichkeit bedeutet, daß ihr euch Gott innerlich ständig anheimgebt und sagt: »Mein Gott, Du bist mein Leben; tu mit mir, was Du willst. Gib mir eine hohe Position oder nutze mich lediglich als Dünger für Dein Werk. Mir ist alles recht. Ich will meine Liebe zu Dir, mein Gott, vervollkommnen; ich will immer Deine Führung suchen und Dir nie vorschreiben, wie Du durch mich wirken sollst. Ich weiß nur, daß ich Dich liebe.«

Das ist die Einstellung eines demütigen Menschen, der sich aufrichtig bemüht, Gott zu erkennen. Er versucht, alles mit größter Begeisterung zu tun, so daß er bei der Erledigung schwieriger und niedriger Aufgaben von derselben göttlichen Liebe erfüllt ist, wie wenn er vor einem dankbaren Publikum spricht. Wenn wir Gott wirklich lieben, gibt es für uns keine andere Sehnsucht mehr. Wir streben weder nach Ruhm noch nach Anerkennung durch andere Menschen, denn wir haben die größte Freude in uns selbst gefunden.

Der Guru führt uns in die geistige Freiheit

Aus einer Ansprache in Ranchi/Indien

Paramahansajis Schüler haben mich gebeten, meine vielseitigen Erlebnisse aufzuzeichnen, die mir in den einundzwanzig segensreichen Jahren an der Seite unseres Gurudeva zuteil geworden sind. Dabei steigen so viele Erinnerungen in mir auf. Was für eine göttliche Beziehung ich zu ihm hatte! Sie gründete sich auf Ehrfurcht, Hochachtung, Gerechtigkeit und vor allem auf bedingungsloser Liebe. Ich halte die Beziehung zwischen Guru und Jünger für die beseligendste und reinste, die es zwischen zwei Seelen geben kann. Ein wahrer Guru, der Selbst-Verwirklichung erlangt hat, verschwendet keinen Gedanken an sein Ich. Er hat kein Verlangen danach, von anderen Menschen bewundert zu werden. Alle Liebe, die er von seinen Jüngern empfängt, legt er dem Göttlichen Geliebten zu Füßen. Guruji sagte uns oft: »Das einzige Ziel des Gurus besteht darin, den Jünger zu Gott zu führen; Gott ist der wahre Guru.«

Warum brauchen wir einen Guru?

Für den Durchschnittsmenschen, der Gott finden will, ist die Hilfe eines Gurus unerläßlich. Manche mögen einwenden: »Ja, aber es gibt doch viele, die Ihn auch ohne einen Guru gefunden haben.« Das mag zwar so scheinen, aber solche Seelen waren schon weit fortgeschritten, als sie auf die Welt

Der Guru führt uns in die geistige Freiheit

kamen. Um einen solch hohen Bewußtseinszustand zu erreichen, brauchten sie in früheren Leben einen geistigen Lehrer. Wenn jemand Arzt oder Wissenschaftler werden will, kann er das dafür erforderliche Wissen nicht aus Büchern oder Vorlesungen erwerben. Er muß seine eigenen Erfahrungen machen. Ein angehender Arzt muß eine intensive Ausbildung und ein Praktikum absolvieren und sich von jemandem schulen lassen, der auf diesem Weg schon erfahren ist und ihm die richtigen Methoden zeigen kann. Nur so wird er lernen, wie man den Körper eines anderen Menschen richtig behandelt.

Ähnlich könnt ihr auch Gott nicht erkennen, indem ihr Bücher über Ihn lest oder euch Predigten und Vorträge über die Wahrheit oder das Unendliche anhört. Ihr braucht jemanden, der euch aufgrund seiner eigenen Erfahrungen schulen kann. Wir sind so sehr an unsere Gewohnheiten und Eigenheiten gebunden, daß wir unsere Schwächen gar nicht mehr wahrnehmen. Doch wenn uns jemand, der uns bedingungslos liebt und uns helfen will, sagt: »Mein Kind, in dieser Hinsicht mußt du dich bessern«, dann gewinnen wir das richtige Verständnis und den nötigen Antrieb, um unser Leben wirklich zu ändern.

Der Guru gleicht einem kristallklaren Spiegel, und jeder, der vor diesen Spiegel tritt, sieht sich darin genau so, wie er wirklich ist. Wenn der Jünger sich derart bloßgestellt sieht, weiß er, was er zu tun hat, um all die Unvollkommenheiten zu entfernen, die seine makellose Seele verdecken.

Der Guru hat die Aufgabe, das Bewußtsein des Jüngers gründlich zu erforschen und ihn auf alle empfindlichen Stellen – die sogenannten »Schwach-

Alles Glück liegt in dir

stellen« – hinzuweisen. Ich will euch ein Beispiel geben. Als Kind war ich sehr empfindlich und außerordentlich schüchtern. Eines Abends, kurz nachdem ich in den Ashram eingetreten war, saß Guruji mit einer Gruppe von Jüngern zusammen. Er hantierte mit einer Zeitung und scherzte und plauderte mit den Jüngern, die um ihn herum saßen. Ich aber war still und hielt mich abseits. Dann sah ich, wie er die Zeitung zu einem dreieckigen Hut faltete – in Amerika nennt man das eine »Eselskappe«. Ich dachte bei mir: »Was hat er damit vor? Er führt bestimmt etwas im Schilde.« Mein Verstand sagte mir: »Sicher wird er diese Eselskappe nicht irgendeinem der älteren Jünger aufsetzen. Er wird sie der Jüngsten aufsetzen, und das ist Daya Ma. Ich habe meinem Guru zwar in dem gerade abgelegten Gelübde bedingungslosen Gehorsam gelobt – aber das heißt nicht, daß ich ihm die Erlaubnis gegeben habe, sich in Gegenwart all seiner Jünger lustig über mich zu machen.« Das waren etwa meine Überlegungen. Und ich kam zu dem Schluß: »Hier ziehe ich die Grenze.«

Als er den Papierhut fertiggestellt hatte, schaute er jeden seiner Jünger einzeln an. Eigentlich hätte ich in derselben fröhlichen Stimmung sein sollen wie die anderen, aber ich hielt an meiner Empfindlichkeit fest. Als er mich heranwinkte und sagte: »Komm her«, schüttelte ich den Kopf: »Nein.« Ich hoffte, daß er mich nun vielleicht übergehen und eine andere Jüngerin aufrufen würde.

In all den Jahren habe ich festgestellt, daß Guruji nie etwas ohne einen triftigen Grund tat; so umfassend war sein göttliches Verständnis. Deshalb wiederholte er: »Komm.«

Der Guru führt uns in die geistige Freiheit

»Nein.«

Schließlich sagte er noch einmal, aber kaum noch lächelnd: »Komm!«

Ich wurde noch starrsinniger. Je mehr er mich zu überreden versuchte, desto hartnäckiger wurde ich. »Nein, Guruji, das nicht.«

Zum Schluß schwand sein Lächeln dahin, und er wurde sehr still. Ich sehe ihn noch vor mir, wie er mit in sich gekehrtem, ernstem Blick dasaß. Immer, wenn er so aussah, fragten sich die Jünger: »Woran denkt er? Was mag jetzt kommen?«

Dann sagte er den Jüngern: »Gut, ihr könnt jetzt gehen.« Ich stand ebenfalls schnell auf, denn ich dachte: »Nichts wie weg!«

Doch er sagte: »Nein, du bleibst hier.« Da wußte ich, daß es kein Entkommen mehr gab; aber ich war immer noch hartnäckig.

»Meinst du, daß dies die richtige Art war, sich vor all diesen Leuten zu verhalten?« fragte er mich.

Ich war noch immer ärgerlich und versuchte es mit ihm aufzunehmen. »Meister, findest du es gerecht, wenn der Guru einen seiner Jünger vor den anderen lächerlich macht?«

Er antwortete: »Wenn man seinem Ego noch so verhaftet ist, wie du es gerade bewiesen hast, gelangt man nicht zu Gott.«

Immer noch aufgebracht, sagte ich: »Meister, ich kann nicht akzeptieren, daß man im Beisein anderer Personen getadelt und lächerlich gemacht wird.«

Nun sprach Guruji in schärferem Ton: »Schön, dann stell dich dort in die Ecke, bis du verstehst, was ich dir beizubringen versuche.«

Ich weiß heute noch ganz genau, wie ich – eine

Alles Glück liegt in dir

junge, siebzehnjährige Jüngerin – aufgefordert wurde, mich in die Ecke zu stellen. So etwas war mir noch nie passiert.

Erst vor einigen Wochen hatte Guruji mir gesagt: »Als ich zu meinem Guru kam, sagte er mir: ›Lerne, dich richtig zu betragen.‹ Und dasselbe sage ich dir. Um den Unendlichen zu erkennen, muß man lernen, sich richtig zu betragen.« Damals dachte ich: »Ich bin nicht launisch, und ich komme gut mit anderen Menschen aus. Bestimmt wird es mir nicht schwerfallen, mich richtig zu betragen. Das wird sehr einfach sein.« Aber es hängt viel mehr damit zusammen, als man denkt!

»Geh und stell dich in die Ecke!« Also tat ich das.

»Das ist leicht«, dachte ich, »diesem Befehl kann ich folgen.«

»Dreh dich zur Wand!« Ich tat es. »Jetzt steh auf einem Bein!«

Nun aber löste diese erste Kostprobe von Disziplin große Bestürzung in mir aus, aber ich war immer noch aufgebracht. Diese natürliche menschliche Reaktion ist euch sicher bekannt. Wenn wir mit jemandem Schwierigkeiten haben, werden wir zuerst ärgerlich. Danach verwandelt sich unser Ärger gewöhnlich in Selbstmitleid, und wir fangen an zu weinen. Beobachtet euch das nächste Mal, wenn ihr wütend werdet: zuerst Zorn, dann Tränen. Und diese drücken nichts anderes aus als Selbstmitleid – es sei denn, sie werden um der Menschheit, um eines anderen Menschen oder um Gottes willen vergossen.

Ich brach also in Tränen aus und bedauerte mich selbst: »Noch nie habe ich erlebt, daß er sich in meiner Gegenwart über andere lustig gemacht oder

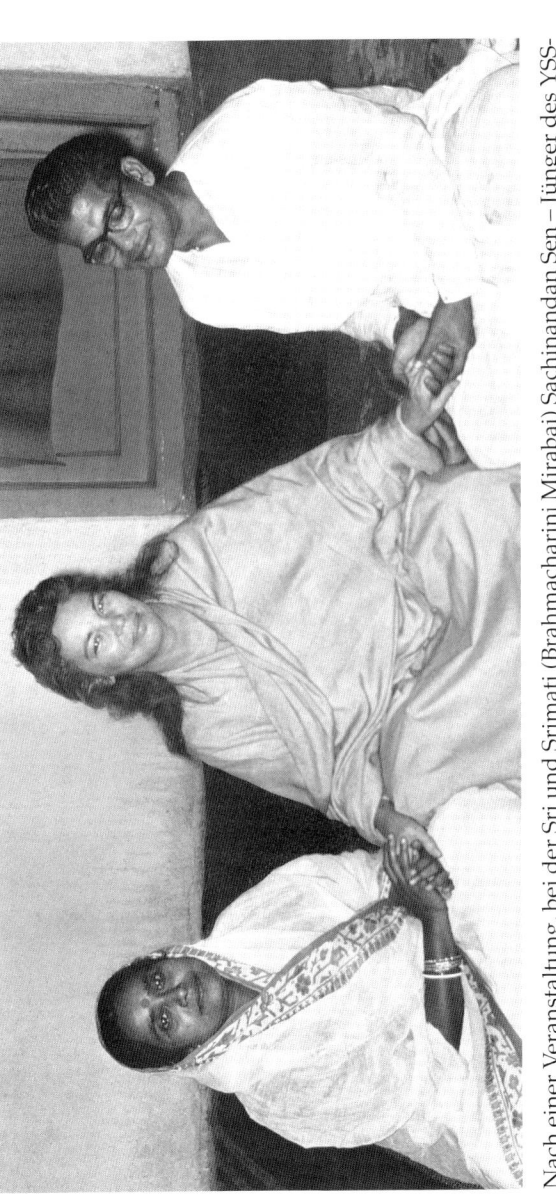

Nach einer Veranstaltung, bei der Sri und Srimati (Brahmacharini Mirabai) Sachinandan Sen – Jünger des YSS-Ashrams und bekannte Lehrer der klassischen indischen Musik – andachtsvolle Lieder sangen. Ranchi, 1964.

»Wir müssen lernen, allen Menschen Liebe und Freundschaft entgegenzubringen – zuerst denjenigen, die Gott uns als Familie gegeben hat. Dann dehnen wir unsere Liebe aus, bis sie unsere Nachbarn, unser Land und schließlich alle Länder einschließt ..., bis wir fühlen und verstehen, daß die ganze Welt unsere Familie ist. Erst dann können wir die allumfassende Liebe Gottes zum Ausdruck bringen.«

Sri Daya Mata mit einer Statue des hl. Franziskus von Assisi, die ihr zu Weihnachten geschenkt worden war; 25. Dezember 1973

Bei einem *Satsanga* 1969 in Rom, während einer dreimonatigen Vortragsreise in Europa. Im selben Jahr hielt sie unter anderem auch Vorlesungen und Kriya-Einweihungen in London, München, Stuttgart, Köln, Berlin, Wien, Zürich, Mailand und Paris.

»Es ist eine Freude, so von Gott gebraucht zu werden, wie es Ihm gefällt. Dann wünscht ihr euch, daß ihr Millionen Stimmen hättet, um Seinen Namen zu singen, und Millionen von Herzen, um Seine Liebe zum Ausdruck zu bringen und zu empfangen.«

Der Guru führt uns in die geistige Freiheit

einen der anderen Jünger gescholten hat. Warum hackt er vor all den anderen gerade auf mir herum?« Und ich kam zu dem Schluß: »Arme Daya Ma, du wirst ungerecht behandelt.«

Je länger ich aber dort an der Wand stand, desto klarer wurde mein Denken. Ich überlegte: »Jetzt will ich mir einmal diese Frage stellen: Warum bin ich überhaupt hierhergekommen?« Wenn ihr euch und eure Beweggründe immer aufrichtig untersucht, werdet ihr zu den Grundsätzen richtigen Betragens zurückfinden. Die meisten unserer Probleme im Leben entstehen dadurch, daß wir den springenden Punkt nicht erkennen. Auch Patanjali spricht von dieser Falle. Kaum haben wir uns entschlossen, irgendein Ziel zu erreichen – sei es ein geistiges oder ein materielles –, da stellen wir auch schon fest, daß wir irgendwo auf unserem Weg das Wesentliche übersehen haben.

Da stand ich also und überlegte mir: »Warum bin ich hierhergekommen? Natürlich nur, weil ich Gott finden will.« Meine nächste Frage war: »Wirst du mit diesem Benehmen dein Ziel erreichen? Ist es wirklich so wichtig für dich, was die Leute von dir denken? Wenn ja, dann solltest du in die Welt zurückkehren. Ein solches Betragen ist hier fehl am Platz.«

Sobald ich von dieser Wahrheit überzeugt war, sagte ich: »Ich habe mich falsch verhalten« und ging zum Meister hin. »Vergib mir. Setz mir ruhig den Hut auf.«

»Das ist jetzt nicht mehr nötig«, sagte er. »Ich wollte, daß du etwas lernst und das richtige Verständnis erlangst. Laß dich nie von dem beeinflus-

Alles Glück liegt in dir

sen, was andere über dich sagen oder denken. Wenn die ganze Welt dich preist, Gott und der Guru aber unzufrieden mit dir sind, hast du im Leben versagt. Doch auch wenn die ganze Welt sich gegen dich stellt, dich kritisiert und beschuldigt, du aber die Anerkennung und das Einverständnis Gottes und deines Gurus erworben hast, bist du in dieser Welt erfolgreich.« Und so ist es tatsächlich! Schaut euch in der Welt um; beobachtet sie. Dieselben Leute, die einen Menschen bejubeln und in den Himmel heben, lassen ihn im nächsten Augenblick wieder fallen.

Da verstand ich, was Guruji mich lehren wollte. Er wußte, daß ich schon als kleines Kind sehr empfindlich gewesen war und daß ich dies überwinden mußte. Von da an schalt er mich in all den Jahren immer vor anderen Leuten. Ich gestehe, daß ich manchmal in mein Zimmer lief und Tränen vergoß. Aber ich ließ es ihn nie merken, weil ich wußte, daß er recht hatte. Sooft Guruji mich während der einundzwanzig Jahre, die ich in seiner Nähe verbrachte, auch tadelte, ich habe sein Urteil kein einziges Mal als unrichtig empfunden. Ich wußte immer, daß er recht hatte: Ich mußte *mich selbst* ändern. Das war die Lektion, die ich an jenem Tag lernte.

Werdet zu starken Pfeilern, die anderen Menschen Halt geben

Als ich einmal sehr traurig darüber war, daß ich ihn enttäuscht hatte, fragte ich ihn: »Meister, bin ich wirklich so viel schlechter als die anderen Jünger, daß du mich so viel schelten mußt?«

Er antwortete: »Keineswegs. Ich bin so streng mit dir, weil du innerlich fest wie Stahl werden sollst.« Oh, wie diese Worte mir noch in den Ohren klingen: »Du mußt innerlich wie Stahl werden.«

»Aber Meister«, erwiderte ich, »ich mag keine harten, gefühllosen Menschen.«

Da sagte Guruji: »Versteh mich nicht falsch. Ich habe nicht ›hart‹ gesagt. Du mußt fest wie Stahl werden: biegsam, aber unzerbrechlich; so stark, daß nichts dich verletzen kann.«

Da begriff ich, was es bedeutet, so fest wie Stahl zu sein: Es heißt, daß wir uns vom Leben nicht niederwerfen lassen dürfen, sondern daß wir liebevoll und mitfühlend sein sollen, ein Pfeiler der Kraft, der anderen Menschen den nötigen Halt geben kann. Das entspricht im Grunde dem, was er mir bei anderer Gelegenheit sagte: »Liebe Gott innerlich so sehr, daß keine äußeren Umstände dich je aus der Ruhe bringen können.« Über solche Gedanken zu meditieren, wird euch große Kraft geben.

Einige Jahre später tadelte er mich einmal in Gegenwart einer großen Gruppe von Ashrambewohnern. Es erschütterte mich nicht, denn ich hatte gelernt, die Wahrheit nie durch meine Gefühle verschleiern zu lassen. Ich sagte mir: »Er hat recht; das habe ich getan. Ich muß mich ändern.« Das ist die richtige Art, auf Tadel zu reagieren.

Nachdem ich den Raum verlassen hatte, wandte er sich zu den anderen Jüngern und sagte liebevoll: »Seht ihr, wie sie reagiert? So ist es schon seit Jahren. Ganz gleich, in welchem Ton ich zu ihr spreche, sie bleibt immer ruhig und innerlich empfänglich. Ihr alle solltet euch ein Beispiel an ihr nehmen.« Als mir das viele Jahre später berichtet wurde, füllten sich meine Augen mit Tränen. Ich sagte:

Alles Glück liegt in dir

»Das verdanke ich Gurujis Segen. Ich werde ihm ewig dankbar dafür sein, daß er mir zu dieser Kraft und diesem Verständnis verholfen hat.«

Der Guru ist wie ein geistiger Arzt. Oft pflegte der Meister zu sagen: »Der Guru hat die Aufgabe, die tief verborgenen psychologischen Wunden im Bewußtsein des Jüngers aufzudecken und zu heilen.« Ein gewöhnlicher Arzt heilt den Menschen durch chirurgische Eingriffe und Medikamente von körperlichen Gebrechen; der göttliche Arzt heilt ihn durch seine Weisheit und durch entsprechende Schulung von geistigen und psychologischen Krankheiten. Hätte Guruji Daya Ma nicht durch seine weise Disziplin solche Kraft verliehen, wie könnte sie heute sein Werk weiterführen? Wenn ihr eine führende Position innehabt, meine Lieben, ragt euer Kopf ziemlich hoch über die Menge hinaus, so daß ihr für andere eine leichte Zielscheibe abgebt. Hätte Guruji zugelassen, daß ich weiter so empfindlich blieb, käme ich mir heute völlig verloren vor. Doch durch seine weise, wunderbare Schulung lernte ich, nur noch Gott Freude machen zu wollen. Allein darauf kommt es mir an. Es freut mich, wenn ich Gott zufriedenstelle und dadurch auch den Menschen Freude bereiten kann. Aber wenn letzteres nicht möglich ist, werde ich nicht aufhören, Gott Freude zu machen, denn an Seiner Anerkennung liegt mir mehr als am Lob und an der Zustimmung der Menschen.

Der Meister sagte uns einmal: »Ich habe euch alle so geschult, daß ihr euch nie von irgendeinem Menschen abhängig zu machen braucht.« Damit meinte er: Niemandem wird es je gelingen, euch mit

Der Guru führt uns in die geistige Freiheit

Schmeicheleien oder anderen Mitteln zu »kaufen«. Und nach diesem Grundsatz leben wir und dienen wir Gurujis Werk. Ich sage den Schülern immer wieder: Wenn ihr Daya Matas Liebe gewinnen wollt, liebt meinen Gott. Das erfreut mein Herz. Wenn ich Mitglieder sehe, die meinen geliebten Gott lieben, bin ich wie berauscht vor Freude. Nichts anderes vermag Daya Ma innerlich zu bewegen, das heißt – nichts Persönliches. Ich liebe alle, die meinen geliebten Gott lieben; ich liebe alle, die Ihn suchen; ich liebe alle, die auf dem geistigen Weg vorwärtsstreben. Es interessiert mich nicht, welche Schwächen sie haben – von mir aus können sie endlos sein. Das ist nicht wichtig für mich, denn ich weiß: Wenn sie sich aufrichtig bemühen, Gott zu lieben und den Anweisungen des Gurus zu folgen, werden sie diese Hindernisse gewiß überwinden und jene höchste Freiheit erlangen, die das Geburtsrecht unserer Seele ist.

Paramahansa Yogananda,
wie ich ihn kannte

Zusammengestellt aus Veröffentlichungen und Ansprachen in Indien und Amerika

Im Laufe der Jahre sammelt der Geist neue Eindrücke, während die Erinnerung an vergangene Erlebnisse langsam verblaßt. Doch Ereignisse, die einen tiefen Eindruck in der Seele hinterlassen haben, verblassen nie; sie werden zu einem lebendigen, wichtigen Bestandteil unseres Daseins. Ein solches Erlebnis war meine erste Begegnung mit meinem Guru Paramahansa Yogananda.

Ich war damals ein junges Mädchen von siebzehn Jahren, und das Leben kam mir wie eine lange, öde Straße vor, die ins Niemandsland führt. Ich betete immerfort zu Gott, daß Er mich führen und mir den Weg zu einem sinnvollen Leben zeigen möge, in dem ich Ihn suchen und Ihm dienen kann.

Mein sehnsüchtiges Gebet wurde plötzlich erhört, als ich 1931 das riesige, überfüllte Auditorium in Salt Lake City, Utah, betrat und Paramahansaji auf dem Podium erblickte, wo er mit einer derartigen Überzeugungskraft von Gott sprach, wie ich es nie zuvor bei jemandem erlebt hatte. Ich stand wie verzaubert da – mein Atem, meine Gedanken, ja die Zeit selbst schienen stillzustehen. Während ich voller Liebe und Dankbarkeit den Segen, der sich über mein ganzes Wesen ergoß, in mich hineintrank, fühlte ich mit tiefer Überzeugung: »Hier ist ein Mensch,

der Gott liebt, wie ich mir immer gewünscht habe,
Ihn zu lieben. Er *kennt* Gott. Ihm will ich folgen.«

DIE IDEALE DER EHRLICHKEIT UND
RECHTSCHAFFENHEIT

Ich hatte präzise Vorstellungen von einem idealen geistigen Lehrer; in meinen Gedanken hatte ich sozusagen einen Thron errichtet, auf den ich ein solches Wesen erheben würde. Nun setzte ich dort ehrfurchtsvoll meinen Guru hin, und in all den Jahren, die ich in seiner Gegenwart weilen durfte, ist er – was seinen Charakter und sein Handeln anbelangt – nicht ein einziges Mal von diesem hohen Thron herabgestiegen.

Obgleich Rechtschaffenheit, Ehrgefühl und Idealismus in der heutigen Zeit unter der Flutwelle persönlicher Befriedigung begraben zu sein scheinen, hielt Gurudeva kompromißlos an den ewigen geistigen Grundsätzen fest und lebte sie den Jüngern ständig vor. Das Jahr 1931 ist mir noch gut in Erinnerung, denn in diesem Jahr brauchten wir dringend finanzielle Unterstützung. Während dieser Zeit waren unsere finanziellen Mittel so knapp, daß der Guru und die Jünger von Wassersuppe und Brot lebten oder ganz fasteten. Die Hypothek für das Anwesen auf dem Mt. Washington, unser Mutterzentrum, war fällig. Paramahansaji suchte die Gläubigerin in ihrer Wohnung auf und bat sie um eine Verlängerung der Zahlungsfrist. Großzügig verschob die verständnisvolle Dame den Termin. Dennoch schien es unmöglich, die nötige Summe rechtzeitig aufzubringen.

Da besuchte eines Tages ein Manager Gurudevas Vorträge und begann sich für dessen Lehre zu interessieren. Der Mann sah nicht nur den geistigen Wert der Lehre, sondern auch die Möglichkeit eines guten finanziellen Verdienstes. »Übergeben Sie mir die Verantwortung für den Aufbau Ihrer Organisation, dann sind Sie in einem Jahr ein gemachter Mann. Sie werden Zehntausende von Schülern haben und im Gelde schwimmen«, versprach er Paramahansaji.

Dann erklärte er seinen Plan zur Vermarktung der heiligen Lehre. Der Guru hörte höflich zu. Es wäre tatsächlich das Ende seiner finanziellen Sorgen und die Beseitigung aller Hindernisse gewesen, die sich vor ihm auftürmten. Doch ohne einen Augenblick zu zögern, dankte er dem Mann und erwiderte: »Niemals! Ich werde aus der Religion nie ein Geschäft machen. Ich werde dieses Werk oder meine Grundsätze niemals für ein paar schäbige Dollars aufs Spiel setzen, ganz gleich, wie sehr ich in Bedrängnis bin.«

Zwei Monate später begegnete er während einer Vortragsreihe in Kansas City, Missouri, seinem fortgeschrittenen Jünger Rajarsi Janakananda, den er schon aus vielen früheren Leben kannte und der dazu bestimmt war, eine wichtige Rolle in der *Self-Realization Fellowship* zu übernehmen. Diese große Seele hieß den Guru als seinen göttlichen Lehrer willkommen. Er lebte ganz und gar nach der Lehre des Gurus und spendete die Summe, die zur Tilgung der gesamten Hypothek nötig war. Groß war die Freude, als wir unten am Blättertempel auf dem Mt. Washington ein Freudenfeuer anzündeten und die Papiere der Hypothek in die Flammen warfen. Da Gurudeva immer sehr praktisch veranlagt war, röstete er in der Glut Kartoffeln. Die Jünger scharten sich mit ihm um das Feuer und genossen die

Kartoffeln, während die Papiere weiterhin vor sich hinschmorten – bis sie gut durchgebraten waren!

Die Göttliche Mutter versichert ihn ihrer Nähe

Noch andere Begebenheiten und Beweise für Gurujis göttliche Kraft sind mir deutlich in Erinnerung. Als ihn die wachsende Organisation mit den vielen Jüngern, die er ernähren, beherbergen und unterstützen mußte, schier zu erdrücken schien und er sich danach sehnte, frei von allen Ablenkungen zu sein, um sich ununterbrochen auf Gott konzentrieren zu können, floh er in die Wüste von Arizona. Dort meditierte er und betete in der Einsamkeit zu seiner geliebten Göttlichen Mutter; er bat sie, ihn von der Last und den ablenkenden Pflichten organisatorischer Tätigkeit zu befreien. Eines Nachts, während er meditierte, so erzählte er, »und mein Herz vor Sehnsucht nach ihrer Antwort schier zerspringen wollte«, erschien sie ihm und sprach diese trostreichen Worte:

> Tanz des Lebens und Tanz des Todes,
> Wisse, sie kommen von Mir,
> Und darum sei froh.
> Was wünschst du dir mehr, als daß du Mich
>   hast?

Dieses Versprechen seiner geliebten Göttlichen Mutter, daß sie im Leben und im Tod immer bei ihm sein würde, überwältigte ihn vor Freude, und er kehrte mit einem Herzen voller Liebe und Frieden zurück, um sich erneut der Mission anzunehmen, mit der sie ihn betraut hatte.

Alles Glück liegt in dir

Gurudeva verfügte über große geistige Kräfte – so wie sie all denen zu eigen sind, die Gott gefunden haben. Paramahansaji erklärte diese Kräfte ganz einfach als das Wirken höherer Gesetze. Als er mit seiner Mission begann, wandte er diese Gesetze in aller Öffentlichkeit an, um den Glauben seiner skeptischen Zuhörer zu stärken. Ich gehörte zu denen, die augenblicklich von ihm geheilt wurden.

In späteren Jahren pflegte Gurudeva zu sagen: »Wenn ich die Kräfte, die Gott mir verliehen hat, zur Schau stellte, könnte ich Tausende anziehen. Doch der Weg zu Gott ist kein Zirkus. Ich habe diese Kräfte Gott zurückgegeben und brauche sie nur dann, wenn Er es mir aufträgt. Meine Mission besteht darin, in den Seelen der Menschen Liebe zu Gott zu erwecken. Mir ist eine Seele lieber als eine ganze Menschenmenge; doch ich freue mich immer, wenn ich eine Menge von Seelen sehe.« Schließlich zog sich Gurudeva von der Öffentlichkeit zurück und konzentrierte sich mehr auf die qualitative als die quantitative Entwicklung seiner Organisation. Er suchte sich aus der Menge jene »Seelen« heraus, die mit seinen hohen Idealen und den geistigen Zielen seiner Lehre im Einklang standen.

DIENEN, WEISHEIT UND GÖTTLICHE LIEBE

Während eines Interviews mit einem Reporter wurde ich einmal gefragt: »Würden Sie Paramahansa Yogananda einen *Bhakti-*, *Jnana-* oder *Karma-Yogi* nennen?«[1] Ich erwiderte: »Er war sehr vielseitig. Es

---

[1] *Bhakti-*, *Jnana-* und *Karma-Yoga* sind die drei meistbegangenen Wege, die zu Gott führen. Sie betonen jeweils: Hingabe, unterscheidungsfähige Weisheit und selbstloses Dienen.

bedurfte eines Menschen seiner Art, seines Formats und Einfühlungsvermögens, um Herz und Verstand der Amerikaner zu gewinnen. Es gelang ihm, die Kluft zwischen dem indischen und amerikanischen Lebensstil zu überbrücken. Seine Lehre ist allumfassend und kann sowohl von den Menschen des Westens als auch des Ostens angewandt werden.«

Als *Karma-Yogi* arbeitete Paramahansaji für Gott, um den Geist der Menschen durch seine Botschaft zu erheben; und er tat dies mit einer Hingabe, wie man sie nur selten sieht. Wenn er anderen helfen konnte, vergaß er sich selbst und seine Bedürfnisse. Er weinte mit den Leidtragenden und war unermüdlich tätig, um die Wurzel alles Leidens – die Unwissenheit – auszurotten.

In seiner Rolle als *Jnani* durchwob er seine zahlreichen Bücher, Vorträge und persönlichen Ratschläge mit seiner Weisheit. Seine *Autobiographie eines Yogi* ist zu einem maßgebenden Nachschlagewerk über Yoga geworden und wird an vielen Hochschulen und Universitäten als Lehr- und Studienmaterial benutzt. Das bedeutet nun nicht, daß Paramahansaji ein reiner Verstandesmensch war. Er sagte, Intellektualität ohne innere Erleuchtung sei wie ein Bienenstock ohne Honig. Er befreite die Religion von den Schleiern des Dogmas und der bloßen Theorie und enthüllte den Kern der Wahrheit – jene ewigen Grundsätze, die der Menschheit nicht nur eine Vorstellung von Gott geben, sondern ihr auch den Weg zu Ihm zeigen.

Seinen Jüngern ist Paramahansa Yogananda jedoch vor allem als ein *Premavatar* (eine Inkarnation göttlicher Liebe), als hingebungsvoller *Bhakta* be-

Alles Glück liegt in dir

kannt. Was ihn besonders kennzeichnete, war seine überwältigende Liebe zu Gott, den er als Göttliche Mutter verehrte. Dies sei, so sagte Jesus, das vornehmste Gebot: »Du sollst lieben Gott, deinen Herrn, von ganzem Herzen, von ganzer Seele und von ganzem Gemüte.«[2] Paramahansaji strahlte immer große Liebe aus, ganz gleich, ob er vor großen Menschenmengen sprach – wie während seiner ersten Jahre in Amerika –, ob er sich der Angelegenheiten seiner weltweiten, ständig anwachsenden Organisation annahm, der *Self-Realization Fellowship/Yogoda Satsanga Society*, oder ob er seinen Jüngern beistand, die zu ihm gekommen waren, um sich geistig von ihm schulen zu lassen.

Paramahansaji konnte auch sehr feurig sein, wenn geistige Strenge angebracht war, aber er zeigte immer grenzenloses Mitgefühl und notfalls Geduld. Ich weiß noch, wie wir uns einmal über die Worte einiger feindseliger Kritiker aufregten, die sein Werk angriffen, und wie er uns sagte: »Sprecht nie unfreundlich über andere Lehrer oder Organisationen. Versucht niemals, größer zu erscheinen, indem ihr anderen den Kopf abhackt. Auf dieser Welt ist Platz genug für alle, und wir sollten auf jede Unfreundlichkeit und jeden Haß nur mit Güte und Liebe reagieren.«

Er schenkte der Welt ein »Universalgebet«, das den Kern seines Lebens zum Ausdruck bringt: »Geliebter Gott, laß Deine Liebe für immer im Heiligtum meiner Hingabe leuchten, und gib mir die Fähigkeit, Deine Liebe in allen Herzen zu erwecken.«

[2] *Matthäus* 22, 37.

Paramahansa Yogananda, wie ich ihn kannte

»Nur die Liebe kann mich ersetzen«

In seinen letzten Lebenstagen bereitete Gurudeva den Empfang des indischen Botschafters, Dr. Binay R. Sen, vor (den Guruji am folgenden Vormittag im Mutterzentrum empfangen wollte). Guruji rief uns Jünger in die Küche des Ashrams und sagte: »Heute werden wir ein Curry-Gericht und indische Süßspeisen für den Botschafter zubereiten.« Wir kochten den ganzen Tag lang, und Guruji war von großer Freude erfüllt.

Spät am Abend rief er mich zu sich und sagte: »Komm, laß uns etwas auf- und abgehen.« Der Ashram ist ein großes, dreistöckiges Gebäude; als wir den Korridor der zweiten Etage entlanggingen, blieb er vor dem Bild seines Gurus, Swami Sri Yukteswarji, stehen. Lange Zeit schaute er das Bild unverwandt an, ohne daß sich seine Augen bewegten. Dann wandte er sich, in Gedanken versunken, zu mir und sagte: »Weißt du, daß es sich nur noch um Stunden handelt, bis ich diese Erde verlasse?« Meine Augen füllten sich mit Tränen. Intuitiv wußte ich, daß seine Worte sich bewahrheiten würden. Als er mir einige Zeit vorher gesagt hatte, daß er seinen Körper bald verlassen werde, hatte ich ausgerufen: »Meister, du bist der Diamant im Ring unserer Herzen, im Ring deiner Organisation. Wie sollen wir ohne dich fertig werden?« Welche Liebe und welches Mitgefühl strahlten da aus seinen Augen, die mir wie ein stiller See göttlicher Seligkeit erschienen. »Wenn ich nicht mehr hier bin, kann nur die Liebe mich ersetzen. Sei so trunken von göttlicher Liebe, daß du überall nur noch Gott wahrnimmst, und schenke diese Liebe allen anderen.«

An seinem letzten Tag auf Erden sollte er auf ei-

Alles Glück liegt in dir

nem Bankett, das im Zentrum von Los Angeles zu Ehren des Botschafters veranstaltet wurde, eine Ansprache halten. Wir, die wir ihm dienten, waren schon früh aufgestanden und gingen in sein Zimmer, um zu fragen, ob er etwas brauche. Als wir eintraten, saß er sehr still auf dem Sessel, in dem er oft meditierte und in Ekstase einging. Immer, wenn wir nicht reden sollten, legte er seinen Finger an die Lippen und drückte damit aus: »Ich will schweigen«. Im Augenblick, da er das tat, fühlte ich, wie sich seine Seele zurückzog, wie er allmählich alle verborgenen Bindungen löste, welche die Seele an den Körper fesseln. Obgleich mich das traurig machte, fühlte ich auch große Kraft in mir aufsteigen, denn ich wußte, daß mein Guru aufgrund meiner Hingabe immer in meinem Herzen weiterleben würde, ganz gleich, was geschähe.

Er verweilte den ganzen Tag lang in diesem verinnerlichten Bewußtseinszustand. Gegen Abend fuhren wir ihn zu dem großen Hotel, wo das Bankett stattfinden sollte. Als wir dort eintrafen, hatten wir noch etwas Zeit, und Guruji wartete oben in einem kleinen Zimmer, wo er still meditierte. Wir Jünger saßen um ihn herum auf dem Fußboden. Nach einer Weile blickte er jeden von uns nacheinander an. Ich weiß noch, daß ich dabei dachte: »Mein geliebter Guru gibt mir zum Abschied sein *Darshan*.«[3] Dann ging er hinunter in den Bankettsaal.

Viele Besucher waren erschienen, darunter Vertreter der Stadt, des Bundeslandes und Beamte der indischen Regierung. Ich saß in einiger Entfernung vom Rednertisch, doch meine Aufmerksamkeit und

---

[3] »Heiliger Anblick«, wie z.B. Anblick des Gurus; d.h., der Segen, der einem durch den Anblick eines erleuchteten Meisters zuteil wird.

Paramahansa Yogananda, wie ich ihn kannte

mein Blick waren ständig auf das Gesicht meines geliebten Gurus gerichtet. Schließlich war er an der Reihe zu sprechen. Gurudeva war der letzte, der die Versammlung vor dem Botschafter Sen begrüßen sollte. Als Guruji sich von seinem Stuhl erhob, blieb mein Herz einen Augenblick lang stehen, und ich dachte: »Oh, jetzt ist es soweit!«

Als er zu sprechen begann, tat er es mit solch tiefer Gottesliebe, daß er die ganze Zuhörerschaft in seinen Bann zog; niemand rührte sich. Alle waren wie verzaubert von der überwältigenden Liebe, die aus seinem Herzen floß und sich über uns alle ergoß. An diesem Abend hat sich das Leben vieler der Anwesenden gewandelt – darunter waren auch einige, die später als Ordensleute in den Ashram eintraten, und viele, die Mitglieder unserer Gemeinschaft wurden –, denn dieses göttliche Erlebnis berührte sie alle zutiefst. Seine letzten Worte galten seinem geliebten Indien: »Wo der Ganges, die Wälder, die Höhlen im Himalaja und die Menschen von Gott träumen – dort ward ich geweiht, mein Körper hat jenen Boden berührt.«[4]

Als er diese Worte gesprochen hatte, richtete er seine Augen empor zum *Kutastha*-Zentrum, und sein Körper sank zu Boden. Im nächsten Augenblick schon – unsere Füße schienen kaum den Boden zu berühren – waren zwei von uns an seiner Seite.[5] Da

---

[4] Die Schlußzeilen seines Gedichtes »Mein Indien«. Diese inspirierenden Verse Paramahansajis erscheinen in seinem Buch *Lieder der Seele* (herausgegeben von der *Self-Realization Fellowship*).
[5] Sri Daya Mata und Ananda Mata. Ananda Mata, die Schwester Sri Daya Matas und seit 1931 eine treue Jüngerin Paramahansa Yoganandas, trat 1933 mit siebzehn Jahren in den Ashram ein. Sie ist Mitglied des Vorstands der SRF/YSS.
(*Anmerkung des Herausgebers*)

wir dachten, er könne in den *Samadhi* eingegangen sein, sangen wir leise »OM« in sein rechtes Ohr. (Er hatte uns in früheren Jahren erklärt, wenn er einmal in Ekstase eingehe und nach einiger Zeit nicht ins Wachbewußtsein zurückkehre, könnten wir ihn zurückbringen, indem wir »OM« in sein rechtes Ohr singen.) Während ich das tat, hatte ich ein wundersames Erlebnis. Ich weiß nicht, wie ich es euch beschreiben soll, doch als ich über meinem gesegneten Guru kniete, konnte ich sehen, wie seine Seele den Körper verließ; und dann strömte eine gewaltige Kraft in mich ein. Ich sage bewußt »gewaltig«, denn es war eine überwältigende, glückselige Kraft der Liebe, des Friedens und des Verstehens. Ich weiß noch, daß ich mich fragte: »Was ist das?« Mein Bewußtsein wurde derart emporgehoben, daß ich keine Trauer empfinden und auch nicht weinen konnte; und das hat sich seit jenem Tage nicht geändert; so weiß ich ohne jeden Zweifel, daß er wahrhaftig bei mir ist.

Der Tod konnte ihm nichts anhaben

Jemand hat mich einmal gefragt, ob der Guru mir erschienen sei, nachdem er seinen Körper verlassen hat. Ja, er ist mir erschienen. Ich werde im Verlauf meiner Erzählung noch mehr darüber berichten. Tausende kamen, um Gurujis sterbliche Hülle zum letzten Mal zu sehen. Seine Haut war von einem Goldton, wie von goldenem Licht durchströmt; um seine Lippen spielte ein gütiges, seliges Lächeln; es war, als segne er jeden einzelnen. Sein Körper blieb selbst einundzwanzig Tage, nachdem er ihn verlassen hatte, vollkommen unversehrt. Er

Paramahansa Yogananda, wie ich ihn kannte

wies nicht die geringsten Anzeichen von Verwesung auf. Und sogar in der westlichen Hemisphäre des nüchternen Denkens berichteten die Zeitungen in großen Schlagzeilen von diesem wundersamen Ereignis. Die Friedhofsbeamten, die den Körper untersuchten, erklärten »den Fall Paramahansa Yoganandas nach ihrem Wissen für einzigartig«.

Nicht lange danach wurde mir die volle Verantwortung für Gurudevas Werk übertragen.[6]

Wenn ein großer Lehrer diese Welt verläßt, geschieht es oft, daß sich unterschiedliche Meinungen über die Weiterführung des vom Guru begonnenen Werkes bilden. Am Morgen, nachdem ich die Leitung übernommen hatte, tauchten während einer Versammlung mehrere Fragen auf. Sollte die Leitung des Werkes in den Händen einer Person im Familienstand oder in den Händen von Ordensmitgliedern liegen? Guruji hatte uns gesagt, daß diese Aufgabe nur von Ordensmitgliedern übernommen werden sollte, die, wie er, ihr Leben einzig und allein seinem Werk geweiht hatten; doch einige Mitglieder stellten diese Anweisung in Frage. Es stimmt, daß Guruji alle Gottsucher gleich liebte. Auch ich mache da keinen Unterschied, warum soviel Gewicht auf Äußerlichkeiten legen? Ein Gottsucher ist deshalb ein Gottsucher, weil er Gott liebt – nicht, weil er ein ockerfarbenes Gewand trägt. Dennoch war ich sehr besorgt.

In jener Nacht betete ich innig zu Guruji und suchte in tiefer Meditation seine Antwort. Als ich bis

---

[6] Rajarsi Janakananda, der Paramahansa Yogananda als Präsident nachfolgte, leitete die *Self-Realization Fellowship/Yogoda Satsanga Society of India* von 1952 bis 1955.

Alles Glück liegt in dir

spät in die Nacht hinein meditiert hatte, sah ich plötzlich, wie sich mein Körper vom Bett erhob und den Korridor hinunterschritt, um in Gurudevas Zimmer zu gehen. Auf einmal erblickte ich aus den Augenwinkeln seinen Schal, der sich wie in einem leichten Luftzug bewegte. Als ich mich umdrehte, stand dort mein Guru! In großer Freude lief ich zu ihm hin, kniete vor ihm nieder, um den Staub von seinen Füßen zu nehmen[7], und hielt diese fest umschlungen. »Meister, Meister,« rief ich, »du bist nicht gestorben - du bist nicht von uns gegangen. Der Tod kann dir nichts anhaben.« Da neigte er sich zu mir herab und berührte liebevoll meine Stirn. Als er dies tat, erhielt ich augenblicklich die Antwort, die ich während der Besprechung am folgenden Morgen geben mußte. Guruji segnete mich, und plötzlich sah ich mich wieder auf meinem Bett sitzen.

Am nächsten Morgen traf ich mich mit den Vorstandsmitgliedern und teilte ihnen die Antwort mit, die Guruji mir vermittelt hatte; seitdem ist sein Werk einheitlich geblieben und ständig angewachsen. Das verdanken wir Gottes Segen.

Der ewig lebende Guru

Paramahansa Yogananda wird immer der Guru und höchste Leiter der *Self-Realization Fellowship/ Yogoda Satsanga Society of India* sein. Wir alle führen das Werk weiter, das er ins Leben gerufen hat, und dienen ihm voller Demut als seine Jünger. Unser ein-

---

[7] In Indien hat man solch große Achtung vor den Heiligen, daß man selbst den Staub auf den Füßen einer heiligen Person als etwas Heiliges betrachtet, das demjenigen, welcher die Füße berührt, Segen bringt.

ziger Wunsch ist es, die Aufmerksamkeit und die Hingabe aller Schüler, die diesen Weg einschlagen, auf Gott zu lenken und auf unseren göttlichen Guru, der ihnen Gott offenbaren kann. Gurudeva erinnerte uns häufig daran, daß Gott allein der eigentliche Guru ist. Gurudeva war Gottes Werkzeug und hatte nur einen Wunsch: uns zur Göttlichen Quelle zurückzuführen, die uns – mehr als alles andere – das vermitteln kann, wonach unsere Seele verlangt. Wer dem Guru treu ist, der ist auch Gott treu. Dem Guru und seinem Werk zu dienen bedeutet, Gott zu dienen, denn es ist ja Gott, dem wir unsere höchste Treue schenken. Der Guru ist der von Gott bestimmte geistige Vermittler, durch dessen Segen und inspirierende Lehre wir zu Gott zurückfinden.

Früher dachte ich immer, daß es für die Mitglieder sehr schwierig sein würde, die Beziehung zwischen Guru und Jünger richtig zu verstehen, sobald der Meister einmal diese Erde verlassen habe. Obgleich ich diese Zweifel Guruji gegenüber nie erwähnt hatte, antwortete er oft auf unsere unausgesprochenen Gedanken. Eines Abends, als ich zu seinen Füßen saß, sagte er mir: »Denen, die mich nahe glauben, werde ich nahe sein. Dieser Körper hat keine Bedeutung. Wenn du an dieser körperlichen Gestalt hängst, wirst du mich in meiner unendlichen Form nicht finden können. Aber wenn du über diesen Körper hinausblickst und mich als das erkennst, was ich wirklich bin, dann wirst du auch wissen, daß ich immer bei dir bin.«

Erst später verstand ich die volle Bedeutung dieser Worte. Eines Abends, als ich meditierte, kam mir folgender Gedanke: Denk einmal an die Jünger,

Alles Glück liegt in dir

die sich in den wenigen Jahren, die Jesus Christus auf Erden lebte, um ihn scharten. Einige hatten große Ehrfurcht vor ihm; andere dienten ihm selbstlos. Doch wie viele aus der großen Menge haben ihn wirklich verstanden und sind ihm bis ans Ende des Weges gefolgt? Wie viele sind während seiner großen Prüfung und im Augenblick des Todes bei ihm geblieben und haben ihn unterstützt? Viele, die Jesus kannten und die Gelegenheit hatten, ihm zu folgen, verließen ihn noch zu seinen Lebzeiten. Und dennoch wurde zwölf Jahrhunderte, nachdem Jesus Christus diese Erde verlassen hatte, ein demütiger, liebenswerter und einfacher Gottsucher geboren, der durch sein wunderbares Leben und seine vollkommene Einstimmung auf Christus, durch seine tiefe Verbundenheit mit ihm alles verkörperte, was Jesus gelehrt hatte – und der Gott fand. Dieser demütige kleine Mann war der heilige Franziskus von Assisi, den Guruji so sehr liebte. Mir wurde klar, daß dasselbe geistige Gesetz, dem der heilige Franziskus folgte, auch heute noch für uns alle gültig ist. Er hatte sich vollkommen auf seinen Guru eingestellt, obgleich dieser schon Jahrhunderte vor ihm auf der Erde gelebt hatte.

Ein wahrer, gottgesandter Guru lebt ewig. Er kennt seine Jünger und hilft ihnen, ganz gleich, ob er auf derselben Ebene inkarniert ist wie sie oder nicht. Alle, die sich bemühen, durch hingebungsvolles konzentriertes Üben der vom Guru gelehrten Meditationstechniken mit ihm in Verbindung zu gelangen, werden seine Führung und seinen Segen heute und in Zukunft genauso stark fühlen wie wir damals, als er noch körperlich bei uns war. Das sollte all denen ein großer Trost sein, die nach dem Heimgang Paramahansa Yoganandas zu ihm fanden und traurig darüber sind, daß sie nicht die Gelegenheit hatten, diese heilige Seele während ihres Erdendaseins kennenzulernen. Ihr *könnt* ihn kennenlernen, wenn ihr still meditiert. Taucht mit euren hingebungsvollen Gebeten immer tiefer nach innen, dann werdet ihr seine heilige Gegenwart fühlen. Wenn wir, die wir jetzt sein Werk weiterführen, das nicht erkannt und erfahren hätten, wären wir auch nicht fähig, seinem Werk zu dienen. Nur weil wir seinen Segen und seine Führung spüren und weil wir wissen, daß er uns heute ebenso nahe ist wie damals, als er noch körperlich unter uns weilte, haben wir die Kraft, die Entschlossenheit, die Begeisterung, die Hingabe und die Überzeugung, daß wir unseren Teil zur Verbreitung der Botschaft der *Self-Realization Fellowship* beitragen können.

Paramahansajis Leben und Werk hat bereits in großem Maße den Lauf der Geschichte beeinflußt; und ich bin überzeugt davon, daß dies erst der Anfang ist. Guruji gehört zum geheimen Bund göttlicher Seelen, die sich schon früher auf Erden inkarniert haben, um das Licht der Wahrheit zu verbreiten und der Menschheit den Weg zu zeigen. Früher oder später muß sich die Welt diesem Licht zuwenden, denn es ist nicht Gottes Wille, daß der Mensch durch seine eigene Unwissenheit zugrunde gehe. Eine bessere Zukunft liegt vor uns, die der Menschheit die Augen öffnen wird, so daß sie das Morgenrot einer neuen Zeit erlebt. Paramahansa Yogananda und andere, die das Göttliche Licht widerspiegeln, sind die Fackelträger dieser neuen Zeit.

Nur die Liebe wird die Welt retten

Zusammengestellt aus in Indien und Amerika gehaltenen Ansprachen

Wie Paramahansa Yogananda vorhergesagt hat, verbreitet sich seine Botschaft mit großer Geschwindigkeit über die ganze Welt. Tausende folgen dem von ihm gelehrten Weg des Raja-Yoga und üben Kriya. Heute kommt es noch mehr als in früheren Jahrhunderten darauf an, daß wir das Gesetz der Liebe nicht nur predigen, sondern auch danach leben. Die Welt steht bedrohlich nahe am Abgrund der Zerstörung. Das ist keine leere Behauptung. Ein einziges Wort aus dem Munde des Staatsoberhauptes einer mächtigen Nation genügt, um eine Katastrophe auszulösen. Ist diese Erkenntnis nicht erschreckend? Ein einzelner Mensch braucht nur einen Befehl zu geben, und sein Wort richtet Zerstörung an. So machtvoll ist Haß. Diese Welt braucht Menschen, die gegen die gottlose Feindschaft protestieren; und die einzig wirksame Möglichkeit besteht darin, wahre Liebe zu schenken. Eben das soll die Botschaft der *Self-Realization Fellowship/Yogoda Satsanga Society* bewirken.

Alle Dinge sind miteinander verknüpft; nichts existiert für sich allein. Sogar das Gleichgewicht des Universums wird von den Gedanken der Menschen beeinflußt. Solange die Menschen aller Nationen nicht damit beginnen, in Begriffen der Liebe und

Nur die Liebe wird die Welt retten

Einheit zu denken, besteht wenig Hoffnung auf Frieden in der Welt. Zahllose Katastrophen aller Art werden durch das Böse verursacht, das die Menschen im Herzen tragen und in ihren Handlungen zum Ausdruck bringen. Die ausgleichende Kraft des Guten auf das Böse ist gestört worden. Um das Gute wieder zu stärken, müssen wir uns ändern. Und dazu ist Liebe nötig.

Vergebung ist notwendig

Viele Menschen lassen sich von ihren Gefühlsreaktionen beherrschen und sind ihren Mitmenschen gegenüber verbittert, weil diese irgend etwas Verletzendes gesagt oder getan haben. Das ist nicht richtig. Wir sollten stets bereit sein zu vergeben.

Einmal betete Guruji während seiner Meditation: »Göttliche Mutter, Jesus sagte, man solle einem Menschen siebzigmal siebenmal vergeben[1]. Aber ist das nicht ein wenig zuviel? Wenn nun ein Übeltäter dieselbe Tat immer wieder begeht, sollen wir ihm dann immer wieder vergeben?«

Die Göttliche Mutter antwortete: »Mein Kind, seit Anbeginn der Zeit habe ich Meinen Kindern jeden Tag vergeben. Kannst du da nicht siebzigmal siebenmal vergeben?«

Gott wird uns immer wieder vergeben. Er hat großes Verständnis für unsere menschlichen Schwächen. Schwachheit des Fleisches ist das Ergebnis der zwanghaften Triebe, die uns von der Natur

---

[1] »Da trat Petrus zu ihm und sprach: Herr, wie oft muß ich denn meinem Bruder, der an mir sündigt, vergeben? Ist's genug siebenmal? Jesus sprach zu ihm: Ich sage dir: nicht siebenmal, sondern siebzigmal siebenmal.« (*Matthäus* 18, 21 – 22)

Alles Glück liegt in dir

eingegeben worden sind. Genau genommen haben wir diese also gar nicht selbst erschaffen. Gott erschuf diese sterblichen Körper und verlieh ihnen die Fähigkeit, auf ihre materielle Umgebung zu reagieren; daraus entstand die Neigung, alle körperlichen Bedürfnisse und Begierden zu befriedigen. Wenn wir dabei Gottes Gesetze übertreten, beschwören wir Leid für uns herauf; und dann hat Gott Mitleid mit uns.

Aber ganz gleich, wie verwerflich die Taten eines Menschen und wie schmerzhaft die vorübergehenden Folgen auch sind, es gibt keine ewig währende Bestrafung. Wie sollte es auch, da wir doch alle Gott zum Bilde geschaffen sind? Wie kann sich jemand erdreisten, Gott die Grausamkeit zuzuschreiben, Seine Kinder zu ewiger Verdammnis zu verurteilen? Das Dogma »Du bist ein Sünder, und wenn du dich nicht besserst, wird Gott dich verdammen und ins Höllenfeuer werfen« entspricht nicht der Lehre Christi – auch wenn einige Menschen seine Worte auf diese Weise mißdeuten. Schon die bloße Vorstellung stürzt den Missetäter in tiefe Niedergeschlagenheit und ein solches Gefühl der Sinnlosigkeit, daß er keine Hoffnung mehr sieht. Als Christus am Kreuz hing, brachte er so viel Mut und Liebe zum Ausdruck, daß er um Vergebung für seine Feinde betete: »Vater, vergib ihnen; denn sie wissen nicht, was sie tun!«[2]

Sünde ist ein unzutreffender Begriff; wie Jesus bestätigte, begehen die Menschen ihre Fehler nur aus Unwissenheit. Als achtjähriges Kind lehnte ich mich gegen die Vorstellung auf, daß Sünder im Höllenfeuer und in der Verdammnis enden würden.

---

[2] *Lukas* 23, 34.

Nur die Liebe wird die Welt retten

Das war nicht der Gott, nach dem ich suchte. Ich stellte mir Gott voller Mitgefühl vor; Er würde jedes Seiner Kinder, auch wenn es viele Fehler begangen hätte, liebevoll anschauen und sagen: »Komm, Mein Kind, ich will dich auf Meinen Schoß heben. Ich will deine Tränen trocknen[3]; Ich will dein Gewissen beschwichtigen und dir Frieden schenken.« Einem solchen Gott konnte ich mich anvertrauen. Ist Er nicht wie eine Mutter? Könnte eine Mutter oder ein Vater liebevoller sein als Gott?

Ich will euch eine Geschichte erzählen, die dieses Thema betrifft. Einmal unterhielt sich der Meister mit einem Mann, der eine sehr dogmatische Vorstellung von der Wahrheit hatte. Er fragte den Meister: »Glauben Sie etwa nicht an das Höllenfeuer und die Verdammnis?«

Guruji antwortete: »Nein, außer der Tatsache, daß der Mensch sich hier und jetzt eine Hölle schaffen kann. Je nach seinem Verhalten verwandelt er diese Welt und sein ganzes Leben in einen Himmel oder in eine Hölle; hier ist es, wo wir leiden.«

Der Mann beharrte aber weiterhin auf seinen dogmatischen Anschauungen. Guruji war sehr intuitiv; er wechselte das Thema, und nach einer Weile fragte er: »Sie haben doch einen Sohn, der Ihnen viel Kummer bereitet, nicht wahr? Er trinkt und führt ein sehr liederliches Leben.«

Dem Mann blieb vor Staunen der Mund offen stehen. »Woher wissen Sie das? Ja, es stimmt, er ist von jeher die größte Sorge meines Lebens gewesen.«

»Soll ich Ihnen einen Vorschlag machen?«

---

[3] »Und Gott wird abwischen alle Tränen von ihren Augen.« (*Offenbarung* 21, 4)

Alles Glück liegt in dir

»Ja.« Der Mann war sehr begierig, eine Lösung zu finden.

»Also gut, nehmen Sie Ihren Sohn einmal zum Wandern in die Berge mit, und sorgen Sie dafür, daß an einer bestimmten Stelle zwei verläßliche Freunde auf Sie warten. Wenn Sie dann an den Freunden vorbeikommen, sollen diese sich auf Ihren Sohn stürzen und ihn fesseln. Dann sollen sie ein großes Feuer anzünden; und wenn es richtig heiß brennt, werfen Sie Ihren Sohn in die Flammen!«

Entsetzt blickte der Mann den Meister an. »Sind Sie wahnsinnig, mir einen solchen Vorschlag zu machen? Das ist ja unvorstellbar grausam!« Guruji hatte erreicht, was er wollte.

»Richtig! Und dennoch trauen Sie Gott ein solches Verhalten zu – Ihm, der Sie erschaffen und Ihnen die Liebe für Ihr Kind eingegeben hat. Wie können Sie es wagen, Ihn für so grausam und rachsüchtig zu halten, daß Er all Seine Kinder, die ein Unrecht begangen haben, ins ewige Feuer wirft?«

Auf diese Weise rüttelte der Meister am Dogma, denn seine Worte enthielten die Wahrheit. Wie könnten wir uns in der Tat anmaßen, Gott ein solch brutales Verhalten zuzuschreiben, zu dem selbst wir niemals fähig wären? Er ist ein Gott des Mitgefühls, ein Gott grenzenloser Liebe.

Die Liebe kann andere Menschen verwandeln

Können wir angesichts der grenzenlosen Geduld, die uns der mitfühlende Gott entgegenbringt, einander nicht lieben und uns gegenseitig unsere Fehler vergeben? Sobald wir das tun, werden wir innerlich frei. Verhärtet euer Herz nie gegen jemanden, ganz gleich, wer es ist oder was er getan hat. Wir sollten uns immer fragen: »Mit wem habe ich es zu tun? Nur mit Gott, dem ich Freude bereiten will. Kann ich denn jenen Seelen, die Er mir zuführt und die Seine Kinder sind, keine bedingungslose Liebe schenken? Kann ich mich nicht bemühen, ihnen durch mein Beispiel, durch meine Liebe zu helfen?« Ich weiß, daß dies möglich ist. Ich habe es selbst erfahren.

Vor mehreren Jahren, kurz nachdem ich zur Präsidentin der *Self-Realization Fellowship* gewählt worden war, hielt ich während einer Veranstaltung in einem unserer Tempel eine Ansprache. Während des Banketts, das meiner Rede vorausging, saß eine Frau in meiner Nähe, die ich nie zuvor gesehen hatte. Sie war kein Mitglied der *Self-Realization Fellowship*, aber sie war der Meinung, daß es ihre Pflicht sei, unsere Gemeinschaft und deren Verwaltung zu kritisieren.

Den ganzen Abend lang war mein Geist in die Liebe und Freude der Göttlichen Mutter versunken. Doch plötzlich fing ich den Blick jener Person auf, und ihr Augenausdruck schockierte mich. Ich spürte: »Diese Person haßt mich!« Einen Augenblick lang erschütterte mich dies. Doch dann ging ich nach innen und fragte mich: »Was für einen Wert hat meine Liebe zu Gott, wenn sie noch so schwach ist, daß ich mich von der Unfreundlichkeit anderer Menschen herunterziehen lasse? Kann ich das, was ich gepredigt habe, nicht selbst anwenden? Natürlich kann ich es!« Im selben Augenblick fühlte ich wieder das glückselige Bewußtsein der Gegenwart Gottes.

Während der Mahlzeit machte diese Frau ihren Tischnachbarn gegenüber ständig abfällige Bemerkungen über mich – und zwar absichtlich laut genug, daß auch ich sie hören mußte. Wie Gurudeva uns gelehrt hatte, begann ich, ihr von ganzem Herzen Schwingungen der Liebe zu senden.

Ich hatte meinen Geist nicht negativ beeinflussen lassen. Und als ich dann mit meiner Ansprache an der Reihe war, sprach ich aus der Quelle seelischer Inspiration. Anschließend umringten mich die Zuhörer, um mich einzeln zu begrüßen. Plötzlich stürzte jene Frau mit Tränen in den Augen auf mich zu und sagte: »Bitte, ich muß mit Ihnen sprechen.« Ich willigte ein, sie nach der Veranstaltung zu treffen, und dann sagte sie mir dies: »Bitte verzeihen Sie mir, was ich Ihnen heute abend angetan habe. Ich weiß jetzt, daß Paramahansaji die richtige Wahl getroffen hat, als er Sie zur Leiterin seiner Organisation bestimmte.« Da umarmte ich sie voller Liebe.

Eine geistige Lehre bleibt durch die Liebe zu Gott lebendig

Ich habe nie nach einer hohen Stellung getrachtet. Als ich erfuhr, daß der Vorstand mich zur Leiterin von Gurujis weltweitem Werk machen wollte, sagte ich: »Das kann ich nicht annehmen; befreit mich bitte von dieser Verpflichtung.«

Sie aber sagten: »Nein, das ist der Wunsch des Meisters; er hat es uns selbst gesagt.«

Ich ging in mein Zimmer und meditierte; ich weinte und betete eine ganze Woche lang zur Göttlichen Mutter, daß sie mir diese Verantwortung nicht auferlegen möge. Mein Ideal war es, Gott als bescheidene Jüngerin unseres Gurudevas zu lieben und Seinem Werk zu dienen, wobei ich selbst im Hintergrund der Organisation bleiben wollte; und

Nur die Liebe wird die Welt retten

das war ich nicht gewillt aufzugeben. Ich wollte ja nichts anderes als Gott.

Während ich zur Göttlichen Mutter betete, erklärte ich ihr: »Ich kenne mich in Verwaltungsangelegenheiten nicht aus. Ich habe keine entsprechende Ausbildung. Ich weiß nur das, was ich hier im Ashram gelernt habe. Ich bin nicht die Richtige, diese große, weltweite Organisation zu leiten.«

Plötzlich sagte mir meine geliebte Göttliche Mutter: »Ich will dir nur eine einzige Frage stellen: Liebst du Mich? Liebst du Mich?« Dieser Gedanke erfüllte mein ganzes Bewußtsein und schwemmte alle anderen Bedenken fort.

Unter Tränen sagte ich ihr: »Göttliche Mutter, meine Liebe ist alles, was ich Dir schenken kann. Ich selbst bin nichts und kann Dir gar nichts – keine besonderen Fähigkeiten – bieten. Aber eines weiß ich, ich liebe Dich. Ziel meines Lebens ist es, immer größere Liebe zu Dir zu entwickeln.« Darauf antwortete die Göttliche Mutter: »Das genügt Mir. Das ist alles, was Ich verlange.«

»Nun gut«, sagte ich ihr, »dann will ich es annehmen.«

Es war ein so wunderbares, göttliches Erlebnis, daß ich es mit Worten kaum beschreiben kann. Von jenem Tag an bis heute habe ich auf diese Weise weitergearbeitet. Es ist die Liebe zu Gott, die eine geistige Lehre lebendig erhält. Ein heiliger Mensch und ein gewöhnlicher Mensch mögen dieselben Worte sprechen, doch der eine wird euch innerlich anrühren und der andere nicht. Warum? Weil sich in einem Menschen, der Gott liebt, der GEIST Ausdruck verschafft.

Nachdem ich Präsidentin geworden war, ließen

Alles Glück liegt in dir

sich kleine Mißverständnisse nicht vermeiden. Innerlich litt ich sehr unter dieser Disharmonie und betete: »Göttliche Mutter, warum muß das so sein? Ich versuche doch nur, Deinen Willen zu tun.«

Während meines Indienbesuchs im Jahre 1964 hatte ich viele wunderbare geistige Erlebnisse. Eines Tages betete ich zu Mahavatar Babaji: »Zeige mir den Weg; ich will tun, was Du mir aufträgst.« Im selben Augenblick erhielt ich die Antwort: Liebe ist der Weg, auf dem man Zugang zu den Herzen der Menschen findet und sie verwandeln kann. Es mag vielleicht lange dauern und viel Geduld erfordern, ehe man allein durch Liebe etwas erreicht, aber dann ist die Wirkung auch dauerhaft. Der andere Mensch versteht allmählich, daß ihr ihm nichts als Liebe und Güte entgegenbringt und daß ihr nichts anderes von ihm erwartet als seine Liebe und seinen guten Willen.

Während meiner ersten Indienreise (1958–59) galt es viele Hindernisse zu überwinden. Da Guruji so viele Jahre nicht in Indien gewesen war, hatten jene, welche die Verantwortung übernommen hatten, inzwischen eigene Wege eingeschlagen. Da ich als Gurujis Sekretärin über alle Angelegenheiten, die Indien betrafen, Bescheid wußte, war ich mit seinen Plänen wohlvertraut. Doch einige dieser Leute betrachteten mich als Eindringling und Bedrohung ihrer Position. Die große Mehrheit der Mitglieder empfing mich sehr herzlich und wartete freudig darauf, etwas über die Lehre des Meisters zu hören; in den Augen jener wenigen Personen jedoch war Daya Ma eine Amerikanerin (und obendrein noch eine Frau!), die kein Recht hatte, die Inder über deren eigene Religion und Tradition zu belehren. Aber ich nahm mir fest vor, nicht verletzt zu reagieren, ganz gleich, was über mich geredet wurde. Das ist nicht meine Art und wird es nie sein.

Eines Tages, nach einer ernsten Auseinandersetzung mit einer dieser Personen, sollte ich eine Ansprache vor einer Versammlung von Mitgliedern halten. Vorher meditierte ich vor einem Bild des Meisters. Während ich immer inniger betete, trat seine lebendige Gestalt aus dem Bild hervor. Guruji segnete mich, und meine Seele erschauerte freudig, als ich seine göttliche Nähe fühlte.

In diesem Bewußtseinszustand sprach ich an jenem Abend zu den Zuhörern. Der Wortführer jener Gruppe, die mir Widerstand entgegensetzte, stand plötzlich auf und verließ die Versammlung. Wahrscheinlich hoffte er, daß die anderen ihm folgen würden. Aber dann geschah etwas Wunderbares. Als ich ihm nachschaute, konnte ich ihn überhaupt nicht mehr wahrnehmen; ich sah nur das Göttliche, das sich in seiner Gestalt manifestiert hatte. Da verstand ich, was Gott mich lehren wollte: »Erkenne Mich in *allen* – nicht nur in jenen, die dich lieben.« Und in diesem Bewußtsein habe ich seither immer gelebt.

Von jenem Augenblick an änderte sich die Haltung der anderen »Widersacher« vollkommen. Einer von ihnen kam am Ende des *Satsangas* auf mich zu, bot mir sein *Pranam* und sagte: »Verzeihen Sie mir.« Ich war in aller Demut dankbar dafür, denn die Einigkeit unter Gurujis Anhängern in Indien liegt mir sehr am Herzen. Seitdem ist das Werk der *Yogoda Satsanga Society* erstaunlich angewachsen.

Die Lehre, die wir hieraus ziehen sollen, ist einfach diese: Befreit euer Herz von allen negativen Ge-

Alles Glück liegt in dir

fühlen und erfüllt es mit Liebe und Vergebung. Sagt nicht: »Dieser Mensch hat mir aber Unrecht getan.« Jeder wird irgendwann einmal von jemandem angegriffen; damit müssen wir uns abfinden. Laßt euch aber niemals durch die gehässigen Gefühle oder Handlungen anderer Menschen verbittern. Wenn ihr das tut, geht es abwärts mit euch. Durch Bitterkeit könnt ihr weder euch noch ihnen helfen. Haltet euer Herz frei von aller Böswilligkeit, ganz gleich, wie andere euch behandeln oder wie sie sich verhalten. Wenn ihr immer nur Liebe schenkt, wird eure Seele Frieden finden.

Zwar hören wir diese Grundsätze immer wieder und lesen darüber in den heiligen Schriften, doch nur wenige Menschen wenden sie an. Wie viele Kriege sind im Namen der Religion geführt worden! Wir meinen, daß wir kämpfen müßten; aber auf diese Weise wird nichts Dauerhaftes gewonnen. Jesus sprach: »Wer das Schwert nimmt, der soll durchs Schwert umkommen.«[4] Die wahren Eroberer der Menschheit waren nicht jene, die sich ein kleines Stück Land erkämpft hatten – wie z.B. Napoleon. Die wahrhaft großen Führer aller Zeitalter waren Menschen, die Herzen erobern konnten; sie gewannen die Menschen für sich und lenkten die Welt in neue Bahnen.

STEHT FÜR EURE GRUNDSÄTZE EIN – ABER OHNE FEINDSCHAFT

Natürlich gibt es Zeiten, wo wir unserer Überzeugung Ausdruck verleihen sollten, wo es falsch wä-

---

[4] *Matthäus* 26, 52.

Paramahansa Yogananda

»Welche Liebe und welches Mitgefühl strahlten da aus seinen Augen, die mir wie ein stiller See göttlicher Seligkeit erschienen, als er sagte: ›Wenn ich nicht mehr hier bin, kann nur die Liebe mich ersetzen. Sei so trunken von göttlicher Liebe, daß du überall nur noch Gott wahrnimmst; und schenke diese Liebe allen Menschen.‹«

Zu Füßen ihres Gurus Paramahansa Yogananda. Internationales Mutterzentrum der SRF, am Neujahrstag 1937. Daya Mataji sitzt in der Mitte und trägt einen hellen Sari. Die große Gruppe von Jüngern und Mitgliedern hatte sich versammelt, um Paramahansaji nach einer siebzehn Monate langen Reise, die ihn durch Europa und Indien führte, willkommen zu heißen.

Nur die Liebe wird die Welt retten

re, sich einfach herauszuhalten. Das sollte jedoch immer ohne Feindseligkeit geschehen. Um dies zu verdeutlichen, erzählte Guruji oft folgende Geschichte:

In einem Dorf lebte einmal eine Kobra, die viele Menschen durch ihren Biß getötet hatte. Da begab sich der Dorfälteste zu einem weisen Mann und sagte: »So kann es nicht weitergehen. Die Schlange tötet allmählich alle Dorfbewohner. Könnt Ihr nicht etwas dagegen tun?«

Der Weise sagte seine Hilfe zu. Er suchte die Kobra auf und sprach zu ihr: »Nun hör mal gut zu: Du darfst diese Leute nicht weiter töten. Das ist nicht nötig und nicht richtig. Laß sie in Ruhe.«

Die Kobra erwiderte: »Nun gut, ich werde deinen Rat befolgen und mich in Gewaltlosigkeit üben.«

Ein Jahr war vergangen. Da kam der weise Mann wieder einmal durch das Dorf und fragte sich, wie es der Kobra wohl ergangen sei. Er machte sich auf die Suche nach der Schlange, fand sie aber nicht in ihrem gewohnten Versteck. Schließlich erblickte er das unglückselige Tier. Sein zerschundener Körper lag ausgestreckt in der Sonne, und es war im Begriff, sein Leben auszuhauchen.

»Was in aller Welt ist dir zugestoßen?« fragte der Weise.

Die Kobra antwortete: »Das ist das Ergebnis deiner Lehre der Gewaltlosigkeit, du weiser Mann. Sieh nur, was mir die Dorfbewohner angetan haben. Ich liege friedlich da; und weil sie mich nicht länger zu fürchten brauchen, kommen sie und bewerfen mich mit Steinen!«

Da sagte der Weise: »Du hast mich nicht richtig

Alles Glück liegt in dir

verstanden. Ich habe dir gesagt, nicht zu beißen, aber ich habe dir nicht verboten zu zischen!«

Wenn es um Grundsätze geht, sollten wir notfalls nicht zögern zu »zischen«. Wir sollten uns nicht zu einem Fußabtreter machen lassen. Steht für die Wahrheit ein, aber seid nie »bissig«. So lautet das göttliche Gesetz.

Es ist nicht schwer, Liebe zu schenken, denn unsere Seele ist ihrem Wesen nach ja Liebe. Wenn es uns manchmal nicht gelingt, andere Menschen zu lieben, so liegt es daran, daß wir in uns selbst keine Liebe finden, daß unser Bewußtsein nach außen gerichtet ist und sich auf die Sinne und Gefühlsregungen konzentriert. Wenn wir aber unser Bewußtsein in tiefer Meditation nach innen lenken und unmittelbar mit Gott in Verbindung treten – auch wenn es jeden Tag nur für kurze Zeit sein kann –, erleben wir allmählich jene Liebe, die unserer wahren Natur eigen ist. Und wenn wir diese Liebe einmal in uns selbst fühlen können, wird es uns auch leichtfallen, sie anderen zu schenken.

MACHT GOTT ZUM MITTELPUNKT EURES LEBENS

Aus einer Ansprache Sri Daya Matas im SRF-Mutterzentrum, kurz bevor sie zu einer längeren Reise zu den Ashrams, Zentren und Meditationsgruppen der von Paramahansa Yogananda gegründeten Yogoda Satsanga Society in Indien aufbrach.

Während ich in Indien bin, soll hier alles, was das Werk der *Self-Realization Fellowship* betrifft, wie gewohnt weitergehen. Wen ihr in geistigen Dingen um Rat fragen könnt? Die Göttliche Mutter, wie immer. Sie verreist nirgendwohin. Glaubt nicht, daß alles zusammenbrechen wird, nur weil Daya Mata nicht hier ist. Kein Mensch auf dieser Erde ist unentbehrlich. Wir haben bereits den größten Verlust erlitten, der uns jemals treffen konnte, als unser Guru seinen Körper aufgab. Im Vergleich dazu ist kein anderer Verlust von großer Tragweite.

Ich weiß noch genau, was der Meister uns versichert hat: »Wenn ich diese Welt verlassen habe, kann mich nur die Liebe ersetzen. Diese Organisation wird immer von jemandem geleitet werden, der diese göttliche Liebe – die Liebe Gottes und der Gurus – wahrhaft widerspiegelt. Babaji hat bereits vor langer Zeit diejenigen auserwählt, die dazu bestimmt sind, dieses Werk weiterzuführen.« So hat es der Meister vorausgesagt. Um diese Frage brauchen wir uns also keine Sorgen zu machen.

Der Präsident der von Guruji gegründeten Or-

Alles Glück liegt in dir

ganisation hat nur eine Aufgabe in seinem Leben zu erfüllen: Er soll Seelen zu Gott führen; das heißt, er soll sie nicht zu seiner eigenen Persönlichkeit hinziehen, sondern zum Göttlichen Geliebten. Das wertvollste Geschenk, das ihr mir geben könnt, besteht darin, daß ihr euer Herz der Göttlichen Mutter schenkt. Das macht mich glücklich. Denn wenn euer Herz ihr gehört, weiß ich euch in Sicherheit – ganz gleich, wie euer Leben verlaufen mag. Das ist das einzige, was ich mir für euch wünsche; und das ist es auch, was Gurudeva für euch wünscht.

»Göttliche Mutter, lass mich Herzen für Dich erobern«

Als ich letzte Nacht meditierte, hatte ich ein wundersames Erlebnis. (Man spricht nicht gern über solche Dinge, es sei denn, daß man andere durch eine Botschaft Gottes inspirieren will.) Ich war tief im Gebet versunken und unterhielt mich mit der Göttlichen Mutter, als ich mit einem Mal von einer überwältigenden, zärtlichen Liebe überflutet wurde. Sie vermittelte meinem Herzen diese Botschaft: Der einzige Sinn des Lebens besteht darin, Gott zu lieben; nur zu diesem Zweck wurde der Mensch erschaffen. Ich sagte ihr: »O Göttliche Mutter, laß mich Herzen für Dich erobern. Das ist der einzige Wunsch, den ich auf dieser Welt habe. Laß mich Herzen für Dich erobern.«

Wenn wir uns einmal für einen Weg entschlossen haben, der es uns ermöglicht, Gott zu suchen und zu lieben, beginnen wir, den eigentlichen Zweck unseres Lebens zu erfüllen; dann erst fangen wir an, wirklich zu leben. Ich kann wirklich sagen,

Macht Gott zum Mittelpunkt eures Lebens

daß ich mich nur dann wahrhaft lebendig fühle, wenn ich unmittelbar mit Gott in Verbindung bin. Alle anderen Erfahrungen sind nur Szenen in Gottes kosmischem Drama. Heute sind wir hier, um eine bestimmte Rolle zu spielen. Aber wie viele Jahre und wie viele Inkarnationen hat sich dieses Drama von Leben und Tod schon wiederholt? Wie viele Male sind wir einander bereits in früheren Leben begegnet? Und wie oft werden wir uns in zukünftigen Inkarnationen wieder treffen? Was ist der Zweck dieses ständigen Kommens und Gehens, bei dem wir den »Raum« dieser begrenzten Welt und der Astralwelt betreten und wieder verlassen?[1] Wir sollen aus all unseren Erfahrungen bestimmte Lehren ziehen und dadurch Selbst-Verwirklichung erlangen – die vollständige Erkenntnis, daß jeder von uns ein Teil des Einen, ein Teil Gottes ist.

Jedesmal, wenn wir uns von diesem täuschenden Schauspiel faszinieren lassen, müssen wir uns wieder wachrütteln. Trauert den Dingen dieser Welt nicht nach. Die meisten von uns können sich nicht einmal daran erinnern, warum sie vor fünf Jahren – ja, selbst vor einem Jahr – geweint haben. Eure Tränen sollten nur Einem gelten: Gott. Solange wir uns von den veränderlichen Wellen umherwerfen lassen, sind wir den irritierenden Gegensätzen flüchtiger

---

[1] »In meines Vaters Hause sind viele Wohnungen.« (*Johannes* 14, 2) Die hohen und niedrigen Astralsphären, welche aus feinstofflichem Licht und biotronischen Energien bestehen, sind der Himmel (oder die Hölle), in den die Seelen nach dem Tod des physischen Körpers eingehen. Die Dauer ihres dortigen Aufenthalts ist karmisch vorbestimmt. Solange sie noch unerfüllte materielle Wünsche hegen oder irdisches Karma (Auswirkungen vergangener Handlungen) zu sühnen haben, müssen sie sich auf der Erde reinkarnieren, um ihren Aufstieg zu Gott fortzusetzen.

Alles Glück liegt in dir

Vergnügen und schmerzvoller Leiden ausgesetzt. Wenn wir aber die oberflächlichen Wellen des Wandels hinter uns lassen und mit unserem Bewußtsein tief in das Meer des Gottesbewußtseins eintauchen, können uns die äußeren Veränderungen nichts mehr anhaben. Deshalb sagte Krishna: »O Arjuna, bleibe in Ihm verankert, der wandellos ist.«[2] Wenn wir uns ständig um diesen Zustand bemühen, erlangen wir allmählich wahre Erkenntnis.

Immer, wenn euch etwas Sorgen bereitet, denkt an folgende Worte: »Warum sind die Heiligen heilig? Weil sie fröhlich waren, als es ihnen schwerfiel, fröhlich zu sein; weil sie geduldig waren, als es schwer war, geduldig zu sein; weil sie tapfer weiterkämpften, als sie lieber aufgegeben hätten; weil sie Schweigen bewahrten, als sie sprechen wollten; weil sie einlenkten, als sie sich widersetzen wollten. Das ist alles.«

Guruji drückte es auch in folgenden Worten aus: »Lernt, das zu tun, was ihr tun sollt, und zwar dann, wann ihr es tun sollt.« In solchem Verhalten liegt Heiligkeit und wahre Freiheit.

Dem Guru dienen

Einer von euch hat mich gebeten, darüber zu sprechen, wie man dem Guru am besten dienen könne. Ich gehe sehr gern auf dieses Thema ein, aber wahrscheinlich nicht so, wie ihr es erwartet. Wie man dem Guru am besten dient, läßt sich in wenigen Wor-

---

[2] »O Arjuna, mache dich frei von den dreifachen Eigenschaften und von den Gegensatzpaaren! Verankere dich im SELBST, indem du ständig Ruhe bewahrst und nie den Gedanken hegst, etwas empfangen und behalten zu wollen.« (*Bhagavad-Gita* II, 45)

Macht Gott zum Mittelpunkt eures Lebens

ten zusammenfassen: Haltet eure Gedanken immer auf Gott gerichtet. Das war die erste Voraussetzung, die wir erfüllen mußten, wenn wir dem Meister dienen wollten. Zu seinen Lebzeiten gab es immer viel Arbeit, und der Meister war für jede Hilfe dankbar. Wenn irgendein Jünger seine Gedanken jedoch nicht auf Gott gerichtet hielt, durfte er dem Meister nicht dienen. Guruji hatte eine besondere Art, uns zu schulen, denn er reagierte unmittelbar auf unsere Gedanken, nicht auf das, was wir sagten; die Gedanken eines Menschen geben zuverlässige Auskunft über seinen Bewußtseinszustand. Wenn ein Jünger sich nicht bemühte, innerlich bei Gott zu sein, fiel es ihm schwer, in der Gegenwart des Meisters sein emotionelles Gleichgewicht zu bewahren; denn der Guru wies uns oft streng zurecht. Wir mußten ständig auf der Hut vor negativen Gedanken sein.

Schon das geringste Zeichen von Eifersucht bei einem Jünger genügte, ihn sofort aus der Nähe des Meisters zu verbannen, der keine derart weltlichen und egoistischen Gefühle duldete. Der Guru war überzeugt, daß menschliche Regungen wie Eifersucht, Zorn und Haß überwunden werden können, ja, daß sie überwunden werden müssen. Und er wandte verschiedene Methoden an, um diese Charakterschwächen bei uns auszumerzen.

WIE MAN SCHLECHTE LAUNEN ÜBERWINDET

Während meiner ersten Zeit im Ashram hatte ich öfter unter schlechter Laune zu leiden; es war ein Problem, mit dem ich schon seit meiner Kindheit zu tun hatte. Dabei handelte es sich um keine depressiven Zustände, sondern um eine innere Un-

Alles Glück liegt in dir

ausgeglichenheit – eben noch war ich glücklich, und schon im nächsten Augenblick fragte ich mich: »Warum bin ich so unglücklich?« Vielleicht lag es daran, daß ich immer den Sonnenschein und glückliche, lächelnde Gesichter liebte, und daß ich jedesmal litt, wenn ich mich in einer bedrückenden, disharmonischen oder traurigen Umgebung befand. Launen haben karmische Ursachen; sie werden durch Gewohnheiten aus früheren Leben hervorgerufen, die uns noch in diesem Leben anhängen. Diese karmische Last ist eines der ersten Dinge, von denen wir uns auf dem geistigen Weg befreien müssen. Ich stimme vollauf mit denjenigen überein, die behaupten: »Ein trauriger Heiliger ist ein schlechter Heiliger.« Warum sollten wir in dieser Welt Trübsinn verbreiten? Ich empfand meine trüben Stimmungen als sehr lästig, denn ich hatte mir zum Ziel gesetzt, ständig an die Göttliche Mutter zu denken. Deshalb nahm ich mir vor, dem Meister nie schlecht gelaunt unter die Augen zu treten.

Als ich eines Morgens aufwachte, war der Himmel bewölkt; alles schien mir düster und sinnlos. Da ließ mich der Meister rufen, und ich dachte: »Du lieber Himmel, heute fühle ich mich aber gar nicht gut. Ich muß um jeden Preis verhindern, daß er mir meine gedrückte Stimmung ansieht.« Und so setzte ich ein strahlendes Lächeln auf und war recht zufrieden mit mir, weil ich meine trübe Stimmung verborgen halten konnte, denn der Meister würde keine einzige Furche auf meiner Stirn entdecken. Kaum hatte ich jedoch sein Zimmer betreten, als er mit dem Finger auf mich zeigte (wie er es manchmal tat, um etwas besonders zu betonen) und energisch sagte: »Komm

Macht Gott zum Mittelpunkt eures Lebens

mir nie wieder unter die Augen, wenn du schlechter Laune bist!« Das traf mich genau an meiner wunden Stelle – dort, wo es am meisten schmerzte: Der Guru war unzufrieden mit mir.

Drei Tage lang versuchte ich, gegen diese Laune anzukämpfen. Und wißt ihr, was geschieht, wenn wir schlechte Laune haben? Zuerst haben wir Mitleid mit uns, weil wir uns verletzt fühlen, und dann werden wir ärgerlich. Wir nehmen uns vor, unsere Lieben, die uns mißverstehen, durch unser Verhalten zu bestrafen. Ich wurde also sehr eigensinnig und sagte mir: »Na gut, wenn mich der Meister nicht um sich haben will, dann werde ich ihm aus dem Wege gehen.« Je länger ich darin ausharrte, um so mehr wurde mir bewußt, daß *ich* es war, die litt; die Einstellung des Meisters mir gegenüber änderte sich durch mein Verhalten in keiner Weise. Und schließlich dachte ich: »Wer hat diese Laune eigentlich verschuldet? *Du selbst!* Wer muß sich also von ihr befreien? *Du selbst* mußt dich davon befreien.« Als ich mit meiner Schlußfolgerung soweit gekommen war, erkannte ich auch, daß ich es war, die sich ändern mußte – nicht der Meister, auch nicht die anderen Menschen um mich herum. *Ich selbst* mußte mich ändern.

Das war eine sehr wichtige Lektion, die ich damals zu lernen hatte; und seit jenem Tag im Jahre 1932 habe ich mich nie wieder von einer schlechten Laune niederdrücken lassen. Ich hatte gelernt, daß es *möglich ist*, Herr seiner Launen zu werden und sie zu überwinden. Oft sagte uns der Meister: »Vergeßt nie, daß niemand euch glücklich machen kann, wenn ihr euch entschlossen habt, unglücklich zu

Alles Glück liegt in dir

sein – und daß niemand euch unglücklich machen kann, wenn ihr euch vornehmt, glücklich zu sein.« Denkt immer an diese Worte, denn sie enthalten die Wahrheit.

Ich habe immer an die in den heiligen Schriften verkündete Wahrheit geglaubt, daß wir Gott zum Bilde geschaffen sind; und wenn Gott Glückseligkeit und Liebe ist, dann ist auch mein Wesen Glückseligkeit und Liebe. Ich habe also die Pflicht, mich von all den negativen menschlichen Eigenschaften, die nicht zum wahren Wesen meiner Seele gehören, zu befreien. Wenn sich Launen, negatives Denken, Haß oder Depressionen in unser Bewußtsein einschleichen, müssen wir uns folgendes in Erinnerung rufen und es auch zum Ausdruck bringen: »Das bin ich nicht! Ich bin Glückseligkeit; ich bin Freude; ich bin Weisheit; ich bin Frieden.«

»Ihr werdet die Wahrheit erkennen, und die Wahrheit wird euch frei machen«

Freiheit erlangen wir, wenn wir an der Wahrheit festhalten[3] – an dem, was wirklich ist – und indem wir das, was falsch ist, abweisen. Haß, Unaufrichtigkeit, Finsternis, das Böse – sie sind alle falsch. Sie entspringen der Täuschung und gehören zur Welt der Relativität. Sie gehören zum Schleier der *Maya*, der das wunderbare Antlitz der Göttlichen Mutter verhüllt. Zieht diesen Schleier beiseite, damit ihr immer nur den geliebten Gott erblickt.

Wir leben nur dann richtig, wenn wir uns von

---

[3] »Ihr werdet die Wahrheit erkennen, und die Wahrheit wird euch frei machen.« (*Johannes* 8, 32)

Macht Gott zum Mittelpunkt eures Lebens

der Täuschung und ihren dunklen Eigenschaften befreien. Die menschliche Natur verfällt allzu leicht der Streitsucht, dem Haß und dem negativen Denken, weil sie sich seit zahllosen Inkarnationen daran gewöhnt hat. Wir alle hier haben uns für den geistigen Weg entschieden, weil wir innerlich erwacht sind und uns gefragt haben: »Was ist die Wirklichkeit?« Wir haben es vielleicht nicht in genau diesen Worten gedacht, aber unsere innere Sehnsucht ging dahin. Wenn dieses innere Verlangen nicht tief genug ist oder nicht gefördert wird, kann es sein, daß wir wieder in unsere alten Gewohnheiten und Ansichten zurückfallen; dann sind diese Wahrheiten nur noch inspirierende Worte, die keine Bedeutung für uns haben. Bei einigen Menschen geht die Wahrheit zum einen Ohr hinein und zum anderen wieder heraus, weil – wie Guruji oft sagte – nichts dazwischen liegt, was sie festhalten könnte! Zuerst müssen wir geistig empfänglich werden, damit wir die Wahrheit überhaupt begreifen und in uns aufnehmen können.

Diese Welt ist so problematisch, weil die Menschen oft nicht das Richtige in sich aufnehmen. Statt dessen denken sie dauernd daran, was andere ihnen angetan oder zu ihnen gesagt haben oder wie andere Leute sie behandeln – an all die Dinge, die zum weltlichen Leben gehören. Wer aber versucht das in sich aufzunehmen, was Gott uns ständig mitzuteilen versucht? Wer lauscht auf Seine liebende, einfache Stimme der Wahrheit, die unsere Herzen unmittelbar anspricht? Er ist es, mit dem ich mich am liebsten unterhalte. Er ist es, der dem Gottsucher jederzeit antwortet.

Alles Glück liegt in dir

Macht euch nicht so viele Sorgen darüber, was andere Leute tun. Achtet mehr auf euer eigenes Verhalten – wie ihr mit anderen Menschen umgeht – und nicht so sehr darauf, wie andere euch behandeln. Das ist die Einstellung eines reifen Menschen – die richtige Einstellung. Wer empfindlich auf die Kränkungen reagiert, die andere ihm antun, ist ständig unglücklich. Anstatt immer zu klagen: »Er hat mich verletzt; sie hat dies oder das zu mir gesagt; man ist darauf aus, mir etwas anzutun«, sollte man sagen: »Herr, es ist nicht so wichtig, was andere mir antun; wichtig ist nur, wie ich mich anderen gegenüber verhalte. Ich will immer gütig sein, auch wenn andere mich mit ihren häßlichen Worten verletzen. Alle Kränkungen, die ich erleide, lege ich Dir zu Füßen. Hilf mir, aus ihnen zu lernen und sie richtig zu verstehen.« Durch vollkommenes Verständnis erlangen wir Selbst-Verwirklichung.

Es gibt keine Zufälle im Leben

Eines ist gewiß: Keine unserer Erfahrungen im Leben ist reiner Zufall – auch wenn es machmal so scheint. Gott organisiert alles auf vollkommene Weise. Für alle Geschehnisse in diesem Universum gibt es den richtigen Zeitpunkt, und ebenso gibt es für alle Ereignisse in unserem Leben die richtige Stunde.[4] Wir sollten niemals andere Menschen oder irgendwelche äußeren Umstände für das verantwortlich machen, was uns widerfährt. Sagt ganz einfach: »Ja nun, Göttliche Mutter, dies ist jetzt passiert. Was

---

[4] »Ein jegliches hat seine Zeit, und alles Vorhaben unter dem Himmel hat seine Stunde.« (*Prediger* 3, 1)

360

soll ich daraus lernen?« Und seid nicht enttäuscht, wenn sie nicht gleich antwortet.

Um Gott wahrhaft lieben zu können, braucht man unendliche Geduld. Vielleicht scheint es widersprüchlich, daß wir großes Verlangen nach Gott haben müssen, gleichzeitig aber auch die Geduld, auf Seine Antwort zu warten. Doch darin liegt durchaus kein Widerspruch. Man kann so intensiv an Ihn denken und für Ihn arbeiten, daß die Zeit keine Rolle mehr spielt; sie hört einfach auf zu existieren. Das ganze Leben des Gottsuchers ist nur noch auf ein einziges Ziel gerichtet: auf die innige Verbindung mit Ihm – sowohl während der Meditation als auch während der Tätigkeit.

Die wirksamste Methode, die zu dieser ständigen Verbindung mit Gott führt, besteht darin, aus tiefstem Herzen zu Ihm zu sprechen. Tut dies mit grenzenloser Geduld und Hingabe, und zwar so lange, bis ihr Seine beseligende Antwort fühlt. Die meisten Leute geben auf, weil sie meinen, Gott antworte ihnen nicht; doch Er läßt uns Seine Nähe auf irgendeine Weise spüren, und zwar, wann Er es für richtig hält. Eines unserer Probleme liegt darin, daß wir vergessen zuzuhören! Zuhören ist ein wesentlicher Bestandteil der Unterhaltung mit Gott. In der Bibel heißt es: »Seid stille und erkennet, daß ich Gott bin!«[5]

Wenn ihr euch von jetzt an vornehmt, stille Zwiesprache mit Gott zu halten, um Verbindung mit Ihm zu erlangen, und auch immer wieder innezuhalten und zu lauschen, werdet ihr feststellen, daß Er den Ruf eures Herzens erwidert. Es kann gar nicht anders sein. Er antwortet euch sogar mitten in

---

[5] *Psalm* 46, 11.

eurer Arbeit. Doch wenn ihr zu äußerlich seid und dauernd schwatzt, umherhetzt, nur für euren Körper sorgt und ruhelosen Gedanken nachhängt, habt ihr keine Zeit mehr zum Zuhören und könnt Sein leises Flüstern nicht vernehmen.

Für mich besteht die einfachste Methode, Antwort von Gott zu erhalten, darin, Ihn innerlich aus tiefstem Herzen anzurufen: »Mein Geliebter, mein Geliebter.« Ihr müßt es immer wieder sagen, auch wenn ihr es anfangs nicht fühlen könnt. Eines Tages werdet ihr es wirklich erleben. »Mein geliebter Gott, mein geliebter Herr. Du bist mein ein und alles, Du allein.« Mehr Worte sind nicht nötig.

Die Vergegenwärtigung Gottes

Jemand hat mich gefragt: »Wie können wir uns während unserer Arbeit am besten in der Vergegenwärtigung Gottes üben?« Darauf gibt es eine ganz einfache Antwort, und zwar den Rat, den Guruji mir einmal erteilt hat: »Wenn du deinen Tag beginnst, bete innerlich zu Gott: ›Herr, hilf mir, während meiner Arbeit immer das Richtige zu tun.‹ Dann haltet den ganzen Tag über an diesem Gedanken fest: ›Herr, ich tue dies für Dich. Ich will mich nach besten Kräften bemühen, denn es macht mir Freude, für Dich zu arbeiten.‹« Wenn ihr euch auf diese Weise in der Vergegenwärtigung Gottes übt, dürft ihr jedoch nicht geistesabwesend sein. Konzentriert euch voll und ganz! Der Gottsucher gleicht einem Verliebten; er führt seine Arbeit nach bestem Vermögen für die Geliebte aus.

Es gibt nichts im Leben, was man nicht mit Gott in Verbindung bringen kann – wenn es einem ernst

Macht Gott zum Mittelpunkt eures Lebens

damit ist. Alles, was euch nicht näher zu Gott führt – fragwürdige Wünsche, Gedanken und Handlungen –, müßt ihr durch Unterscheidungskraft aus eurem Leben verbannen. Mit der Zeit werden dann alle weltlichen Neigungen von euch abfallen – so wie welke Blätter von einem Baum. Ihr braucht sie nicht gewaltsam abzureißen; sie fallen ganz von selbst herab, weil sie keine Bedeutung mehr für euch haben und euch keine Freude mehr bereiten, denn ihr habt die transzendente göttliche Freude gefunden.

Wer regelmäßig meditiert und sich in der Vergegenwärtigung Gottes übt, wird schließlich feststellen, daß seine Gedanken ganz von selbst ständig um Gott kreisen. Um diesen Zustand zu veranschaulichen, führte der Meister oft den Vergleich mit einer Kuh und ihrem Kalb an. Die Kuh läßt ihr Kalb überall auf der Weide umhertollen und kümmert sich scheinbar gar nicht darum, was es macht. Doch beobachtet einmal, wie die Kuh reagiert, wenn sich jemand ihrem Kalb nähert! Sie wußte die ganze Zeit sehr wohl, wo sich das Kalb aufhielt. Guruji sagte oft, daß der Gottsucher in dieser Hinsicht einer Mutterkuh gleichen sollte. Während wir weiterhin unseren Pflichten in dieser Welt nachkommen, sollen wir uns im Innern ständig der Gegenwart Gottes bewußt sein. Wir lassen uns durch nichts von Ihm ablenken.

Wenn ich meine Gedanken fest auf die Göttliche Mutter gerichtet halte, geht mir alles leichter von der Hand. Ich fühle mich innerlich durch nichts belastet; ich habe keine Sorgen, bin voller Frieden und Begeisterung. Ganz gleich, wohin ich gehe oder was ich tue, die Göttliche Mutter begleitet mich.

Alles Glück liegt in dir

Diesen Bewußtseinszustand erlangt man nur durch Übung, und auch ich habe mich viele Jahre lang darin geübt. Jeder von euch kann eine solch innige Beziehung zu Gott herstellen. Denkt an die Göttliche Mutter und macht sie zum Mittelpunkt eures Lebens. Ich weiß, daß sie immer nahe ist.

Wenn ihr meine Ratschläge befolgt, wird euer Bewußtsein eines Tages ständig in einem meditativen Zustand und bei Gott sein. Dann geht es dem Gottsucher schließlich ähnlich wie Bruder Lorenz: Ob er den Boden fegte oder Gott auf seinen Knien vor dem Altar anbetete, sein Bewußtsein war immer in Gott versunken.[6] Das ist der Zustand, den ihr erreichen könnt; aber ihr müßt euch darum bemühen. Ihr erreicht ihn nicht durch Einbildung. Schließlich werdet ihr feststellen, daß auch mitten in der Arbeit ein Quell der Hingabe, Freude und Weisheit in euch aufsprudelt, sobald ihr die Gedanken nach innen richtet. Dann könnt ihr sagen: »Oh, Er ist bei mir!« Dieses Bewußtsein ist ein Ergebnis der Meditation, das ihr jederzeit haben könnt – in stiller Zwiesprache mit Gott oder mitten in eurer Tätigkeit.

WIE MAN DIE NÖTIGE INSPIRATION UND KRAFT ERLANGT

Jemand fragte mich einmal: »Ist es eine Versuchung, wenn man gewohnheitsmäßig dazu neigt,

---

[6] »Ich empfinde keinen Unterschied zwischen der Zeit der Geschäftigkeit und der Zeit des Gebets; inmitten des Lärms und Geklappers meiner Küche, während mehrere Personen mich gleichzeitig um verschiedene Dinge angehen, fühle ich Gott in genauso tiefer innerer Ruhe, als wenn ich betend auf den Knien liege. ...« – Bruder Lorenz: *Allzeit in Gottes Gegenwart*.

die Meditation abzukürzen oder gar auszulassen, um eine bestimmte Arbeit zu erledigen?«

Das ist allerdings eine Art Versuchung. Es ist ja die Meditation, die uns innere Führung gibt und die uns die nötige Kraft verleiht, und diese brauchen wir, um Gott dienen zu können. Warum sollten wir sie also weglassen? Oft liegt unser Problem darin, daß wir zu sehr im Zeitbewußtsein leben – wir fühlen uns innerlich ständig unter Druck und machen uns Sorgen; und das beeinträchtigt unsere Meditation. Wenn ich meditiere, denke ich an nichts anderes mehr. Sobald ein Gedanke in mir aufsteigt, der mit meiner Arbeit zu tun hat, sage ich mir: »Gott ist die einzige Wirklichkeit. Er ist es, den ich suche. Warum sollte ich jetzt über irgend etwas anderes nachdenken? Nach der Meditation werde ich weiter für Ihn arbeiten.«

Wenn wir ein ausgeglichenes geistiges Leben führen wollen, brauchen wir sowohl Meditation als auch Arbeit. Wer nur meditiert, wird geistig und körperlich träge. Wer nur arbeitet, wird so ruhelos, daß er nie stillsitzen und seine Gedanken auf Gott richten kann. Es ist gut möglich, Arbeit und Meditation miteinander zu vereinbaren und einen Ausgleich zwischen beiden zu finden, obgleich dies nicht immer leicht ist. Ihr müßt es euch nur fest vornehmen.

Macht den bestmöglichen Gebrauch von eurer Zeit

Viele Gottsucher meinen, sie müßten sich entweder für Gott oder für ihre Arbeit entscheiden, weil sich beides nicht miteinander vereinbaren ließe. Dem stimme ich nicht zu. Ich weiß, daß man beides miteinander in Einklang bringen kann, wenn man sich

Alles Glück liegt in dir

nicht soviel »Zeitvertreib« gönnt. Zeitvertreib besteht aus nutzlosen, unnötigen Unterhaltungen und Tätigkeiten, mit denen man während des ganzen Tages die freien Augenblicke und kleinen Ruhepausen falsch gebraucht. Wenn ihr lernt, eure Zeit richtig zu nutzen und solchen Zeitvertreib aufzugeben, werdet ihr feststellen, daß ihr genug Zeit habt, über Gott zu meditieren und für Ihn zu arbeiten.

Während all unserer Jahre mit dem Meister hatten wir außerordentlich viel zu tun. Wir arbeiteten oft achtzehn Stunden am Tag und mehr – und das ist nicht übertrieben; dennoch vernachlässigten wir nie unsere Meditation. Es gab Nächte, in denen wir nicht zum Schlafen kamen, aber wir sind deshalb nicht zusammengebrochen. Wir hatten die nötige innere Begeisterung und Willigkeit, und wir vertrauten darauf, daß wir es schaffen konnten; deshalb schafften wir es auch. Wie ihr seht, hängt alles von der geistigen Einstellung ab. Für diejenen, die meinten, das sei zu schwer, *war* es auch zu schwer. Ihr Verstand fand zahllose Entschuldigungen dafür, daß sie nicht ohne Schlaf auskommen konnten, daß sie nicht länger arbeiten konnten, daß sie ihre Meditationen abkürzen oder auslassen mußten.

Eines ist wichtig: Gott schaut auf das, was in unserem Innern vorgeht. Er weiß, wann wir aufrichtig sind und wann wir nach Ausflüchten suchen, um uns zu rechtfertigen. Wir sollten unsere wahren Beweggründe nie vor Gott oder vor uns selbst zu verbergen suchen. »Dies über alles: sei dir selber treu, und daraus folgt, so wie die Nacht dem Tage, du kannst nicht falsch sein gegen irgendwen.«[7] Ehrlich mit sich selbst

---

[7] *Hamlet*, 1. Akt, 3. Szene.

zu sein, ist eine der Voraussetzungen dafür, daß man von der Krankheit der Unwissenheit geheilt wird.

NEHMT EUCH REGELMÄSSIG ZEIT FÜR LÄNGERE MEDITATIONEN

In jenen Jahren meines Ashramlebens gelobte ich mir, zusätzlich zu meinem vollen Arbeitspensum einmal in der Woche sechs Stunden zu meditieren. An dem Tag hörte ich um 17 Uhr auf zu arbeiten und ging auf mein Zimmer, wo ich von 18 Uhr bis Mitternacht meditierte. Auch ihr alle solltet dies tun. Ihr ahnt gar nicht, wie sich euer Leben dadurch wandeln wird.

Wer eine Familie zu versorgen hat und es nicht einrichten kann, einmal in der Woche sechs Stunden zu meditieren, sollte alle Zeit, die ihm zur Verfügung steht, nutzen und in aller Aufrichtigkeit das Beste daraus machen. Das ist alles, was ihr in einem solchen Fall tun könnt. Gott ist zufrieden, wenn Er sieht, daß der Sucher sein Bestes tut. Wenn unser Bestes nur aus einer halben Stunde tiefer Meditation besteht, so zählt das bei Gott genauso wie die sechs Stunden, die ein anderer meditieren kann. Schenkt Gott die Zeit, die euch zur Verfügung steht; darauf kommt es Ihm hauptsächlich an.[8] Seid im Herzen aufrichtig mit Ihm. Wenn ihr nur eine Stunde Zeit habt, um tief zu meditieren, so widmet diese Stunde voll und ganz Gott.

Meditation ist nicht dasselbe wie Abgeschiedenheit. Abgeschiedenheit bedeutet, eine Zeitlang

---

[8] »Denn der Herr, dein Gott, ist ein verzehrendes Feuer und ein eifriger Gott.« (*5. Mose* 4, 24)

Alles Glück liegt in dir

allein zu sein – vielleicht an einem Wochenende oder an einem Sonntag oder einfach ein oder zwei Stunden an einem Wochentag. Diese Zeit dient der Entspannung, der Innenschau und dem geistigen Studium; sie mag auch Zeit für die Meditation einschließen. Der Meister schuf die »Tage der inneren Einkehr«, die von der *Self-Realization Fellowship* geleitet werden, um den Mitgliedern Gelegenheit zu geben, sich ab und zu zurückzuziehen, einmal all ihre weltlichen Sorgen zu vergessen, an Gott zu denken und länger und tiefer zu meditieren.[9]

WIE MAN ZEITEN DER »DÜRRE« IN DER MEDITATION BEKÄMPFEN KANN

Manchmal erleben wir in der Meditation Zeiten geistiger »Dürre«, in denen es uns an Hingabe fehlt; was können wir am besten dagegen tun? Es gibt nur eine Methode: Gebt eure Bemühungen nie auf. Meditiert mit unentwegtem Eifer weiter, dann werdet ihr dieses Hindernis schließlich überwinden.

Ein Schwächling mag denken: »Heute meditiere ich nicht, ich mache ja sowieso keine Fortschritte; außerdem habe ich noch so viel zu erledigen.« Das ist meiner Ansicht nach falsche Logik. Der Gottsucher sollte sich immer vor Augen führen: »Schon im nächsten Augenblick kann mein Leben vorbei sein! Ich will nie irgendeine Entschuldigung dafür finden, die Meditation aufzuschieben; ich will jetzt meditieren. Es könnte sonst zu spät sein!« Ich habe es mir zur Gewohnheit gemacht, immer dann, wenn

---

[9] Nähere Auskunft über die »Tage der inneren Einkehr«, welche die *Self-Realization Fellowship* veranstaltet, erteilt das internationale Mutterzentrum.

ich an das Meditieren denke, auch sogleich zu meditieren. Da überlege ich nicht lange hin und her.

Ich will euch ein Beispiel geben: Während der letzten Wochen stand ich unter ungeheurem Druck, und immer wieder drohten neue dringende Angelegenheiten, die in letzter Minute erledigt werden mußten, meine Abreise nach Indien aufzuhalten. Als ich mich zum Meditieren hinsetzte, neigte mein Geist natürlich dazu, über all diese Dinge nachzudenken. Doch ich befahl diesen eindringenden Gedanken mit ganzer Willenskraft: »Hinaus mit euch!« Ich weiß aus Erfahrung, daß all solche Arbeiten genausogut nach der Meditation erledigt werden können. Wenn ich mich bemühe, unmittelbar mit Gott in Verbindung zu gelangen, brauche ich keinen Kompromiß einzugehen.

Gestern abend während meiner Meditation überflutete mich auf überwältigende Weise die Nähe der Göttlichen Mutter. »Oh, Göttliche Mutter«, sagte ich, »einen kurzen Augenblick Deiner Freude, Deiner Seligkeit genügt, und die zahllosen Probleme können meinem Geist nichts mehr anhaben.« Diese Freude klingt schließlich den ganzen Tag über in euch nach; sie durchflutet euer Bewußtsein, ganz gleich, was ihr tut. Sie nistet sich in eurem Geist ein, so daß ihr ständig in Verbindung mit Gott seid. In diesem Bewußtsein werdet ihr leben, wenn ihr beharrlich meditiert, und an diesem Bewußtsein werdet ihr festhalten, ganz gleich, ob ihr Gottes Antwort fühlt oder nicht.

Wenn ihr also das nächste Mal während der Meditation große innere Trockenheit fühlt, gebt eure Bemühungen nicht auf. Sprecht innerlich weiterhin zur Göttlichen Mutter. Bittet sie, euch tiefere Hingabe zu schenken. Betet so lange, wie es nötig ist. Außerdem solltet ihr es euch auch zur Gewohnheit machen, während des Tages innerlich oft den Namen Gottes zu wiederholen – besonders dann, wenn ihr unter starkem Druck steht. Niemand braucht dies zu wissen. Wiederholt Seinen Namen in Gedanken immer wieder, bis euer ganzes Bewußtsein von einem einzigen Gedanken durchdrungen ist: »Du, mein Gott; Du, nur Du.« Wenn ihr hiermit fortfahrt, werdet ihr plötzlich, wenn ihr es am wenigsten erwartet, Gottes Antwort spüren.

GOTT LÄSST SICH NUR DURCH BEDINGUNGSLOSE LIEBE EROBERN

Man darf Gott keine Bedingungen stellen, das heißt, man darf nichts »Bestimmtes« von Ihm erwarten. Wenn man seine Suche von vornherein auf ein, drei oder fünf Jahre beschränkt und Ihm sagt: »Herr, ich gebe Dir soundso viel Zeit, aber wenn Du mir bis dahin nicht geantwortet hast, dann leb wohl«, wird Gott sagen: »An dieser Art von Liebe liegt Mir nichts.« Damit könntet ihr auch keinen Menschen gewinnen. Wer würde schon unter ähnlichen Bedingungen eine Ehe eingehen? Der wahre Liebende liebt seinen Ehepartner »in guten und in schlechten Zeiten, bis daß der Tod uns scheidet, und auch darüber hinaus.« Dieselbe Einstellung muß der Gottsucher dem Herrn gegenüber haben. Er muß sich Gott völlig anheimgeben. Vertraut Ihm und gebt euch Ihm völlig anheim. Laßt Ihn mit euch machen, was Er will. Gott wird keinen schlechten Gebrauch von euch machen – ganz bestimmt nicht.

Er wird euch mit Weisheit, Zärtlichkeit und Liebe behandeln.

Das Leben ist in vieler Hinsicht unberechenbar, so daß wir ganz unbewußt unser Vertrauen immer auf den Herrn setzen. Wir können nicht wissen, ob wir in der nächsten Minute noch auf dieser Welt sind! Deshalb sollten wir dieses unbewußte Vertrauen immer bewußter machen. Schenkt Gott in aller Stille die Liebe eures Herzens. Vertraut darauf, daß Er die Macht hat, jede ausweglose Lage zu ändern; und sobald Er es für richtig hält, wird Er es tun, wenn ihr nur daran glaubt.

JEDER MENSCH KANN GOTT FINDEN

Eine Frage aus der Zuhörerschaft: »Wie soll man sich verhalten, wenn man mit anderen Menschen zusammen leben oder arbeiten muß, die eine sehr negative oder materialistische Einstellung haben?«

Zwischen Ehepartnern kann sich eine wunderbare Beziehung entwickeln, wenn sie Gott mit bedingungsloser Liebe gemeinsam suchen. Dann werden sie zu göttlichen Freunden, die sich gegenseitig auf dem geistigen Weg helfen. Alle, die eine solche Beziehung zueinander haben, sind gesegnet. Sollten unter euch aber auch Eheleute sein, die dies noch nicht erreicht haben, so verliert nicht den Mut. Es ist möglich, andere Menschen zu verwandeln – nicht durch Worte, sondern durch euer eigenes Verhalten. Ihr könnt andere durch Liebe besiegen. Allerdings muß eure Liebe bedingungslos sein und darf nichts vom anderen verlangen, wie zum Beispiel: »Ich will dir weiterhin meine Liebe schenken, *vorausgesetzt,*

Alles Glück liegt in dir

du reagierst so, wie ich es mir vorstelle.« Macht euch nicht zu viele Gedanken darüber, wie andere reagieren; überlaßt dies Gott. Vertraut auf die Kraft Seiner Liebe.

Wenn andere uns wegen unserer geistigen Interessen kritisieren, sollten wir diese nicht aufgeben, sondern sie ruhig und unauffällig weiterverfolgen. Wir sollten denen, die uns nicht verstehen, nichts über unsere eigenen Interessen verraten, noch sollten wir versuchen, sie zu beeindrucken.

Kurz bevor ich in den Ashram kam und noch bei meinen Eltern lebte, pflegte ich mitten in der Nacht aufzustehen, wenn alle anderen schliefen, und in ein anderes Zimmer zu gehen, um dort zu beten. Danach stahl ich mich wieder in mein Bett zurück. (Ich war sehr scheu und wollte nicht, daß die anderen etwas über meine tiefe Liebe zu Gott erfuhren.) Wenn jemand bemerkte, daß ich aufgestanden war, und mich fragte, warum, sagte ich ganz einfach: »Ich konnte nicht schlafen und bin deshalb in das andere Zimmer gegangen.« Ich habe es nicht für nötig befunden, lange Erklärungen abzugeben oder anderen zu verraten, was ich tat. Wer sich wirklich nach Gott sehnt, wird immer Zeit und Gelegenheit finden, Ihm nahe zu sein.

Es gibt noch eine andere Verhaltensmethode, wenn andere uns nicht verstehen. Wir müssen ihnen ständig Liebe schenken – nicht unbedingt durch unsere Worte, sondern indem wir durch unser ganzes Verhalten seelische Güte zum Ausdruck bringen. Nehmt Rücksicht auf sie, sprecht freundlich zu ihnen und seid selbstlos, hilfsbereit und verständnisvoll. Andere brauchen nichts von euren re-

Macht Gott zum Mittelpunkt eures Lebens

ligiösen Neigungen und persönlichen Glaubensvorstellungen zu erfahren; eure Taten werden von eurer inneren Einstellung und von euren Gefühlen zeugen. Diese haben eine viel größere Wirkung auf die Menschen als alle anderen Mittel.

Es mag uns schwerfallen, so zu handeln. Aber durch Übung wird es uns immer leichterfallen. Sicher wird es euch helfen, wenn ihr regelmäßig mit anderen Personen zusammenkommt, mit denen ihr Gedankenaustausch auf geistiger Ebene pflegen könnt – in der Kirche, in Gruppenmeditationen, in *Satsangas*. Solche Zusammenkünfte geben uns viel Kraft. Und diese Kraft hilft uns wiederum, immer die richtige Einstellung zu bewahren; wir wissen genau, daß Gott alle disharmonischen Umstände beseitigen kann, sobald Er es für richtig hält.

Jeder Mensch, der Gott finden will, kann Ihn finden, wenn er es wirklich will; und das hängt nicht von äußeren Umständen ab. Es gibt keine berechtigten Ausflüchte. Alles hängt davon ab, wie echt unsere Sehnsucht nach Gott ist. Wenn jemand etwas unbedingt haben will, wird er unter allen Umständen versuchen, es zu bekommen, ganz gleich, welche Hindernisse sich ihm in den Weg stellen. Er bringt genug Willenskraft auf. Uns allen sind die nötigen Mittel in die Hand gegeben worden, unser Ziel der Gottverwirklichung zu erreichen. Doch wir müssen Gott beweisen, daß wir es ernst meinen. Wir müssen die Scheinwerfer unserer Aufmerksamkeit umkehren und uns mit ganzer Willenskraft bemühen, Gott zu finden. Dann werden wir Antwort von Ihm erhalten.

Eine Sammlung von Ratschlägen

Ratschläge und inspirierende Worte aus Satsangas und aus Briefen an Mitglieder der Self-Realization Fellowship

Die Lösung aller Probleme

Folgende Worte unseres Gurudeva Paramahansa Yogananda enthalten eine wunderbare und inspirierende Botschaft, die uns weitgehend helfen kann:

> In Gott findet ihr die Lösung all eurer Probleme. Er offenbart sich durch das göttliche Gesetz; und wenn ihr dieses befolgt, werdet ihr Antwort von Ihm erhalten. Bleibt immer im Tal des Friedens und Glaubens, dort wird Gott bei euch sein, und ihr werdet erkennen, daß ihr nur Ihm verpflichtet seid. Befreit euch endgültig von allen Prüfungen und Fesseln, die euch gefangenhalten. Gott ist euer Vater, und ihr seid Seine Kinder. Wenn ihr eins mit Ihm werdet, erhaltet ihr alles, was ihr braucht.

Wer regelmäßig meditiert, wird feststellen, daß die Lösung aller Probleme wahrlich in Gott zu finden ist. Die Meditation hebt unser Bewußtsein auf eine höhere Ebene, so daß wir zu einer neuen und umfassenderen Perspektive gelangen. Dann regen uns kleinere Prüfungen nicht mehr auf; und es fällt uns leichter zu erkennen, wie wir uns in jeder Lebenslage verhalten sollen. Wenn Gott zu einer im-

Eine Sammlung von Ratschlägen

mer größeren Wirklichkeit für uns wird, ist Er nicht nur das höchste Ziel unseres Lebens, sondern auch der Mittelpunkt unseres Seins und die Quelle unserer inneren Sicherheit, und das bereits *jetzt*. Dann erkennen wir, daß das Leben eine Schule ist und daß wir durch all unsere Erfahrungen Gelegenheit erhalten, etwas zu lernen. Die geistige Sicherheit, die wir durch unmittelbare Verbindung mit Gott in der Meditation gewinnen, ermöglicht es uns, anderen Menschen bedingungslose Liebe und Verständnis entgegenzubringen und ihnen zu vergeben; auf diese Weise bessert sich unser Verhältnis zu unseren Mitmenschen. Weil der Yogi seine Sicherheit in Gott findet, erwartet er von anderen nie etwas, was sie ihm nicht geben können. Er erkennt immer mehr, daß Gott »für all seine Bedürfnisse sorgt«.

So viele Menschen suchen heute nach einer Antwort auf ihre Fragen, nach einer Lösung der furchterregenden Probleme, die ihnen das Leben stellt. Doch die einzige dauerhafte Lösung aller Probleme, mit denen sowohl der einzelne Mensch als auch ganze Nationen zu kämpfen haben, besteht darin, zu Gott zurückzukehren. Richtet euer Herz und eure Gedanken fest auf Gott, und seht jedem neuen Tag voller Hoffnung und Zuversicht entgegen.

❖ ❖ ❖

DIE MACHT DES GEBETES FÜR DEN WELTFRIEDEN

Gedanken sind die gewaltigste Kraft, die es in der Welt gibt. Alles, was wir in diesem Universum wahrnehmen, ist den Gedanken Gottes entsprungen.

Alles Glück liegt in dir

»Wes das Herz voll ist, des geht der Mund über.«[1] Was wir denken, äußert sich in unseren Worten und Taten. Wenn wir also für den Weltfrieden beten wollen, müssen wir zunächst einmal selbst friedvolle Menschen werden und diesen inneren Frieden in unserem Leben zum Ausdruck bringen. Wie können unsere Gebete für den Frieden wirkungsvoll sein, wie können wir machtvolle Gedanken des Friedens aussenden, wie können wir der Welt Frieden schenken, solange wir selbst keinen inneren Frieden besitzen?

Wenn wir friedvolle Menschen werden wollen, müssen wir tief meditieren. Immer wieder betont Guruji in seinen Schriften, wie wichtig die Meditation ist. Wir müssen uns darin üben, innerlich tief in die Meditation zu tauchen.

Guruji erzählte uns von seiner Tante in Indien, die ihn einmal besuchte und ihn bat: »Hilf mir bitte. Schon seit vierzig Jahren habe ich meine Gebete an diesem Gebetskranz abgezählt, und immer noch habe ich keinen inneren Frieden gefunden.« Da erklärte er ihr: »Während du deine Gebete hersagst, schweifen deine Gedanken ab und kreisen um alle möglichen Dinge. Wenn Du betest, mußt du deine ganze Aufmerksamkeit auf das richten, was du sagst; denke nur an Ihn, an den deine Gebete gerichtet sind.«

Wir sollten unsere Gebete nicht bloß »herunterleiern«. Auch ein Papagei kann Worte wiederholen, aber er versteht nicht, was er sagt. Wenn wir daher beten oder meditieren, sollten wir mit voller Konzentration und Aufmerksamkeit bei der Sache sein und alle anderen Gedanken ausschalten. Das ist die

[1] *Matthäus* 12, 34.

Eine Sammlung von Ratschlägen

wahre Art zu beten; und die Meditationstechniken der *Self-Realization Fellowship* helfen uns, diese Konzentration zu entwickeln.

Wenn ihr also der Welt zum Frieden verhelfen wollt, bemüht euch zuerst darum, selbst ein friedvoller Mensch zu werden; dann versucht, Gutes zu tun und überall Frieden zu verbreiten. Der erste Beweis der Gegenwart Gottes im Innern ist Frieden – jener Frieden, »welcher höher ist als alle Vernunft«[2]. Jeder Mensch muß es sich zur Aufgabe machen, diesen Frieden zu erlangen, denn Gott hat ihn ja mit Intelligenz, Unterscheidungskraft und der Denkfähigkeit ausgestattet. Sobald wir diesen inneren Frieden fühlen, wissen wir, daß wir mit Gott im Einklang sind. Dann können wir konzentrierter und viel wirksamer für den Weltfrieden beten.

Das soll natürlich nicht heißen, daß ihr erst dann für die Welt beten sollt, wenn ihr selbst inneren Frieden fühlt. Ich meine nur, ihr solltet dort ansetzen, wo der Frieden beginnt: bei euch selbst. Ändert euch selbst, damit andere, mit denen ihr zusammenkommt, euren Frieden und eure Ruhe spüren. Wenn ihr dann meditiert und für andere betet, wird sich die Kraft eurer Aufmerksamkeit, die Kraft eures inneren Friedens immer mehr ausbreiten und auf die ganze Welt einwirken.

Guruji sagte, daß alle Worte und Gedanken Schwingungen aussenden und spürbare Wirkungen hervorrufen, die einen Abdruck im Äther hinterlassen; jeder Mensch, dessen innere Empfänglichkeit tief genug ist, kann diese Schwingungen an jedem beliebigen Ort auffangen. Die Wissenschaft hat dies

---

[2] *Philipper* 4, 7.

Alles Glück liegt in dir

in gewissem Grade schon durch die Entdeckung des Radios und Fernsehens bewiesen. Aber selbst wenn mir diese Verständigungsmittel nicht zur Verfügung ständen, um meine Worte zu übertragen, würde die Macht meiner Worte und die große Kraft der dahinterstehenden Gedanken in diesem Augenblick die ganze Welt umkreisen. Das ließe sich mit einem hochempfindlichen Gerät sogar nachweisen. Eine starke Schwingung des Friedens, die von unseren Herzen und Gedanken ausgeht, kann also großen Einfluß auf die Welt ausüben. Es ist eine der Pflichten von Paramahansajis Jüngern, diesen positiven Einfluß zu verstärken.[3]

❖ ❖ ❖

WARUM LEIDEN MANCHE KINDER SEIT IHRER GEBURT UNTER GEBRECHEN?

Wenn wir glauben, daß Gott gerecht ist – und das glaube ich ganz gewiß, und alle großen Religionen lehren dies –, wie erklärt es sich dann, daß Kinder mit angeborenen Behinderungen zur Welt kommen und nur zum Leiden bestimmt scheinen? Gott liebt jeden von uns gleich; Er sorgt für jeden Sperling und kennt jedes Sandkorn, und wir bedeuten Ihm noch viel mehr. Es gibt also nur eine vernünftige Antwort auf diese Frage, und das ist das Gesetz des Karmas – das Gesetz von Ursache und Wirkung: Ihr erntet, was ihr gesät habt.

Das heißt nun nicht, daß wir den Behinderten gegenüber hartherzig sein sollen, weil wir denken:

---

[3] Zu diesem Zweck rief Paramahansa Yogananda den Weltweiten Gebetskreis ins Leben. Siehe Fußnote auf Seite 40.

Eine Sammlung von Ratschlägen

»Nun ja, dieses Leiden ist eben ihr Karma.« Keineswegs! Gott hat dem Menschen die Fähigkeit verliehen, teilnahmsvoll und mitfühlend zu sein. Kein anderes Lebewesen besitzt diese Eigenschaften. Uns jedoch sind sie von Gott eingegeben worden, und Er erwartet, daß wir sie zum Ausdruck bringen, so wie Christus und andere Menschen von überragender Geistigkeit es uns vorgelebt haben.

Was wir in diesem Leben sehen, ist nur ein winziges Glied in der ewigen Kette des Daseins. Das Übrige bleibt uns verborgen; und deshalb vergessen wir, daß sich jenseits dieses kleinen Kettengliedes von sechzig, siebzig oder hundert Jahren der allumfassende, ewige Kreislauf befindet. Was wir in diesem oder in früheren Leben gesät haben, müssen wir im jetzigen oder in einem künftigen Leben ernten. Die Wirkungen entsprechen jedoch nicht immer den äußerlich erkennbaren Ursachen. Verschiedene Faktoren wirken aufeinander ein – frühere Handlungen und physische sowie geistige Verhaltensweisen – und schaffen ein bestimmtes karmisches Muster. Nur ein Meister kann diese Hinweise richtig deuten. Deshalb sollte niemand andere Personen beurteilen oder Vermutungen darüber anstellen, was den jetzigen Zustand eines Menschen verursacht haben mag. Das Karma bezweckt nicht, uns zu strafen, sondern uns etwas zu lehren.

Wenn wir also ein Kind mit einer angeborenen Behinderung sehen oder einem Menschen begegnen, der an einem Gebrechen leidet, haben wir eine zweifache Pflicht: Zuerst einmal müssen wir verstehen, daß dieser Mensch sein Schicksal selbst angezogen hat und daß wir Gott nicht vorwerfen dürfen, grausam zu sein. Ferner gibt es uns Gelegenheit, innerlich zu wachsen; denn wir machen große Fortschritte, wenn wir Mitgefühl zum Ausdruck bringen; wir sollten den anderen also unser Mitgefühl schenken, ihnen behilflich sein und alles tun, was in unserer Macht steht, um ihr Leiden zu lindern und ihnen zu helfen, mit ihrem Gebrechen fertig zu werden.

❖ ❖ ❖

Eine Antwort an die Atheisten

Manche Menschen behaupten, es gäbe gar keinen Gott. Aber ist es überhaupt möglich, ein Atheist zu sein? Ich kann verstehen, daß jemand gewisse orthodoxe Gottesvorstellungen ablehnt, weil er von einer bestimmten Religion enttäuscht worden ist. Aber es ist unsinnig, deswegen zu behaupten, daß es keinen Gott gibt.

Wer meint, er sei ein Atheist, sollte mir einmal folgende Frage beantworten: »Haben Sie Ihren Körper aus der ersten winzigen Zelle entstehen lassen?« Niemand kann diese Frage bejahen oder erklären, wie er sich aus dieser einzelnen Zelle zu einem Menschen entwickelt hat. Er mag die wissenschaftlichen Prinzipien darlegen, die diesem Prozeß zugrunde liegen; doch was setzt diesen wissenschaftlichen Prozeß überhaupt in Bewegung? Es muß irgendeine höhere Macht geben, die dies bewerkstelligt – eine Macht, welche die Planeten in ihrer Bahn kreisen läßt, eine Macht, die Bäume und Pflanzen nach einem wunderbaren Plan, der schon in dem winzigen Samen angelegt ist, wachsen läßt. Solche Wunder kann nur eine Göttliche Macht bewirken.

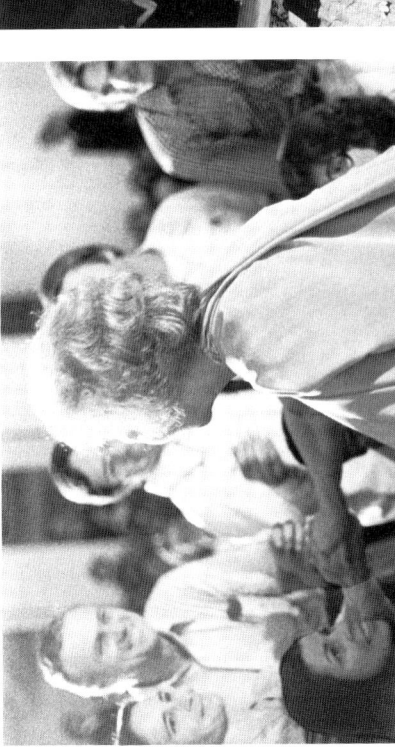

(*Oben*) Begrüßung von Teilnehmern an der Welttagung 1978 im Biltmore Hotel, Los Angeles. (*Rechts*) Nach einem *Satsanga* in Delhi, 1972.

»Schenkt anderen euer Herz, schenkt anderen euer Verständnis. ... Es ist wunderbar, einen Menschen, der in niedergeschlagener, entmutigter und negativer Verfassung zu euch kommt, mit hilfreichen Worten aufzurichten, so daß er wieder ermutigt von euch geht.«

Eine liebevolle Segnung während der Welttagung der
Self-Realization Fellowship, 1983

»*Der einzige Sinn des Lebens besteht darin, Gott zu lieben; das ist der
einzige Zweck, zu dem der Mensch erschaffen wurde. … Wenn wir treu
einem Weg folgen, der es uns ermöglicht, Gott zu suchen und zu lieben,
werden wir den wahren Sinn unseres Lebens erfüllen – dann werden
wir wissen, daß wir begonnen haben, wirklich zu leben.*«

Eine Sammlung von Ratschlägen

Sicher mag man bestimmte Gottesvorstellungen ablehnen, aber meiner Meinung nach ist es unlogisch zu behaupten: »Ich kann mir nicht vorstellen, daß irgendeine Macht all diese Dinge in der Schöpfung lenkt, die mich denken, atmen und Bewegungen ausführen läßt.« Mein Leben liegt nicht wirklich in meiner Hand; und der Atheist hat keine Gewalt über seines. Er weiß nicht, wie er hierhergekommen ist oder wann er sterben wird. Ist es nicht so?

Es *gibt* eine Macht in diesem Universum, der wir unsere Existenz verdanken und die uns befähigt, darüber nachzudenken. Sogar die Schlußfolgerung, Gott könne nicht existieren, zeugt von dieser Kraft. Ich bin mir sicher, daß Atheisten nicht tief genug nachdenken; sonst könnten sie eine Göttliche Macht gar nicht abstreiten.

❖ ❖ ❖

Die Rolle der Musik in der Suche nach Gott

Schwingung ist die Grundsubstanz des Universums, und Schwingungen erzeugen Töne. Es gibt zwei Arten von Schwingungen: positive oder harmonische, und disharmonische. Schon vor vielen Zeitaltern hatte der Mensch das Verlangen, sich Ausdruck zu verschaffen, und begann deshalb, rhythmische Töne zu erzeugen. Heute nennt man dies Musik. Allerdings muß ich sagen, daß manche der modernen Tongebilde alles andere als musikalisch sind! Wir leben in einer eher negativen Zeit, und ein Symptom dafür ist die häufig fehlende Harmonie in der heutigen Musik. Oft handelt es sich

Alles Glück liegt in dir

nur um ein unmelodisches Zusammenprallen von Tönen. Inspirierende Musik, Malerei, Bildhauerei – alle Arten der Kunst – sind Ausdrucksformen Gottes und Seiner Schöpfung. Einige der größten Kunstwerke der Welt sind religiöse Schöpfungen und erwecken in den Menschen Begeisterung für die Religion. Wenn man einige der alten indischen Tempel besucht oder den Vatikan besichtigt und dort die großartigen, inspirierenden Gemälde und Skulpturen betrachtet, kann man nicht daran zweifeln, daß Gottes schöpferischer Geist auch im Menschen wirkt. Solche Kunstwerke rufen geistige Gefühle im Menschen wach.

Mich hat jemand gefragt, ob es erlaubt sei, Musik zu hören, während man meditiert. Die betreffende Person fühlt, daß die Musik sie Gott näherbringt. Ja, das stimmt. In Indien wird das Singen religiöser Lieder seit Jahrhunderten zur Vertiefung des geistigen Lebens angewandt. In jeder Religion gehört Musik zum geistigen Ritual. Man kann aber nicht behaupten, daß Musik eine tiefere Erkenntnis bewirkt; die erlangt man nur dadurch, daß man völlig still wird und der inneren Musik[4] lauscht. Der geistige Zweck der Musik besteht darin, durch harmonische Klänge Hingabe und Inspiration zu erwecken und bestimmte Vorstellungen hervorzurufen. Danach aber muß sich der Gottsucher von den äußeren Klängen lösen, die er nur durch ein körperliches Organ, das Ohr, wahrnehmen kann. Er muß in völliger Stille meditieren und dabei nach in-

---

[4] Dies bezieht sich auf das OM, die kosmische intelligente schöpferische Schwingung des GEISTES, einen alldurchdringenden Laut, den man durch das Üben der Meditationstechniken der *Self-Realization Fellowship* im eigenen Innern wahrnehmen kann.

Eine Sammlung von Ratschlägen

nen lauschen – auf den kosmischen Laut des Universums, das schöpferische »Wort«, das heißt auf die schöpferische »Stimme« Gottes.

Man kann also nicht tief *meditieren*, während man Musik hört oder spielt; denn solange man von einem der Sinne abhängig ist, gelangt man nicht über eine bestimmte Stufe der Inspiration hinaus. Man kann zwar meditieren, während man singt – vorausgesetzt, daß man sich nicht auf die Musik selbst konzentriert, sondern auf die Gedanken, die in dem Lied zum Ausdruck kommen. Dadurch kann es einem wirklich gelingen, einen Zustand der Verinnerlichung zu erlangen, in dem sich die Sinne beruhigen und vollkommen still werden; dann könnt ihr Gott fühlen.

Leopold Stokowski, einer der größten und berühmtesten Orchesterdirigenten, erzählte mir, daß er Gott immer in der Musik erlebe. Er kannte Guruji und dessen Lehre; und so ergab es sich, daß der Meister mich einmal bat, ihm behilflich zu sein, als er sich während einer Tournee in Los Angeles aufhielt. Wir unterhielten uns fast immer über Meditation und über das, was der Meister lehrte. Einmal setzte sich der Maestro ans Klavier und spielte mir etwas vor. Das war ein großes Vorrecht, denn ich war seine einzige Zuhörerin. Er spielte großartig, aber ich dachte: »Was soll ich ihm nun sagen? Wie soll ich ihm erklären, daß dies nicht ausreicht? Inspiration ist nicht mit Verwirklichung zu vergleichen.«

Als er zu Ende gespielt hatte, sagte ich: »Das war wunderschön!« Er schien aber noch einen weiteren Kommentar von mir zu erwarten, und so wagte ich zu sagen: »Ich möchte Sie etwas fragen. Sie haben mir erklärt, daß Ihre Meditation darin bestehe, Klavier zu spielen oder ein Orchester zu dirigieren – daß dies Ihre Art der Gottverbundenheit sei. Was würde aber geschehen, wenn Sie plötzlich ihr Gehör verlören oder wenn ihre Hände gelähmt würden, so daß Sie nicht mehr spielen oder dirigieren könnten?« Da wurde er nachdenklich und schwieg. Und ich sagte ihm: »Sie haben Ihrem Gotteserleben Grenzen gesetzt, weil Sie es von Ihren körperlichen Fähigkeiten abhängig machen.«

Ich will den Wert der Musik keineswegs herabsetzen. Musik hat mich – ebenso wie Guruji – von jeher inspiriert. Ich will nur sagen, daß es noch etwas gibt, was darüber hinausgeht und das man nur in tiefer Meditation erfahren kann.

Wer meditiert, ist nicht auf das Werkzeug seines Körpers angewiesen, um mit Gott in Verbindung zu treten. Er ist von keinem seiner Wahrnehmungsorgane und von keiner Tätigkeit abhängig – mit Ausnahme natürlich eines höheren Bewußtseinszustands, den er während seiner inneren Verbindung mit Gott erlangt.

Viele Menschen sind so ruhelos, daß sie gar nicht erst versuchen wollen zu meditieren. Als Erklärung nennen sie bestimmte inspirierende Erlebnisse, die ihnen helfen, um damit – vielleicht ganz unbewußt – ihren inneren Widerstand zu rechtfertigen. Doch ist weder die Musik noch irgendeine andere Quelle geistiger Inspiration ein echter Ersatz für die Meditation. Alle Arten von Kunst können uns innerlich erheben, doch keine von ihnen kann die unmittelbare Verbindung mit Gott ersetzen.

❖ ❖ ❖

Eine Sammlung von Ratschlägen

WIE MAN ZEIT FÜR GOTT FINDET

Niemand hat je behauptet, daß der Herr es uns leichtmache! Das Leben ist ein ständiger Kampf und wird es auch bleiben. Die ganze Schöpfung strömt von Gott aus, und die meisten Menschen lassen sich von ihr mittreiben. Wer sein Leben dagegen auf Gott ausrichtet, schwimmt sozusagen gegen eine gewaltige Strömung an. Er versucht, zur Quelle zurückzugelangen, während alles andere in die entgegengesetzte Richtung fließt und ihm Widerstand leistet.

Es ist also schwer, Zeit für Gott zu finden, es sei denn, daß ihr sie fest in euren Tagesablauf einplant. Das heißt nun nicht, daß Gott euch deshalb von allen Problemen befreit. Doch wird diese Verbindung mit Gott euch innere Ruhe, Mut und Kraft geben, so daß ihr mit allem, was der Tag bringt, fertig werden könnt. Manchmal wird eure Bürde leichter sein, und manchmal nicht so leicht. Doch solchen Herausforderungen des Lebens müssen wir gewachsen sein.

Am glücklichsten sind die Menschen, die nach einer bestimmten Philosophie leben. Menschen, die innerlich zerrissen sind, gehen an ihren Problemen zugrunde. Vor kurzem kam eines unserer Mitglieder zu mir und sagte: »Heute bin ich fix und fertig.« Solche emotionalen Reaktionen entstehen, wenn man keine Philosophie hat, die einem inneren Halt gibt. Der Meister sagte oft, wir sollten Gott zum Polarstern unseres Lebens machen, damit unsere Gedanken ständig um Ihn kreisen, ganz gleich, was geschieht. Wenn ihr jeden Tag in den Büchern des Meisters lest und euch diese Gedanken auch während der Arbeit vergegenwärtigt – indem ihr euren Geist einige Augenblicke nach innen richtet –, wird es

Alles Glück liegt in dir

euch gelingen, inneres Gleichgewicht und innere Festigkeit zu erlangen. Außerdem wird das dazu beitragen, euch mehr in Gott zu verankern.

❖ ❖ ❖

SETZT EUCH ZIELE FÜR EUREN GEISTIGEN FORTSCHRITT

Der Neujahrstag ist eine günstige Zeit, einen neuen Anfang auf dem geistigen Weg zu machen. Viele Mitglieder haben mir gesagt: »Ich glaube kaum, daß ich Gott näherkomme. Ich fühle mich innerlich wie ausgetrocknet. Ich habe nicht das Gefühl, daß ich irgendwelche Fortschritte mache.« Dazu kann ich nur einen Rat geben: Ihr müßt euch mehr anstrengen. Ihr müßt fest entschlossen sein, Gottes Gegenwart zu fühlen, und Ihn in täglicher Meditation suchen.

Wenn ihr auf dem geistigen Weg Fortschritte machen wollt, solltet ihr euch jeweils nur auf eine wichtige Eigenschaft konzentrieren und euch bemühen, sie in eurem Leben zum Ausdruck zu bringen. Demut, Hingabe, Weisheit, Mitgefühl, Frohsinn – all dies sind ewige, göttliche Eigenschaften unserer Seele, die wir bereits in uns tragen. Was unsere wahre Göttlichkeit verschleiert, ist nur das begrenzte Ich, unser Ego.

Wählt eine Eigenschaft aus, die euch besonders am Herzen liegt, und konzentriert euch dann auf diese. Denkt bewußt über diese Tugend nach, ergründet die ganze Tiefe ihrer Bedeutung und bemüht euch dann, sie auch zum Ausdruck zu bringen. Seid fest entschlossen, euer Ziel zu erreichen, indem ihr euch

Eine Sammlung von Ratschlägen

mit ständig neuer Aufmerksamkeit und Begeisterung darauf konzentriert. Wenn ihr fühlt, daß ihr bereits Fortschritte gemacht habt, laßt eure Seele immer weiter aufblühen, bis jedes Blütenblatt eures Lebens durch seinen Duft Gottes Gegenwart verkündet.

❖ ❖ ❖

GOTT IST IMMER BEI UNS

Es ist leicht, eine innige Beziehung zu Gott herzustellen, wenn wir uns immer bewußt sind, wie nahe Er uns jeden Augenblick ist. Wenn wir es auf unserer Gottsuche nach Wundern oder aufsehenerregenden Ergebnissen abgesehen haben, übersehen wir wahrscheinlich, auf welcherlei Weise Er sich uns die ganze Zeit über zu nähern versucht. Einige Gottsucher verlieren den Mut, wenn ihnen keine wunderbaren, überirdischen Erfahrungen zuteil werden; deshalb meinen sie, Gott sei in weiter Ferne und sie kämen Ihm gar nicht näher. Wenn wir jedoch immer auf die vielen Beweise Seiner Gegenwart achten, so wie Gurudeva es uns lehrte, erhalten wir bald die Gewißheit, daß Gott schon *jetzt* bei uns ist. Folgende Worte Gurujis möchte ich euch allen dringend ans Herz legen:

Sehr oft lassen sich Gottsucher entmutigen, weil ihre Erwartungen auf dem geistigen Weg nicht erfüllt werden; sie meinen, daß Gott ihnen in einem strahlenden Glanz oder durch eine herrliche innere Erleuchtung antworten müsse. Diese irrige Vorstellung stumpft die Wahrnehmungen des Gottsuchers ab, so daß er die heimlichen göttlichen Liebesbeweise, die das Üben der Meditation von Anfang an begleiten, gar nicht bemerkt. Gott reagiert auf jede Bemühung und auf jeden sehnsuchtsvollen Ruf des Suchers. Auch wenn ihr noch Anfänger auf dem geistigen Weg seid, könnt ihr Ihn schon als stillen, inneren Frieden fühlen, der sich heimlich über eurer ganzes Bewußtsein breitet. Dieser Friede ist der erste Beweis der Gegenwart Gottes in eurem Innern. Dann werdet ihr erkennen, daß Er euch im Leben führt und inspiriert und euch die richtigen Entscheidungen treffen läßt. Ihr werdet feststellen, daß Er euch die Kraft gibt, eure schlechten Gewohnheiten zu überwinden und geistige Eigenschaften zu entwickeln. Ihr werdet Ihn als ständig anwachsende Freude und Liebe fühlen, die tief aus eurer Seele aufsteigen und auch euer tägliches Leben und eure Beziehungen zu anderen Menschen positiv beeinflussen.

Ich bete darum, daß ihr Seine Nähe immer deutlicher fühlt, ganz gleich, was das Leben euch bringt, und daß ihr durch eure Meditation und Gottesliebe mit Herz und Seele eins mit Ihm werdet.

❖ ❖ ❖

Wann wird Gott antworten?

Guruji sagte einmal: »Jahrhundertelang hatte ich nach Gott gesucht, und immer noch antwortete Er mir nicht. Ich aber sagte: ›Herr, eines Tages wirst Du zu mir kommen.‹ Es war mir gleich, wie lange ich warten mußte. Ich wußte, daß Er um jeden edlen Wunsch und jede gute Tat, die ich vollbracht hatte, wußte und immer bei mir war. Und obgleich Er schon so nahe war, rief ich immer noch nach Ihm.«

Unser Herz sollte ständig von Liebe zu Gott er-

Eine Sammlung von Ratschlägen

füllt sein und nach Seiner Antwort verlangen. Deshalb lehrte uns der Meister, nach dem Üben des Kriya tief zu meditieren und voller Sehnsucht zu beten: »Herr, offenbare Dich mir, offenbare Dich mir.« Sprecht unaufhörlich in der Sprache eurer Seele zu Ihm. Und fühlt das, was ihr sagt; eure Gebete dürfen nie mechanisch werden. Werdet nicht gleich ungeduldig, wenn ihr keine Antwort erhaltet. Guruji sagte, es komme nicht darauf an, wie lange wir warten müßten. Eure Einstellung sollte sein: »Ich werde bis ans Ende meines Lebens nach Dir suchen«, nicht: »Herr, ich gebe Dir sechs Jahre Zeit, aber wenn Du bis dahin nicht gekommen bist, gilt mein Interesse wieder der Welt.«

Gott zu suchen muß zum Ziel eures Lebens werden – einem Ziel, auf das ihr all eure Kraft und all eure Gedanken richtet, während ihr weiterhin eure Pflichten erfüllt. Guruji sagte, wenn ihr nach diesem Grundsatz lebt, werdet ihr manchmal, wenn ihr es am wenigsten erwartet, ein Zeichen oder eine Antwort von Gott erhalten; das mag nicht immer dann geschehen, wenn ihr gerade meditiert, sondern vielleicht danach. Sprecht jedoch nicht darüber und haltet es auch nicht für selbstverständlich. Flüstert Ihm vielmehr leise zu: »Ich danke Dir, Gott, ich danke Dir.«

Ihr braucht nicht zu fragen, wann Er zu euch kommen wird, denn Er ist bereits bei euch. Er hat euch nie verlassen. Ihr solltet vielmehr fragen: »Wann werde ich merken, daß Du bei mir bist?« Darauf kommt es an. Er ist bereits zu euch gekommen. Ihr seid euch dessen nur noch nicht bewußt. Die Meditation wird den Schleier der Maya entfer-

Alles Glück liegt in dir

nen, die euch vorspiegelt, daß ihr von eurem Göttlichen Geliebten getrennt seid.

Als Guruji sagte: »Eines Tages, Herr, wirst Du zu mir kommen«, drückte er dies in dichterischer Sprache aus, denn kurz darauf gab er zu: »Ich rief nach Ihm, obgleich Er schon so nahe war.« Eines ist unbedingt nötig: Der Gottsucher muß sich in der Vergegenwärtigung Gottes üben, er muß seine Gedanken immer auf Gott gerichtet halten. Wenn er sich bemüht, den Anweisungen seines Gurus zu folgen und nach bestem Wissen und Gewissen zu handeln, wird er plötzlich erkennen: »Oh, ich dachte, Du seist in weiter Ferne, mein Gott, aber jetzt sehe ich, daß Du immer bei mir gewesen bist.«

Wenn wir noch nicht fühlen können, daß Er bei uns ist, müssen wir uns in Geduld üben. Guruji führte diesen wunderbaren Vergleich an: »Wenn ihr ein Glas mit schlammigem Wasser ständig schüttelt, bleibt das Wasser trübe. Doch wenn ihr das Glas still haltet, setzt sich der Schlamm nach einer Weile am Boden ab, und das Wasser wird klar. Ganz ähnlich verhält es sich mit den Gedanken. Die kurze Zeit, die ich meditierte, verging wie im Flug! Die innere Ruhelosigkeit legte sich, und mein Geist wurde kristallklar und ruhig.« Darin liegt der Sinn und der Zweck der Meditation.

Während weltlicher Tätigkeit gleicht unser Geist dem schlammigen Wasser. Doch wenn wir lernen, still zu meditieren, setzt sich der Schlamm der Ruhelosigkeit, und das Wasser – der Geist – wird kristallklar. Und wenn das geschieht, können wir im klaren, stillen Wasser unseres Geistes die Widerspiegelung des Unendlichen schauen.

Versteht ihr jetzt, warum Guruji immer wieder betonte, wie wichtig die Meditation ist? Nehmt euch immer Zeit zum Meditieren; aber erfüllt auch gewissenhaft eure Pflichten in dem Bewußtsein: »Herr, mit allem, was ich tue, diene ich Dir.«

WIE WIR ANDEREN UNSERE GEISTIGEN ÜBERZEUGUNGEN NAHEBRINGEN KÖNNEN

Während unser Verständnis und unsere Liebe zu Gott zunehmen, helfen wir auch den Menschen, mit denen wir zusammenkommen, sich höherzuentwickeln: den Kindern, der Ehefrau, dem Ehemann. Es sind jedoch nicht immer unsere Worte, mit denen wir andere am meisten überzeugen. Es kann sogar zu großen Mißverständnissen führen, wenn wir versuchen, unsere Familie zu bekehren. Wenn eure Familienangehörigen keinem geistigen Weg folgen, so versucht nicht, ihnen eure eigenen Überzeugungen aufzudrängen. Jeder Mensch muß sich in der ihm angemessenen Zeit entfalten – ganz so wie eine Blume. Ihr könnt einen Samen nicht dazu zwingen, sich innerhalb eines Tages zu einer Blume zu entwickeln.

Die Suche nach Gott ist eine ganz persönliche Angelegenheit. Damit will ich nicht sagen, daß wir uns zum Meditieren in eine Kammer einschließen müssen. Wir sollten zwar unser geistiges Programm einhalten, doch ohne den anderen Familienmitgliedern Schuldgefühle oder Unbehagen einzuflößen, weil sie nicht dasselbe tun. Das mag starken Widerstand in ihnen hervorrufen. Ihr wißt sicher, daß die Kinder von Geistlichen oft sehr schwierige Charak-

Alles Glück liegt in dir

tere sind, weil der Vater sie bewußt oder unbewußt unter Druck gesetzt hat. Das Kind hat dann das Gefühl, daß es sich nicht frei Ausdruck verschaffen und sich nicht so geben kann, wie es ist. Als Folge davon rebelliert es gegen die religiösen Grundsätze, die sein Vater vertritt.

Wir können andere Menschen am besten dadurch ändern, daß wir ihnen durch unser eigenes Verhalten ein gutes Beispiel geben. Deshalb sollten wir uns aber nicht für besser halten oder unsere geistigen Bemühungen zur Schau stellen; wir sollten ihnen gegenüber Güte, Rücksicht, Liebe und Verständnis zum Ausdruck bringen – jene Eigenschaften, die wir uns selbst immer mehr zu eigen machen, während wir uns um Selbst-Verwirklichung bemühen. So erreicht man die Herzen der Menschen viel leichter, und vielleicht regt es sie dazu an, mehr über die Methoden erfahren zu wollen, die euch so merklich zu eurem Vorteil verändert haben.

❖ ❖ ❖

HARMONISCHES ZUSAMMENLEBEN MIT ANDEREN MENSCHEN

Warum streiten sich die Menschen? Weil jeder auf seinem eigenen Standpunkt beharrt und nicht die Meinung der anderen anhören will. Wir sind völlig von unserer eigenen Meinung überzeugt. Und das führt natürlich zu Konflikten. In einer Familie mag das schließlich so weit führen, daß die Familienmitglieder gar nicht mehr miteinander reden oder daß sie sich trennen.

Ich weiß noch, wie Guruji einmal mit mehreren

Eine Sammlung von Ratschlägen

von uns Jüngern zusammensaß, während wir über geistige Dinge sprachen. Plötzlich schaute er uns alle nacheinander an und lächelte. Wir fragten ihn: »Was gibt es, Meister?« Da schüttelte er nur den Kopf und sagte: »Ich habe keinen einzigen willensschwachen Menschen angezogen. Ihr alle habt einen sehr starken Willen.« Dann fügte er hinzu: »Immer, wenn ihr Probleme miteinander habt, setzt euch zusammen und sprecht darüber.« Oft sagte er uns: »Narren streiten miteinander; weise Menschen diskutieren.« Niemand von uns wollte gern für einen Narren gehalten werden, also setzten wir uns zusammen und sprachen ruhig miteinander, so wie weise Menschen es tun.

Wenn sich willensstarke Menschen zueinander hingezogen fühlen, müssen sie sich von Anfang an darüber einig sein, daß sie über ihre Meinungsverschiedenheiten sprechen wollen, so daß jeder Gelegenheit hat, seinen Standpunkt darzulegen. Bemüht euch, besser miteinander auszukommen. Sobald diese Verständigung nicht mehr da ist, bricht die Beziehung allmählich ab. Doch wenn ihr den Standpunkt des anderen respektiert und ihm Gelegenheit gebt, sich auszudrücken, ohne daß er unterbrochen wird, wird er euch sicher das Gleiche gewähren. Nur wenn ihr einander auf diese Weise anhört, könnt ihr zu einer Verständigung gelangen. Der Zweck der Ehe besteht nicht nur darin, Kinder in die Welt zu setzen, sondern auch darin, sich gegenseitig zu helfen. Und ihr helft einander nicht, wenn ihr euch gegenseitig mit Worten verletzt, sondern wenn ihr euch um Verständigung bemüht, Anteil am anderen nehmt und zu einer Einigung gelangt.

Wir brauchen größere Einsicht, und die erlangen wir durch Gott, indem wir über Ihn meditieren. Wir müssen Gott immer mehr in unser häusliches Leben einbeziehen. Ein bekannter Spruch im Westen Amerikas lautet: »Ein Familie, die zusammen betet, wird auch zusammenhalten«; und das stimmt.

❖ ❖ ❖

»IN GÖTTLICHER FREUNDSCHAFT«

In all den Jahren, da Guruji viele seiner Briefe an seine Anhänger schrieb, schloß er immer mit den Worten »In göttlicher Freundschaft«; und er machte diese Worte zur üblichen Grußformel in den Briefen der *Self-Realization Fellowship* an ihre Mitglieder. Oft erklärte er uns, daß Freundschaft die höchste und reinste Beziehung zwischen Seelen ist. Sie ist völlig ohne Zwang. Dabei meinte er nicht gewöhnliche menschliche Freundschaft; er meinte eine bedingungslose Freundschaft – jene Art von Freundschaft, die Christus seinen Jüngern schenkte und welche die Jünger für ihren Guru und füreinander empfanden. Diese überpersönliche Beziehung ist dennoch die engste von allen. Freunde akzeptieren sich bedingungslos, trotz all ihrer Fehler, und deshalb ist diese Beziehung nicht begrenzt. Auch bei Meinungsverschiedenheiten urteilt man nicht falsch über den Freund; die Freundschaft bleibt bestehen und wird mit der Zeit immer tiefer. Guruji sagte oft zu seinen ihm nahestehenden geliebten Jüngern: »Die Freundschaft gleicht dem Wein; sie wird mit der Zeit immer süßer.«

Ich möchte euch nun einige von Gurujis Gedanken vorlesen, die er über das Ideal der allum-

Eine Sammlung von Ratschlägen

fassenden Freundschaft und Weltbruderschaft geschrieben hat:

»Weltbruderschaft« hört sich einfach an, und dennoch liegt in diesem Wort das Allheilmittel für alle individuellen, sozialen und politischen Mißstände, die das materielle, mentale, sittliche und geistige Wohl der Welt bedrohen. ... Diese Welt gehört niemandem, weder euch noch mir. Wir sind wie Reisende, die sich nur für kurze Zeit hier aufhalten. Diese Welt gehört Gott. Er ist unser Präsident, und wir sollten eine vereinigte Welt unter Seiner Herrschaft errichten, in der sich alle Brudernationen zu einer Gemeinschaft zusammenschließen. ... Das erreichen wir, wenn wir Gott erkannt haben; und die Methode, Ihn zu erkennen, besteht darin, über Ihn zu meditieren. ... Nur durch eine Weltbruderschaft können Haß und Kriege überwunden werden. Nur durch eine Weltgemeinschaft kann es Wohlstand für die ganze Menschheit geben. Deshalb rufe ich euch auf, eine solche Gemeinschaft in euren Herzen zu schaffen, indem ihr euch zuerst bewußt mit Gott in Verbindung setzt. Ihr müßt fühlen, daß Gott der Vater von uns allen ist und daß alle Menschen zu euch gehören. Sobald ihr Gott im Herzen fühlt, werdet ihr mehr zur Weltzivilisation beitragen, als es je ein König oder Politiker getan hat. Liebt alle Menschen, die euch begegnen. Ihr müßt voller Überzeugung sagen können: »Er ist mein Bruder; denn der Gott, der in mir ist, ist auch in ihm.«

Was die Welt heute dringend braucht, sind Menschen, die sich bemühen, ihr kleines Ich zu besiegen und ihr Bewußtsein zu erweitern, indem sie

Alles Glück liegt in dir

allen Menschen göttliche Liebe und Freundschaft entgegenbringen.

Guruji sagte oft, daß Mahatma Gandhi nicht nur Indien gehöre. Er kannte ihn und war einige Tage zu Gast bei ihm. Gandhi war eine demütige Seele; er führte ein Leben größter Einfachheit, und sein einziges Kleidungsstück war ein Lendentuch. Er war der beste Christ, den unser Zeitalter hervorgebracht hat, obgleich er ein Hindu war und in Indien lebte. »Jeder, der mein Indien liebt«, sagte er, »ist ein Inder.« Mit diesen Worten brachte er zum Ausdruck, daß er niemanden von seiner Liebe ausschließt. Seine Liebe zu Gott und zu seinem Land umfaßte die ganze Menschheit. Er hatte die Universalität des menschlichen Geistes erkannt und sein Leben darauf eingestellt.

Auch Gurudeva offenbarte in seinem ganzen Leben diese geistige Haltung. Für ihn gab es keine Fremden. Er reichte jedem in demütigem, einfachem und kindlichem Vertrauen die Hand und bot ihm seine Freundschaft an. Er brachte auch denen Verständnis entgegen, die ihn nicht verstanden. Sein Grundsatz war, zuallererst Gott aufrichtig zu suchen – hundertprozentig daran zu glauben, daß wir Ihm gehören und daß Er auf den heimlichen Ruf unserer Herzen antwortet – und dann dieselbe göttliche Liebe und Freundschaft, die er in Gott gefunden hatte, allen zu schenken, die seinen Weg kreuzten.

❖ ❖ ❖

VERGEBUNG BEDEUTET INNEREN FRIEDEN

Guruji sagte oft, daß eine Rose, wenn sie zerdrückt wird, süßen Duft ausströmt; ähnlich verbrei-

Eine Sammlung von Ratschlägen

tet auch der Gottsucher, der von der Lieblosigkeit anderer zerrieben wird, noch den süßen Duft der Liebe.

Vergebung kann mit ihrer besänftigenden Schwingung göttlicher Liebe die zerstörerischen Gefühle auflösen, die durch Zorn, Schuldbewußtsein oder Haß hervorgerufen werden. In einer unvollkommenen Welt, in der gütiges Verhalten unvermeidlich auf Widerstand stößt, ist Vergebung ein Zeichen von Gottesbewußtsein. Wenn man uns Unrecht tut und wir unseren Widersacher nicht verdammen, sondern ihm großzügig verzeihen und den Spiegel unseres eigenen Bewußtseins sauberwischen, ernten wir den Segen geistigen Friedens.

Warum fällt es uns manchmal so schwer, zu vergeben und zu vergessen – innerlich völlig loszulassen? Das menschliche Ego verlangt nach Genugtuung und versucht diese durch Rache oder Vergeltung zu erlangen; es fühlt sich überlegen, wenn es andere verdammt. Doch dadurch finden wir keinen Frieden. Wir wären viel glücklicher, wenn wir statt dessen auf unser wahres SELBST, die Seele, hörten – denn diese ist sich selbst genug – und dem Übeltäter seine Schuld verziehen, während wir beten: »Herr, segne ihn.« Wünschen wir uns nicht auch, daß Gott und andere Menschen uns unsere Fehler vergeben? »Vergib, dann wird auch dir vergeben«, lautet das göttliche Gesetz.

In den heiligen Schriften der Hindus heißt es: »Man soll jedes Unrecht vergeben. ... Vergebung hält das Universum zusammen. Vergebung ist die Macht der Mächtigen; Vergebung ist Opfer; Vergebung ist innerer Friede. Vergebung und Sanftmut sind die Eigenschaften eines Menschen, der vom

SELBST regiert wird. Sie verkörpern die ewige Tugend.« Bemüht euch, nach diesem Ideal zu leben, indem ihr allen Menschen Güte und Liebe entgegenbringt, denn diese haben eine heilende Wirkung. Dann werdet ihr fühlen, daß Gottes allumfassende Liebe auch in euer eigenes Herz einkehrt.

❖ ❖ ❖

ÜBERWINDUNG UNSERER ALTEN FEHLER

Gurudeva Paramahansa Yogananda sagte: »Wir können die Irrtümer eines ganzen Lebens noch *heute* beseitigen. ... Sobald ihr euch dazu entschließt und euch fest vornehmt, ein neuer Mensch zu werden, werdet ihr euch ändern.«

Wir können uns augenblicklich ändern, wenn wir die allbezwingende Kraft der Seele anzapfen. Was hindert uns daran? Wir identifizieren uns zu sehr mit unseren Schwächen, wir haben begrenzende Vorstellungen von uns selbst, wir lassen uns entmutigen und durch unsere Trägheit niederdrücken. Wenn wir Fehler begangen haben, leiden wir unter Gewissensbissen und Hoffnungslosigkeit, die wir wie eine lästige Bürde mit uns herumtragen.

Wir müssen uns von diesem schweren Ballast befreien. Und das wird uns gelingen, wenn wir mehr in der Gegenwart leben. Die Vergangenheit ist vorbei; es ist Zeit, daß wir uns ernsthaft bemühen, so zu leben, wie Gott es von uns erwartet. Wenn wir einen Fehler begangen haben, sollten wir sofort daraus lernen und Ihn innerlich um Hilfe bitten, damit wir den richtigen Weg finden. Statt über frühere Irrtümer nachzugrübeln, konzentriert euch auf die

Eine Sammlung von Ratschlägen

Freude, die wir dem Herrn machen, wenn wir ständig an Kraft und Weisheit zunehmen. Wenn wir uns immer nach besten Kräften bemühen und unsere ganze Aufmerksamkeit auf Gott richten, verschafft uns das ein Gefühl großer Freiheit, denn unsere Begeisterung gibt unserem Willen enormen Auftrieb. Ein dynamischer Wille kann mit Gottes Segen alles vollbringen. Vor allem aber müssen wir unsere Liebe zu Gott vertiefen, dann können wir unser Schicksal meistern, dann leben wir im Einklang mit Gott und werden von Seiner Liebe eingehüllt, von Seiner Weisheit geleitet.

❖ ❖ ❖

GOTT LIEBT UNS BEDINGUNGSLOS

Worin besteht das Wesen Gottes? Er ist Vater, Mutter, Freund; Er ist Liebe, Mitgefühl, Verständnis, Vergebung.

Göttliche Inkarnationen wie Jesus und Krishna offenbaren Gottes Eigenschaften in vollendeter Weise, damit wir eine Vorstellung davon erhalten, was Göttlichkeit ist. Die Menschheit braucht solche Vorbilder, denn in schwierigen Zeiten müssen wir daran erinnert werden, daß Gott uns in viel größerem Maße liebt und vergibt, als wir uns vorstellen können. Wenn wir Probleme haben, denken wir oft fälschlicherweise, daß Gott uns verlassen habe, und verbannen Ihn gerade dann aus unseren Gedanken, wenn wir uns vertrauensvoll an Ihn wenden sollten.

Wenn wir einmal schwach werden, kann es uns helfen, über eines der vorbildlichen Leben nachzudenken, die in den heiligen Schriften beschrieben

Alles Glück liegt in dir

worden sind. Große Seelen, die eins mit Gott sind, zeigen uns Gottes Verhalten gegenüber Seelen, die einen Fehler begangen haben, aber aufrichtig bemüht sind, sich zu bessern. Beim letzten Abendmahl prophezeite Jesus zwar, daß Petrus ihn verleugnen würde, aber er versuchte auch, ihn zu trösten, damit er nicht den Mut verlöre, denn er sagte ihm: »Ich aber habe für dich gebetet, daß dein Glaube nicht aufhöre. Und wenn du dermaleinst dich bekehrst, so stärke deine Brüder.«[5] Er wußte bereits, daß die Treue seines Jüngers im Augenblick großer Angst ins Wanken geraten würde. Aber er wußte auch, daß diese Schwäche nur vorübergehend sein werde. Sie beeinträchtigte keinesfalls seine Liebe zu Petrus, denn er vertraute in dessen Fähigkeit, Gottes Willen zu tun.

Gott schenkt jeder Seele Seine bedingungslose Liebe. Guruji behauptete, daß jeder Mensch Sein liebstes Kind sei. Der Herr ist unser größter Wohltäter, und Er sehnt sich sogar noch mehr nach unserer Erlösung als wir selbst. Bemüht euch um eine innige Verbindung mit diesem Gott grenzenloser Liebe; Er wartet immer auf euch im Tempel der Meditation.

❖ ❖ ❖

»Seid dankbar in allen Dingen«

»Seid allezeit fröhlich«, heißt es in der Heiligen Schrift, »betet ohne Unterlaß, seid dankbar in allen Dingen.«[6] Wenn wir uns voller Dankbarkeit der Güte unseres Himmlischen Vaters bewußt sind, wird unsere Beziehung zu Ihm viel inniger. Dankbarkeit

[5] *Lukas* 22, 32.
[6] *1. Thessalonicher* 5, 16 – 18.

Eine Sammlung von Ratschlägen

macht uns empfänglich für die Liebe Gottes, die viele Ausdrucksformen hat.

Diese Dankbarkeit läßt sich in drei Stufen erreichen:

Der erste Schritt besteht darin, daß wir Gott jedesmal von Herzen danken, wenn wir irgendeinen Grund zur Freude haben. Jeder empfundene Segen sollte uns daran erinnern, Ihm zu danken, der uns alle wahren Freuden schenkt.

Der zweite Schritt besteht darin, daß wir alles Gute, das uns im Leben geschieht, nicht für selbstverständlich halten. Meist ist es so, daß wir erst dann erkennen, was wir besessen haben, wenn wir es verlieren; aber das sollte nicht sein. Wir sollten alles, was wir wertschätzen, voll und ganz anerkennen – unsere Angehörigen, unsere Gesundheit, unsere Nahrung und alles, was das Leben angenehm macht, die Schönheit der Natur, das Gute, das uns überall umgibt –, während wir unserem Göttlichen Versorger unsere ganze Liebe und Aufmerksamkeit schenken.

Und der letzte Schritt: Wenn wir uns bemühen, Gott auch während schwierigster Zeiten zu danken, werden wir in jedem Mißgeschick einen verborgenen Segen entdecken. Sicher kostet es Willensanstrengung, Ihm in einer solchen Lebenslage noch zu danken; doch dadurch beweisen wir unser Vertrauen zu Ihm und konzentrieren uns auf die positive Seite der Dinge. Die Prüfungen sind nur »der Schatten Seiner Hand, die sich liebend über mich breitet«[7]. Dankbarkeit hilft uns, unsere Aufmerksamkeit

---

[7] Aus dem Gedicht *Der himmlische Jagdhund* von Francis Thompson.

Alles Glück liegt in dir

von den Schatten abzuwenden und auf die Hand Gottes zu richten. Dann entwickeln wir mehr Verständnis für die wertvollen Lektionen, die uns erteilt werden, unsere Stimmung hebt sich, und wir werden von tiefem Glauben erfüllt. Diese positive Einstellung setzt heilende Energien in uns frei, sie stärkt uns und erhöht unsere Empfänglichkeit für Gottes verwandelnde Berührung.

Auf diese Weise ist es möglich, »ohne Unterlaß zu beten« und in jedem Augenblick mit unserem Ewigen Vater und Freund in Verbindung zu stehen. Wenn Er weiß, daß Er den ersten Platz in unserem Leben einnimmt, wird Er uns mit Seiner ewig währenden, alles erfüllenden Liebe überfluten.

BÜCHER VON PARAMAHANSA YOGANANDA

Erhältlich in Buchhandlungen oder direkt beim Herausgeber:
Self-Realization Fellowship ♦ 3880 San Rafael Avenue
Los Angeles, California 90065-3298, USA
Tel.: (323) 225-2471 ♦ Fax: (323) 225-5088
www.yogananda-srf.org

Autobiographie eines Yogi

Die ewige Suche des Menschen

Die Reise der Seele nach innen

Aus der Quelle der Seele
Wege zum erfolgreichen Beten

Der Wein des Mystikers
*Die Rubaijat des Omar Chajjam –
eine geistige Deutung*

An der Quelle des Lichts
*Den Herausforderungen des Lebens begegnen –
Einsichten und Inspirationen*

Zwiesprache mit Gott

Das Gesetz des Erfolges

Religion als Wissenschaft

Meditationen zur Selbst-Verwirklichung

Wissenschaftliche Heilmeditationen

Flüstern aus der Ewigkeit

Worte des Meisters

Lieder der Seele

Kosmische Lieder

KASSETTEN MIT VORTRÄGEN VON PARAMAHANSA YOGANANDA
(nur in englischer Sprache)

Beholding the One in All
Awake in the Cosmic Dream
The Great Light of God

ANDERE BÜCHER DER SELF-REALIZATION FELLOWSHIP:

Die Heilige Wissenschaft
von Swami Sri Yukteswar

Die Stimme des Herzens
Eine innige Beziehung zu Gott
von Sri Daya Mata

KOSTENLOSE EINFÜHRUNGSBROSCHÜRE
Ungeahnte Möglichkeiten

Die *Lehrbriefe der Self-Realization Fellowship* enthalten die von Paramahansa Yogananda gelehrten wissenschaftlichen Meditationstechniken – einschließlich des *Kriya-Yoga* – sowie seine umfassende Anleitung für eine ausgeglichene geistige Lebensführung. Bitte fordern Sie die kostenlose Broschüre *Ungeahnte Möglichkeiten* an.

Ein vollständiger Katalog mit Büchern und Audio-/Videoaufnahmen ist auf Anfrage erhältlich von:

Gemeinschaft der Selbst-Verwirklichung
Laufamholzstraße 369
90482 Nürnberg
Tel.: 0911 / 50 10 87 ♦ Fax: 0911 / 5 04 83 17

oder

Self-Realization Fellowship ♦ 3880 San Rafael Avenue
Los Angeles, California 90065-3298, USA
Tel.: (323) 225-2471 ♦ Fax: (323) 225-5088
www.yogananda-srf.org

ÜBER
PARAMAHANSA YOGANANDA

»Das Ideal der Gottesliebe und des Dienstes an der Menschheit fand schönsten Ausdruck im Leben Paramahansa Yoganandas. ... Obgleich er den größten Teil seines Lebens außerhalb Indiens verbrachte, gehört er zu unseren großen Heiligen. Sein Werk breitet sich mehr und mehr aus und wird zu einem immer helleren Licht, das den Menschen aller Länder auf ihrer Pilgerreise zu Gott den richtigen Weg weist.«

Würdigende Worte der indischen Regierung anläßlich der Herausgabe einer Gedenkbriefmarke zu Ehren Paramahansa Yoganandas.

Paramahansa Yogananda, 1893 in Indien geboren, ist weit und breit als eine der überragenden geistigen Persönlichkeiten unserer Zeit bekannt geworden. Nachdem er 1920 aufgefordert worden war, als Delegierter Indiens am Internationalen Kongreß religiöser Freidenker in Boston teilzunehmen, lebte und lehrte er über dreißig Jahre lang in den Vereinigten Staaten – bis zu seinem Heimgang im Jahr 1952. Durch sein Leben und seine Lehren trug er in großem Maße dazu bei, daß der Westen die geistige Weisheit des Orients kennen und schätzen lernte.

Paramahansa Yoganandas Lebensgeschichte, die *Autobiographie eines Yogi* ist nicht nur eine dichterisch gestaltete und wunderbar geschriebene Lebensgeschichte, sondern auch eine tiefgründige Einführung in die alte Yoga-Wissenschaft und ihre seit alters geschätzten traditionellen Meditationsmethoden. Sie gilt als ein spiritueller Klassiker unserer Zeit, ist in 18 Sprachen übersetzt worden und dient weitgehend als Nachschlagewerk in Hochschulen und Universitäten. Seit 50 Jahren, als die *Autobiographie eines Yogi* zum ersten Male veröffentlicht wurde, ist sie ein Bestseller und hat ihren Weg in die Herzen von Millionen Lesern in aller Welt gefunden.

Heute wird das geistige und humanitäre Werk, das Paramahansa Yogananda begonnen hat, unter der Führung einer seiner größten Jüngerinnen, Sri Daya Matas, weitergeführt; seit 1955 ist sie Präsidentin der *Self-Realization Fellowship/Yogoda Satsanga Society of India.* Neben der Veröffentlichung von Paramahansa Yoganandas Schriften, Vorträgen und Ansprachen (einschließlich einer umfangreichen Serie gedruckter Lehrbriefe, die jeder im Heimstudium durcharbeiten kann) verwaltet die Gesellschaft die Tempel, Stätten der inneren Einkehr und Meditationszentren der *Self-Realization Fellowship* in allen Teilen der Welt sowie die Niederlassungen des religiösen Ordens. Ein weltweiter Gebetskreis sendet den Notleidenden heilende Schwingungen und betet für Frieden und Harmonie in allen Ländern der Welt.

ZIELE UND IDEALE DER SELF-REALIZATION FELLOWSHIP

dargelegt von ihrem Gründer Paramahansa Yogananda
Sri Daya Mata, Präsidentin

Menschen aller Nationen mit bestimmten, wissenschaftlichen Techniken bekannt zu machen, die zur unmittelbaren, persönlichen Gotteserfahrung führen;

zu lehren, daß der Sinn des Lebens in der Höherentwicklung des begrenzten menschlichen Bewußtseins liegt, bis es sich aus eigener Kraft zum Bewußtsein Gottes erweitert, und zu diesem Zweck Tempel der *Self-Realization Fellowship* in aller Welt zu errichten, in denen wahre Gottverbundenheit gepflegt wird, und die Menschen außerdem anzuregen, sich in ihrem eigenen Heim und Herzen einen Tempel Gottes zu schaffen;

darzulegen, daß das ursprüngliche, von Jesus Christus gelehrte Christentum und der ursprüngliche, von Bhagavan Krishna gelehrte Yoga im wesentlichen völlig übereinstimmen und daß diese Prinzipien der Wahrheit die wissenschaftliche Grundlage aller echten Religionen bilden;

auf den schnellsten Weg zu Gott hinzuweisen, in den alle wahren religiösen Wege schließlich einmünden: den Weg täglicher, wissenschaftlicher und hingebungsvoller Meditation über Gott;

die Menschen von ihrem dreifachen Leiden: körperlicher Krankheit, geistiger Unausgeglichenheit und seelischer Blindheit zu befreien;

Ziele und Ideale der Self-Realization Fellowship

die Menschen zu einem einfacheren Leben und tieferen Denken anzuregen und unter allen Völkern den Geist wahrer Brüderlichkeit zu verbreiten, indem ihnen die Erkenntnis vermittelt wird, daß alle Menschen Kinder des einen Gottes sind;

die Überlegenheit des Geistes über den Körper und der Seele über den Geist zu beweisen;

Böses durch Gutes, Leid durch Freude, Grausamkeit durch Güte, Unwissenheit durch Weisheit zu besiegen;

Wissenschaft und Religion durch die Erkenntnis, daß beide auf denselben Gesetzen beruhen, miteinander in Einklang zu bringen;

die geistige Verständigung und den kulturellen Austausch zwischen Morgen- und Abendland zu fördern;

der ganzen Menschheit als dem eigenen, erweiterten SELBST zu dienen.